全球化与中国经济

QUANQIUHUA YU ZHONGGUO JINGJI

（第三辑）

巫云仙 张弛 主编

首都经济贸易大学出版社

·北京·

图书在版编目（CIP）数据

全球化与中国经济. 第三辑/巫云仙，张弛主编. —北京：首都经济贸易大学出版社，2016.8

ISBN 978 - 7 - 5638 - 2540 - 0

Ⅰ. ①全… Ⅱ. ①巫… ②张… Ⅲ. ①中国经济—经济发展—研究 Ⅳ. ①F124

中国版本图书馆 CIP 数据核字（2016）第 173253 号

全球化与中国经济（第三辑）

巫云仙 张弛 主编

责任编辑	彭伽佳
封面设计	风得信·阿东 FondesyDesign
出版发行	首都经济贸易大学出版社
地　　址	北京市朝阳区红庙（邮编 100026）
电　　话	(010) 65976483　65065761　65071505（传真）
网　　址	http：//www. sjmcb. com
E - mail	publish@cueb. edu. cn
经　　销	全国新华书店
照　　排	首都经济贸易大学出版社激光照排服务部
印　　刷	北京京华虎彩印刷有限公司
开　　本	710 毫米×1000 毫米　1/16
字　　数	413 千字
印　　张	23.5
版　　次	2016 年 8 月第 1 版　2016 年 8 月第 1 次印刷
书　　号	ISBN 978 - 7 - 5638 - 2540 - 0/F·1428
定　　价	49.00 元

前　言

　　全球化是我们当今时代的基本特征，也是未来人类社会无法阻挡的历史发展趋势。自古以来，人类社会就不乏远距离的经济往来和文化交流。有人把古代中国的"丝绸之路"视为东西方跨区域联系的典范；也有人把 15 世纪和 16 世纪的"地理大发现"看作全球化的开端，因为在随后的几个世纪里，全球范围的人员流动、商品贸易以及思想文化的传播呈现出加速发展的态势；19 世纪初期，蒸汽机的发明和应用、铁路的修建以及通信技术的进步大大缩短了全球交往的空间距离；20 世纪初期以后，汽车和飞机等交通运输工具的使用使世界范围的交往速度大为提高。20 世纪 80 年代以来，随着电子通信技术的广泛应用，特别是移动电话和互联网的普及，数以亿计的芸芸众生以一种全新的方式被裹挟着进入全球化的新时代。

　　无论愿意与否，支持还是反对，全球化都是现实的发展状态，已不同程度地渗透到我们日常生活的方方面面，这是任何个人、民族、国家以及经济体都无法回避的问题。因此，无论是从现实还是从理论层面，全球化都是一个正在"进行时"的时代，需要我们全方位地了解和认识。

　　全球化问题是一个国际性的研究课题，吸引了国内外众多研究者前赴后继地跟踪研究，也吸引了不同国家的政治家和环保人士的关注。1897 年，美国学者查理·泰兹·罗素把当时美国的大企业和大型垄断公司看作全球化的主要载体。1930 年，在一本有关新教育的出版物中，"全球化"作为一个名词概念使用。1951 年，美国的词典中第一次提及全球化问题。20 世纪 60 年代，"全球化"这一术语开始被经济学家和社会学家所使用。不过，直到 20 世纪 80 年代中后期，这一概念才被大众主流媒体广泛关注，有关全球化的思想才得到了真正的传播。20 世纪 90 年代初期，关于全球化问题的学术研究论著在美国国会图书馆的分类目录中也不过几十本，但是到 2000 年以后，每年出版的相关图书都超过 1 000 本。各国政治学家、历史学家、社会学家以及经济学家等都参与了这一问题的研究和讨论。

　　美国经济学家米尔顿·弗里德曼认为，全球化的力量是无法抵挡的，因为他无法想象政府除了能够调控货币供应量和保护私有产权之外，还能做什么更有用的事情。而另一个弗里德曼（即美国新闻工作者托马斯·弗里德曼）则通过其畅销书——《世界是平的》（2007 年）使全球化问题的讨论传播得更广、更远。

他后来的新作《世界又平又热又挤》（2008 年）更是用另一种笔调谈论全球化中的环境和能源问题。美国哈佛大学教授潘卡吉·盖马沃特在《下一波世界趋势中》一书中认为，全球化有三个版本，即世界 1.0、2.0 和 3.0。在世界 1.0 中，国家之间是互相孤立的，2.0 的世界则是全球彻头彻尾的一体化，但现在的全球化远未达到这样的水平，我们目前所处的是一个"半全球化"状态，介于 1.0 和 2.0 之间，未来之路应选择更接近于现实的世界 3.0，将全球化和规范市场融于一体。

长期以来，全球化都是一个褒贬不一的用词，拥护者憧憬它会给整个世界带来空前的进步和繁荣；批评者断言它会给发展中国家带来贫困、战争甚至文化灭绝。事实上，曾被有些经济学家所标榜的经济全球化，并没有成为发展中国家崛起的千载良机，似乎只是一个"美丽的谎言"而已。关于全球化对各国的影响到底是好还是坏，确实没有一致的看法。但是，无论是全球化的支持者还是全球化的反对者，对"人类基本上已经创造了一个一体化的世界"这样的观点是基本认可的。

在这样的全球一体化世界里，作为最大的发展中国家，中国会有怎样的损益？中国经济将以什么样的方式才能获得可持续发展？发达国家的经验对我们又有怎样的借鉴和启示呢？……种种问题都是我们所关注的，也是我们编辑这本论文集——《全球化与中国经济》的初衷。

20 世纪 80 年代以后是全球化快速发展时期，恰好也是中国推行改革开放和制度转型的关键时期，全球化对中国经济发展的影响是不言而喻的。中国利用自身的劳动力资源和市场优势，大力发展外向型经济，引进外国资本和先进技术，积极融入世界经济的发展潮流，取得了经济高速发展的奇迹，初步实现了从计划体制向社会主义市场经济体制的结构性变迁。2001 年，加入世界贸易组织以后，中国以更加积极和理性的态度走向世界，同时也以更为包容的心态迎接"走进来"的人流、物流、商品流和文化流，甚至意识流。

"入世"以后的十几年间，"中国制造"开始走向世界，但随之而来的问题也是相当突出的。中国的经济发展遭遇了环境、资源和人口的约束，效率与公平不能兼顾的矛盾，城乡之间的差别和地区之间的差距，以及处于低端产业链和缺乏高端制造的困境。诸如此类的发展问题是不可能在短时间内解决的。中国政法大学商学院的师生们从不同的角度对这些问题进行持续地研究，试图用不同的理论加以解释，并提出相应的政策建议，具体论证以及详细的观点和主张体现在作者每一篇文章的字里行间。编者将搜集到的论文大致分为六个部分：制度变迁与中国经济改革、城市化与城乡一体化、宏观经济政策与产业发展、全球化与中国对外经济、思想智慧理论之光，以及他山之石可以攻玉。

到目前为止，《全球化与中国经济》已经编辑出版了两辑，本辑为第三辑。这是一个长期的动态发展课题，不可能有一个最终的答案，我们的观点和看法权且当作是抛砖引玉。由于理论水平和研究领域所限，偏颇之处或陋见在所难免，恳请各方专家和读者批评指正。

编者

2016 年 6 月

目　录

制度变迁与中国经济改革

城市化与城乡一体化

宏观经济政策与产业发展

全球化与中国对外经济

思想智慧　理论之光

他山之石　可以攻玉

制度变迁与中国经济改革

市场秩序发育程度与区域经济绩效差异的空间计量分析

岳清唐

摘要 市场秩序发育程度是中国市场化改革进程的重要组成部分，是影响中国区域经济资源配置效率的重要因素。本文利用2008年省域截面数据，应用空间统计和空间计量经济学模型，定量考察了市场秩序发育水平在区域层面的空间差异以及对区域经济的影响程度。结果显示，区域市场秩序水平存在很强的空间集聚和空间自相关性。市场秩序指数每提高1分，将推动区域经济产出提高2.8%。

关键词 市场秩序指数；经济绩效；空间依赖性；空间异质性

一、引言

自1978年中国启动了经济体制改革的大幕后，特别是在1992年中共十四大明确了建立社会主义市场经济体制的改革目标后，由计划经济体制向市场经济体制的转轨成为这个时代的特征和中心任务。这个任务的主要方面就是通过市场化改革，培育一个良好的市场秩序，确保市场机制能够正常运行，充分发挥其配置经济资源的基础性地位作用。由于我国各地区改革的起点不同，地理环境和文化存在差异，特别是我国在经济体制转型过程中，地方政府之间为了争取外部资金、人才和技术等生产要素的流入以及为本地区商品寻找销路，纷纷在诸如"招商引资"等政策上展开了竞争。由此，在全国基本一致的整体化改革政策环境下，各地形成了市场化程度各不相同的市场经济环境，而其中市场秩序的发育程度也随区域不同而呈现较大的差异。

市场秩序发育程度的不同会带来资源配置效率的不同，从而导致区域经济发展水平的差异。已有的研究主要从理论层面上论证市场秩序的性质、内容和相应的构建方法，这些研究澄清了人们对市场秩序本质的认识。从已发表的文献来看，对区域市场秩序发育水平的空间差异及其经济绩效问题还缺乏系统的实证研究，并且现有的一些相近的实证研究中也没有考虑空间因素对经济活动的影响，导致在模型设定、参数估计方法和计量检验等方面出现偏差。本文利用国家统计部门公布的历史数据和相关研究成果，通过建立空间滞后自回归模型和空间误差自回归模型，对区域市场秩序发育的空间分布特征以及经济绩效差异进行定量考察。结果显示，市场秩序发育水平在区域层面上呈现较强的空间集聚状态，Moran's I 指数达到 0.60，表明存在较强的空间自相关性，在定量分析市场秩序发育水平对区域经济增长的影响时，必须考虑区域之间的空间依赖性。空间回归结果指出，市场秩序指数每提高 1 个单位，区域地区生产总值会增加 2.8%。

本文第二部分回顾了市场秩序以及经济核算和增长方面的文献；第三部分是空间计量模型的设定和选择，变量数据的选取和说明；第四部分是对数据的统计性描述和空间特征分析；第五部分是回归结果和讨论；最后部分是结论。

二、文献回顾

市场秩序是市场制度的重要内容，运作顺畅的市场经济需要良好的市场秩序来支撑。国内学者关于市场秩序的研究已取得了许多成果，以下从内容、观点和方法三个方面进行评述。研究内容集中于市场秩序的性质、内涵、作用、形成，中国市场失序的现状、原因，以及如何建设良好的市场秩序。主要观点包括：纪宝成等人（2004）认为，市场秩序是指以明晰的产权为基本制度，以价格体系为资源配置的基本机制，以有效竞争为结构特点的市场经济体系在配置资源中所呈现出来的和谐、有序、稳定的运行状态。市场秩序在本质上是一种利益和谐、竞争适度、收益共享的资源配置状态和利益关系体系。洪银兴（2005）认为，对于转型期的中国来说，完善的市场秩序的建设需要自觉的行动，不能让市场竞争机制充分发挥作用来自发地形成市场秩序。要根据市场经济体制建设的要求打破市场分割和行政垄断，自觉地建立市场秩序。市场秩序建设既涉及正式的制度安排，也涉及非正式的制度安排，两者不能偏废，必须相互配合，形成制度合力。方福前（2004）认为，市场秩序主要是一种内生和演化的秩序，大力发展市场经济是市场秩序形成的前提条件。政府在市场秩序完善方面可以发挥应有的作用，但政府与市场的边界应恰当划分，政府应当是宪政政府、服务政府和有限政府，治理整顿市场秩序的同时也要治理整顿政府自身。

在研究方法上，洪银兴（2004）应用博弈论解释了中国市场秩序混乱的原因；刘培林（2005）运用数据包络分析方法对 2000 年中国 30 个省份的 21 个制造业部门的经济绩效进行了分析，定量分析了地方保护和市场分割对产出造成的损失。结果表明，如果消除各省份产出配置结构扭曲以及生产要素在省与省之间配置结构扭曲，可以使中国该年度制造业的产出在不增加任何投入的情况下增长大约 5%。李真、范爱军（2008）利用 Ellison 和 Glaeser 的行业区域集聚指数，测算了中国制造业 20 个行业 1999—2006 年的集聚程度及发展趋势，考察了地方保护、区域市场分割对产业集聚的影响，实证结果表明，地方保护、市场分割阻碍了市场的空间集中，市场分割的阻碍作用非常显著。周业安（2004）用计量模型从理论和实证两个方面探讨了地方政府竞争与市场秩序之间的关系和后果，认为地方政府竞争构成了现行市场秩序的重要组成部分。如果地方政府之间仅仅通过技术、制度创新和营销等参与竞争，那么所导致的市场秩序就是良性的；如果地方政府通过地方保护主义进行竞争，那就可能导致一个坏的市场秩序。

一个国家或地区市场秩序的好坏最终将反映在这个国家和地区的经济表现上，一个国家和地区的经济如何才能实现增长？其基本影响因素是什么？以亚当·斯密为代表的古典经济学家把它归因于分工、劳动投入的增加、资本积累和自由竞争制度。其后以马歇尔为代表的新古典经济学家专注于经济资源的微观配置问题，认为生产本身就创造出自己的需求，供需在总量上是均衡的，把增长视为自然实现的事情。直到索洛（Solow，1956）提出新古典增长模型以后，主流经济学家才开始重新审视影响经济增长的各种因素。索洛模型强调资本和劳动对增长的直接作用，并借助于外生的技术进步说明增长的差异。罗默（Romer，1986）、卢卡斯（Lucas，1988）等人的内生增长理论开启了将技术进步内生化的研究方向。内生增长理论虽然将经济增长的影响因素扩展到了技术进步，并努力将技术进步内生化，但他们所涉及的技术进步主要是指新产品、新工艺和人的知识技能的提高等自然科学技术方面的创新。在他们的模型中，市场经济制度是既定的外生变量，因为他们主要考察市场经济成熟国家的经济增长问题。但索洛余值（广义技术进步）的产生不仅仅是由于纯粹知识和技能的增进，还由资源配置效率的改进所导致（Denison，1961）。

经济资源从低效率部门向高效率部门、从低效率地区向高效率地区、从低效率生产者向高效率生产者的流动在很大程度上受一个国家或地区的政策性或制度性因素的制约。一些地区的政策和制度会鼓励这种流动，从而提高资源配置的效率；另一些地区的政策和制度可能妨碍或限制了这种流动，从而使资源配置的效率较低。新制度经济学派的诺斯（North，1970）通过考察西欧国家在近代的兴起历史，提出正是由于近代西方国家，尤其是英国首先产生了一系列有利于经济增长的制度变迁，才使西方国家在全球率先实现增长。自诺斯提出制度因素对经济增长的关键作用后，主流经济学家开始在实证研究中关注制度变量。

诺斯（North，1968）通过历史数据分析，指出西方国家1600—1860年之间海洋运输生产率的提高主要是由于海盗活动的减少、市场组织和国际贸易的发展等制度方面的变化所导致。国际上大量的跨国实证研究揭示了经济自由度、政治自由度和对产权的保护程度与经济绩效之间的关系（Scully，1988；Goldsmith，1995；Leblang，1996；Keefer & Knack，1997）。回归结果均显示，较大的经济自由度、政治自由度和对产权的更好保护与较高的人均国民收入和经济增长率相联系。在这些模型中，考虑到物质资本、劳动力投入和人力资本后，制度变量仍有高度的显著性。转型国家的制度绩效也引起了许多研究者的注意，因为转型本身就是一系列制度的变革。结果表明，苏联、东欧转型国家的经济自由度与其国内生产总值的增长显著正相关（De Melo et al. 1997；Selowsky & Martin，1997）。

国际上对中国转型过程中制度变迁的经济绩效研究得较少。国内大多数的研究是用非国有企业在经济中的比重来代表产权制度的改革程度，测量制度变迁和经济增长间的相关关系。研究表明，中国非国有工业部门比重的上升对工业生产率的提高和经济增长有明显贡献（Jefferson et al.，1992；郭克莎，1996；刘伟，2000；孙斌栋，王颖，2007；王小鲁等，2009）。在农村经济方面，林毅夫（1994）的计量研究表明，1978—1984 年期间，农村家庭联产承包责任制等土地制度的变迁与同期的农业经济增长显著正相关。中国向社会主义市场经济转型的过程是一个市场化程度不断加深的过程，市场化的水平和经济增长之间是否存在较强的相关性？樊纲等人（2011a）的研究结果显示，从 1997 年到 2007 年，市场化改革带来的制度变迁对经济增长的贡献达到年均 1.45%，对全要素生产率的贡献达到 39.2%，市场化改革显著改善了资源的配置效率。

综上所述，关于市场秩序的现有研究已在基本理论方面取得了较为丰硕的成果，但在以下的实证分析方面还有待进一步深入：市场秩序发育程度的数量化描述；市场秩序发育水平的区域比较；市场秩序发育水平影响因素的定量分析等方面。另外，现有的关于制度变迁对区域层面经济增长的回归分析大都暗含着区域之间相互独立的假定，忽视了区域之间的空间依赖性，其回归结果不可避免地会出现偏差。因此，在已有研究的基础上，本文将努力寻找测量市场秩序的合适指标，应用空间计量经济方法，建立空间自回归模型和空间误差模型，通过可视化检查探索区域市场秩序发育的空间分布特征，以及市场秩序发育水平对区域经济发展的影响程度。

三、假说、模型与数据

（一）假说

中国的经济增长在多大程度上符合新古典增长模型，又在多大程度上可用内生增长理论解释？新古典增长模型主要是找到了一条经济稳态增长的路径，它主要说明的是发达国家和地区的增长状态。内生增长理论试图解释技术进步本身，进而解释发达国家人均收入持续增长的原因。中国作为一个发展中国家和转型国家，既面临着经济结构由低级向高级的转换，又面临着经济体制由统制经济向市场经济的转换，经济增长的路径是一条"S 形增长曲线"（刘霞辉，2003）。目前正处在 S 形下段的上部区域，从 20 世纪 90 年代中期开始，中国经济的增长从供给方面来说，主要是依靠要素投入数量的增加，包括高储蓄率基础上的大量物质资本的形成和大量劳动力的投入；其次，建立在改革开放基础上的制度供给改善了资源配置效率。中国又是一个区域差异较大的国家，其一个省份的情形类似于欧盟的一个国家。因此，在国家统一的制度供给条件下，各地也会形成不同的制度细则，出现区域的异质性。根据前述文献回顾中的相关理论和中国的发展实际，本文提出了以下有待检验的假说。

假说 1：市场秩序发育水平会影响区域经济水平，二者呈正相关。

市场秩序状况作为一项制度供给，影响到市场机制功能的发挥，体现在经济资源配置效率的高低上，最终表现在产出水平上。市场越有秩序，资源的配置效率就越高，经济的产出就越大。

假说2：市场秩序发育水平在区域间呈不均衡分布的空间自相关特征。

假说3：现阶段中国经济增长主要依靠大量的物质资本形成，物质资本存量与经济产出呈正相关。

假说4：包含劳动力质量和数量的人力资本投入对区域经济产出有正的贡献。

（二）模型的设定

为了从数量关系上探索市场秩序发育水平对经济绩效的影响，本文采用总量生产函数来建立它们之间的联系。在一般的两要素柯布—道格拉斯生产函数的基础上，将劳动力投入修正为有效劳动力投入，将广义技术进步中的市场秩序对资源的配置效率因素分离出来。修正后的生产函数如下：

$$H = L \times E \tag{1}$$

其中，H 为人力资本投入，它既包含传统的劳动力数量因素，又包含劳动力质量因素，其数值等于劳动力数量乘以劳动力平均受教育水平。

L 是劳动力投入数量，E 为劳动力平均受教育年限。

MOI 为市场秩序水平，A_0 为其他影响广义技术进步的因素。

为了考察市场秩序的空间绩效差异，我们建立了一个省级区域的截面数据模型，对公式（1）取自然对数，得到如下模型：

$$\mathrm{Ln}\, Y_i = \mathrm{Ln}\, A_0 + \gamma\, MOI_i + \alpha \mathrm{Ln}\, K_i + \beta \mathrm{Ln}\, H_i + \mu_i \tag{2}$$

μ 为随机误差项；K_i 为第 i 个地区的物质资本存量；α 和 β 分别为物质资本和人力资本的产出弹性；γ 描述了市场秩序水平每提高一个单位，产出的增长率。

公式（2）假设区域之间的观测值是相互独立和对称的，实际上区域之间是相互影响的，并且区域之间各有特色，并不是各向同质。一般而言，相互邻近的区域之间的影响比不邻近或较远的区域之间要大。因此，如果在回归分析中忽视这种空间依赖性和空间异质性，回归结果将产生偏差。为此，要对公式（2）进行修正。在公式（2）的基础上，添加一个空间影响因素 W，构造空间计量模型。W 是空间权重矩阵，W 的加入有两种方式，一种是加入被解释变量的空间滞后量作为自回归量，一种是加入空间误差项作为自回归变量。

前者侧重于捕捉空间单元之间的溢出效应，所建构的模型称为空间滞后自回归模型（Spatial Lag Model，SLM），其模型如下：

$$\mathrm{Ln}Y_i = \mathrm{Ln}A_0 + \rho W_{ji}\mathrm{Ln}Y_j + \gamma MOI_j + \alpha \mathrm{Ln}K_i + \beta \mathrm{ln}H_i + \mu_i \tag{3}$$

公式中，ρ 是空间自回归相关系数，反映了空间依赖对区域属性特征变量值的影响。W_{ji} 是 j 地区对 i 地区的空间影响因子，$\mathrm{Ln}Y_j$ 是 j 地区的产出对数值，$\rho W_{ji}\mathrm{Ln}Y_j$ 是空间滞后解释变量。

后者侧重于捕捉空间单元的非均质性，所构建的模型称为空间误差自回归模型（Spatial Error Model, SEM），其模型如下：

$$LnY_i = LnA_0 + \gamma MOI + \alpha LnK + \beta LnH + \mu \mid \mu = \lambda W\mu + \varepsilon \qquad (4)$$

这里 μ_i 不再是符合正态分布的随机误差项，它受空间位置的影响，称为空间误差项。λ 是空间误差自回归系数，它测量了相邻区域观测值的误差冲击对本区域观测值的影响。ε_i 是符合正态分布的随机误差项。

应用空间滞后模型和空间误差模型首先要判断经济变量的空间自相关程度有多大，这主要应用测量空间自相关的指数——昂软指数（Moran's I）。

公式 5 及解释如下：

$$I = \frac{n}{\sum_{i=1}^{n}(x_i - \bar{x})^2} \cdot \frac{\sum_{i=1}^{n}\sum_{j=1}^{n}w_{ij}(x_i - \bar{x})(x_j - \bar{x})}{\sum_{i=1}^{n}\sum_{j=1}^{n}w_{ij}}$$

式中，n 为区域总数目，x_i，x_j 为某属性特征（如各地市场秩序水平和国民生产总值等）在区域 i 和 j 上的观测值。$\bar{x}$ 是所有区域观测值的平均值，$\bar{x} = \frac{1}{n}\sum_{n=1}^{n}x_i$。$w_{ij}$ 表示区域 i 和区域 j 之间的"邻近"关系，一般是基于空间邻接与否来判断，即当 i 区域和 j 区域相连接时，$w_{ij} = 1$，当 i 区域和 j 区域不相连接时，$w_{ij} = 0$。

昂软指数 I 的取值范围在［−1，1］之间。值大于 0 表示正相关，区域间存在集聚现象（高观测值集聚在一起，或低观测值集聚在一起）。值趋近于 1，则表示区域间的性质越相似，关系越密切，集聚越强烈。值小于 0 表示负相关，区域间呈分散现象。值趋近于 −1 表示区域间差异越大，分布越不集中，值等于 −1 表示完全分散分布，就像棋盘上的黑白方块一样均匀分布。值等于 0，表示区域间不相关，是随机关系。

（三）数据的选取

以下所有变量的数据选取各地区 2008 年的截面数值。

首先是市场秩序变量的数据选取。如何衡量各个地区的市场秩序发育水平目前还没有恰当的方法。本文借助中国经济改革研究基金会国民经济研究所（NERI）樊纲、王小鲁等人（2011b）开发的中国各省市市场化进程相对指数的有关数据来设计测量各地区市场秩序发育程度的市场秩序指数。NERI 市场化总指数由 5 个"方面指数"构成，包括政府与市场的关系方面指数、非国有经济发展方面的指数、产品市场发育程度方面的指数、要素市场发育程度方面的指数、市场中介组织发育和法律制度环境方面的指数。每个方面的指数又由多个"分项指数"构成，个别分项指数下还有数个二级分项指数。在基础层面包含 23 个具体指标，它们的数值来自官方统计数据和研究所组织的专项调查数据。

市场化指数高低在某种程度上也反映了一个地区市场秩序发育水平的高低，因为二者的指向都是完善市场机制，都是让市场机制充分发挥配置资源的基础性地位作用。中国的经济体制改革和转型就是一个建立和完善市场化机制的过程，它必然伴随着市场秩序的建立和完善。市场秩序是市场化的重要内容，市场秩序和市场化都体现为一系列市场制度的建立和完善。在 NERI 市场化指数中，包含了许多体现市场秩序的变量，特别是第五方面指数市场中介组织和法律环境中包含有各地区律师人数与当地人口比例、注册会计师人数与人口比例、保护企业合法经营活动的法制环境抽样调查数据，以及反映消费者保护的投诉率和知识产权保护状况。本文进一步用 NERI 指数里面的具体指标构建了市场秩序指数（Market Order Index，MOI），包括四个方面的内容：市场环境（市场分配资源的比重、减少政府干预程度、减少商品的地方保护、市场决定价格的程度、信贷资金分配的市场化程度、律师会计师等市场中介服务组织、行业协会对企业的自律）、消费者权益保护程度、生产者权益保护程度、知识产权保护程度，并用所构造的市场秩序指数来考察市场秩序发育水平对区域经济的影响程度。具体数据见文后附录。

其次是其他变量的数据选取。各地区 2008 年的产出 Y 选取当年的 GDP 来衡量，并折算成以 1990 年为基期的数值。各地区 2008 年物质资本存量 K 采用永续盘存法计算，并折合成 1990 年不变价。以上数据直接取自中国社会科学院经济研究所数据库。各地区 2008 年劳动力投入数量 L 以年末总从业人数衡量，数据来自 2009 年《中国统计年鉴》。2008 年各地区从业人员受教育平均年限 E 的计算方法是各教育程度的就业人员比例乘以相应的受教育年时间，具体是小学以下以零年计，小学水平计 6 年，初中水平按 9 年，高中水平按 12 年，大专水平按 14 年，本科水平按 16 年，研究生水平按 21 年。各教育程度从业人员的比例数据来自 2009 年《中国人口和就业统计年鉴》。各地区人力资本投入量 $H = L * E$。

四、变量描述及空间特征分析

下面对本文所使用的变量进行一般统计性描述和空间统计性分析。表 1 给出了各变量描述性统计，LNGDP 是地区国内生产总值的对数值，LNK 是物质资本的对数值，LNH 是人力资本的对数值，MOI 是地区市场秩序指数。

表 1 各变量一般统计性描述

	LNGDP	LNK	LNH	MOI
Mean	8. 192 401	8. 312 647	9. 710 345	7. 671 164
Median	8. 161 429	8. 329 405	9. 740 000	6. 078 333
Maximum	9. 697 032	9. 537 669	10. 840 00	17. 101 25
Minimum	5. 889 086	6. 430 573	7. 610 000	3. 640 000
Std. Dev.	0. 911 043	0. 765 602	0. 800 145	3. 757 639
Skewness	− 0. 714 326	− 0. 716 816	− 0. 887 608	1. 405 385
Kurtosis	3. 768 469	3. 423 817	3. 644 288	3. 693 070
Observations	29	29	29	29

说明：原始数据见附录中的数据表。

从表1可以看出，各区域市场秩序指数的最大最小值相差悬殊，达4.7倍。表2给出了各变量的全域空间分布特征描述，各变量的全域Moran's I值都大于零，表明各变量的区域观测值之间存在正相关的集聚特征，即"高——高"或"低——低"形态。并且市场秩序指数变量更为明显。各变量在0.05的置信度下Z值都远大于临界值1.96，说明这些变量存在着正的空间自相关，并且国内生产总值和市场秩序指数变量有很高的显著性。

表2　各变量全域空间分布统计

	LNGDP	LNK	LNH	MOI
Moran's I	0.309 1	0.382 2	0.271 9	0.501 4
E（I）	−0.035 7	−0.035 7	−0.035 7	−0.035 7
Mean	−0.035 5	−0.035 0	−0.035 7	−0.035 2
SD	0.118 5	0.119 7	0.118 8	0.119 2
z – value	2.907 3	3.485 1	2.590 0	4.503 1
Pseudo p – value	0.000 5	0.001 1	0.010 8	0.000 3
W	一阶 QUEEN 邻接矩阵			

说明：原始数据见附录中的数据表。

图1和图2分别用可视化方面检查了国内生产总值和市场化指数在区域间不均衡分布的状况，两个变量都呈现沿东部、中部、西部依次递减的趋势，这和中国区域间不平衡发展的总体格局是吻合的。

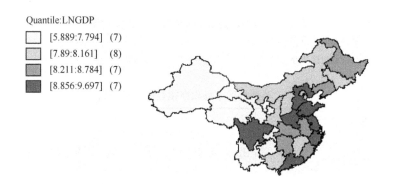

Quantile:LNGDP
- [5.889:7.794] (7)
- [7.89:8.161] (8)
- [8.211:8.784] (7)
- [8.856:9.697] (7)

图1　国内生产总值对数值空间分布的四分位图
说明：图1中LNGDP是各地区国内生产总值对数值，将各地区数值划分为四个层级不同的范围。

全域Moran's I只是揭示了从整体上看观测值存在空间自相关特征，但不能指出究竟哪些区域是"高——高"聚集，哪些区域是"低——低"聚集。本文进一步用安舍林（Anselin，1995）提出的空间关系的局域指标（Local Indicators of

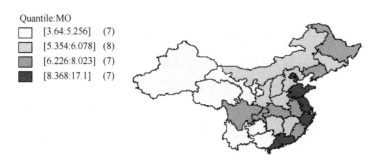

图2　市场秩序指数空间分布的四分位图

说明：图2中MO是各地区市场秩序指数值，将各地区数值划分为四个层级不同的范围。

Spatial Association，LISA）——局域 Moran's I 散点图和局域 Moran 聚类图来检查市场秩序发育水平在各省市间的相互关系。图3是局域 Moran 聚类地图，图4是局域 Moran's I 散点图。从图3和图4可以看出区域聚集的类型。表3列出了聚集类型和对应的区域，可以看出大部分区域是"低——低"集聚，其次是"高——高"集聚，只有个别区域是"高——低"和"低——高"类型。

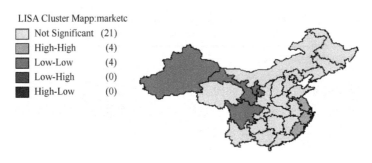

图3　市场秩序指数的局域 Moran 聚类地图

说明：▨表示是高值和高值聚集类型，▨表示是低值和低值集聚类型，▨表示低值和高值集聚类型，▨是高值包围低值集聚类型。

表3　不同地区市场秩序指数的聚类模式

聚类模式	区域
高——高 HH 高值地区被高值地区邻近	上海、浙江、江苏、北京、天津、山东、福建
低——低 LL 低值地区被低值地区邻近	重庆、甘肃、广西、贵州、黑龙江、河南、湖北、湖南、吉林、内蒙古、宁夏、青海、陕西、山西、四川、新疆、云南
高——低 HL 高值地区被低值地区邻近	广东、辽宁
低——高 LH 低值地区被高值地区邻近	安徽、河北、江西

说明：本表中的高值和低值是指市场秩序指数的高低。

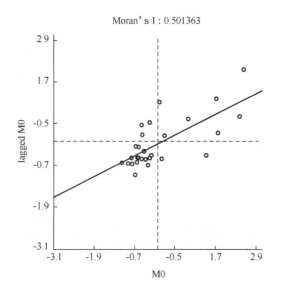

图 4　市场秩序指数的局域 Moran's I 散点图

说明：横坐标是地区市场秩序指数的昂软指数，纵坐标是地区市场秩序指数的滞后昂软指数。

五、空间计量回归结果与讨论

通过以上对变量空间统计特征的分析，我们可以判断，由于区域各自的历史、文化、政策和制度等的不同，经济活动存在空间异质性和空间依赖性。因此，我们观察市场秩序发育水平对区域经济增长的影响时，不能假设各区域之间是相互独立的，传统的计量估计方法和模型设定存在偏差。本文应用安舍林（Anselin，1988）提出的空间计量经济学模型 SLM 和 SEM 对区域市场秩序水平等经济变量进行回归，并用极大似然法（Maximum Likelihood，ML）对模型参数进行估计。

（一）回归结果

为了和空间计量模型进行比较，本文首先对变量用普通最小二乘法进行估计，表 4 是 OLS 估计结果。从 OLS 回归结果来看，F 统计量达 305，方程总体显著性很强，拟合优度也很高，达到 0.97。物质资本和人力资本变量的系数都大于零，且显著性都比较高，特别是物质资本的显著性高达 7 个零。市场秩序指数的系数也大于零，但显著性仅在 5%。由于表 2 中已显示市场秩序指数的 Moran's I 高达 0.5，且高度显著（$p = 0.0003$），OLS 估计忽视了空间自相关性质，需要进一步用考虑到空间效应的空间计量模型进行估计。

表 4　普通最小二乘估计

被解释变量			LNGDP	
样本数目			29	
被解释变量平均值			8. 1924	
解释变量数			4	
被解释变量标准方差			0. 895197	
自由度			25	
R^2			0. 973442	
调整后的 R^2			0. 970255	
F 统计量			305. 449	
置信度（F − statistic）			8. 1392e − 020	
残差平方和			0. 6172	
似然函数值			14. 6737	
赤池信息准则			− 21. 3475	
施瓦茨准则			− 15. 8783	
变量	相关系数	标准误	T 统计值	置信度
常数项	− 1. 759 405	0. 370 031 1	− 4. 754 748	0. 000 070 4
物质资本对数值 LNK	0. 846 147 5	0. 092 895 04	9. 108 64	0. 000 000 0
人力资本对数值 LNH	0. 278 551 1	0. 076 831 95	3. 625 46	0. 001 287 3
市场秩序指数值 MOI	0. 0277 993 2	0. 0106 384 6	2. 613 096	0. 014 970 9

说明：本表是 OLS 回归。

　　表 5 和表 6 是用最大似然方法分别对 SLM 模型和 SEM 模型进行的估计，为了检查区域之间空间关系矩阵对估计结果的影响，分别采用了一阶 QUEEN 邻接矩阵和二阶 QUEEN 邻接矩阵，并把结果对比地列于表中。从估计结果来看，无论是一阶邻接矩阵还是二阶邻接矩阵的 SLM 模型和 SEM 模型，总体显著性、拟合优度和变量显著性都比 OLS 估计提高。二阶矩阵的回归结果不如一阶矩阵，因此，以下的分析采用一阶矩阵的回归结果。SLM 和 SEM 模型的似然函数值都比 OLS 提高了，赤池信息准则（AIC）都比 OLS 降低了，施瓦茨准则（SC）在 SLM 下变化不大，但在 SEM 下显著降低了。两个模型下物质资本变量的显著性水平依然保持为 7 个零，高度显著。同时，人力资本变量的显著性从 OLS 的 2 个零提高到 SLM 的 4 个零和 SEM 的 6 个零，高度显著。市场秩序指数变量的显著性从 OLS 的 1 个零提高到 SLM 的 3 个零和 SEM 的 4 个零，从 5% 的显著性水平

提高到 0.01% 。

表 5　空间滞后模型 SLM – 最大似然估计

	被解释变量			LNGDP	
	样本数目			29	
	被解释变量平均值			8. 192 4	
	解释变量数			5	
	被解释变量标准方差			0. 895 197	
	自由度			24	
一阶邻接	R^2			0. 975 892	
	滞后相关系数			− 0. 097 784 5	
	似然函数值			16. 046	
	赤池信息准则			− 22. 092	
	施瓦茨准则			− 15. 255 5	
	变量	相关系数	标准差	Z 值	置信度
	空间滞后解释变量 W_ LNGDP	− 0. 097 784 5	0. 053 771 58	− 1. 818 516	0. 068 985 1
	常数项	− 1. 194 781	0. 447 151 5	− 2. 671 982	0. 007 540 6
	物质资本对数值 LNK	0. 880 247 6	0. 084 534 5	10. 412 88	0. 000 000 0
	人力资本对数值 LNH	0. 270 940 9	0. 068 109 38	3. 978 026	0. 000 069 5
	市场秩序指数值 MOI	0. 032 262 21	0. 009 715 281	3. 320 77	0. 000 897 8
二阶邻接	R^2			0. 973 616	
	滞后相关系数			− 0. 042 564 3	
	似然函数值			14. 765 5	
	赤池信息准则			− 19. 530 9	
	施瓦茨准则			− 12. 694 4	
	变量	相关系数	标准差	Z 值	置信度
	空间滞后解释变量 W_ LNGDP	− 0. 042 564 33	0. 096 315 37	− 0. 441 926 7	0. 658 542 3
	常数项	− 1. 461 347	0. 767 220 5	− 1. 904 729	0. 056 815 2
	物质资本对数值 LNK	0. 842 627 6	0. 086 282 62	9. 765 902	0. 000 000 0
	人力资本对数值 LNH	0. 284 464 3	0. 072 044 71	3. 948 442	0. 000 078 7
	市场秩序指数值 MOI	0. 030 709 96	0. 011 906 48	2. 579 264	0. 009 901 2

说明：本表是应用空间滞后模型（SLM）做的估计。

表 6　空间误差模型 SEM – 最大似然估计

被解释变量			LNGDP	
样本数目			29	
被解释变量平均值			8. 192 4	
解释变量数			4	
被解释变量标准方差			0. 895 197	
自由度			25	

<table>
<tr><td rowspan="13">一阶邻接</td><td colspan="4">R^2</td><td>0. 979 512</td></tr>
<tr><td colspan="4">滞后相关系数</td><td>− 0. 719 135</td></tr>
<tr><td colspan="4">似然函数值</td><td>16. 794 811</td></tr>
<tr><td colspan="4">赤池信息准则</td><td>− 25. 589 6</td></tr>
<tr><td colspan="4">施瓦茨准则</td><td>− 20. 120 4</td></tr>
<tr><td>变量</td><td>相关系数</td><td>标准差</td><td>Z 值</td><td>置信度</td></tr>
<tr><td>常数项</td><td>− 1. 388 509</td><td>0. 245 957 1</td><td>− 5. 645 332</td><td>0. 000 000 0</td></tr>
<tr><td>物质资本对数值 LNK</td><td>0. 823 819</td><td>0. 058 489 57</td><td>14. 084 89</td><td>0. 000 000 0</td></tr>
<tr><td>人力资本对数值 LNH</td><td>0. 259 095 2</td><td>0. 048 114 07</td><td>5. 385 019</td><td>0. 000 000 1</td></tr>
<tr><td>市场秩序指数值 MOI</td><td>0. 027 996 67</td><td>0. 006 778 73</td><td>4. 130 076</td><td>0. 000 036 3</td></tr>
<tr><td>空间误差自回归系数 λ</td><td>− 0. 719 135 1</td><td>0. 259 626 2</td><td>− 2. 769 887</td><td>0. 005 607 7</td></tr>
</table>

<table>
<tr><td rowspan="12">二阶邻接</td><td colspan="4">R^2</td><td>0. 973 499</td></tr>
<tr><td colspan="4">滞后相关系数</td><td>− 0. 080 107</td></tr>
<tr><td colspan="4">似然函数值</td><td>14. 693 246</td></tr>
<tr><td colspan="4">赤池信息准则</td><td>− 21. 386 5</td></tr>
<tr><td colspan="4">施瓦茨准则</td><td>− 15. 917 3</td></tr>
<tr><td>变量</td><td>相关系数</td><td>标准差</td><td>Z 值</td><td>置信度</td></tr>
<tr><td>常数项</td><td>− 1. 766 489</td><td>0. 342 032 8</td><td>− 5. 164 676</td><td>0. 000 000 2</td></tr>
<tr><td>物质资本对数值 LNK</td><td>0. 844 435 3</td><td>0. 085 516 28</td><td>9. 874 555</td><td>0. 000 000 0</td></tr>
<tr><td>人力资本对数值 LNH</td><td>0. 280 772 8</td><td>0. 070 128 95</td><td>4. 003 665</td><td>0. 000 062 4</td></tr>
<tr><td>市场秩序指数值 MOI</td><td>0. 027 667</td><td>0. 009 970 369</td><td>2. 774 923</td><td>0. 005 521 6</td></tr>
<tr><td>空间误差自回归系数 λ</td><td>− 0. 080 106 91</td><td>0. 359 606 9</td><td>− 0. 222 762 4</td><td>0. 823 720 5</td></tr>
</table>

说明：本表是应用空间误差模型（SEM）做的估计。

（二）对 SLM 和 SEM 回归结果的讨论

在 10% 的显著性水平上，空间滞后模型滞后变量的系数 ρ 为 − 0.098；在 1% 的显著性水平上，空间误差模型的误差自回归系数 λ 为 − 0.719。这说明，在分析市场秩序发育水平和区域经济表现之间的关系时，不能忽视区域之间的空间依赖性和空间异质性，基于 OLS 估计的经典回归模型的估计结果会产生一定程度的偏误。

不论是在普通的 OLS 估计中，还是在 SLM 和 SEM 的最大似然估计中，物质资本形成对区域经济产出的影响都是非常大的，系数都维持在 0.84 以上，远大于其他变量的系数，并且有极高的显著性水平。这说明，中国现阶段物质资本对区域经济增长仍然扮演着最重要的角色。这和已有文献的研究结论是相近的（姚先国、张海峰，2008；魏下海，2010；樊纲等，2011b），资本积累是中国多年来经济增长的主要推动力量。

在本文的研究中，将劳动力的数量和质量合成在一起作为人力资本的投入，回归结果表明，在 SLM 和 SEM 模型下，人力资本的显著性水平比在 OLS 估计下提高了 2—4 个数量级。这是因为，空间计量模型较好地考虑到了区域间教育和劳动力流动所导致的外部性，人力资本具有较强的溢出性质。人力资本的回归系数在 0.24 左右，与物质资本相比，人力资本对区域经济产出的影响较小，这可能与中国经济发展的阶段性有关。在度过物质资本积累推动经济增长的阶段之后，人力资本在接下来的发展阶段的作用将得到加强。

市场秩序发育程度与区域经济表现之间的关系是本文重点研究的内容，从回归结果来看，空间误差模型中市场秩序指数的显著性水平比 OLS 估计的显著性水平提高了 400 多倍，说明区域之间市场秩序存在很强的相互影响，相邻地区存在溢出。回归系数约为 0.028，说明市场秩序指数每提高 1 分，地区国内生产总值会提高 2.8%。从构成市场秩序指数的成分来看，其中，市场配置资源的比重、减少政府的干预、减少对地方商品的保护、市场决定价格的程度等方面的内容都涉及地方政府的政策取向和地方保护主义的程度。这说明，正确处理政府与市场的边界，减少地方保护，建立统一的市场体系，既是完善市场秩序的需要，也是促进地方经济发展的积极因素。这和已有文献的研究结论是基本一致的（余东华，2008）。地方保护导致了市场分割，阻碍了生产要素的正常流动，对进入本地区的外地产品设置障碍，催生了灰色交易，扭曲了资源配置效率，违背了公平竞争的市场秩序，其结果不是促进而是降低了本地区的经济发展。中介组织和行业自律组织发育程度的高低对市场功能的正常发挥能起到政府和单个经济主体所不能起到的作用。律师事务所、会计师事务所、独立信誉评估机构等非政府组织被称为"经济警察"，它们对维持市场的正常经营秩序具有重要作用。

本文对市场秩序发育水平在区域层面的空间差异及其经济绩效的研究主要是从一个静态截面（2008 年）的数据来考察的，没有从动态的时间序列数据和面板数据方面考察，进一步的研究可以进行空间面板计量分析。另外，需要更多研究的是关于市场秩序指数的构建，鉴于数据获得的可行性，本文直接选用的是 NERI 市场化指数中的相关指标，这些指标的适用性还需要探讨。比如，对市场法律环境的描述采用知识产权保护程度，而又用各地国内三种专利的申请数和授权数与科技人员的比例来反映知识产权保护程度，这都不够全面。消费者权益保护采用消费者协会收到的消费者投诉数来反映，虽然用各地的 GDP 规模进行了调整，但经济发达地区的消费者的权益保护意识一般较经济落后地区要强，因此，消费者提起的投诉案件数也会多。因此，这个指标也不能准确地反映消费者权益保护的程度。

六、结论

本文应用空间计量统计和空间计量经济学模型对区域市场秩序发育水平的空间分布特征以及市场秩序水平和地区经济表现之间的关系进行了实证研究，得出以下结论：

第一，区域市场秩序指数和经济发展水平在空间上表现出很强的自相关性，空间自相关指数 Moran's I 达 0.5，显著性水平达 0.1%。绝大多数省市都呈"高——高"（东部沿海地区）或"低——低"（中西部地区）的空间集聚类型。

第二，用 ML 估计的空间滞后模型和空间误差模型的结构参数和传统的 OLS 估计的结构参数的差别不是很大，但考虑到空间效应后的模型，其拟合优度和总体显著性都比传统模型大为提高。

第三，应用空间计量经济学模型得出的市场秩序指数对地区经济产出的回归系数约为 0.028，且高度显著，说明区域市场秩序发育水平每提高 1 分，将推动经济产出提高 2.8%。因此，各地区应在减少政府对市场的干预、消除地方保护主义、加强消费者和生产者的权益保护以及知识产权保护方面多做努力，促进区域内外良好市场秩序的发育形成。在全国层面制定政策时，应考虑到区域之间的异质性和依赖性，鼓励区域之间的互动，促进全国形成一个统一有序的大市场。

参考文献：

[1] Anselin, L. Local Indicators of Spatial Association? [J]. Geographical Analysis, 1995, 27 (2), 93~115.

[2] Anselin, L. Spatial Econometrics: Methods and Models [M]. Klnwer Academic Publishers, 1998.

[3] De Melo, M., C. Denizer, A. Gelb, S. Tenev. Circumstance and Choice : The Role of Initial Conditions and Policies in Transition Economies [J]. The World Bank Economic Review, 2001, 15 (1), 1-31.

[4] Denison, E. R. The Sources of Economic Growth in the United States [M]. Committee for Economic Development, New York, 1961.

[5] Goldsmith, A. Democracy, Property Rights and Economic Growth [J]. The Journal of

Development Studies, 1995, 32 (2), 157~174.

[6] Jefferson, G. H., T. G. Rawski, Y. Zheng. Growth, Efficiency and Convergence in China's State and Collective Industry [J]. Economic Development and Cultural Change, 1992, 2, 239~266.

[7] Keefer, Ph., St. Knack. Why don't Poor Countries Catch up? A Cross – national Test of An Institutional Explanation [J]. Economic Inquiry, 1997 (35), 590~602.

[8] Leblang, D. Property Rights, Democracy and Economic Growth [J]. Political Research Quarterly, 1996, 49 (1), 5~26.

[9] Lucas, R. E. On the Mechanics of Economic Development [J]. Journal of Monetary Economics, 1988, 22, 3~42.

[10] North, D. C., Thomas, R. P. An Economic Theory of the Growth of the Western World [J]. The Economic History Review, New Series, 1970, 23 (1), 1~17.

[11] North, D. C. Sources of Productivity Change in Ocean Shipping, 1600—1850 [J]. The Journal of Political Economy, 1968, 76 (5), 953~970.

[12] Romer, P. M. Increasing Returns and Long-run Growth [J]. Journal of Political Economy, 1986, 94, 1002~1037.

[13] Scully, G. The Institutional Framework and Economic Development [J]. Journal of Political Economy, 1988, 96 (3), 652~662.

[14] Selowsky, M., Martin, R. Policy Performance and Output Growth in the Transition Economies [J]. The American Economic Review, 1997, 87 (2), 349~353.

[15] Solow, R. M. A Contribution to the Theory of Economic Growth [J]. Quarterly Journal of Economics, 1956, 70 (1), 65~94.

[16] 樊纲, 王小鲁, 马光荣. 中国市场化进程对经济增长的贡献 [J]. 经济研究, 2011a (9).

[17] 樊纲, 王小鲁, 朱恒鹏. 中国市场化指数——各地区市场化相对进程 2011 年报告 [M]. 经济科学出版社, 2011b.

[18] 方福前. 政府与市场秩序的形成 [J]. 经济理论与经济管理, 2004 (7).

[19] 郭克莎. 地区工业所有制结构变动及其与工业发展的关系 [J]. 经济学家, 1996 (4).

[20] 洪银兴. 市场秩序的博弈论分析 [J]. 经济理论与经济管理, 2004 (6).

[21] 洪银兴. 经济转型阶段的市场秩序建设 [J]. 经济理论与经济管理, 2005 (1).

[22] 纪宝成. 论市场秩序的本质与作用 [J]. 中国人民大学学报, 2004 (1).

[23] 李真, 范爱军. 地方保护、区域市场分割与产业集聚 [J]. 山西财经大学学报, 2008 (10).

[24] 林毅夫. 制度、技术与中国农业发展 [M]. 上海三联书店, 上海人民出版社, 1994.

[25] 刘培林. 地方保护和市场分割的损失 [J]. 中国工业经济, 2005 (4).

[26] 刘伟. 经济改革与发展的产权制度解释 [M]. 首都经济贸易大学出版社, 2000.

[27] 刘霞辉. 论中国经济的长期增长 [J]. 经济研究, 2003 (5).

[28] 孙斌栋, 王颖. 制度变迁与区域经济增长——一个实证分析 [J]. 上海经济研究, 2007 (12).

[29] 王小鲁, 樊纲, 刘鹏. 中国经济增长转化与增长可持续性 [J]. 经济研究, 2009 (1).

[30] 魏下海. 基础设施、空间溢出与区域经济增长 [J]. 经济评论, 2010 (4).

[31] 姚先国, 张海峰. 教育、人力资本与地区经济差异 [J]. 经济研究, 2008 (5).

[32] 余东华. 地方保护能够提高地方产业竞争力吗 [J]. 产业经济研究, 2008 (3).

[33] 周业安，冯兴元，赵坚毅. 地方政府竞争与市场秩序的重构 [J]. 中国社会科学，2004（1）.

附录

数据表

REGION	MOI	GDP	K	L	E	H
地区名称	市场秩序指数	国内生产总值（万亿元人民币）	物质资本存量（万亿元人民币）	劳动力投入数量（万人）	受教育平均年限（年）	人力资本投入量（H = L * E）
安徽	6.71	4 552.578	4 981.72	3 595	7.5	26 962.5
北京	14.29	3 503.188	4 143.95	1174	11.6	13 618.4
重庆	6.7054	2 157.768	3 380.83	1 837	7.9	14 512.3
福建	7.875	5 211.231	5 308.79	2 080	8.2	17 056
甘肃	4.3338	1 428.839	1 336.19	1 389	7	9 723
广东	12.962	16 269.25	10 366.15	5 478	9.3	50 945.4
广西	5.1529	3 357.699	3 776.37	2 807	8.4	23 578.8
贵州	4.6321	1 363.331	1 674.27	2 302	7.1	16 344.2
河北	5.91	7 171.741	7 854.27	3 652	8.7	31 772.4
黑龙江	6.2258	3 681.76	3 523.84	1 670	9	15 030
河南	6.0783	7 017.339	8 983.42	5 835	8.6	50 181
湖北	6.9042	5 534.276	5 308.83	2 876	8.5	24 446
湖南	5.4642	4 645.168	4 189.43	3 811	8.6	32 774.6
江苏	14.13	14 364.15	13 732.63	4 384	8.7	38 140.8
江西	5.8592	2 669.253	3 783.21	2 223	8.5	18 895.5
吉林	6.0333	2 810.673	3 875.74	1 144	9.1	10 410.4
辽宁	8.0225	6 526.582	7 483.12	2 098	9.3	19 511.4
内蒙古	5.3542	3 229.282	5 374.31	1 103	8.5	9 375.5
宁夏	4.7858	361.0751	680.40	304	8.3	2 523.2

REGION	MOI	GDP	K	L	E	H
地区名称	市场秩序指数	国内生产总值（万亿元人民币）	物质资本存量（万亿元人民币）	劳动力投入数量（万人）	受教育平均年限（年）	人力资本投入量（H＝L＊E）
青海	3.64	384.2386	620.53	277	7.3	2 022.1
陕西	5.7888	2 759.462	3 010.69	1 947	8.6	16 744.2
山东	8.3679	14 729.71	13 872.57	5 352	8.6	46 027.2
上海	17.101	5 950.374	6 028.72	896	11.2	10 035.2
山西	5.4917	2 929.792	3 339.12	1 583	9	14 247
四川	6.5438	7 547.779	6 721.34	4 874	7.5	36 555
天津	11.023	2 736.312	3 121.91	503	10.3	5 180.9
新疆	5.1254	1 544.862	1 914.58	814	8.8	7 163.2
云南	5.2558	2 425.932	2 606.89	2 679	6.9	18 485.1
浙江	16.698	9 623.408	9 149.48	3 692	8.4	31 012.8

数据来源：国家统计局：《中国统计年鉴》（2009），中国统计出版社2009年版。国家统计局：《中国人口和就业统计年鉴》（2009），中国统计出版社2009年版。

我国国有企业分类改革路径研究

陈明生　答家丽

摘要　《中共中央关于全面深化改革若干重大问题的决定》（简称《决定》）提出准确界定不同国有企业的功能，将国企分为三类：公益性行业、自然垄断行业和竞争性行业。根据以往学者对国企分类标准的研究，结合《决定》的规定，根据国有企业提供产品的性质及所处行业的差别，可确定各具体行业所属的类别。不同类别的国有企业应实行不同的改革路径：公益性国有企业应该加大财政的投入力度，加强对政府的监督，能放开的领域适度引入竞争机制；自然垄断行业的国有企业应分割垄断性业务和竞争性业务，行政审批方面加大力度引入非国有资本，加快垄断国企去行政化，完善对垄断行业的价格管制，并且不反对竞争形成的垄断；竞争性行业应大力引入混合所有制资本，进一步完善现代企业制度，选聘优秀的企业家作为经营者，政府应给非公有资本创建良好的发展环境。

关键词　国有企业；分类改革；现代企业制度

一、引言

我国国有企业从诞生之时起就肩负着政府职能和营利双重责任，国企改革到今天仍然存在政府干预过多、效率低下、产权不清晰、各方面制度不完善等若干问题。近几年是国企改革的攻坚阶段，为了使中国经济保持持续增长，实现中华民族的伟大复兴，必须进一步深化国企改革。国内已有研究主要关注以下几个方面：国有企业去行政化，混合所有制改革，现代企业制度的建立和完善，产权制度改革，薪酬制度改革等。因为，国有企业遍布各个重要行业和关键领域，而各个领域具有各自不同的性质和特点，因此讨论国企改革路径，必须首先将国有企业进行分类，在不同性质的行业中实行不同的改革措施。

中共十八届三中全会通过的《中共中央关于全面深化改革若干重大问题的决定》（以下简称《决定》）中提出要准确界定不同国有企业功能：国有资本加大对公益性企业的投入，在提供公共服务方面做出更大贡献；国有资本继续控股经营的自然垄断行业，实行以政企分开、政资分开、特许经营、政府监管为主要内容的改革；根据不同行业特点实行网运分开，放开竞争性业务，推进公共资源配置的市场化。可以看出，《决定》将国企按行业性质划分为三大类，即公益性行业、自然垄断行业和竞争性行业。本文拟分别分析三类国企的改革路径，并提出具体的对策。

二、国有企业分类

近年来，对国有企业分类改革的分类标准，很多学者进行了探讨，金碚（2002）根据产业定位将国有企业划分为竞争性产业、战略性资源产业中的国有企业、战略性高技术产业中的国有企业、管制性垄断产业中的国有企业、自然垄断产业中的国有企业、公用事业中的国有企业、非营利行业中的国有经济单位、敏感性产业中的国有经济单位、高社会风险产业中的国有企业、民间不宜经营的特殊行业十大类。杨瑞龙（2013）根据国有企业提供的产品性质及所处行业的差别，大体把它们分为竞争性企业和非竞争性企业，非竞争性国有企业又可分为提供公共产品的企业和从事基础工业、基础设施的垄断性企业两大类。高明华（2013）从目标维度和经营维度的矩阵中，将国有企业分为公益性国有企业、竞争性国有企业、垄断性国有企业三大类。高文燕、杜国功（2013）根据国有企业分类改革三力模型，将国有企业大体划分为三种类型：国家安全类国有企业、公共保障类国有企业和市场引导类国有企业。黄群慧、余菁（2013）基于企业使命差异的分类逻辑，将国有企业区分出公共政策性、特定功能性和一般商业性三种类型，用"一般商业性"的提法替代常见的"竞争性"的提法，以及用"公共政策性"的提法替代"公益性"的提法。邵宁（2011）将国有企业大体分为功能性的国有大企业和竞争性的国有大企业，其中，功能性的国有大企业包括三种类型：基础设施建设和公共产品的供给，重要资源的开发和关系国计民生的重要企业，其他为竞争性的大企业。学术界对国有企业类别的划分有各种标准，总体来说有两类和三类的划分。

《决定》中只是给出了大的类别，没有给出每一类中所包含的具体行业，本文概括学者已有的研究成果，对行业进行具体划分，如表1所示。

表1　国有企业分类

国有企业性质	具体行业
公益性行业国有企业	国防，公安系统，公共道路，路灯，下水道，城市美化，污染控制，公立学校，公立医院，公共文化设施，城市自来水，煤气，邮政，国家电网，国家政策性银行等
自然垄断行业国有企业	能源（包括电力）工业和基本原材料（包括重要矿产资源、钢材、石油化工材料等）工业；基础设施主要包括交通运输、机场、港口、通信、水利等
竞争性行业国有企业	制造业、建筑业、商业、服务业等

本文为了和《决定》中的划分类别保持一致，根据国有企业提供的产品性

质及所处行业的差别，采用三类别的划分，将国有企业按性质分为公益性行业国有企业、自然垄断行业国有企业和竞争性行业国有企业。

三、公益性行业的国企改革路径

在市场经济的运行中，市场这只"看不见的手"实现资源的优化配置，但对于具有非排他性特点的公共物品或公共资源，易存在"搭便车"现象，导致其边际成本大于边际收益，使公共资源无法由市场提供，而必须由政府提供。

公益性国有企业为居民提供大量的公共产品，使其生活更加便利，保证了居民的基本生存和发展。此外，由于《国有资产法》等一系列相关法律法规的完善，公益性国企基本建立起了相对完善的组织结构，使作为所有者的国家、经营者和其他利益相关者之间行成了三者相互制衡的局面。但是公益性国有企业运行过程中也产生了企业利用信息优势谋取利益、外部性导致供给不足、政府监管和约束机制不完善、沉淀成本高致使退出困难等问题（张世龙，2015），因此，除在改革过程中要最大限度地发挥国家控股的强大资本优势以外，还要逐步解决公益性国有企业在运行中产生的问题，使国企在这一领域的优势发挥到最大。

（一）加大财政投入力度

公益性行业普遍存在投资不足的情况，政府要对公益性行业加大财政投入，满足人民的基本生活需要。在财政资金有限的情况下，应拓宽公益性企业的投资渠道，尽可能通过直接和间接融资保证企业的资金链供给，避免投资不足引起资金链断裂，影响公共产品的供给，对人民的生产生活造成损失。公益性行业不能因为其本身的公益性而压低工人工资，应运用多种激励措施，提高企业运营效率。

（二）加强政府监管

针对公益性国有企业的特点，在设计绩效考评体系时需遵循以下原则：突出利益相关者考核指标权重，保持企业可持续发展，平衡长短期利益，平衡经济利益和社会责任，着重考核成本控制等。依据利益相关者理论，在综合现有主流绩效考评方法基础上，构建一个综合经济效益、社会责任和环境责任的绩效考评体系。在对公益性国有企业实施考评时，要比其他国有企业更强调社会责任指标，在实现成本控制的前提下，提升自身的社会贡献度（张世龙，2015）。要实现上述原则，加强政府的监管尤其重要。

（三）能放开的领域适度引入竞争机制

虽然公益性国有企业肩负着为社会提供公共产品的职责，但也并非所有的业务都具有正的外部效应，有些可以通过特许经营的方式引入非公有制资本，在财政资金有限的情况下，更多地利用市场来满足公共产品的提供。公益性国有企业多处于垄断性行业，引入非公有制资本相当于引入适度的竞争，给公益性行业注入新的活力，有利于提高其运营效率，为社会提供更多更好的公共产品。

四、自然垄断行业的国企改革路径

某些行业在一定范围内具有规模报酬递增的特点，这些行业形成了一家或者有限的几家大企业垄断整个行业的格局。当然，垄断形成的原因除了规模经济外，还存在行政垄断因素。自然垄断行业中的国有企业既有政府赋予的特权，又没有外部相关企业的竞争，因此普遍存在定价不合理、低效率、缺乏监管等问题，成为国企改革中最艰难的部分。与公益性行业相比，垄断性行业的部分业务由市场提供更有效率，因此可以进行混合所有制改革，将部分业务分出给非国有资本，既保证国有资本的控制力，又引入了市场竞争，实现了国有资本的保值增值。

《决定》指出，要通过引入非国有资本、放开竞争性业务等方式来对垄断性国有企业进行改革，具体来说，有以下五点措施。

（一）分割垄断性业务和竞争性业务

整体而言，电信、电力、铁路等行业具有自然垄断性，但并不意味着这些行业的所有业务都具有自然垄断性。多数学者认为，基础连接网络的经营业务是自然垄断性业务，而其他业务则属于一般竞争性业务。因此，在自然垄断行业引入竞争机制，一个可行的思路是首先分割自然垄断性业务和一般竞争性业务。在自然垄断性业务中，为了获得规模经济效益，只允许一家或少数几家企业经营，对一般竞争性业务，则应该放松进入管制，由多家企业竞争性经营（张青，2006）。

（二）完善审批制度，加大力度引入非国有资本

行政垄断是我国垄断经营中的重要特点，即依靠体制或政府授予的某些特殊权力对经济活动进行垄断和限制竞争。而政府在进入管制中，最能阻碍私营企业进入其中的就是行政审批制度。即使有些行业向非公有制经济敞开了进入的大门，但在非公有制经济进入之后，也会受到很多牵制，甚至四处碰壁。这些行政壁垒不消除的话，混合所有制的发展必然会受到重重阻碍，因此必须在行政审批上直接给非公有资本开辟道路。政府要加快制定非国有资本参与中央企业投资项目的办法，完善行政审批流程，给民营资本更多空间。

（三）加快垄断性国有企业去行政化

《决定》中的政企分开、政资分开就是指国有企业的去行政化。《国有资产法》规定，国有资产监督管理委员会代表国务院和各级人民政府行使出资责任。国资委应依照《公司法》以及相关行政法规的规定，履行出资人的职责，这是国资委的管理职能。其次，国资委应对所监管的国有资产的增值保值进行监督，这是国资委的监督职能。从法律和行政法规可以看出，国资委承担了出资人、监管者、管理者三个职能，职能行使不当极有可能使国有企业在运行过程中出现严重的行政干预。因此，要加快转变政府职能，让政府从越位的状态逐步转变到社

会管理者和提供公共物品的角色中去，真正地把更多的职能交给企业和市场。

（四）完善对垄断行业的价格管制或价格形成监督

由于自然垄断行业多是独家垄断或寡头垄断，而且政府与企业之间存在严重的信息不对称，垄断企业可能虚报成本，使市场价格过高，因此，政府必须对垄断企业实行价格管制，激励企业降低成本，提高效率。我们可以进一步了解企业成本的形成过程，确定适当的管制价格调整周期，以降低管制的"滞后效应"；可以运用区域间比较竞争管制方式，以成本较低的地区为基准，并考虑不同地区之间的差异，然后综合考虑制定管制价格；可以在定价的同时制定一个比例，让企业分享降低成本带来的好处，使垄断企业运行得更有效率（周梁，2009）。

（五）不反对竞争形成的垄断

自由竞争到一定程度必然引起垄断，当今对垄断国有企业进行改革不是对"垄断"这一市场经济国家都存在的现象进行彻底否定，而是对国有企业效率低下、政府垄断所带来的弊端加以解决，不是反对竞争形成的垄断。竞争过程中形成的垄断除了有规模经济的优势外，在一定程度上有利于技术创新和进步，有利于企业竞争力的提高。中国国有企业的问题不是垄断本身，而是集中程度远远不够。2015年，随着"一带一路"和央企"走出去"战略的提出，垄断国企的合并重组拉开序幕，意味着遵循市场规律的垄断企业正在发挥它的竞争优势，在国家全球性的战略部署中起到积极的作用。

五、竞争性行业的国企改革路径

竞争性国有企业是指国家投资建成的、基本上不存在进入与退出障碍、同一产业部门内存在众多企业、企业产品基本上具有同质性和可分性、以利润为经营目标的国有企业。

对于竞争性行业，要根据不同国有企业的情况来进行改革。对经营效益好的国有企业，要充分肯定国有资本对其发展的作用，鼓励其发展壮大，对于经营效益低下的国企，应该全面放开，大力引入非公有制资本，大力推进混合所有制改革。总体而言，竞争性行业中的国有企业应采取以下改革措施。

（一）大力引入非国有资本，发展混合所有制经济

竞争性行业应该大力引入非国有资本，通过股份制和上市等途径为非国有资本的进入打开通道。国有企业产权的多元化是国有企业其他方面改革的基础，只有实现了产权的多元化，才能真正引入竞争因素，真正实现国有企业的去行政化，真正建立起完善的现代企业制度，真正完成政府职能的转变。

（二）进一步完善现代企业制度

建立产权清晰、权责明确、政企分开、管理科学的现代企业制度，才能使国有企业真正适应市场竞争的要求，真正实现所有者与经营者的分离，提高经营效

率。为此，国有企业首先要在内部建立优胜劣汰的机制，形成激励机制，促进内部资本等资源的优化配置；其次，要促进国有企业员工的流动，做到管理者能上能下、职工能进能出，通过竞岗和按劳分配激发员工的积极性；再者，要切实重视产品质量和生产效率，形成完善的技术创新机制；最后，国有企业要自负盈亏，做好经营风险的预防（毛燕妮，2015）。

（三）选聘企业家作为企业的经营者

企业家是市场证明拥有企业家才能的人（陈明生，2007）。企业经营终究是人的问题，能否遴选出企业家担任企业领导人，并对其进行有效的激励和约束，是国有企业能否搞好的关键。选择合适的经营者，应由企业根据自己的需要来选择企业领导人，而不是通过政府直接任命等行政方式。

（四）给非公有资本创建良好的发展环境

与公有资本相比，非公有资本发展壮大依然有各种各样的障碍，例如间接融资难，供担保资产少，直接融资渠道有限，知识产权和物权的保护依然不到位等，远不如国有企业那样具有各方面的先天优势，其发展环境仍然需要改变。国家应该在各方面加强对非公有资本的支持力度，特别是融资方面，健全信用评估体系和社会担保体系，多给予优秀的私营企业以政策上的扶持，扩大创业板、中小企业板的融资平台，真正把非公有制经济放在重要的地位，激发非公有制经济的活力和创造力。

六、结论

改革开放以来，国企改革经历了"放权让利""利改税""承包经营责任制""建立现代企业制度"等阶段，实际上是政府试图提高国有企业经营效率，使国有企业逐步市场化的一个过程。国企改革是我国经济体制改革的一个重要部分，改革最核心的任务就是弄清政府和市场的关系。国有企业的分类改革就是把国有企业的经营业务真正清晰划分开，属于政府应该大力发展的，就交由政府集中管理；属于市场的，就放开交由市场去运作，每一个行业的国有企业都应有不同的改革措施。

国有企业可划分为公益性行业、自然垄断行业和竞争性行业中的国有企业，三种行业中的国有企业应采取不同的改革路径。针对公益性行业存在外部性导致供给不足、政府监管不到位等问题，应采取加大财政投入力度、加强政府监管、能放开的领域适度引入竞争机制的改革路径；针对自然垄断行业的定价不合理、经营效率低、缺乏监管等问题，应分割垄断性业务和竞争性业务，完善行政审批制度，加大力度引入非国有资本，加快垄断国企去行政化，完善对垄断行业的价格管制，并且不反对竞争形成的垄断等改革路径；针对竞争性行业国有企业预算约束不明显、管理趋于行政化、效率低下的现象，应大力引入非国有资本，进一步完善现代企业制度，遴选企业家作为企业经营者，政府应给非公有资本创建良好的发展环境的改革路径。

综上所述，三种类型的国企存在的问题并不相同，所以绝对不能一概而论进行私有化，必须分类制定不同的改革路径，完善国企改革的顶层设计。

参考文献：

[1] 金碚. 国有企业是特殊企业 [J]. 内部文稿，2002（9）.

[2] 杨瑞龙. 国有企业的重新定位及分类改革战略的实施 [J]. 国企，2013（7）.

[3] 高明华. 论国有企业分类改革和分类治理 [J]. 行政管理改革，2013（12）.

[4] 高文燕，杜国功. 国有企业分类改革研究 [J]. 发展研究，2013（10）.

[5] 黄群慧，余菁. 新时期的新思路：国有企业分类改革与治理 [J]. 中国工业经济，2013（11）.

[6] 邵宁. 关于国有企业改革发展方向的思考 [J]. 上海国资，2011（1）.

[7] 张世龙. 公益性国有企业改革和发展问题研究 [D]. 吉林大学，2015.

[8] 张青. 我国自然垄断行业国企改革的模式构建 [J]. 改革与开放，2006（11）.

[9] 周梁. 自然垄断行业的政府价格管制 [J]. 黑龙江对外经贸，2009（10）.

[10] 毛燕妮. 国有企业建立现代企业制度的路径探析 [J]. 中国管理信息化，2015（18）.

[11] 陈明生. 企业家才能及分析框架 [J]. 经济体制改革，2007（5）.

一般竞争性行业国有企业改革中管理层收购的适应性研究

于　平

摘要　国有企业改革是我国市场经济体制改革中一直未能解决的难题，而上市国有企业的退出机制不失为国有企业改革的重要措施。这对我国一般竞争性行业中上市的国有企业来说更具有现实意义。本文就一般竞争性行业中上市的国有资本退出中的管理层收购的背景、特点、风险，以及相应的风险防范措施进行分析，以期对我国国有企业改革提供相应的政策建议。

关键词　一般竞争性行业；国有企业；管理层收购；控制权；杠杆收购

一、我国国有企业管理层收购（MBO）的背景

多年来，我们一直坚持以公有制经济为主体的社会主义经济制度，为发展社会主义经济、保障人民群众的生活起了不可替代的决定性的作用。在这期间，国有经济的规模越来越巨大，国有资产的数量越来越庞大，同时存在的问题就是国有资产普遍效率低下。效率低下根源于国有企业普遍存在的产权问题。由于我国国有企业中普遍存在产权不明晰、政企不分等问题，必然导致国有企业中缺乏有效的激励机制，管理者经营积极性不高，人力资本被抑制。同时，国有企业委托代理成本过高，存在"所有者缺位"现象，又因治理结构不合理，存在严重的"内部人控制"。要解决这些问题，必须对国有企业进行改革。

随着我国社会主义市场经济体制的确立，国有企业改革已经从开始的"放权让利""承包经营""减员增效"，到现在的"国有经济战略性调整"，相当一部分国有企业将从竞争性行业中退出，国有资产将逐步集中到关系国民经济命脉的关键领域和重点行业。在国有经济战略调整的过程中，选择的国有资产转让方式是否合理，将直接影响到国有经济战略性调整的成败。

改革开放以来，国有企业改革经历了多次"试错"式的探索，学术界、政府和企业界已经得出了一个共同的结论：必须实行产权多元化。只有彻底消除原先的国有企业所有者缺位现象，才能建立激励和约束并存的公司治理结构，这样的企业才是真正意义上的现代企业。但是，如何完成国有企业的这一战略改组，以及如何在这一改组过程中平衡国家、企业和职工多方面的利益，以实现平稳过

渡，是当前的现实和核心问题。

党的十六大以后，国有经济的战略性重组和国有资本在一般竞争性行业的逐渐退出已经进入了一个新的操作性阶段，对处于竞争性行业的国有及国有控股企业，以及国家已决定实行国有资本退出的国有及国有控股企业、上市公司，在国有资本（国有股）退出过程中，通过管理层收购（以下简称 MBO）形式来实现退出承接是一种较好的选择。国有股通过证券市场减持的收益直接上交到国家充实社会保障资金，不但增加了国家收入，而且搞活了相应的国有企业。

二、我国国有企业管理层收购的特点

从十六大到现在十多年过去了，国企退出机制中的 MBO 已经实施了很多年，总结其特点，主要有以下几个方面：

一是取得控股权。虽然各公司 MBO 的规模不等，但 MBO 后原来的管理层大都取得了对公司的控股权，为了避免要约收购，相对控股比例都接近但又低于30%。从被并购企业的股本特征来看，股份转让以前，第一大股东所持有的股权比例不是太高，这在一定程度上使管理层收购所需的资金成本不会太高。相应地，多数公司的流通股比例都较高，大部分流通股比例在50%以上。因为我国管理层收购股权性质都是国有股或法人股，上市公司流通股比例越高，管理层就不需花太大的代价就能取得上市公司的控制权。

二是所处行业较为分散。已实施了管理层收购的公司各行各业都有，既有工业企业，也有农业企业；既有传统行业，也有高科技企业，并且多是激烈竞争的行业，行业的竞争压力要求提高公司管理层经营的积极性，改善对管理层的激励，使 MBO 成为必要和可能。

三是协议收购为主，即收购方和被收购方的第一大股东在证券交易所之外以协商的方式，通过签订股份转让协议来进行股份的转让。在我国，上市公司收购可以采用协议收购和要约收购的方式，但由于我国上市公司股权结构的特殊性，目前上市公司收购主要采用协议收购的方式进行，只有极个别企业的收购是在公开拍卖场上竞得。

四是定价方式基本参考净资产指标，视股权性质各有不同。目标公司中法人股转让价格往往在净资产基础上进行折让，国家股转让价格均高于或等于净资产。这主要是在国有资产必须按照不低于净资产转让的硬性约束下，MBO 中有关国有资产的转让一般都按照该最低标准进行，而当转让的为非国有资产时，结合了一部分补偿性质的股权转让，股权转让价格必定比较优惠，一般都低于账面净资产。

三、管理层收购存在的问题与风险

在 MBO 改善公司治理结构的同时，也应该看到它本身的局限性。MBO 追求公司所有权与经营权的集中，是对现代企业制度的一种反叛，是一种对过度分权导致代理成本过大状况的矫正措施,与现代企业制度演变的趋势相背离,失去所有权与经营权分离所带来的好处。但 MBO 确实有助于解决我国上市公司国有股"一股独大"和管理层激励等问题,是我国"国退民进"战略结构调整一种不错的选择。然而,由于目前转让后的股份不能与流通股一样进行市场化流通,将可能形成新的"一股独大"——内部人控制更加严重,有更强烈的动机损害中小股东的利益。

当前,我国上市公司存在的主要风险有经营风险、融资风险、道德风险和财务风险。

(1)经营风险。经营风险是指企业因经营上的原因而导致利润变动的风险。影响企业经营风险的因素很多,主要有产品需求、产品售价、产品成本、调整价格的能力、固定成本的比重等。在大规模地从 2001 年的 MBD 以后,各公司业绩有明显的分化。根据年报,在实行了 MBO 后的第二年(即 2002 年)。有些公司的业绩增长迅速,如洞庭水殖(即大湖股份)净利润同比增长 52%,并连年盈利,直到 2008 年首次亏损 65%。但更多地出现了业绩大跌,方大净利润同比滑坡 582.43%。因此,将要实施管理层收购的上市公司要谨慎对待经营方面的风险,注意偿债带来的压力,提高灵活应变市场的能力和企业的整体竞争力。

并非所有的行业都适合实施管理层收购,MBO 的典型目标主要是相关产业未受管制、融资(资本支出)要求至少是可预测的或较低的制造业企业。由于管理层将面临巨额的利息支付和分期偿还贷款,所以企业对收益的稳定性和可预测性就非常重要,增长率较高的企业对融资的要求将限制其负债能力。快速增长行业或有较高增长潜力的企业不太合适 MBO,因为这种行业或企业经营历史往往较短,盈利能力不稳定,一般情况下,它们可用以杠杆收购的资产也相对较少,经营中的行业风险较大。

实施 MBO 虽可以改变产权关系,但如果企业不能在此基础上很好地实现资产结构调整及业务重新整合,调动员工积极性,则有可能导致经营亏损的风险,令管理层收购陷入困境。从已实施 MBO 的企业所披露的信息来看,他们没有把 MBO 与公司将来的业务重整计划结合起来,这样会使将来企业的发展陷入被动,制约企业发展的潜力。

如果实行 MBO 是通过某种优势以低价买入,即使管理者的初衷是长期经营,充分发挥管理效益提升空间,但是当出现高价套现的机会和诱惑时,还是会导致转移股份,引发公司管理的动荡,不利于公司的稳定和发展,从而出现短期行为。

由于我国国有企业(包括国有控股上市公司)在选人、用人机制方面存在问题,管理层不是真正意义上的职业经理层,而是靠任命、有任期。而个别管理者可能不是真正有能力、有事业心和"最有效使用资产"的人,由这样的管理者实施 MBO，企业的市场竞争力不强，将来会出现经营方面的管理者能力风险。

（2）融资风险。在我国，管理层收购需要进行大量融资，所涉金额巨大，往往超过了管理层个人的支付能力，因此融资成为必然。而目前国内可运用的金融工具十分有限，普遍的做法是：管理者先组建一个投资类有限责任公司，再由这个公司举债融资以获得支付收购股权的资金。在这个过程中，将产生一系列的问题。例如，资金来源的合法性和股票质押不合法问题。现有法律禁止企业拿股权或资产为抵押向银行贷款用以收购股权，但目前有些企业的管理层收购就是以股权作为质押向银行贷款。如深圳方大在完成管理层收购后，其第一大股东深圳市邦林科技发展有限公司和第二大股东深圳市时利和投资有限公司分别将所持上市公司 6 000 万和 4 200 万法人股向银行进行质押贷款。① 收购资金来源不透明，MBO 收购涉及的资金金额巨大，少则数千万元，多则上亿元。面对如此庞大的资金，大部分公司在公告中披露为自有资金，对下一层收购资金来源问题均避而不提。

（3）道德风险。管理层收购的资金来源分为两个部分：一是内部资金，即经理层本身提供的资金；二是外部来源，即债权融资和股权融资。一般情况下，目标公司的股权或资产的价格往往远远超过收购方（经理层）的支付能力，经理层自身提供的资金只占总收购价格中的很少一部分，大部分还是依靠外来资金。一般来说，债务融资在 MBO 收购融资中的比例超过 80%，管理层往往背负着高额的负债，这将给管理层造成巨大的财务压力，管理层可能利用关联交易等办法将上市公司的利润转移或资产转移。由于拥有控制权，高管们很可能轻而易举地将上市公司中的优质资产转移到控股子公司中，从而达到满足其私利的目的，受到侵害的是广大中小投资者。上市公司子公司 MBO 通常瞄准的是上市公司旗下的优质资产，而这部分资产通常是上市公司现在或将来的主要利润来源。即使子公司 MBO 实施溢价转让，母公司在短期内可以收回大把现金，可以保证全年盈利，但中长期来看，企业的持续盈利能力必将受到影响，中小股东的利益将被侵占。

（4）财务风险。财务风险是指全部资本中债务资本比率的变化带来的风险。当债务资本比率较高时，投资者将负担较多的债务成本，并经受较多的负债作用所引起的收益变动的冲动，从而加大财务风险。管理层收购是一种杠杆收购行为，通常情况下，管理层自有资金仅占收购资金的 10%—20%，因此，当有足够的杠杆时，股东收益率获得最大化，同时也伴随着较大的财务风险。我国管理层收购过程中不会直接给目标公司带来财务杠杆，因为收购资金不是目标公司借入，而是由收购者直接向外借入。但是当管理者取得公司控股权后，他们自己将面临巨大的还债压力。为了偿还债务的本息，管理者必须通过上市公司分红来获

---

① http：//wenku. baidu. com/view/3f80b3fe700abb68a982fb80. html？re = view。

得现金流。这样，上市公司除了需要维持经营活动的资金，还须每年拿出一部分现金分红以供管理层偿还债务。当现金流不足时，上市公司本身也需要向金融机构借款，导致财务杠杆增大，从而带来了财务风险。

四、解决 MBO 风险的方案与建议

俄罗斯、东欧等转型国家在 20 世纪 90 年代的私有化运动中曾大量借鉴 MBO 的形式，并一度被认为是可操作性最强的方式。然而，由于市场环境不完善、暗箱操作和寻租行为，导致权势者对国有资产进行瓜分。据统计，俄罗斯 500 家大型国有企业实际价值超过 1 万亿美元，但只卖了 72 亿美元，损失是惊人的。同时，以 MBO 方式取得企业所有权的经理们还面临着这样一个选择：是创造企业价值还是掠夺？在市场不完善的情况下，创造价值之所得远远小于掠夺的收入，从而导致这些国家的企业在私有化之后财务状况大幅度下滑。因此，我国进行产权改革的同时，应尽快完善市场结构，提高市场竞争。

（一）经营风险的化解

一是选择有稳定和可预期的现金流的成熟产业。由于 MBO 使管理层面临巨额的利息支付和分期偿还贷款，所以上市公司收益是否稳定和现金流的可预测性就非常重要。在 MBO 前，需要详细分析行业状况和市场竞争强度，选择消费性、非耐久性产品行业。这些行业的需求收入弹性相对较低，产业销售波动较小。选择成熟的产业，增长潜力较小，不需要大量的资金来维持经营，现金流量稳定。

二是基于管理效率提高的整合。由于代理成本的存在，管理者经营企业时不是从股东利益最大化出发，而是从自己的角度出发来经营管理企业，导致资金效率低，业务组合不具有协同效应。同时，又因为信息不对称，股东不清楚企业的详细经营情况，无法对企业的价值做出精确的判定。在这种情况下，MBO 管理层可能通过对公司的资产结构以及业务的重整，节约代理成本，提高企业资产使用效率，使企业的真实价值得到回归。据统计，美国已实施的 MBO 在收购宣布时股东财富平均增长 22%，在宣布日的 40 日内，股东财富增长达到 30%。目前国内上市公司大多脱胎于国有企业，管理层的聘用机制和薪酬机制尚未彻底市场化，有的管理层是由政府行政任命的，有的取得不俗业绩的上市公司得益于商品短缺和市场垄断。然而，有些上市公司取得佳绩的确是主要得益于一个优秀的管理团队，它们在激烈的市场竞争中赢得消费者，获得巨大的市场份额。只有在具备一个高素质的管理团队的基础上实施管理层收购，借以更大地激发管理者的潜能，才能有效地避免收购后的经营风险。

（二）融资风险的化解

管理层收购属于典型的杠杆收购，管理层单纯依靠自身力量是难以完成的，一般情况下，80% 以上的收购资金来源于外部融资。因此，应通过优化管理层收购融资体制，促进上市公司管理层收购健康、规范地发展。

一是培育机构投资者。合格的机构投资者是管理层收购步入良性发展的关键和核心。引入机构投资者的意义有：①通过引入战略投资者，可以建立国有资产转让过程中的价格发现机制，使国有产权转让定价趋于公平、合理，从而较容易得到政府及相关利益方的认可；②战略投资者可以推动企业建立规范的现代法人治理结构，避免纯管理层收购容易出现的"内部型股权多元化"的弊端，使改制后的国有企业能够既"换汤"又"换药"，真正实现体制转换和机制创新，全面提升国有企业竞争力；③减轻管理层的融资压力和还款压力，并有望依靠战略投资者的力量融资，从而解决管理层的收购资金来源问题。④国有企业借助战略投资者的产业优势及资源，对自身产业结构和资产结构进行调整，整合各类资源，做强做大主业，寻求新的产业增长点和利润增长点。此外，机构投资者具有资金量大、分散投资等特点，有利于降低投资风险，在一定程度上化解了个人融资可能带来的金融风险。因此，引进机构投资者有利于促进管理层收购的稳定、理性、健康发展。

目前，缺乏合适的融资渠道和融资机构，使我国上市公司管理层收购的大部分通过民间资本借贷解决。大量通过个人间协议流动的民间资本，一方面反映了管理层收购对融资的现实需求，另一方面隐含了不能到期还债而潜在的金融风险和社会不稳定因素。在管理层收购国有上市公司过程中，培育机构投资者是规范我国上市公司管理层收购行为、促进上市公司健康发展的重要途径。

现在，我国资本市场上的机构投资者已经初具规模，但在投资功能方面仍存在一些欠缺，主要表现为缺乏以产业投资以及专业化从事兼并重组的机构投资者。目前，国内一些机构借鉴发达国家的做法设立了一些 MBO 基金，作为战略投资者为管理层提供融资实施并购。具体运作模式是：基金公司与管理层共同购买目标公司股权，管理层和基金公司事先约定好一个期权协议，在未来某个时间由管理层按约定价格回购基金公司持有的那部分股权，基金公司将从股权增值中获得收益。为了控制风险，基金公司会同时要求管理层将持有股权的一部分质押在基金公司手中，一旦回购不成功，这部分质押股权将划归基金公司，这样，即使不能实现回购，基金公司至少可以借此成为公司大股东。

二是管理层收购融资工具创新。相对于西方发达国家，我国企业管理层收购的融资工具较少，主要体现在债务融资中，缺乏信用贷款、卖方融资、公司债券、次级票据、商业票据等融资工具；在权益融资中，不能发行优先股；权益融资和债务融资之间也缺乏相应的转换工具。借鉴西方发达国家管理层收购使用的融资工具，并结合我国国有企业管理层收购的现实融资需要，创新管理层收购融资工具，为企业综合利用多种融资工具、组合风险和收购成本提供了可能，将有利于促进管理层收购的健康、快速发展。具体包括：推进信用评级，促进信用贷款发展；逐步放宽商业银行贷款的有关限制；放宽企业债券的发行限制；探索次级债务工具；建立企业优先股融资机制。

三是建立和完善上市公司管理层收购融资的退出机制。在发达国家，管理层收购各种融资退出机制比较完善，表现为多种债务融资工具具有不同的退出时间和方式，权益融资具有多种退出途径，多层次、相互交叉转换的混合融资工具和退出途径构成了管理层收购融资退出机制。我国上市公司管理层收购融资的退出途径相对比较单一，表现为债务融资退出途径不通畅，权益融资退出的渠道不畅、交易成本过高。

我国管理层收购后的现实途径有：①进行战略重整。管理层完成收购以后必须进行大规模的重组，以大幅度提高公司业绩，减少高负债带来的还款压力。核心的工作内容是剥离非主营业务。非主营业务的处理一般有两种方式，一是将这部分业务独立出来；二是退出相关业务领域，这就意味着部分被剥离业务之相关资产将被变现，而这部分变现所得就为偿还 MBO 贷款提供了资金途径。②出售部分股权。管理层所购股份一般都达到了控股（相对控股或第一大股东）地位，这为其充分实现经营意愿提供了可能。随着公司业绩逐步提升，市场份额不断扩大，正是溢价出售股权的好时机。管理层收购股份时，均含有一部分价格折让，这是考虑在企业发展过程中经营者做出了重要贡献，同时也是法人股市场流通性差、竞争不充分的结果。价格上的优势为管理层未来出让部分股权提供了较大的升值空间，溢价售股所得成为其偿还 MBO 贷款的重要资金来源。

此外，应适时建立债务融资与权益资本相互转换的混合融资工具，如可转换债券、认股权证等，在保证债务安全性的同时，增加债权人的灵活选择机制，是管理层收购各种融资主体重要的退出途径，而且可以有效监督债务人的行为。

五、结论

MBO 是对现代企业制度的反叛，是企业所有权与经营权的重新结合。它本质上是让企业管理层享有剩余控制权和部分剩余索取权，让决策者承担决策的全部财务后果。在这种激励——约束动态平衡的条件下，自利动机会驱使他们尽可能地做出好的决策，避免坏的决策，从而强化决策的科学性，减少失误，让最有动力做出决策的人去决策。

当今中国资本市场进行 MBO 有着现实的意义，具体表现在以下几个方面：一是改善国有股独大所带来的公司无效治理问题；二是激励和约束企业管理者；三是帮助国有资本从竞争性行业中逐步退出；四是优化上市公司产权结构。但是，国内上市公司在实施 MBO 的过程中存在诸如经营方面、控制权方面、定价方面以及融资方面的风险和问题，造成的直接后果是使 MBO 无法实施或者 MBO 后企业经营失败。正确认识这些风险，能使企业管理者在操作 MBO 前保持一份警醒和慎重，而不是盲从。

为了防范这些风险，国有企业应从自身的状况出发，预测企业未来的收益和现金流，通过详细分析所处行业状况和市场竞争强度，制订 MBO 后企业重整计划和激励措施，包括业务整合、资本运营、管理制度改革等，使企业在 MBO 后获得持续发展，从而偿还各种融资款项。并且对企业的股权做合理安排，使其既能对管理者保持长期的激励，又能有效消除一股独大，遏止内部人控制。政府要建立一个完善、高效的控制权市场和配套的定价机制，大力培育机构投资者，鼓励融资工具创新，不断完善管理层收购融资的退出机制，确保 MBO 成为国有资产退出的一种有效手段，同时又能防范在操作中的各种风险。

随着 MBO 相关法律法规的配套与完善，会有越来越多的上市公司走上 MBO 的道路，相信在市场环境、法律环境和金融环境进一步向好的情况下，MBO 方式将会发挥更好的促进作用。

参考文献：

［1］张维迎. 企业理论与中国企业改革［M］. 北京：北京大学出版社，1999.

［2］米险峰. 管理层收购：作用、效果及影响［J］. 国际经济合作，2001（12）.

［3］王巍，李曙光，等. MBO 管理者收购——从经理到股东［M］. 北京：中国人民大学出版社，1999.

［4］徐士敏. 管理层收购（MBO）：中国企业家关注的热点［M］. 北京：中国金融出版社，2003.

［5］黄耀华，周奇凤. 中国企业管理层收购运作实务［M］. 广州：广东经济出版社，2003.

［6］郑德埕，沈华珊，张晓顺. 股权结构的理论、实践与创新［M］. 北京：经济科学出版社，2003.

从经济学视角看司法的公正与效率的关系①

马丽娜

摘要 公平、公正和效率是社会科学各学科共同研究的问题，本文从经济学的视角，认为在社会主义市场经济条件下，司法的公平与效率是对立统一的辩证关系，统一的或依存的关系是司法公正与效率关系的基点，公正与效率在现实中又常常是矛盾和对立的。两者的关系并非是绝对排斥和无法共容，两者均应为社会主义市场经济条件下司法活动所追求的价值目标。不同时期选择何者为先，应该以生产力和生产关系的矛盾运动为出发点。

关键词 公平；效率；社会主义市场经济

公平、公正与效率是人类社会发展的永恒话题，是不同社会制度追求的两大目标。但无论是公平、公正和效率自身的规定性，还是它们之间的关系，都是历史关系的产物，而且只有在一定的历史关系中才具有充分的意义和具体的内容。因此，考察公平与效率的问题，必须把它们同一定的历史条件、社会条件结合起来，和相对应的制度条件联系起来。我国现阶段选择的是社会主义市场经济，因此研究司法公正与效率的关系不能脱离这个大前提。

传统的观点认为，法律以公平、正义为最高价值标准，而经济则以效率为追求的重要目标。换言之，追求公正、公平是法律首要的职责，追求效率则是社会经济发展的第一目标。在我们构筑和完善市场经济的过程中，这一观念得到了人们更多的质疑。市场经济是最有效率的经济体制，市场经济的效率必须有法治保障。"市场经济主体包括公司、工厂、商店等的权利义务，由法律加以规范，依法自由自主运作，公权力不得加以干涉。公权力机构只能在法律框架内对经济主体加以管理，经济主体的合法权益应当受到充分的保障。"② 市场经济也是法治经济，因此，公正与效率是市场经济条件下的两大价值目标，同时也是我国司法制度所应追求的两大价值目标。

一、何为公正？

公正是政治学、伦理学和法学等学科经常使用的概念。"公正"最原始的含义就具有"平等地待人""给予每个人以应得权益"之意。公正的内涵是历史

---

① 该文是北京市哲学社会科学规划项目"民营经济和国有经济法律保护差异性的制度经济学分析"（12JGB064）阶段性研究成果。
② 陈光中．法治经济与司法工作［J］．人民法治，2016（1）．

的、发展的，美国学者博登海默认为，"公正具有一张海神般的脸，变幻无常，并且具有极不相同的面貌"。在不同的历史条件下同生产力水平相适应就有不同的表现形式。法律公正是社会其他公正的体现和保障，是社会公正最直接、最明显的标志。我们通过一系列监控司法权行使的制度来达到公正，以保障公民的正当权利，这是社会公正最基本的要求。

司法公正是法的公平与正义的一般概念在司法活动中的体现，从抽象意义上讲，"司法公正是司法权运作过程中各种因素达到的理想状态，包括在静态维度下法官、当事人和司法组织彼此之间的关系达到合理而有序的状态，在动态维度下从立案到审判最终到执行实现社会纠纷解决机制的功能。"①

具体来讲，司法公正包括实体公正和程序公正。西方有句古老的格言："正义不仅应当得到实现，而且应当以人们能够看得见的方式得到实现。"实体公正大致包括以下内容："法律平等地对待同样的行为，类似的案件能够得到类似的处理，所有案件在适用法律上平等。法官享有适当的自由裁量权，对'恶法'的回避与拒绝判决的内容应建立在法律依据和事实根据的前提下。程序公正是指司法独立无偏见的适用诉讼规则，如回避、审判公开等制度的贯彻。当事人诉讼权利平等，如平等地享有得到法庭通知、进行示证、质证、辩论的权利等，充分尊重当事人的处分权审判及时高效。"②

二、何为效率？

关于效率，经济学意义上的效率是指人们对经济资源的有效利用和合理配置。其理想状态为所谓的帕累托最优，即一种资源的任何重新配置，都不可能使任何一个人的福利增加，而使另外一个人的福利减少。也就是说，社会已达到人尽其才，物尽其用，而不存在任何浪费资源的状态，以致每个经济人都实现了经济福利的最大化。当然，这只是理论上的效率，现实中的效率只能是一个比较概念，即生产要素的投入与产出的比例关系，在投入既定的前提下产出最大，在产出既定的前提下投入最小，都是实现最大化的效率目标。效率原本是经济学的根本主题，但是随着社会经济的发展，人们基本价值趋向必然反映其所处的特定时代的经济发展水平，在今天的社会条件下，效率已成为社会共同的话题，成为衡量社会生产力的重要指标，政治学、社会学、法学都开始把效率作为自己学科领域的研究对象和追求目标。尤其是法经济学，将效率观念全面引入法律之中，认为法的宗旨是以价值得以极大化的方式分配和使用资源。

同公平、公正一样，效率也是历史的、发展的，是同生产力水平相适应的。

---

① 王晨. 司法公正的内涵及其实现路径选择 [J]. 中国法学，2013（3）.
② 葛卫民. 论司法公正与司法效率 [J]. 政法学刊，2005（4）.

生产力是效率存在的物质性基础，效率是生产力运动状况的标志。生产力发展状况不同，效率也有明显差异，它表现为一个由低到高的发展过程。其中，科学技术是造成生产力水平提高的物质基础，也是提高整个社会效率的物质力量。18世纪产业革命以来，人类经历了三次大的技术革命，每一次都是以自然科学理论的革命为先导，以生产工具的变革为标志，以效率提高为结果。没有新的科学技术的发展和应用，是不可能创造出新的生产力的，而没有新的生产力，也就不会有新的社会效率。生产力决定的整个社会效率水平的提高正是实现整个社会公正和把公正提高到更高层次的保障。

三、司法效率

司法效率应该包括两个方面，一方面是制度效率，是指司法制度的设计尽可能不损害市场效率，尽可能实现整个司法资源在全社会范围内得到有效、合理的配置，也就是通过司法活动达到一种社会福利最大化的目标；另一方面是行政效率，是指司法成本和司法收益的对比关系，通过充分、合理和科学的运用司法资源，降低司法成本，以最小的司法成本获得最大的收益。具体来讲，从整个社会利益来看，就是"通过司法机关的严格执法和裁判公正，从而有效解决冲突和纠纷，减少和防止各种社会犯罪给社会造成的各种损失和浪费"。司法成本包括两个方面，一方面是司法机关的执法成本，包括司法机关执法所需的物力和人力资源，如办公设置、人员的工资以及纠错成本；另一方面是当事人参与诉讼的成本，包括当事人用于诉讼的物力、人力以及为诉讼花费的时间成本和因为诉讼损失的机会成本等。因此，司法效率对司法机关而言，是以最小的诉讼成本实现司法公正。对具体的当事人来说，则是通过司法机关及时、有效地裁判纠纷，平息纷争，使当事人付出最小的成本，实现自身权利的最大化。在我国法学理论研究和司法实践中，人们对司法机关的执法成本关注比较多，而对诉讼当事人的诉讼成本研究和重视不够，这应该在今后的理论研究和实践中加强。

四、司法公正与效率的关系

司法公正与效率的关系是对立统一的辩证关系。其中，统一或依存的关系是司法公正与效率关系的基点。它们之间的统一性表现在两个方面：其一，两者的同一性表现在它们是相伴相随的、两位一体的概念，伴随社会发展的总趋势，适应生产力发展的要求，在由不公平、不公正逐渐实现公平、公正的过程中，获得效率的提高和社会的进步。效率是一定生产力条件下的效率，公正是一定生产关系下的公正。当生产关系与生产力相适应的时候，社会效率能达到最高点，社会公平和公正也能达到当时较为满意和可以接受的程度，司法公正也可以上一个台阶，整个社会得到相对稳定的发展。当生产关系与生产力不相适应时，社会不公平、不公正现象就会成为当时无法忍受的社会焦点，就会破坏生产力的发展，社会不得不进行变革。通过变革重新建立社会公平、公正秩序后，又将进一步提高效率，促进生产力的发展。其二，公正与效率两者相互依存，相互作用，相互促进。人的自由全面发展是公平、公正观念的终极价值目的，这一最终目的的实现必须依托经济效率的提高，所以效率提高为公平、公正的实现提供了物质条件。而公平、公正原则的实现会极大地焕发人们的生产积极性和主动性，同时公平、公正所反应的秩序合理性会促进社会整体效率的提高，所以说，公平、公正是效率提高的必要前提。现实中，司法公正和司法效率是不可分割的两个方面，司法公正本身就含有对司法效率的要求，没有司法效率，就谈不上司法公正。同样，若司法不公正，司法效率也无从说起。

一方面，在司法实践中，公正的同时也就意味着效率。因为司法结果的公正保证了司法效率的提高。不公正的程序与结果必然导致冤假错案的发生。当事人上诉、申诉等司法救济客观上造成了司法资源的浪费和当事人人力、物力和时间的大量耗费；另一方面，司法实践中对司法效率的追求本身就意味着司法公正，因为司法效率是指以最经济的方式来实现公正的目标。

公正与效率在现实中又常常是矛盾和对立的。它们之间的矛盾性表现在：在一定的历史条件、社会制度和经济体制下，效率的提高与公平、公正的增长并不是同步的，两者的地位和作用不是完全均等的，甚至有时效率的提高以牺牲公平、公正为代价，又有时公平、公正的实现是以损伤效率为条件。由于在一定的社会中生产要素的所有制形式和每个生产要素在生产过程中的作用不同，再加上人的天赋、才能的自然差别，从而使公平、公正与效率的矛盾普遍存在于迄今为止人类社会经济发展的全过程。只是在不同的社会发展阶段，在不同的国度，公平与效率的矛盾程度、范围、性质和表现形式不同。社会主义市场经济条件下，社会主义初级阶段公平与效率的矛盾不仅是必然的，而且是长期的。

因此，在一定社会制度条件下，司法的公正与效率两者存在一个何者为先的选择。是选择效率优先，还是选择公正优先？如何处理二者的矛盾？对各国政府来说都是两难的选择。尽管是两难的选择，但现实中任何国家都逃避不了这一选择。如何选择呢？同样应该以生产力和生产关系的矛盾运动为出发点。纵观世界经济与社会发展的一般规律，人类社会对公平与效率的选择具有这样的特点：在生产力发展水平相对低下及经济严重贫困时，人们往往侧重于公平、公正，甚至平均；而在经济发展到一定水平，出现相对繁荣时期时，注重效率又会成为社会普遍的要求；当生产力有了相当程度的提高，经济发展到相对较高的水平时，由于出现了较大的贫富差距，人们又开始回到更多地关注公平、公正上。在目前社会主义市场经济条件下，我们处于社会主义初级阶段，在社会主义市场经济条件下要以经济发展的基础和社会整体目标来把握两者的关系；要从两者关系的解决能否促进人与社会和谐、人与自然的和谐、人与人的和谐的高度来认识。同时，公正和效率是一个复合的多维体，在现实中如何处理两者的关系，要坚持具体情况具体分析的原则，并且理解和处理两者关系要做现实的和具体的分析，不能进行抽象、理想化甚至情绪化地解释。

司法公正与司法效率的矛盾在现实中的表现是，司法活动中司法公正需要以严格、严密和科学的诉讼程序为基础，而严格、严密的程序的制度设计和安排必然导致司法过程的冗长和烦琐。这样，公正与效率在司法实践中必然存在冲突和矛盾。一方面，严格、周密的程序客观上造成了诉讼时间过程的漫长和各种投入成本的庞大，从而使司法效率追求目标的实现非常困难。另一方面，为了提高效率、降低成本，简单便利的程序又会使人们对司法裁判的权威性与公正性产生疑问，认为过于简单的程序无法实现司法公正。

五、总结

总之，按照马克思辩证唯物主义进行分析，司法公正与司法效率是对立统一的辩证关系。尽管公正与效率存在冲突与矛盾，但两者的关系并非是绝对排斥和无法共容，两者均为社会主义市场经济条件下司法活动所追求的价值目标。现阶段，我国的司法制度中应该既追求司法公正，又追求司法效率，两者兼顾，刚柔相济。同时，我们也必须坚持具体的历史原则，适应社会发展规律的要求，以促进社会进步和人的全面发展为目标，根据不同条件和情况来认识和处理两者的关系，为建设既充满活力又井然有序的和谐社会主义社会，为实现人文环境、政治环境、自然环境和谐共赢创造有利的条件。

参考文献：

[1] 谭世贵，李荣珍. 中国司法改革理论与制度创新［M］. 北京：法律出版社，2003.

[2] 陈业宏，唐鸣. 中外司法制度比较［M］. 北京：商务出版社，2001.

[3] 博登海默. 法理学———法律哲学与法律方法［M］. 邓正来，译. 北京：中国政法大学出版社，1999.

[4] 宋冰. 程序、正义与现代化［M］. 北京：北京中国政法大学出版社，1999.

[5] 王利明. 司法改革研究［M］. 北京：法律出版社，2000.

[6] 王晨. 司法公正的内涵及其实现［M］. 北京：知识产权出版社，2013.

农地征收补偿标准的博弈分析与机制设计[①]

——基于孙中山地价税设想的一个解决方案

熊金武　徐　庆

摘要　土地征收是中国农地城市化的唯一途径，而农地补偿标准在大规模土地城市化浪潮中争论尤多。补偿标准核定可以理解为信息不对称下的定价行为，但是在中国，这种信息不对称问题在土地制度和征收制度下陷入困境而不能得到解决。传统农地年产值补偿法和区片综合地价无法满足居民户的激励相容条件和参与性约束条件。同时，孙中山提出的地价核定方式为解决信息不对称问题提供了思路，即实现信息揭示的直接机制。所以，解决中国农地征收补偿问题在技术层面上可以改革补偿方式，设计一种直接显示机制，不过制度上的根本出路在于改革土地产权制度和征收制度，即明晰土地产权，恢复居民退出权，保证居民出价权，提高居民评价能力，实现土地要素的市场配置。

关键词　土地征收；信息不对称；孙中山；机制设计

中国快速的城市化带来了大规模的城市土地需求和土地价值的暴涨，围绕土地征收制度的争论和反思从未停止。其中，土地征用补偿标准和方法作为土地价格的确定机制，成为关注的焦点。有学者强调完善土地征收补偿立法，严格界定公共利益，防止政府滥征土地[②]，并考察了已有土地征收过程中，农民与地方政府在征地补偿中的所得比例。事实上，中国征地补偿标准也有着比较长的变迁过程。在传统计划经济时代，补偿形式包括转换城市户口、安排就业、宅基地补偿等多样化补偿形式，到现在的资金补偿为主。于是，怎么计算补偿金额成为新的争论焦点。2004年10月21日，国务院下发了《关于深化改革严格土地管理的决定》，要求各地要制定并公布各市县征地的统一年产值标准或区片综合地价。于是有学者开始集中讨论当前积极推行的综合地价法，包括对区片价的科学测算，征地区片综合地价补偿制度可能的积极效应和弊端，并提出了相关完善的政策建议。[③]　基于简单的信息不对称假设，本文解析农地补偿机制设计面临的制度困

----

①　基金项目：中国政法大学青年教师学术创新团队支持计划资助（16CXTD07）和中国政法大学校级人文社会科学研究青年项目资助（15ZFQ79001）。

②　黄祖辉，汪晖. 非公共利益性质的征地行为与土地发展权补偿［J］. 经济研究，2002（5）：66～71。

③　李明月，史京文. 征地区片综合地价补偿制度创新研究［J］. 宏观经济研究，2010（8）：58～61；李彦芳. 征地区片综合地价测算方法与验证标准研究［J］. 中国土地科学，2007，21（1）：31～35；吕萍，刘新平，龙双双. 征地区片综合地价确定方法实证研究［J］. 中国土地科学，2005. 19：30～35。

境，并运用市场机制设计理论，回溯历史，提出可能的解决方案。

一、征地补偿定价机制模型设定

《中华人民共和国土地管理法》（以下简称《土地管理法》）第 2 条规定："国家为了公共利益的需要，可以依法对土地实行征收或者征用并给予补偿。"在征地过程中，政府依照相关法律规定补偿标准给予补偿。为了更好地刻画这个过程，现做如下假设。

（一）主体行为假设

首先是居民户。居民户 i 失去了农地的机会成本由两个部分构成：一是农地收入的损失 $\theta_i L_i$，$i \in = \{1, \cdots, n\}$。由于中国农村土地基本采取平均分配，所以假设面积 $|L_i| = L$。对于农地生产率 θ_i，假设单调分布，$\theta_i \geqslant \theta_2 \geqslant \cdots \geqslant \theta_n$。由于农地对居民具有多重功能，此处的农地收入包括失去农地的全部机会成本，即指土地不转换其农业属性时可以为居民户带来的收入。比如，有调查发现，土地对农民的最大效用第一是生活保障效用（37.5%），第二是直接经济收益的效用（22.7%），第三是提供就业机会的效用（13.8%），第四是征地后得到补偿的效用（10.7%），第五是子女继承效用（9.9%），第六是以免重新获取时支付大笔钱的效用（5.4%）。[①] 笔者 2008 年对上海市郊区农民调查也发现，居民对土地的认识具有多样性，不限于上面列举。对于固定成本 F_i，这部分成本与农地无关。在土地制度和户籍制度下，失地农民不能异地取得土地，只能"被城市化"，需要支付大量城市化的成本，如教育费用、医疗费用和社保费用的提高，以及新增的垃圾处理费等。$\theta_i L_i$ 和 F_i 信息只为居民户所了解。同时，农民可以取得政府决定的补偿收益 $\alpha_i L_i$，若是不接受，将反抗征地行为。

其次是地方政府。在中国，无论是公益性用地，还是非公益性用地，农地转化为非农用地都需要政府征收，土地征收制度蜕变为农地城市化机制。同时，《土地管理法》第 43 条规定："任何单位和个人进行建设，需要使用土地的，必须依法申请使用国有土地。"地方政府了解所征收土地的用途，并假设可以预期土地征收后的收益 $v_i L_i$，其中，v_i 由土地开发的用途及其区位优势等决定，不为农民所了解。同时，政府按照法定补偿标准给予失地居民户土地征用补偿 $\alpha_i L_i$。

（二）决策过程

依据国家规定，当前征地决策过程是：

首先，政府根据用地需求，决定征地；

---

① 刘红梅、王克强. 中国农村土地对农民多重效用的分布及年龄差异实证研究 [J]. 生产力研究，2006（4）：45~47，50.

其次，政府选择征地区域，公布补偿标准，发出征地要约；

再次，居民户根据自己的类型，决定是否接受征地补偿标准，否则提出抗议；

最后，政府决定退出征地还是讨价还价。

（三）社会最优化

对整个社会而言，社会剩余 $S_i = v_i L_i - \theta_i L_i - F_i \geqslant 0$，则土地征收能够增加社会福利，否则这块土地不具有开发价值，无所谓决策问题。社会剩余 S_i 最大化要求政府根据土地征用后生产效率 v_i、征用前生产效率 θ_i 和城市化成本 F_i，由低到高选择性地征收土地。对政府而言，追求土地财政收入（$v_i L_i - \alpha_i L_i$）的最大化。

（四）激励可行性

一个良好的机制应该具有激励可行性，即满足激励相容（Incentive Compatibility）和参与性约束条件（Participation Constraints）。依据前文假设，对居民而言，参与性约束条件是：$\alpha_i L_i - \theta_i L_i - F_i \geqslant 0$，激励相容条件是 $\alpha_i L_i - \theta_i L_i - F_i \geqslant \alpha_j L_i - \theta_i L_i - F_i$，$j \neq i$，$j \in \{1, \cdots, n\}$；对政府而言，参与性约束条件是 $v_i L_i - \alpha_i L_i \geqslant 0$，[1] 激励相容条件是 $v_i L_i - \alpha_i L_i \geqslant v_i L_i - \alpha_j L_i$。

二、当前土地补偿方法解析[2]

农地年产值倍数法和区片综合地价法是两种主要的土地价格衡量方法。下面将按照前文构建的框架，对它们分别加以解析。

（一）农地年产值倍数法

土地年产值倍数法是中国计算征地补偿标准的传统方法。土地年产值倍数测算法是征地时参照《土地管理法》中规定的补偿形式，在确定区片年产值标准的基础上，综合考虑当地的经济发展水平、城镇居民最低生活保障水平、被征地

---

① 政府参与土地征收的前提是土地补偿金低于土地出让金，不过有的时候出现了征地区片价比土地出让基准地价高的"倒挂"现象（赵丽等，2009）。这种情况的出现，除了农地补偿标准提高和基准地价更新时间时差等原因外，本质上是正常的。也就是说，这些地区不值得开发，并不能保证土地开发后的价值就一定高于农地价值。然而，在二元土地制度下，中国农地价格长期被低估，"倒挂"现象的出现可能与地方政府吸引投资的需求有关。长期以来，地方政府给土地征收赋予了太多的"责任"，为了招商引资过度压低基准地价，以至于低于按照很低标准计算的农地价格。若出让地价等于基准地价，那么，政府愿意贴钱吸引投资，体现了行政性资源配置的低效率。

② 鉴于中国独特的土地制度，土地补偿金额的低估事实上在其他方面有所弥补，比如，上海市地块成本抽样发现，"土地补偿费占征地成本的 3.1%、人员安置费占 7.8%、地上附着物补偿费占 16.3%、青苗补偿费占 0.1%、房屋动迁补偿费占 55.8%、政府规费占 1.8%、其他费用占到 15.1%。"（上海市房屋土地资源管理局，2009）可见，房屋补偿费比例很高，土地补偿费却很少。鉴于上海郊区农民房屋与边远地区房屋的造价相比并不会高多少，或许可以认为这种对住房的高补偿是对土地过低补偿的一种替代效应。

农民对土地的依赖程度等因素，以土地年产值标准倍数确定土地补偿费和安置补助费。同时，我国实行土地用途管制，将土地分为农用地、建设用地和未利用地，按照被征收土地的原用途给予补偿，形成征地补偿的差别定价的格局。此处假设为两类：$\alpha_i \in \{\alpha_1, \alpha_2\}$，$\alpha_1 \geqslant \alpha_2$。

这个标准注意到了不同土地价值的差异，形成 v_i 与 θ_i 的正相关关系。不过存在三个问题：一是忽略了对与农地面积无关因素的补偿 F_i，即使安置补助费也是，按照需要安置的农业人口数计算。需要安置的农业人口数，按照被征收的耕地数量除以征地前被征收单位平均每人占有耕地的数量计算；二是 α_i 中年份倍数的确定缺乏客观标准，几乎完全由政府决定，居民户难以表达自己的意愿；三是土地产值如何确定比较困难，尤其是鉴于土地生产效率 θ_i 更多为居民户所知。这就导致了参与性约束条件和激励相容性两方面的困境。

一方面，部分居民参与性约束条件不能始终满足。当前中国土地补偿标准还是继承了计划经济时代的方式，不具有很强的差别性。于是，对那些 $\theta_i \geqslant \alpha$ 的居民，$\alpha L_i - \theta_i L_i - F_i < 0$ 如果接受征地标准，就意味着福利损失，他们将拒绝土地被征收，从而出现居民户与政府之间的讨价还价。在当前法定补偿标准下，政府不能根据这些家庭的特殊情况灵活调整补偿金额，导致居民户与政府之间的零和博弈。只要 $v_i L_i - \alpha L_i \geqslant 0$，政府就可能凭借各种手段强制征收土地，从而引发社会矛盾。虽然这些年来 α 不断被提高，但是始终不具有差异性，必然导致部分居民户不能接受该补偿标准。

另一方面，激励不相容的困境。因为对任何一个取得 α_2 补偿标准的居民而言，$\alpha_i L_i - \theta_i L_i - F_i \geqslant \alpha_2 L_i - \theta_i L_i - F_i$，那么，鉴于居民的类型，$\theta_i$ 和 F_i 不能为政府所知道，就存在居民户隐藏个人信息的倾向。常见的是，居民户将未开发土地补种树苗、修建住房等。还有居民户故意夸大个人生活困难和城市化成本（F_i），要求政府给予更多的补偿。更由于土地划分标准不清晰，居民就会抗议同地不同价。

在年产值倍数法下，政府土地征用的时候不仅要考虑土地的开发价值，也愿意优先征收 θ_i 最小的土地，实现成本最小化。比如，浙江某市 1 类地区，征用农民集体的水田、旱地用于商业开发，政府所得是农民集体所得的 38.6 倍；征用农民集体建设用地用于商业开发，政府所得是农民集体所得的 98 倍；征用农民集体的未利用土地用于商业开发，政府所得是农民集体所得的 196.9 倍。① 不过如前所述，居民存在隐藏信息的激励，并且有的居民参与性约束条件也不能满足，难以筛选出生产效率最低和城市化成本最低的居民户，不能实现社会福利最大化。政府会凭借非经济手段取得土地，使土地征用处于不均衡状态，引发社会冲突。

---

① 廖洪乐. 农村集体土地征用中的增值收益分配 [J]. 农业经济问题（月刊），2007 (11)：8～12.

（二）区片综合地价法

征地区片综合地价是指依据土地类型、产值、区位、经济发展水平等因素，划分征地区片，并采用积算价格方法测算的区片征地综合补偿标准。征地区片综合地价等于农用地质量价格叠加社会保障价格。理论上农用地质量价格可以体现农用地对农民的直接经济效益效用，社会保障价格可以体现农用地对农民的基本生活保障效用。也就是说，除了农地价值以外，还可以给予一定的追加补偿（T）用于支付社会保障，统一补偿标准为 $\alpha L + T$。

区片综合地价消除了同地不同价、补偿随意性等被人诟病的问题，使一个区域内的土地价格相等，同时也是对居民户固定成本 F_i 的部分承认，形成 v_i 对应 θ_i，T 对应 F_i 的局面，区片综合地价形成了一个统一的标准，虽然能够减缓激励相容困境，但不能杜绝得不到足够补偿的钉子户。同时，区片综合地价还导致了新的问题。

首先，同地同价违背了土地地租差异性，征地区片价在解决"同地不同价"矛盾的同时造就了"不同地同价"的新矛盾。T 依然不具有足够的差异性，存在居民面临参与性约束条件不满足的情况，即 $\alpha L + T \leq \theta_i L + F_i$，导致那些土地收益率更高的农户不能得到更高的补偿，从而对新标准进行抵制。

其次，由于 T 一般是指居民的社会保障，忽略了居民从农村向城市转换的巨大成本，不能完全弥补居民的损失。把测算的土地补偿费和安置补助费看成失地农民社会保障基金的唯一来源，实属不合理，不能实现农村失地农民社会保障的可持续发展。

最后，综合地价依然由地方政府制定，那么，地方政府就存在压低综合地价的激励。$\alpha L + T$ 越低，政府取得的收益 $v_i L_i - \alpha L_i - T$ 就越大。这就事实上承认了政府主导下低价圈地，无法扭转当前的土地财政困局。

在综合区片地价下，政府不再考虑土地的生产效率和居民的城市化成本，会优先按照土地开发的价值 $v_i L_i$ 征收土地，追求利润最大化。相比于年产值倍数法，综合区片地价规避了居民户信息揭示的问题。不过，这并不能提高市场绩效，也不能改变土地征用中可能存在的利益冲突。

三、当前土地补偿方式的不足

如前所述，"同地同价"的区片综合地价必然导致居民户参与性约束条件不能得到满足，成为被动型钉子户，年产值倍数法按照土地用途设定的多样性补偿标准又必然导致激励相容的困境，二者都不能实现社会福利的最大化。究其原因，不仅在于信息不对称问题，还在于今日土地征收制度困境。

（一）补偿标准的统一性与补偿需求的差异性

中国当前土地征收制度继承于计划经济时代，行政性的土地征收补偿标准具有统一性，且弹性少。然而，居民基于自己的生存环境对土地有着各不相同的评价，或者为社会保障，或者为职业，或者为遗产等，更有诸如坟地、祖宅等对个人具有特殊重要性的土地需求。所以居民对土地补偿是具有很大差异性的。以农民人力资本差异为例。农民人力资本差异性集中体现为非农收入在家庭总收入中的比例。非农收入占比与农户土地流转意愿之间正相关关系十分显著。非农收入比例高的农户对农地的依赖程度低，更能适应城市的生活，往往采取主动的态度接受城市化，而非农收入比例低的农户则希望解决征地后的就业问题。当前的补偿制度忽视了农民之间人力资本的差异性和人力资本积累的渐进性，基本上按照统一标准给予一次性土地补偿，导致有些人力资本不足的家庭不能适应新的生活，陷入"种田无地，就业无能，低保无份"的"三无"境地。差异性补偿需求一旦不能满足，居民会选择退出土地征收，可能选择各种形式抵制土地征收。区片综合地价虽然规避了"同地不同价"的困境，但是依然不能解决差异性的土地补偿需求，导致农民在土地征收中的困境。解决这类问题的根本之道在于明晰土地产权，使土地的差异性得到体现，进而改革土地征收制度中的强制性，实现居民意愿的合理表达。

（二）"被城市化"与安置成本

在当前的户籍制度和土地制度下，农民一旦被征地，将失去继续做农民的自由，只能进入城市，被动地卷入城市化进程。然而城市化绝不仅仅是住上楼房、进城定居，而是一个深刻的变革过程，要求农民能够在城市实现再生产和市民化。这个过程是漫长的，需要大量资源的投入。有研究测算，对半城市化的农民工而言，每年为解决 2 000 万农民工市民化需要投入 2 万亿元，到 2030 年基本解决 4 亿农民工及其家属的进城和落户问题，使他们享受与城市原有居民同等的公共服务和各项权利。与农民工相比，被征地农民的城市化水平可能偏低，意味着更高的城市化成本。然而，土地补偿金主要还是按照农地产值计算，根本没有考虑农民进入城市的成本，必然导致部分农民在这个过程中面临着生活质量下降的风险。农民的"被城市化"可能蜕变为"城市贫民化"。现实中，由于征地补偿价格偏低、补偿费用拖欠、补偿分配不规范等原因，农民真正领到的补偿费用非常有限，并且大部分用到子女的婚嫁、修房建屋、偿还借款等生活开销上，无法发挥长久的养老保障功能，更不能承担起实现城市化和市民化的成本。一旦人力资本不足，他们只会沦为城市贫民。有调查发现，2 942 个失地农户的 7 187 名劳动力中，2.7% 在征地时安置就业，24.8% 外出务工，27.3% 经营非农产业，25.2% 从事农业，20% 赋闲在家，同时湖北、河南开封、江苏的调查户中存在收入水平下降的比例约有 56%、83%、33%，福建、陕西、广西的调查户生活水平下降幅度约为 17%、16%、5%。[①]"被城市化"否定了失地农民继续做农民的权利，不仅增加了征地安置成本，更引发了征地农民对补偿的争议。只有恢复居民

---

① 韩俊. 如何解决失地农民问题 [J]. 科学决策，2005（7）：5～11.

的退出权，保证居民异地安置的自由，即继续做农民的自由，那么，土地补偿的争议才能得到解决。

（三）没有退出权的土地征用博弈

土地征用市场是农地转化为非农用地的买方垄断市场，市场定价机制主要表现为居民户与政府围绕土地补偿金的讨价还价。当前的农地补偿方式是政府给予农户一次性资金补偿，农户不能参与农地未来升值的分配，形成围绕补偿金额的零和博弈。为了补偿金额的最大化，农户会寻求"关系"、越级上访、媒体监督等方式提高自己的讨价还价能力，或者采取一些策略性行为掩藏自己的土地出让意愿。政府会利用包括非经济力量的各种资源来实现取得土地成本的最小化，降低居民的谈判能力，提高居民的谈判成本。比如，有的地区对提前签约的农户给予更优惠的待遇、搬迁期间给予生活和住房补贴等，提高居民讨价还价的成本。同时，地方政府有意放松上访制度，增加上访成本，削弱居民讨价还价的能力。降低讨价还价能力最有效的方式是稀释农民对土地的产权，在法律上模糊农民的产权界定，阻止农民土地产权朝私有化方向发展。农村土地产权不明晰，土地承包经营权缺乏排他性，使农民缺乏维权的自我激励，也缺乏必要的法律支持，而当前土地制度对农地产权的不当限制直接侵害了当事人的土地权益。另外，居民户不了解土地的用途及其开发价值，而政府却知道土地用途，能按照升值幅度决定支出多少金额，所以讨价还价中居民处于信息劣势。

整体而言，居民谈判能力是比较弱的，可能存在谈判的成本过低甚至大于收益的可能，只好直接放弃谈判。据调查，有45%的受访者表示，面对强拆会选择"忍耐"，理由是"现在社会是官官相护，而自己没有强硬的社会关系网，文化水平又不高，所以没有能力与地方政府抗衡"，还有15%的选择"誓死不让拆迁"①。只要居民具备一定的谈判能力，或者因为补偿不能支付城市化成本，那么，居民也会无底线地与政府讨价还价。现实中，有的居民会采取长期上访和诉讼等方式，甚至在不能得到公义的情况下报复社会，造成长期的维稳问题，降低了政府的合法性。事实上，现在维稳费用已经占中国财政支出很大的一个部分，全国信访和地方冲突中很大部分是由于土地征收和钉子户问题。这个零和博弈最终很可能是两败俱伤。

四、一个可能的解决方案

当前土地补偿标准的困境是内生于当前土地制度和土地征收制度的。如果不配合相应的土地征收制度和土地制度改革，就不能形成基于土地要素市场价格的客观补偿标准，那么，任何补偿标准都无法避免政府与居民的讨价还价，

---

① 林俊荣. 闽中地区 S 村被拆迁户农民相关想法调查［J］. 重庆交通学院学报（社科版），2006（9）：54～57.

以及居民的贫困化。走出土地征收制度困境的关键就是恢复居民的退出权，即退出非公益性土地征收的自由、退出"被城市化"的自由和退出集体土地制度的自由[1]，进而明晰土地产权，允许土地产权多元化，发挥土地要素的市场调节机制。

一旦实现上面的改革，解决当前的土地补偿中信息不对称问题就可以通过构建新的补偿机制实现。这种机制是孙中山先生提过的。孙中山的地价税设想中，地价核定方式是核心问题。孙中山先生提出地价由地主自行申报，政府有权利"照地价收税"和"照地价收买"，"地主如果以多报少，他一定怕政府要照价收买，吃地价的亏；如果以少报多，他又怕政府要照价抽税，吃重税的亏。在利害两方面互相比较，他一定不情愿多报，也不情愿少报，要定一个折中的价值，把实在的市价报告到政府。地主既是报折中的市价，那么政府和地主自然是两不吃亏"[2]。这事实上就是一种解决当前农地补偿困境的方法，即调整当前土地征收补偿的决策过程。

首先，按照政府要求，居民公开自己的类型，并自行申报土地价格 $\beta_i L_i$；

其次，政府按照 $v_i L_i - \beta_i L_i$ 的大小序列决定征收对象；

最后，一旦政府决定征地，居民户必须接受。

在这个机制下，居民户为了最大化自己的收入，需要衡量做出两个决策，一是如何申报地价；二是是否接受自己申报地价的补偿。由于 β_i 由居民户自己决定，居民户不会申报低于安置成本的征地价格，那么就一定满足了参与性约束条件，$\beta_i L_i - \theta_i L_i - F_i \geq 0$。其次，居民户作为理性人，必然申报地价是其认为的最优补偿，$\beta_i L_i - \theta_i L_i - F_i \geq \beta_j L_i - \theta_i L_i - F_i$，避免了激励不相容。可见，这个机制有效地规避了居民户利益受损而被迫成为钉子户的可能性。需要注意的是，这种机制同时也避免了钳制问题（Hold-up Problem），因为这种机制具有简易型，先由每个居民户同时报价，再由政府选择征地范围，那么就规避了存在"最后几个居民户"的可能性，也就避免了"策略性行为"（Strategy-proof）。最有意义的是该机制为政府与居民户提供了一个"一对多"的协商机会。如果价格不能谈拢，那么只要保证政府与居民户都有退出交易的权利，就能规避钉子户的存在。

然而，这个机制却不一定能实现社会福利最优化。在社会福利最大化的情况下，政府应该优先征用那些农业生产率低、非农效用高和城市化成本低的土地。即社会剩余 $S_i = v_i L_i - \theta_i L_i - F_i$ 最大化要求政府根据土地征用后生产效率 v_i、征用前生产效率 θ_i 和城市化成本 F_i 由低到高选择性的征收土地。如何确保 $\beta_i = \theta_i$ 呢？居民户虽然知道政府的决策机制，却不知道 v_i 是多少以及可能的排序，可能声明一个非常高的金额，导致土地开发不能进行。于是，孙中山先生提出了涨

① 熊金武．被城市化的失地农民［J］．当代中国研究，2013（2）：179～196．
② 孙中山．孙中山选集［M］．下卷，北京：人民出版社，1981：838．

价归公的方案，即如果不接受征地，那么，今后土地将按照其价值缴纳累进税率的地价税，并且在土地流转中按照其升值部分缴纳土地增值税，降低了居民户高额申报地价的激励。也就是说，土地补偿的改革不仅需要地价核定方式本身的调整，还需要配套的土地税收制度的改革。如果实行累进税率地价税，那么，可以有如下分析：

假设税率与地价相关，且在地价上累进，即 $t = t(\beta_i)$，且 $t'(\beta_i) > 0$。由此，土地出售者的净收益为 $R_i = [1 - t(\beta_i)]\beta_i L_i - \theta_i L_i - F_i$。最优的喊价策略是 $dR_i/d\beta_i = 0$。解之得：$\beta_i^* = \dfrac{1-t}{t'(\beta_i^*)}$。不难发现，此时土地出售者的最优策略不再是 β_i 最大化。累进率 $t'(\beta_i)$ 越高，土地喊价的进一步上升受到遏制。另外，上述分析也揭示，固定税率地价税并不能限制土地所有者索取过高的报酬，固定税率中 $t'(\beta_i) = 0$，R_i 在 β_i 上单调递增。

孙中山的方案虽然有空想和不够完备的成分，却将土地价格的确定机制引向机制设计中信息揭示的直接机制（Direct Mechanism），即代理人将各自的类型告诉利益独立的第三方，第三方根据代理人的利益选择行为策略，最后代理人获得各自收益。不同于传统间接机制（Indirect Mechanism），即从代理人行为结果分析代理人类型信息的方式。根据"显示性原理"（Revelation Principle），如果间接机制下有贝叶斯纳什均衡解，那么，各代理人真实地报告自己的类型，总存在一个收益均等的直接机制的均衡。这个均衡相比于传统补偿方式下的定价机制，避免了居民户的激励相容性问题和参与性约束问题。

总之，中国农地补偿标准的困境具有制度层面和信息不对称两个方面的因素。第一个方面，当前土地制度和土地征收制度造成了政府垄断买方定价的制度困境，亟须改革。首先，保证居民土地产权的明晰。否则，交易对象依然模糊不清，争议不会消除；其次，保证居民具有足够的能力评价自己的土地类型和土地价格。鉴于大多数居民短期内可能缺乏这种能力，有必要暂时借用中立机构提出评估价格，逐步完善土地市场价格发现功能；再次，保证居民的退出权，否则难以避免零和博弈困境，也难以降低安置成本。这也是发挥市场调节机制的前提。最后，保证居民有还价和出价的权利，改变土地补偿方式的简单性，实现差异性补偿。第二个方面，信息不对称问题可以借鉴孙中山先生地价税思想中地价核定方式，实行申报地价，实现土地类型方面信息的直接显示机制，避免土地定价中的市场缺陷，满足市场的简易性原则，避免政府与居民户间各种策略性行为引致的零和博弈。鉴于"不存在绝对有效的产权安排，只能在状态依存的互动过程中寻求相对有效的产权结构"[①]，土地制度改革任重道远，那么优化土地补偿机制就显得尤其重要。

---

① 张曙光，程炼．复杂产权论和有效产权论：中国地权变迁的一个分析框架 [J]．经济学（季刊），2012（4）：1219～1238.

参考文献：

[1] 韩俊. 如何解决失地农民问题 [J]. 科学决策, 2005 (7)：5～11.

[2] 黄祖辉, 汪晖. 非公共利益性质的征地行为与土地发展权补偿 [J]. 经济研究, 2002 (5)：66～71。

[3] 冀县卿, 钱忠好. 论我国征地制度改革与农地产权制度重构 [J]. 农业经济问题, 2007 (12)：79～83.

[4] 雷震, 邢祖礼. 农村土地征用中的价格博弈分析 [J]. 财经科学, 2006 (8)：97～103.

[5] 李明月, 史京文. 征地区片综合地价补偿制度创新研究 [J]. 宏观经济研究, 2010 (8)：58～61.

[6] 李彦芳. 征地区片综合地价测算方法与验证标准研究 [J]. 中国土地科学, 2007 (1)：31～35.

[7] 廖洪乐. 农村集体土地征用中的增值收益分配 [J]. 农业经济问题 (月刊), 2007 (11)：8～12.

[8] 刘红梅, 王克强. 中国农村土地对农民多重效用的分布及年龄差异实证研究 [J]. 生产力研究, 2006 (4)：45～47, 50.

[9] 孙中山. 孙中山选集 [M]. 下卷. 北京：人民出版社, 1981：838.

[10] 王小映, 贺明玉, 高永. 我国农地转用中的土地收益分配实证研究 [J]. 管理世界, 2006 (5)：62～68.

[11] 魏静, 郑小刚, 葛京凤, 杜长友. 征地区片综合地价影响因素的相关分析 [J]. 中国土地科学, 2007 (4)：49～53, 64.

[12] 熊金武. 被城市化的失地农民 [J]. 当代中国研究, 2013 (2)：179～196.

[13] 赵丽, 付梅臣, 朱永明, 张长春. 征地区片综合地价与基准地价的关联度研究 [J]. 中国物价, 2009 (7)：38～40, 19.

[14] 张曙光, 程炼. 复杂产权论和有效产权论：中国地权变迁的一个分析框架 [J]. 经济学 (季刊), 2012 (4)：1219～1238.

（本文原以《农地征收补偿标准的困境解析与机制设计》为题发表于《现代财经》2013 年第 1 期, 经修正后选入本论文集。）

我国《宪法》中公私产权差异性保护的经济学分析①

马丽娜

摘要 随着我国市场化的不断深入，民营经济、私有产权的法律地位越来越明确，但是它依然不能在宪法中和国有经济、公有产权享受同等的法律保护，这已经成为制约其发展的重要因素。《宪法》中确定的两者产权不同的地位和不同保护力度，是由我国基本经济制度决定的。法律属于上层建筑，由代表社会主义经济基础的基本解决制度决定，并且反映了基本解决制度的要求。为此，必须推进市场化改革，不断完善社会主义基本经济制度，为民营经济在社会主义市场经济中健康发展、私有产权得到切实的保护创造条件。

关键词 宪法；私有产权；基本解决制度

一、前言

我国改革开放三十多年来，随着市场化改革的不断深入，民营经济的法律地位越来越明确，法律对民营经济及私有产权的保护也越来越完善。与此相对应，民营经济对整个国民经济的贡献也越来越显著。它在推进市场经济体制改革，促进经济增长方式转变，扩大就业，增加财政收入，构建和谐社会方面的作用越来越显著。2015年年底，我国确定了适应和引领新常态的供给侧结构改革，明确提出"去产能""去库存""去杠杆""降成本""补短板"五大任务。作为市场化推动力、产业结构升级主力军、技术创新新生力量的民营经济，无疑将扮演着重要角色。因此，民营经济和民营企业无论是在现在还是在未来，相当长的时期都是中国经济最具活力的经济形式和企业组织形式。但从目前来看，民营企业发展依然受到来自各方的制约。其中外部环境尤其是法律环境不利，不仅影响民营经济在未来中国经济发展中发挥应有的作用，更影响民营企业自身的制度创新和变革，已经成为制约民营经济健康发展的最关键因素之一。主要问题在于：法律制度不健全、立法不完善、执法不平等。既存在民营经济的法律空白区，也存在执法中不平等问题。《宪法》是国家根本大法，《民法》《公司法》《刑法》等法

---

① 本文是北京市哲学社会科学规划项目"民营经济和国有经济法律保护差异性的制度经济学分析"（12JGB064）阶段性研究成果。

律对民营经济和国有经济差异性的法律规定，对公私产权不同的保护力度，根本原因在于在我国《宪法》中两者具有不同的法律地位。

西方经济学理论认为，资本主义制度是永恒的，生产资料的私人所有是天经地义的，通过《宪法》保护私有产权是法律神圣的职责。对此的研究一直就没有中断过，不同时期的理论尽管在研究方法和结论上各不相同，但对《宪法》存在的核心作用和目的方面没有根本性的分歧。西方古典经济学将资本主义制度作为一种外生变量，认为在这一制度框架下，市场机制的自发作用能够实现经济的自我调节和资源的优化配置，从而促进国民财富的增长。因此，《宪法》存在的目的是保护私有产权，限制政府公权，保障自由竞争的规则，更好地维护有产者的利益。西方新制度经济学和西方正统经济学一样，也把资本主义制度当作既定的前提，不同的是，它们把制度作为内生变量，将《宪法》作为"资本主义制度"立体框架的顶端，对其进行深入剖析，提倡通过对自身经验和文化沉淀中经验的积累和学习，确立良好的意识形态，扫除不利于完全私有产权建立的制度锁定或路径依赖方面的障碍，促进《宪法》在不同规则下效率的增进和福利的增加。

学界对《宪法》研究的核心内容为《宪法》对私有产权的保护。在英国，洛克的思想占据了重要的地位，其《政府论》一书一度被奉为英国宪政学说的学术宪法。洛克（1690）指出，没有财产权就没有公正，政府的主要职责是保护公民的私有财产权，这成为西方宪政发展的启蒙思想。也正是从保护私有财产权的最高原则出发，洛克推导出了有限政府的结论，即宪政。亚当·斯密（1776）指出，"对牛羊的私占产生了财富不均，这才是真正的政府产生的原因。没有财产，就没有政府，政府的最终目的是保障财富和保障富人不受穷人侵犯"①。英国《自由大宪章》（1215）开创了在宪法中规定经济制度的先河。《自由大宪章》一共63条，有33条是关于财产保护、税收和经济自由方面的规定，如第39条规定：凡自由人，非经其具有同等身份的人依法裁决审判或依照国王的法律规定，皆不得被逮捕、监禁、没收财产、剥夺其自由权或自由习俗、褫夺法律保护权、流放或加以任何的其他侵害。《无承诺不课税法》（1295）规定：禁止政府未经权利人同意课税及征用或摊派其他物资。《权利法案》（1689）第4条进一步明确：凡未经国会准许，借口国王特权，为国王而征税，或供国王使用而征收金钱，超出国会准许之限制或方式者，皆为非法。

法国思想家卢梭（1762）在《社会契约论》一书中指出，人是生而自由的，却无所不在枷锁之中，在人类社会中，每个人都要放弃天然自由而获取契约自由，从而必须建立以社会契约为基础的民主的国家制度，从而保障人们的自由和平等权利。法国大革命后制定的著名文件《人和公民权利宣言》（1789）直至今日依然是法国宪法的组成部分，其第2条宣称：权利就是自由、财产、安全和反

---

① 张乃根. 法经济学 [M]. 北京：中国政法大学出版社，2003：43.

抗压迫；第17条规定：财产权是神圣不可侵犯的，除非当合法认定的公共利益的需要显得必须并且在公平而预先赔偿的条件下，任何人的财产不受剥夺。

美国在独立战争后制定宪法时，亦把经济自由、财政和税收等经济制度作为宪法的重要组成部分。美国史学家比尔德在其"美国宪法的经济观"（1913）一文中指出，出席制宪会议的55名代表均为经济界巨头，在经济界具有双重身份，甚至具有多重身份。这些代表中，有40人是国家公债的持有者，24人是银行家和放高利贷者，15人是种植园和农场主，14人是土地投机商，11人是工商业资产阶级。由此就不难理解为何宪法成为维护资产阶级尤其是大有产者权力的重要手段了。《美国联邦宪法》确认和保护私有产权的核心集中体现在第五修正案和第十四修正案，它们对人的生命、自由和财产等天赋权利给予极高的地位，同时对政府的权力予以极大的约束——如若剥削人民的上述权利，政府必须通过正当的法律程序并给予相应补偿。

通过英、法、美的宪法性文件可知，为了维护有产者利益而制定的经济制度，是整个宪法的灵魂和核心，宪法对公民权利的保障和国家权力的限制本质上都是为这一核心服务的。

但是，西方学术界对国有经济和民营经济、公有产权和私有产权两者性质属性差别的关注较少。尽管西方市场经济国家在生产关系调整的过程中，曾交替进行国有化和私有化，在国有化浪潮中国有经济的比重大幅度提升，在私有化浪潮中国有经济比重则相应下降。然而，在国外学者的研究视角中，无论对企业实行国有化或者私有化，本质上都是为资本主义制度服务的。在西方市场经济中，国有经济主要作用于市场失效领域，发挥弥补市场缺陷的作用，打造平等竞争的市场环境。另外，对于关系国民经济命脉和国家机密行业，诸如国防、造币等，也是国有经济覆盖的范围。总之，在西方经济学家的视野中，不存在民营经济和国有经济的本质差别，因而对从宪法保护差异性的角度进行探讨的研究成果较少。

我国计划经济时期，公有制一统天下，所有制结构单一，因此法律层面也不会出现不同性质的经济主体的差异性保护问题。从1966年开始，在"左"倾错误的冲击下，我国走上了更加彻底的排斥私有经济的道路，尤其是"文革"之后私有经济基本消失殆尽。政治、意识形态彻底否定私人产权、私人利益乃至整个私有经济，将我国所有制结构单一化的不合理性推向极端，形成了"一大二公三纯"的所有制结构，社会主义公有制成为我国唯一的经济基础。市场化改革以来，随着多种所有制格局的出现，社会主义基本经济制度的完善，尤其是民营经济的发展壮大，需要从宪法层面明确其地位，对其形成的私有产权予以保护，才能维护市场经济秩序，这些都体现在不同时期的宪法和对宪法的不断修正中。

二、我国宪法及修正案对民营经济及私有产权的相关规定

自1949年以来，我国共颁布了四部《宪法》及宪法性文件，通过了六个宪法修正案。这四部《宪法》分别是1954年《宪法》、1975年《宪法》、1978年

《宪法》和 1982 年《宪法》，六个宪法修正案分别是 1978 年两个宪法修正案和 1982 年的四个宪法修正案。

（一）1954 年宪法

1953 年，我国对民营经济实行"三大改造"，最终目的是形成全民所有制和集体所有制两种公有制的基本经济格局。1954 年《宪法》第 7 条规定："国家保护合作社的财产，鼓励、指导和帮助合作社经济的发展，并且以发展生产合作为改造个体农业和个体手工业的道路"。第 10 条规定："国家对资本主义工商业采取利用、限制和改造的政策……国家禁止资本家的危害公共利益扰乱社会经济秩序、破坏国家经济计划的一切非法行为。"由此可知，国家当时的目的是"消灭私有制"，民营经济在《宪法》中没有明确的法律地位。

（二）1975 年宪法

1975 年《宪法》第 5 条规定："国家允许非农业的个体劳动者在城镇街道组织、农村人民公社的生产队统一安排下，从事在法律许可范围内，不剥削他人的个体劳动。"第 7 条规定："在保证人民公社集体经济的发展和占绝对优势的条件下，人民公社社员可以经营少量的自留地和家庭副业，牧区社员可以有少量的自留畜。"由此可知，《宪法》承认了"个体劳动者"的存在，但是并没有承认"个体经济"的存在。而且《宪法》对"个体劳动者"限定了严格的条件，如"在法律许可范围内""不剥削他人"等字眼。

（三）1978 年宪法及两个修正案

1978 年《宪法》中没有对个体经济进行进一步的规定，对"个体劳动者"的规定也类似于 1975 年《宪法》。1979 年 7 月和 1980 年 9 月分别对这部《宪法》进行了修改，但是对个体经济当时唯一的私有经济成分，性质定性的规定没有变化。

（四）1982 年宪法及四个修正案

1. 1982 年《宪法》肩负起了中国社会主义建设和改革开放的历史任务，首次给予个体经济合法地位。其第 11 条规定："在法律范围内的城乡劳动者个体经济，是社会主义公有制经济的补充。国家保障个体经济的合法的权利和利益。国家通过行政管理，指导、帮助和监督个体经济。"由此可知"个体经济"虽然具有合法地位，但只是"公有制经济的补充"。国家运用"行政"管理的方法对其进行"监督"，而对国有经济并未有类似的词语出现，进一步说明其待遇与国有经济大不相同。

2. 1988 年宪法修正案对 1982 年《宪法》中的第 11 条增加了规定："国家允许私营经济在宪法规定的范围内存在和发展。私营经济是社会主义公有制经济的补充。国家保护私营经济的合法权利和利益，对私营经济实行引导、监督和管理。"由此可知，国家给予"私营经济"合法地位，其地位相当于"个体经济"，都是"公有制经济"的补充。同时，国家对其范围进行限制，限定在"在宪法规定的范围内"。另外，个体经济受到的待遇是"指导、帮助和监督"，私营经济受到的待遇是"引导、监督和管理"——相比于个体经济，国家对私营经济依旧是不信任的，不仅要予以"监督"，还要进行"管理"。可见当时不同经济成分的待遇是不同的。

3.1993 年宪法修正案最为关键的规定是我国经济制度的变更，这主要体现对 1982 年《宪法》第 15 条的修改，规定"国家实行社会主义市场经济。国家加强经济立法，完善宏观调控。国家依法禁止任何组织或者个人扰乱社会经济秩序"。

4.1999 年宪法修正案对 1982 年《宪法》的第 6 条进行了修改，规定"国家在社会主义初级阶段，坚持公有制为主体、多种所有制经济共同发展的基本经济制度，坚持按劳分配为主体、多种分配方式并存的分配制度"。同时对 1982 年《宪法》中的第 11 条进行了进一步的修改，在原 11 条中对"个体经济"和"私营经济"的规定由原来的分别规定转而合并规定："在法律范围内的个体经济、私营经济等非公有制经济，是社会主义市场经济的重要组成部分。国家保护个体经济、私营经济的合法的权利和利益。国家对个体经济、私营经济实行引导、监督和管理。"由此可知：①在宪法中首次出现了"基本经济制度"的概念，并对我国现阶段的基本经济制度和分配制度以根本大法的形式予以确定。②在宪法中首次出现了"非公有经济"的概念，这个概念作为个体经济、私营经济的上位概念，首次和"公有制经济"并列，但是这种并列并不是完全意义上的平等，非公有制经济只是社会主义市场经济的重要组成部分。不过相比于先前的"补充地位"，还是具有重大的历史进步。③国家提出要保护"个体经济"和"私营经济"的"合法"的权利和利益，但是对其他非公有制经济形式的规定较为模糊。④个体经济和私营经济的"待遇"都是"引导、监督和管理"，说明对民营经济的监管依然是政府对经济调控的重点。

5.2004 年宪法修正案结合我国经济生活中的重大变化，对《宪法》进行了相关修改。2004 年宪法修正案对原第 11 条修改为："国家保护个体经济、私营经济等非公有制经济的合法的权利和利益。国家鼓励、支持和引导非公有制经济的发展，并对非公有制经济依法实行监督和管理。"规定了"公民的合法的私有财产不受侵犯"。由此可知：①国家提出要保护其他形式非公有制经济的合法权利和利益。②国家对非公有制经济的方针发生了变化，从"引导、监督和管理"变为"鼓励、支持和引导"，但同时强调要"依法"进行"监督"和"管理"，表明国家重视法治在市场经济运行中的监管作用。③从公民私有财产保护角度加强了民营经济企业生存权的保障，但私人财产权仍没有明确规定为公民基本权利。

总之，《宪法》相关法条的变迁历程是我国民营经济发展历程的侧面反映。

1954 年《宪法》没有私有制的地位，1975 年《宪法》首次承认个体劳动者的存在，1982 年《宪法》首次赋予个体经济合法地位，1988 年宪法修正案首次赋予私营经济合法地位，1993 年宪法修正案正式确认实行社会主义市场经济，1999 年宪法修正案明确规定了我国的基本经济制度，2004 年宪法修正案承认保护非公有制经济的合法权利和利益，依法监督管理。《宪法》对民营经济的规定从无到有并层层深入，说明随着我国市场经济的深入发展，民营经济不仅为我国宏观经济的发展注入了新鲜的力量，而且对塑造平等的市场竞争环境、监管环境具有强烈的诉求。

三、我国《宪法》中民营经济不公平的法律地位和差异性法律保护的具体表现

（1）《宪法》规定的不同所有制不平等的法律地位。虽然 1999 年和 2004 年的宪法修正案界定了法律规定范围内的个体经济、私营经济等非公有经济是社会主义市场经济的重要组成部分，但并没有从根本上改变民营经济的法律地位。《宪法》规定公有制经济是主体，国有经济是主导，非公有制经济自然就居于从属地位，导致其在发展中受到种种不应有的限制，无法享有和国有经济一样的公平待遇。

（2）《宪法》对不同所有制及公私产权的保护的力度是不均等的。我国目前仍然按照生产资料所有制性质将财产划分为国家财产、集体组织的财产、公民个人的财产和社会团体的财产，并且对不同所有制性质的财产采取不平等的保护措施。经过 2004 年对《宪法》的修改，私人财产权保护有了更明确的宪法依据，但私人财产权仍没有明确规定为公民基本权利，缺乏基本权利属性。同时，对公共财产和私有财产的保护，《宪法》"采用的原则是不平等的，对公共财产的保护采取更为积极和主动的政策，而对私有财产的保护显得消极和被动，在具体保障力度上明显向公共财产倾斜，导致两种财产权保障不平等。"① 对公共财产，《宪法》规定："社会主义公共财产神圣不可侵犯"，"国家保护社会主义的公共财产。禁止任何组织和个人用任何手段侵占或破坏国家和集体的财产"。而对私有财产的保护却没有这样大的力度，"公民的合法私有财产不受侵犯"，表面上字意的表述似乎区别不大，实际上是一种差别对待的反映。民营经济的发展不得侵害公有制经济的主体地位，但并没有对等的规定，国有经济的发展不得侵害民营经济的合法权利。中国宪法制度的这个限定性前提导致现实中对两者保护的不均衡，使我国一些法律仍然存在片面保护国有财产的倾向，忽视民营企业应有的平等权益，这在一些实体法中大量存在。

（3）《宪法》本身对私有产权的保护不是很健全，留有许多空白地带，加上

---

① 张军. 非公有制经济法律地位的变迁及其启示 [J]. 法学研究, 2007 (4)：160～179.

《宪法》自身的抽象性和原则性，使在现实中对非公有制经济的调节多是依靠政策手段进行的。① 法律作为一种制度安排，具有权威性和一定时期的稳定性；而方针政策则是一定时期服务于某种政治经济需要的产物，具有灵活性和多变性，更容易为人的意志所左右。

（4）缺乏对中小企业的《宪法》扶持制度。我国民营经济大都是中小企业，规模小，竞争能力不强，抗风险能力弱。市场经济国家大都有针对中小企业的特殊的扶持政策。我国在《宪法》层面并没有针对民营中小企业给予"照顾和扶持"，反而较多出现的是"在法律规定的范围内"、"鼓励、支持和引导"以及"监督和管理"。同时，与《宪法》配套的相关法律法规往往滞后于《宪法》的规定，甚至带有明显的"地方特色"，在个别地区还存在对民营企业乱收费、乱检查的现象。这些都成为民营中小企业发展的束缚因素。在产业进入方面，我国中小企业不仅没有受到特殊的扶持和照顾，反而由于其整体实力较弱，在产业进入、市场融资能力方面受到约束和歧视。目前来看，中小企业产业分布范围狭窄，主要分布于第三产业，特别是餐饮业、运输和其他服务行业，没有形成规模。所有这些造成了中小企业竞争能力不足，难以发展壮大。

（5）对私有经济的内部保护不平等，尤其是私有经济中的个体经济，得到的仍然是"次国民待遇"②。在我国不仅公有制经济和非公有制经济法律环境不平等，非公有经济内部地位、待遇也不均等，私营经济不如外资经济，个体经济不如私营经济。为了实现经济领域多种所有制经济的平等，许多西方国家《宪法》直接确立了多种经济形式的平等保护原则，如确立非歧视性待遇原则，在融资、税收、土地使用和对外贸易方面向非公有制经济开放化、透明化、公平竞争化；确立非禁即入的原则，允许非公有资本进入法律、法规未禁入的基础设施、公用事业及其他行业和领域。

（6）其他法律关于民营经济法律保护的修改与完善滞后于《宪法》。《宪法》是国家根本大法，是一切现行法律的基础，它具有一切其他法律都必须遵从的原则。《宪法》做出纲领性规定之后，其他法律的必须与之配合。目前来看，其他法律和《宪法》明显步伐不一致性，甚至大大落后于《宪法》，从而《宪法》对非公有制经济保护的规定没有得到其他法律落实。

四、公私产权不同法律保护的成因分析

（1）以宪法为代表的法律制度是由反映社会主义经济基础的基本经济制度决定的。在马克思主义看来，社会制度包括两个层面，经济基础及建立于其上的政治、法律和文化等上层建筑。制度首先指现实的社会经济关系，是一种客观的

① 杨海坤. 论非公有制经济的宪法保护 [J]. 法商研究，2004（2）：26～32.
② 杨海坤. 论非公有制经济的宪法保护 [J]. 法商研究，2004（2）：26～32.

社会存在；当现实的社会经济关系反映在人们观念中或政治及法律形式上时，它就表现为社会政治法律制度和意识形态，这些作为政治法律制度，体现了一定的观念，形成了约束和调整人们行为的规则。在这里，马克思主义区分了作为经济基础的制度和作为上层建筑的制度，并揭示了两者之间的辩证关系。对社会制度进行研究，首先应分析作为整个社会制度经济基础的生产力及与之相适应的生产关系，然后才能对建立在经济基础之上的上层建筑的政治法律和道德进行说明，否则很难把握其基本性质及形成与变迁的客观原因。可见，我国的法律制度一方面由社会主义的经济基础决定，我国宪法制度的变迁一直伴随着作为经济基础的基本经济制度内容的变化而做出修改和完善；另一方面反映了经济基础的本质要求。我国社会主义初级阶段的基本制度为：公有制为主体，多种所有制共同发展，所以在宪法条文中反映了基本经济制度对其的要求。

（2）在基本制度的所有制结构中，各种不同性质的所有制在社会主义国家的性质、地位和作用是不同的。公有制经济是主体，国有经济是主导。马克思有如下论述："在一切社会形式中都有一种一定的生产支配着其他一切生产的地位和影响，因而它的关系也支配着其他一切关系的地位和影响。这是一种普照的光，一切其他色彩都隐没其中，它使它们的特点变了样，这是一种特殊的形态，它决定着它里面显露出来的一切存在的比重。"① 在资本主义经济制度中，占主体地位的是生产资料的资本主义私有制，就是这种普照的光。在社会主义经济中，占主体地位的生产资料公有制同样也是普照的光。可见，按照马克思主义的所有制理论，在一定的社会形态中、在多种所有制并存的条件下，有一种所有制处在主体地位。

在我国经济现实中，公有制经济始终是主体，作为主体地位必然要求有数量和质量的保障；国有经济居主导地位，必然享受优惠和倾斜；而非公有制经济则居于从属的地位，必然服从服务于国家发展公有制经济发展的需要。这是基本经济制度赋予的不同所有制的非均等地位。基本经济制度的客观依据是因为我国社会主义初级阶段生产力水平不平衡，并且多层次，国有经济长期被看作代表和适应现代社会化大生产和先进生产力水平的经济体，民营经济则被认为是适合生产力水平不高、现代化程度低的经济体。随着改革开放的实践探索，以及有关社会主义理论的突破与创新，国有经济改革不断深化，其产权制度和经营机制增加了许多新的内容。例如，国有企业的现代企业制度改革要求明晰产权，实行公司治理结构，尝试着使其成为市场经济中的一般主体地位等，但目前它的经营管理者仍由国家委派，存在官企职位互换，以及它在国家经济生活中的特殊性，很多领域依然居于垄断地位和享有特殊优待。

（3）产权由所有制决定。所有制的具体表现形式是产权。产权的内容十分

---

① 马克思恩格斯选集［M］. 2卷．人民出版社，1995：109.

丰富，包括狭义的所有权、占有权、使用权和支配权。产权的经济属性是指产权是人们对财产行使的经济职能而形成的经济利益关系，这是经济基础的范畴；产权的法权属性是指它获得法律的承认和保护，具有法定的权利形式，这是上层建筑的范畴。马克思认为，财产关系虽然披着权利的外衣，却是客观存在的经济关系。从产生的时序来看，许多产权关系在获得法律的承认之前就已经存在，并对社会生活产生了一定的影响，可见经济关系的产权是本源。作为法律关系的产权则是国家意志通过法律手段的表现，即国家对社会关系尤其是经济权利关系的认可和保护。由此可知，即使在产生法律之后，也不是所有的产权都能及时地得到法律的承认和保护，因为法律是一个逐步完善的过程，是上层建筑与经济基础不能同步发展的间接反映。

五、结论

综上，我们看到公私产权差异性的宪法规定，不同力度的法律保护的根本原因不在法律自身。法律制度属于上层建筑，由经济基础决定。反映社会主义生产关系和经济基础的我国社会主义基本经济制度决定了《宪法》中不同经济成分地位、作用和对性质不同的公私产权的不同程度的保护。未来随着市场化的不断深入，民营经济将发挥更加广泛的作用。我们必须从法律制度、市场竞争规则等方面为它们扫清成长过程中的障碍。为此，必须继续推进市场化的进程，深化经济体制改革，完善基本解决制度，按照市场经济的要求调整所有制结构，这样才能为《宪法》的进一步修改和完善打好基础，为民营经济打造更加广阔的天地。

参考文献：

[1] 张军.非公有制经济法律地位的变迁及其启示 [J].法学研究，2007（4）.

[2] 张乃根.法经济学 [M].北京：中国政法大学出版社，2003.

[3] 钱弘道.从经济角度思考宪政 [J].环球法律评论，2004（2）.

[4] 王强，等.中国民营经济运行报告2012 [M].北京：中国经济出版社，2013.

[5] 杜敏.新时期民营经济若干问题研究 [M].郑州：大象出版社，2011.

[6] 李芳.新中国宪法保障非公有制经济的历史变迁 [J].经济问题探索，2009（4）.

经济特区模式的探索与中国的改革开放

岳清唐　　徐洪日

摘要　中国的改革开放起步于经济特区的设立，特区的实践经验推动了中国经济的对外开放和体制改革。中国进一步的深层次政治体制改革开放也将继续在特区模式下探索发展。当代经济特区思想的卓越实践发生在中国，并成为中国改革开放的主要支点和辐射中心，印度、俄罗斯和越南等国被中国的成功所鼓励，也纷纷设立经济特区。经济特区思想是"摸着石头过河"思想的具体表现，是渐进式改革路径的试验田，是实效主义改革取向的恰当做法。从最早的深圳经济特区，到最大的海南经济特区，再到最近的喀什经济特区和上海自贸区，中国改革一直走在一条"特区"路线图上。

关键词　经济特区；改革开放；中国

2010年5月，中共中央新疆工作会议正式批准喀什设立经济特区，中国形成了"东有深圳，西有喀什"，向东西方国境全方位开放的大格局。2013年8月，国务院正式批准设立中国（上海）自由贸易试验区，这是顺应全球经济贸易发展新趋势，主动对外开放，深化推动改革，进一步释放改革开放红利的重要举措。喀什经济特区和上海自贸区的设立进一步肯定了经济特区的做法及其在我国改革开放进程中的有效性和历史贡献。从实践和理论上对中国经济特区的发展与中国改革开放之间的动态关系进行研究，总结具有普遍意义的经验，将有助于理解中国未来改革开放的路径，也对类似国家的改革开放具有一定的借鉴价值。

一、中国经济特区模式的提出和实践

1978年12月中共中央十一届三中全会后，中国转向了以经济建设为核心的现代化发展轨道上来，确立了"对外开放，对内搞活经济"的重要方针。1979年1月，邓小平完成中美破冰之旅后感慨道，和美国搞好关系的国家都富起来了，中国落后太多了。中国怎么办？怎么改革？突破口在哪里？在十一届三中全会上，组织者曾向与会者散发一份关于有关国家利用外资和外国先进技术实现快速发展的资料，这给时任中共广东省委书记的吴南生很大启发。吴南生是著名侨乡广东汕头人。经过在家乡汕头二个月的调研后，1979年3月3日，吴南生向广东省委建议广东先行一步，在汕头划出一块地方搞试点，邀请海外华侨华商等外资来办企业，给予他们各种优惠条件，以吸引他们把先进的技术设备和管理带到这个地方。中共广东省委第一书记习仲勋对吴南生的建议大力支持，并和吴南生一起向当时在广东的叶剑英汇报，获得了叶剑英的认同。之后，广东省委向中央打报告，要求中央允许广东在深圳、珠海、汕头划出一定范围的土地，建设"贸易合作区"，进行"先行一步"的试验。

1979年4月的中央工作会议上，广东和福建两省都提出要求中央给予一定的自主权，吸引港澳等地的华商来办企业。会议经过讨论，决定在广东和福建各划出一定区域，试办出口加工区，允许实施灵活措施和特别政策。当时的谷牧副总理向邓小平汇报广东省委想划出一块地方搞试验，先走一步，为全国的改革开放探路的思想时，邓小平大为赞同。对于如何明确这样一个区域的性质，用什么名称来代表它，有不同的意见。邓小平根据陕甘宁边区曾被国民政府命名为特区的历史经验，提出把"先走一步搞试验的地方"叫"特区"。

1979年7月，中央和国务院批准了广东省《关于发挥广东优越条件，扩大对外贸易，加快经济发展的报告》和福建省《关于利用侨资、外资，发展对外贸易，加速福建社会主义建设的请示报告》，决定发挥福建、广东两省的有利条件，给予特殊政策，先走一步，尽快把经济搞上去。1980年3月，谷牧在广东主持会议研究广东、福建两省特区进一步建设问题，在此次会议上，决定用"经济特区"这个内涵更加明确、包容性更强的名称取代"出口特区"。1980年8月，五届全国人大常委会审议批准了《广东省经济特区条例》，决定建立深圳、珠海、汕头、厦门四个经济特区，为全国的改革开放开山辟路。

1985年以前，是上述四个经济特区以创建投资环境为重点的基础设施建设时期，之后走向了以对外加工工业为主，工贸结合，农牧渔和旅游业并举的外向型经济。1988年7月，七届全国人大一次会议审议通过，批准海南省全省为经济特区，在全岛实行更加灵活开放的经济政策。至此，中国形成了传统的五大经济特区，在中国的现代化建设中发挥着对外开放的窗口作用和经济体制转型的试验作用。20世纪90年代以来，随着我国改革开放走向深入，为了寻求解决问题的新途径，一些综合性质的新型经济特区出现了。1992年10月，上海浦东新区成立；2009年11月，天津滨海新区成立；2010年5月，喀什经济特区被批准设立；2013年8月，上海自贸区成立。这些新型的政策特殊区域虽然名称上没有"特区"二字，但实质上仍然承担着中国改革发展中解决深层次问题和矛盾的试验场功能。

二、经济特区模式的思想基础和各国试验

经济特区模式的思想基础是增长极理论，经济特区就是一个增长极。增长级理论是由法国经济学家佩鲁首先提出，经布德维尔、缪尔达尔、弗农等人发展后逐渐被人们所接受。增长级理论认为，经济发展体现出不平衡的特征，存在先发展和后发展的不同行业和不同地区。增长并非出现在所有经济部门，而是以不同

强度首先出现在一些增长点或增长极上（主导产业），这些增长点或增长极通过不同的渠道向外扩散，进而对整个经济产生不同的最终影响。在佩鲁的早期表述里，还只是针对经济空间而言，没有涉及地理空间。他认为经济空间是一种存在于经济元素之间的结构关系，在这种关系中，有些元素处于支配地位，有些处于从属地位，它们的关系是不均等的。他将这种不均等类比于物理学上的"磁极"现象，认为在经济空间中也存在"极化"现象。一些产业处于向心力的中心，对其他产业起支配作用，是主导产业。

其后的法国地理经济学家布德维尔把佩鲁的"增长极"思想引入地理空间含义上，把"增长极"定义为："增长极是指在城市区配置不断扩大的工业综合体，并在其影响范围内引导经济活动的进一步发展。""增长极"思想得到了广泛的关注，并被作为促进区域经济发展的一种方式。这条道路就是在一个地区创造条件先使主导产业增长，然后引起一组产业增长，最终实现国民经济的增长。在空间表现形式上就是由点到面，由局部区域到整个区域。佩鲁认为，在增长极形成和发展中会产生极化效应和扩散效应。极化效应会使经济资源向中心地区和产业集聚，扩散效应会使经济资源由极点向外围不发达地区移动。在增长极发展的初期，极化效应明显，在后期扩散效应明显。

瑞典经济学家缪尔达尔在研究发展中国家的经济发展时发现，如果没有政府的干预，单靠市场机制的力量，区域之间会出现穷者越穷、富者越富的"马太现象"，也就是"增长级"现象。他认为这是由于经济社会生活中普遍存在的循环累积因果规律导致的。任何一个经济状态都是前一个状态的果，有什么因就有什么果，而这个果又会反过来对前一个因施加影响，这种影响是增强型的，而不是削弱型的，带来的是正反馈的不均衡发展，而不是负反馈的均衡发展。区域间很微弱的不平衡，在市场力量作用下，起初有相对优势的地区会因其已有的优势，在以后的时期发展得更快些，而相对落后的地区会更落后些。这种因果关系会不断累积，使区域经济不平衡越来越大。

在上述思想的基础上，美国经济学家弗农等人提出了"经济梯度转移论"，认为在一个较大的经济区域内，由于历史基础、地理环境和外部发展条件的不同，地区之间经济发展是不均衡的，客观上存在经济技术梯度。经济创新活动首先发生在高梯度地区，新兴产业、新产品、新工艺、新技术和新管理首先应用于高梯度地区，然后随着时间的推移逐步向低梯度地区转移。在这个转移中，政府可以进行适当干预，以加快转移进程。

以特殊的政策人为地创造一个特殊的经济区域（经济特区），使其获得优先发展，进而带动周边地区的发展，实现整体发展，这是增长级理论在现实经济生活中的表现和应用。类似于中国经济特区的做法，国外较早地出现了"自由港"和"自由贸易区"现象。一般认为，最早的自由港是 1547 年意大利北部在热那亚湾建立的 Leghoyn（雷格亨或里那恩）港。起初建立自由港的目的在于鼓励转口贸易以获取金银财富，具体做法是在本国国境之内关境之外划出一块地方，一般是在交通方便的沿海港口建立一个转口贸易的区域，在这个区域内货物进出免征关税。本国商人通过自由港做转口贸易，可以不把货物报关进入国内，而是将从某一外国买来的货物在自由港内加工后直接卖往另一国家。本国商人赚取的商业利润最终会回到国内，增加本国财富。同时，自由港内为各国商人做转口贸易服务的各种行业，如储存、转运、金融、餐饮、住宿等，也得到发展，并对自由港附近地区的发展也产生了促进作用。几百年来，自由港在世界各地都有发展，如德国的汉堡、丹麦的哥本哈根、中国的香港、巴拿马的科隆、阿联酋的迪拜、爱尔兰香农、新加坡等国家和地区，仅瑞士一个国家，境内就有 20 多个自由港。发展中国家和发达国家都建有自由港，像英国、法国、意大利和美国也曾都在其国内相对不发达的地区设立"特殊区域"，以吸引外资，促进该地区工商业的发展。

丹麦为鼓励外国投资，曾设立许多开发区域，给予特殊的政策。位于哥本哈根港内的哥本哈根自由港就是一个经济特区，外国商品可以免税进入自由港，在港内进行分包、加工、储存、展览、装运等。德国汉堡自由港面积约 16.2 平方公里，可开展货物转船、储存、流通及船舶建造等业务。迪拜自由贸易区面积135 平方公里，进入贸易区的企业 50 年免征企业所得税，不征收个人所得税，进口完全免税。自贸区内有 7 000 多家企业，1/4 的公司从事工业生产，3/4 的公司进行贸易、仓储和分销，成为西亚和非洲销售产品的中转站。韩国釜山镇海经济自由区总面积 104 平方公里，分为物流流通区、商务居住区、海洋运动娱乐休闲区、专业教育研究开发区、知识产业区等子区。巴拿马科隆自由贸易区是全球第二大转口贸易区，货物主要来自亚洲，采购商主要来自中南美洲。自由贸易区货物进口自由，无配额限制，不缴进口税，无外汇管制，利润汇出汇入自由。美国在 20 世纪 70 年代后，为了刺激经济，各地也先后设立了自由贸易区。如美国佛罗里达州自由贸易区，为入驻的各国企业提供投资激励政策。

三、经济特区为中国的改革开放开辟道路

以深圳为代表的经济特区是中国经济体制改革的试验田，是中国向世界开放的窗口、基地、桥梁和纽带。经济特区作为我国对内改革、对外开放的排头兵，在我国改革开放的历史进程中起到了示范和辐射作用，国外先进的科技、人才、信息、资本和管理手段由这里辐射到全国各地。特区经验被广泛输入以各类"开发区"和"新区"为代表的中国腹地，成为政策推进的范本，为中国的改革开放事业做出了历史性的探索和贡献。

（一）作为中国经济体制改革的试验田

中国渐进式的改革开放是人类发展中的一次伟大实践，推动这变革的先行者和试验者便是以深圳为代表的经济特区。中国的渐进式改革是以增量促存量、以

体制外的发展促体制内的变革、以对外部的开放促内部的改革。这样的改革需要一个支点，经济特区便是这样的支点。邓小平在会见外国客人时指出，"深圳是个试验……我们的整个开放政策也是一个试验，从世界的角度来讲，也是一个大试验。"① 经济特区在我国从计划经济体制向市场经济体制转轨的改革进程中起到了试验田作用。经济特区比其他地区先走一步，突破计划经济体制束缚，对各种促进生产力的方法进行探索试验，逐步引入市场竞争机制，建立市场经济体制的基本框架，为全国市场取向的经济体制改革积累了经验，摸索了道路。经济特区的试验丰富了我们对改革开放和社会主义现代化建设规律的认识，坚定了全国各族人民坚持改革开放、走中国特色社会主义道路的信心。

改革开放三十多年来，以深圳为代表的深圳经济特区发扬"敢创、敢试"的吃螃蟹精神，突破旧有的价值观念、人才观念、时间观念，提出"时间就是金钱，效率就是生命""空谈误国，实干兴邦"等理念，创下的"全国第一"不胜枚举。第一个试验以出让土地使用权的方式筹集建设资金；第一个引入工程招标制度；② 第一个实行全员劳动合同制；③ 第一个实行国有企业股份制改造；④ 第一个放开物价；⑤ 第一个试办外汇调剂中心；⑥ 第一个打破干部和工人的身份界限；⑦ 第一个改革分配体制；⑧ 第一个进行住房制度改革；第一个进行职工医疗保险改革；⑨ 第一个进行政府购买公共服务的探索。⑩……

以解决稀缺建设资金的经验为例，深圳特区创造了一条"多方筹资，负债开发"道路。深圳特区建设之初，首先面临的问题是如何把荒僻的小渔村转变成一个具备一定基础设施、能够进行来料加工和出口生产的地方，要解决的难题就是

---

① 邓小平. 邓小平文选 [M].3卷. 人民出版社，1993：133.

② 1981年，深圳国商大厦向建筑公司公开招标，引入工程招标制度。

③ 1983年，深圳颁布实行劳动合同制暂行办法，大胆砸向"铁饭碗""大锅饭"。

④ 1983年7月8日，深圳市宝安县联合投资公司向社会公开发行股票（深宝安），成为新中国第一张股份制企业股票，也开启了国有企业股份制改革的先河。第一家股份制企业和第一只股票的诞生冲击了计划经济体制下国人的观念。随后，深圳市总结经验，于1986年10月15日颁布了《深圳经济特区国营企业股份化试点暂行规定》，到1987年，深圳共有5家公司实现了股份制改造和实现了上市，这就是深圳人所熟悉的"老五股"：深发展、深万科、深金田、深宝安和深原野。

⑤ 1984年，深圳取消票证，粮、油、肉、菜敞开供应，实行议价购销，勇敢推进物价改革。

⑥ 1985年，深圳经济特区外汇调剂中心成立，这是我国最早成立的外汇调剂中心，是深圳金融界敢于创新的成功典范，是深圳金融体制改革的一项重大成果。外汇调剂中心的发展与壮大为我国人民币与外汇资金的合理转换提供了成功的实践经验，使外汇调剂市场得以在大中城市顺利铺开，充分发挥了深圳特区改革的试验基地作用。

⑦ 20世纪80年代，汕头率先实行24小时审批答复制度，率先进行干部制度改革，改委任制为聘请制。

⑧ 1992年3月，珠海在全国率先对有突出贡献的科技人员给予100万重奖。1999年7月，珠海正式在全国首次将"技术入股"写进地方法规，着力完善对科研人员的激励机制。

⑨ 1992年9月，深圳正式实施职工医疗保险制度，成为首个全面推行医保的城市。

⑩ 文政. 政府购买公共服务的制度创新——对罗湖区在政府购买公共服务方面探索实践的思考[N]. 深圳特区报，2007－4－30.

如何筹集建设资金。这个问题在决定搞特区的时候，邓小平已代表中央表示：解决不了配套建设资金。言明中央没有钱可给，但可以给些税收优惠和信贷倾斜等特别政策，要求特区建设者自己去搞，自己杀出一条血路来。特区试验了一条"多方筹资，负债开发"的新路子并获得了成功。这条新路子包括：使用银行信贷；收取土地使用费；借外债；中外合作或合资建设基础设施等。深圳冲破意识形态的束缚，用"土地有偿使用"代替"土地出租"，用"土地使用费"代替"地租"的说法来避免意识形态上的左派扣来的"租界"大帽子。再比如，1983年，为解决建设资金难题，深圳市宝安县决定成立一家联合投资公司，并在报纸上刊登广告邀请省内外集体个人投资入股。

以中国会计改革创新为例[①]，深圳特区三十年的会计改革创新尝试使它成为名副其实的中国会计事业改革创新试验场。《深圳经济特区企业会计准则》是中国第一部会计准则，《深圳经济特区注册会计师管理条例》是中国第一部注册会计师法规，率先试行与国际接轨的会计改革方案。

成立于1987年的招商银行是深圳特区金融改革的"试验品"，它是全国第一家完全由企业法人持股的股份制商业银行，打破了银行国有的传统，是国家在金融领域第一家试点银行，是中国金融领域改革的探索者、领头羊和先行者。招商银行的每一步都是"敢为人先"的尝试，都是深圳特区推动经济体制改革的产物。比如，招商银行打破铁饭碗铁交椅的措施"员工能进能出、干部能上能下、待遇能高能低"在当时是一个突破；招商银行是一个完全面向市场求生存的企业，建立之初，就借鉴国外和香港银行业的普遍做法，成立董事会和监事会，实行董事会领导下的行长负责制，立志成为一家规范的现代化商业银行，这在当时的中国银行业是一个创新，为中国现代企业制度的建立进行探索。

引进市场经济的竞争机制这只看不见的手，是经济特区给中国的改革开放带来的最大贡献。中国市场经济的发展是由南到北、由东到西顺次展开的，肇始于深圳、汕头、珠海等经济特区，扩散于珠三角，伸展到全中国。市场经济体制使中国经济纳入了全球经济大循环。深圳经济特区的"敢闯敢试"为中国"摸着石头过河""不管白猫黑猫，抓着老鼠就是好猫"的改革当了开路先锋，这一点可由中国改革开放的总设计师邓小平两次考察所得出的结论来说明。1984年，邓小平经过对深圳三天亲身考察后给深圳题词："深圳的发展和经验证明，我们建立经济特区的政策是正确的。"[②] 这个题词肯定了深圳的探索，鼓舞了深圳人民和全国人民继续改革开放的信息，对全国的改革开放起到了重要推动作用。1992年，在中国的改革开放面临挫折、徘徊甚至夭折的关键时刻，邓小平再次来深圳考察，以深圳的事实指明了中国继续改革开放的方向。"对办特区，从以

---

① 成放晴．中国会计改革创新的试验场［M］．中国财经出版社，2011：1~427．

② 邓小平．邓小平文选［M］．3卷．人民出版社，1993：51．

开始就有不同意见，担心是不是搞资本主义。深圳的建设成就明确地回答了那些有这样那样担心的人。特区姓'社'不姓'资'。""改革开放胆子要大一些，敢于试验，不能像小脚女人一样。看准了的就大胆地试，大胆地闯。深圳的重要经验就是敢闯。没有一点闯的精神，没有一点'冒'的精神，没有一股气呀、劲呀，就走不出一条好路，走不出一条新路，就干不出新的事业。"① 深圳的探索和示范最终使人们认识到，"计划多一点，还是市场多一点，不是资本主义与社会主义的本质区别。计划经济不等于社会主义，资本主义也有计划；市场经济不等于资本主义，社会主义也有市场。计划和市场都是经济手段。"② 中国特色的社会主义市场经济体系在经济特区的探索经验下建立起来。

（二）作为中国各地向世界开放的窗口、基地、桥梁和纽带

通过经济特区这个窗口，中国各个地方的经济逐步融入全球经济的大循环中，多年封闭的内地各省份通过在特区设立窗口企业走向世界经济舞台，国际资本、技术、管理和信息也进入中国各地。作为改革开放的窗口，一方面吸收、借鉴国外先进的东西，吸引侨资、外资，吸引先进技术和管理经验；另一方面，向国外传达中国开放的政策和成就，使中国逐渐融入全球经济社会中。关于这样一个地位，邓小平曾经谈到，"特区是个窗口，是技术的窗口，管理的窗口，知识的窗口，也是对外政策的窗口。从特区可以引进技术，获得知识，学到管理，管理也是知识。特区成为开放的基地，不仅在经济方面、培养人才方面使我们得到好处，而且会扩大我国的对外影响。"③

比如，1982 年深圳特区引入了国内第一家外资银行分行——南洋商业银行深圳分行和第一家外资保险公司——民安保险公司；在国内首先引入按《国际银行巴塞尔协议》规定的银行监管标准；从国外聘请了许多具有国际管理经验的金融人才，通过香港金融中心，学习国际先进金融管理方式。中国内地各省市在特区发展过程中，通过不断派干部来参观学习，提高了现代管理水平。这些现在看起来很平常的事情，在当时的中国却是很重要的突破，它涉及思想观念上的转变，以及中国的社会性质辩论等问题。通过特区的建设与试点，中国人民不但认同市场经济，而且也向海内外表明了中国经济改革开放的决心，展示了中国改革开放的勃勃生机和光明前景，极大地坚定了外资对中国进行投资的信心。

经济特区作为中国改革开放的前沿，和国外联系非常多，人员往来和物品往来频繁，特区实际上成为国际人士了解中国的橱窗，特别是了解中国改革开放政策的第一现场。同时，经济特区的发展还会扩大我国的对外影响，包括对发达国家的影响，也包括对发展中国家和转型国家的影响。这种影响不仅体现在经济方

---

① 邓小平 . 邓小平文选 [M].3 卷 . 人民出版社，1993：372.
② 邓小平 . 邓小平文选 [M].3 卷 . 人民出版社，1993：373.
③ 邓小平 . 邓小平文选 [M].3 卷 . 人民出版社，1993：51～52.

面，还体现在政治、外交等方面。经济上，特区是中国按照国际经济规则办事的前沿阵地，它承接了国际产业转移，对国际产业分工格局产生了巨大影响。经济特区从起初的劳动密集型三来一补产业逐步过渡到知识和技术密集型产业。中国经济特区的发展吸引了越南、俄罗斯和印度等转型或发展中国家的目光，他们纷纷到中国经济特区考察、访问和取经①，对中国经济特区取得的成就和经验给予了很高的评价，提高了中国影响世界的软实力。

早在2000年，印度当时的工商部长就宣布，学习中国经济特区的建设经验，在印度建设经济特区。② 2006年，印度通过了《经济特区法》。现在，印度有200多个经济特区。由于印度的经济特区遍地开花，单个特区的规模较小，面积和中国的各类开发区类似，并且大部分由私人部门开发，结果经济特区在印度发挥的作用远不如中国。③ 俄罗斯也借鉴和学习中国经验，建立经济特区，希望能带动俄罗斯经济发展。2005年起，俄罗斯已建立了十几个经济特区，如位于莫斯科西北部的绿城经济特区就是代表。俄罗斯的经济特区不是全能型、综合型的，而是专业型的。④ 2003年，越南学习中国在其中部地区建立了第一个经济特区——茱莱经济开放区，面积约160平方公里。现在越南大约有9个已建成的经济特区，特区内的政策全面学习了中国的经验。

四、经济特区将在依法治国的新环境下继续引领中国探索全面发展的现代化道路

1980年，深圳等四个经济特区的建立标志着中国启动了改革开放的按钮，2013年上海自贸区的成立是在中国的改革开放到了深水区与攻坚期，中国已成为世界第二大经济体和贸易大国，过去着重于承接国际产业转移已不能适应经济进一步发展的需要时应运而生的。它将通过更大尺度的开放，促进新一轮更深层次的改革，形成新的要素转移和资源配置模式，促进我国经济可持续增长，跨过中等收入陷阱，实现经济现代化。因此，它的探索意义不亚于深圳曾经做到的。上海自贸区和喀什经济特区等新特区的建立和发展是中国经济特区思想的新实践，包括深圳在内的新老经济特区将继续引领中国探索新的现代化道路。

新特区的名称强调"综合配套改革新区"，虽然名称中没有"特区"二字，但引领改革先行先试的本质没变。中国的改革路线图从"经济特区"的建设走向"综合特区"的建设。当年的陕甘宁边区就是一个综合性特区。通过建立"经济特区"摸索经济体制改革的经验，通过建立"综合性特区"摸索社会公共

---

① 黄海敏. 国外经济特区"取经"中国［J］. 今日科苑，2007（12）.

② 唐璐. 印度，经济特区步伐在加快［J］. 半月谈，2004（3）.

③ 其实，印度自20世纪60年代就开始建设类似中国经济特区的开发区域，但一直成效甚微。后来在中国经济特区成功的鼓舞下，自2006年起加快了创建中国式经济特区的步伐。

④ 庄岚，黄运良. 走近俄罗斯经济特区［J］. 中国高新区，2006（11）.

管理体制、行政管理体制改革的经验。与经济特区设立初期国家给予较大的优惠政策和财政支持不同，综合配套改革试点地区在税收和财政支持方面拥有的优惠政策不多，主要是拥有改革先行先试的权力。在新的历史条件下，经济特区发展的生命线和灵魂是努力在重点领域和关键环节率先取得经验，为全国重大体制改革取得实质性进展探索经验。

以深圳为代表的传统经济特区是在缺乏市场机制和法律环境条件下，通过"敢闯敢干，杀出一条血路来"。但在中国已基本转型为市场经济体制，法律体系日益完备，正追求国家治理能力的现代化和建设国家治理体系的今天，新型特区不能再不顾现有法律体系的约束，要在创新中处理好改革和法治的关系。改革创新必须在法治的框架内进行，法治的建设要及时对改革的需求做出反应，新型特区的改革探索必须和中国的法治建设实现良性互动。对阻碍和滞后于改革进程的旧法要及时废除，为改革扫清法律障碍。对已经被新型特区的探索试验证实为成功的经验和成果，要及时制定新的法律明确下来，使全国各界依法行事。

参考文献：

[1] 晨. 越南广南省朱莱经济特区简介 [J]. 深圳大学学报（人文社会科学版），2004（01）.

[2] 成放晴. 中国会计改革创新的试验场 [M]. 北京：中国财经出版社，2011.

[3] 邓小平. 邓小平文选 [M].3 卷. 北京：人民出版社，1993.

[4] 黄海敏. 国外经济特区"取经"中国 [J]. 今日科苑.2007（12）.

[5] 罗清和. 经济特区与非特区协调发展的理论基础与政策思考 [J]. 深圳大学学报（人文社会科学版），2014（01）.

[6] 唐璐. 印度：经济特区步伐在加快 [J]. 半月谈，2004（03）.

[7] 庄岚，黄运良. 走近俄罗斯经济特区 [J]. 中国高新区，2006（11）.

当前我国市场经济商品拜物教性质分析

齐　勇

摘要　马克思对商品拜物教的分析是价值论的完成和最深刻概括。《资本论》第一章第四节甚至可以说《资本论》全三卷都是对商品拜物教性质及其秘密的研究。我国实行市场经济以来，国人驰骛于外界物质利益而缺少对市场经济本质的深入思考，这很难保证市场经济不走向异化和迷失。因此，必须坚持马克思主义基本立场、观点和方法，对市场经济的深层本质问题进行深入分析，揭示商品拜物教性质，驾驭调控市场经济。

关键词　商品拜物教；货币；资本；社会主义市场经济

马克思在《资本论》开篇对商品拜物教问题进行了深入的研究，对商品经济的本质进行了深刻剖析，揭示了商品生产的拜物教性质，对当前我国构建社会主义市场经济具有重大作用。

一、商品拜物教是人类以物的依赖性为基础的社会经济发展阶段

马克思将自然经济、商品经济、产品经济当作依次演进的三种经济运行形式，即"人的依赖关系（起初完全是自然发生的），是最初的社会形态，在这种形态下，人的生产能力只是在狭窄的范围内和孤立的地点上发展着。以物的依赖性为基础的人的独立性，是第二大形态，在这种形态下，才形成普遍的社会物质交换、全面的关系、多方面的需求以及全面的能力的体系。建立在个人全面发展和他们共同的社会生产能力成为他们的社会财富这一基础上的自由个性，是第三阶段"[①]。人类社会经济形态的演进过程是一个不以人们的意志为转移的自然历史进程。

（一）商品拜物教属于人类开始进入生产社会化但又不能控制社会化生产的阶段

商品经济是人类从封闭状态走向开放状态，从自给自足的小生产走向社会化大生产的必经道路和阶段。"最初人表现为种属群、部落体、群居动物——虽然绝不是政治意义上的政治动物。交换本身就是造成这种孤立化的一种主要手段。

---

① 马克思恩格斯全集 [M].46卷上．北京：人民出版社，1979：104.

它使群的存在成为不必要，并使之解体。"① 在这种自给自足的自然经济情况下，生产力水平很低，人类的生产活动极大地依赖于自然条件，人们之间也只能互相依赖，结成各种形式的共同体。而"交换"的出现正体现了人的发展。

人类走向商品经济，在人与自然、人与人的关系非常狭隘的情况下，人类开始了为社会、为市场而进行交换，从而为社会和市场进行生产。随着生产工具的不断改进以及生产的集中、社会分工、交换、协作和生产专业化的扩展，促进了生产效率的提高、财富的增加，以致在满足个人的消费需求后有了产品的剩余。人对自然的改造能力得到了巨大增强，不仅相对自然界获得了更加自主的独立性，而且更自觉地改造自然。从这时起，人类已经从对物的依赖关系中解放出来，进入到用社会共有的生产资料进行生产、自觉地将个人劳动力当作社会劳动力来使用、每个人都得到了全面自由的发展的产品经济时期。"第二个阶段为第三个阶段创造条件。因此，家长制的，古代的（以及封建的）状态随着商业、奢侈、货币、交换价值的发展而没落下去，现代社会则随着这些东西一道发展起来。"②

以交换为特征的商品生产虽然摆脱了最初的社会形态的人的依赖关系，但是这个阶段人的独立性是以物的依赖性为基础的。私有制下的小生产者由于自己的私利和眼光的狭隘性，只能被动地顺从这种社会化大生产和社会分工的趋势而自发行事，不能完全控制社会生产。小生产者并没有意识到自身行为更多的社会意义。但是，他们都从自己的私利出发，本能地去这样行动了，价值和货币是他们共同活动的结果。盲目的价值规律实际上是每一个商品生产者共同活动的平行四边形所形成的合力。正如每个商品生产者不能控制其他商品生产者的行为以及社会经济运动一样，商品生产者也不能控制这种人与人的经济关系的表现——盲目的价值规律。小生产者只能盲目地借重价值规律这个物质手段自发地进行生产和交换活动。按比例分配社会劳动时间、以最小的劳动投入获得更多的产出的时间节约规律，产品交换和分配规律，这是一切人类社会共同的经济活动规律和基本要求。在商品经济社会，这些规律的实现都是通过价值规律、价格信号的变动和市场机制的调节自发实现的。

首先，生产力的变化造成的对劳动力和生产资料的重新分配是借助价值量和市场价格的相应变动进行的。其次，因为单个商品生产者劳动生产率不同导致商品个别价值和社会价值的差别，以价格手段和竞争机制激励鞭策商品生产者，价值规律自发地促进劳动生产率的提高，实现收入分配。社会经济生产领域的一般规律在商品经济社会里是借助价值规律的自发作用实现的。因此商品生产形式具有拜物教的性质。商品经济形式的生产是人类社会生产既发展但是又不够发展的

---

① 马克思恩格斯全集 [M]. 46 卷上. 北京：人民出版社，1979：497.
② 马克思恩格斯全集 [M]. 46 卷上. 北京：人民出版社，1979：104.

产物。商品的拜物教性质是商品生产关系的必然产物，在这个阶段产生商品拜物教基本上是必然的、不可避免的。

（二）商品的拜物教性质不存在于商品生产社会以外的社会形态中

马克思认为，在其他的生产形式下是不存在商品世界的神秘性的。"按照事物的性质来说，这种神秘化在下述场合是被排除的：第一，生产主要是为了使用价值，为了本人的直接需要；第二，例如在古代和中世纪，奴隶制或农奴制形成社会生产的广阔基础，在那里，生产条件对生产者的统治，已经为统治和从属的关系所掩盖，这种关系表现为并且显然是生产过程的直接动力。"[①] 显然，在资本主义之前，在社会生产方式极其狭隘、以自然经济为特征的前资本主义的时代——在鲁滨孙式的个体小生产、封建农奴制生产、农村家长制生产情形下——产生商品拜物教是不可能的。

同样，在未来的社会里，商品拜物教观念和商品拜物教性质也将消除。"商品拜物教观念只有在商品拜物教性质消灭后才会消失。只有当实际日常生活的关系在人们面前表现为人与人之间和人与自然之间极明白而合理的关系的时候，现实世界的宗教反映才会消失。只有当社会生活过程即物质生产过程的形态处于人的有意识、有计划的控制之下的时候，它才会把自己的神秘纱幕揭掉。但是，这需要有一定的社会物质基础，而这些条件本身又是长期的、痛苦的历史发展的产物。"[②] 这需要人类生产力极其发达，信息和交通通信条件极其发达，人类社会制度高度发达和合理化，人类的主体性高度萌发和提高，不仅能够高度控制自然界，而且能够高度控制人类社会和社会生产活动本身。自由人联合体用公共的生产资料进行的劳动生产，人们对劳动和劳动产品的社会关系也是极其清楚的，这时候就创造了消灭商品拜物教以及拜物教意识的条件。

二、认清商品拜物教的实质，驾驭调控市场经济

资产阶级古典经济学家虽然把价值归结为劳动，但是资产阶级的立场、形而上学的方法使他们不是把价值看作生产商品劳动的特有的社会性质的表现，不是把这些范畴看成一定的生产关系在理论上的反映，而是把资本主义制度和商品关系看成永恒的，看成与人类社会相始终的存在物，这使他们不可能理解价值的本质，从而陷入商品拜物教的幻觉之中。价值形式、货币形式"恰好形成资产阶级经济学的各种范畴"[③]。在表示价值财富的各个组成部分及其源泉的联系的经济三位一体中，资本主义生产方式的神秘化、社会关系的物化的现象已经完成：这是一个着了魔的、颠倒的、倒立着的世界。

---

① 马克思．资本论（第3卷）[M]．人民出版社，1975：940.
② 马克思．资本论（第1卷）[M]．人民出版社，1975：96～97.
③ 马克思．资本论（第1卷）[M]．人民出版社，1975：93.

资产阶级的阶级本能使他感到深究这个问题是很危险的。他们开始探索如何去获得利润、如何致富了。资产阶级经济学家的拜物教观念表明，在社会科学研究中，立场和世界观具有决定性的作用。只有马克思站在无产阶级的立场上，用辩证唯物主义和历史唯物主义的观点和方法揭示拜物教，建立起科学的劳动价值论，剖析资本主义社会的本质，这是政治经济学史上的一次伟大革命。"经济学研究的不是物，而是人与人之间的关系，归根到底是阶级和阶级之间的关系。可是这些关系总是同物结合着，并且作为物出现。"① 列宁说："凡是资产阶级经济学家看到物与物之间的关系的地方，马克思都揭示了人与人之间的关系。"② 因此，考察资本家与雇佣劳动者的对立关系，并由此出发对资本主义生产方式拜物教性质的表象和假象做出科学的解释，在理论上把资本主义颠倒的社会关系再颠倒过来，这构成了《资本论》的研究对象。

经济基础决定上层建筑。既然商品拜物教是人们生产关系的偶像化，是由商品生产方式决定的。那么，在社会主义市场经济条件下商品拜物教性质和观念肯定存在，难以消除。改革开放后，在西方新自由主义的影响下，我国市场经济一定程度上陷入了迷失和异化。现代西方经济学尤其是新自由主义经济学，为垄断资产阶级利益服务，迷信市场经济，相信市场万能，主张各国实行私有化、市场化的改革。20 世纪 90 年代中期，我国理论界忽视了社会主义的根本本性，陷入了市场经济和对价值规律的盲目崇拜之中，迷失在 GNP 和 GDP 里不能自拔，在指导理论和实践上犯了很多错误。

在调整所有制结构、处理计划和市场关系和分配问题上，因为过度相信市场万能，过度依赖私有制经济和市场手段发展经济，造成公有制经济比重下降太快太大，国家宏观调控能力严重下降，市场波动异常，失业率上升，通货膨胀，两极分化拉大等。比如，过分追求 GDP 增长，过度依赖市场手段发展经济，而忽视了我国经济的生产力进步、产业结构的升级以及国民经济质量的提升。因为农业是弱质产业，农业经济效益比较低，在现代国民经济中农业的份额在不断下降，忽视了农业的重要性，在指导思想上忽视了农业的基础地位和作用；在第二产业发展中，由于发展轻工业投资少、见效快，所以重视轻工业发展而忽视重工业，甚至更有的观点和做法是把房地产业和汽车工业当成支柱产业来发展。相反，对落后国家实行赶超战略所需要发展的基础工业、基础设施以及重工业重视不够，不能正确处理农、轻、重的比例关系；认为大力发展第三产业是万能药方，可以解决我国的经济增长、就业及税收问题，导致第三产业过度发展，岂不知服务劳动的基本特征是非生产性，而增长的实质是增加有效生产劳动；忽视国防工业和军事工业的发展，以为谈经济建设就不能谈国防；因为过度的市场化，

---

① 马克思恩格斯选集 [M]. 2 卷. 北京：人民出版社，1975：123.
② 列宁选集 [M]. 2 卷. 北京：人民出版社，1972：444.

连不宜市场化的社会文化事业也市场化了，导致住房、医疗、教育、养老沉重负担的形成，民众怨声载道。

在对外开放过程中，因为片面强调GDP，片面强调对外开放，迷信"以市场换技术"，在发展中因为过度开放而放弃对本国重要产业的保护，中国经济有主权丧失的危险和可能性；中国经济结构越来越畸形，国家承受了外向型经济发展的外部损失——资源消耗、环境污染、对我国廉价劳动力的剥削、阶级和劳资矛盾加剧、各地区之间的差距拉大等；国际收支失衡。9 000亿美元的外汇存底因为不能进口中国所需的资源产品和高新技术产品而被迫购买美国国债，导致中国财富不能被国人利用以及国内通货膨胀加剧。

社会主义市场经济就是通过市场经济实现我们的社会主义理想。因此，在处理社会主义和市场经济的关系方面，必须坚持社会主义和劳动人民当家做主这一根本目标。市场和计划仅是手段，不能本末倒置，将市场经济放在一切之上；不能打着市场经济的口号去改变社会主义最根本的东西；应该深刻认识社会主义社会的本质，合理处理社会主义条件下人与人的关系，增强计划性，克服自发性和盲目性，有效驾驭市场经济。

参考文献：

[1] 马克思. 剩余价值理论 [M]. 北京：人民出版社，1975.

[2] 迈克尔·佩罗曼. 资本主义的诞生——对古典政治经济学的一种诠释 [M]. 南宁：广西师范大学出版社，2001.

[3] 陈岱孙. 从古典经济学派到马克思 [M]. 北京：北京大学出版社，1996.

[4] 吴易风. 英国古典经济理论 [M]. 北京：商务印书馆，1996.

中小企业融资中的信息不对称及解决办法：台湾经验

黄立君　向　婧

摘要　中小企业融资难主要源于信息不对称。完整而健全的中小企业信用担保体系有助于解决银行、中小企业与担保机构之间的信息不对称问题。台湾地区中小企业信用保证基金自 1974 年成立至今，已经形成了层级分明、职责明确的体系。它在解决银企、信企之间的信息不对称问题上，探索出了一套适合自身社会、经济环境的独特做法。

关键词　中小企业；融资；信息不对称；信用担保

一、引言

融资是中小企业发展过程中面临的最主要困难。根据中国人民银行金融研究所研究员邹平座（2014）的研究，全国每年的信贷增长量一般维持在 15% 左右的水平。但是在 2009 年以后，信贷结构发生了重大变化，更多的投资流向了固定资产和基础建设等领域，进一步挤占了中小企业的需要，中小企业的融资状况甚至有进一步恶化的趋势。①

中小企业融资困难的原因，我们认为主要在于信息不对称。由于不容易了解中小企业的真实信息，贷款能否收回具有较大的不确定性，银行往往不愿意贷款给中小企业，或者将贷款门槛提高至企业无力负担的程度。发达国家和地区的实践经验表明，建立完整而健全的中小企业信用担保体系有助于解决银行、中小企业与担保机构之间在信息不对称条件下产生的种种问题。我国台湾地区政府部门长期致力于改善中小企业的融资环境，其中最具特色的举措当属中小企业信用保证基金的建立。从 1974 年成立至今，信用保证基金发展四十年有余，已经形成了层级分明、职责明确的体系，尤其在解决信息不对称问题上摸索出了一套自己的做法，积累了丰富的经验。

本文试图从信息不对称视角阐释中小企业融资难的原因，并对台湾地区如何通过中小企业信用保证基金这一制度安排解决企业融资问题的经验进行阐释。

---

① 邹平座. 中小企业融资难在于信息不对称［R］. 第十届北京国际金融博览会金融支持小微企业发展论坛，2014. http：//finance. ifeng. com/20141103/13241723_ 0shtml.

二、中小企业融资过程中的信息不对称问题

为了解决中小企业融资难问题，很多国家都建立了中小企业信用担保体系。我国大陆地区也从 20 世纪 90 年代开始建立中小企业信用担保制度。中小企业信用担保制度的本意就是要解决银行与中小企业之间的信息不对称问题，解除银行对中小企业信贷的后顾之忧。但实际上，这种中小企业融资中的信息不对称，不仅仅是银行与中小企业之间的信息不对称，当国家或政府作为担保人时，它自己也同样面临因信息不对称而产生的风险。

（一）银行与中小企业间的信息不对称

银行在评估贷款申请者时主要考虑两个因素：收益和风险。在考虑贷款风险时，银行可以通过评估企业的偿债能力和查阅过去的信用记录来完成。排除了不可控因素之后，我们可以发现企业未来的偿债能力与现有的财务状况、未来的发展计划、企业家个人的决策能力（这一点在中小企业中尤为重要）紧密相关。由于处于信息劣势，银行不可能准确掌握所有信息。因此，对于贷款申请企业，银行需要进行严格的前期调查。相较于大企业，中小企业的经营规模小，财务制度不透明，信用资源少，银行在评估偿债能力时没有太多有价值的参考因素，可能花费更多成本。另一方面，中小企业管理水平相对低下，账目等资料也不规范，导致中小企业的信用等级比较低，信用记录不健全。而中小企业每次所需的资金金额相对不会太高。银行需要花费较高的成本对中小企业进行前期调查，却只能获取较低的利息收入。而在获得贷款之后，中小企业往往又有很强的违背合约条款去从事高风险的交易活动的倾向。在前期花费高额交易费用的同时还要承担较高的违约风险，这使银行等金融机构更愿意贷款给大企业。即使中小企业愿意接受更高的借款利率，也往往出现信贷配给的情形，银行倾向于将中小企业排除出自己的贷款对象范围。这是因为虽然更高的利率会使银行有可能获得更多的收益，但是同时也将承受更高的风险。综合考虑这两个因素，银行的报酬反而有可能降低。而目前贷款市场还呈现出供小于求的特点，面对众多资金需求者，银行没有动力向中小企业发放贷款。[①]

信保机构主要是在中小企业借款时为其提供保证，在受保企业无力或者恶意不履约时，由信保机构向银行承担偿还贷款的责任。首先，在有担保的情况下中小企业的信用得以增级，在申请贷款的时候银行不会再有高额的担保品要求。另外，有了这一层保证，贷款的风险大部分转移给了信保机构，银行对中小企业的放贷意愿也大大增加。中小企业信用担保机构的出现在某种程度上降低了银行与中小企业之间的信息不对称程度，保障了银企之间的贷款行为顺利进行。但是，

<hr>

① 乔治·阿克洛夫，迈克尔·斯彭斯，约瑟夫·斯蒂格利茨．阿克洛夫、斯彭斯和斯蒂格利茨论文精选 [M]．北京：商务印书馆，2010.

中小企业信用担保机构的参与本身又产生了新的信息不对称——信保机构与中小企业间的信息不对称。

（二）信用担保机构与中小企业间的信息不对称

提供信用担保之后，银企之间的信息不对称扩展到了银行、中小企业和担保机构三者之间，并且可能更加严重。林毅夫和李永军（2001）认为正是由于信息不对称的存在，在借贷过程中有可能会出现的逆向选择和道德风险，才导致了银行不愿意借款给中小企业的局面。因此，能否处理好信息不对称问题就成了关键。设立贷款担保机构似乎能够解决这一问题，但是如果担保机构没有能力对申请企业进行事前的审查和区分，并且不能有效监督其在经营过程中的资金使用情况，那么担保的存在并没有真正解决问题，仅仅只是将风险从银行转移到了担保机构身上。[①] 虽然专门服务于中小企业，信用担保机构在经营过程中能够掌握比银行更多、更真实的有关中小企业财务状况、经营管理水平、日常业务等方面的信息，但是相较于中小企业自身，信保机构毕竟还是处于信息劣势。为企业提供担保以后，信保机构则承担了中小企业违约的绝大部分风险，并收取一定的保费作为回报。为了保障自己的利益，信保机构往往还要求中小企业提供一些反担保品。由于信息不对称，信保机构只能对所有的申请企业收取统一的保费和要求同等的反担保品，至多按照不同的行业分别收取。从理论上来说，随着保费和对反担保品要求的提高，经济实力较强、诚信经营、风险较小的中小企业将会退出信用担保市场，留下来的则是管理不规范、违约经营倾向大的企业。虽然获得了更多的保费和反担保品，但是信保机构承担的风险却大大增加，总利润不升反降。这正是逆向选择在担保市场上的表现。而信保机构向中小企业提的要求不可能太高。过高的要求不但不现实（中小企业正是无力承担银行要求的贷款利率和担保品要求才会转而寻求信用担保），也违背了信保机构的设立初衷。道德风险在担保市场上是指一旦获得了信用担保，中小企业不能偿还贷款时会由信保机构代位清偿，中小企业会产生一种依赖心理或者说行为更加松懈，不再积极预防风险和努力偿还贷款。[②] 更为严重的是，在将大部分风险转嫁给了信保机构之后，中小企业有很强的倾向违背贷款合约对资金使用上的规定和限制，去从事高风险的经营活动。一旦其投机失败，中小企业信保机构将承担巨额的代偿责任，面临破产倒闭的风险。

如何解决这种风险，以便更好地促进中小企业融资？台湾中小企业信用保证基金自 1974 年成立至今，已经发展了 40 年，成了台湾地区经济发展的有力支撑。而且在解决银企、信企之间的信息不对称问题上，信用保证基金也探索出了

---

① 林毅夫，李永军. 中小金融机构发展与中小企业融资 [J]. 经济研究. 2001（1）：10~18.

② 喻均林，刘和平. 信用担保运行中信息不对称的扩大分析及其防范对策 [J]. 特区经济. 2006（5）：244~245.

一套适合自身社会、经济环境的独特做法，很值得研究和学习。

三、台湾地区中小企业信用保证基金的发展经验

（一）台湾地区中小企业信用保证基金的发展历程

1964 年台湾地区政府确定了由"行政院"主导有关中小企业的工作。接下来，又先后在 1966 年和 1968 年成立专门的工作小组和工作处负责中小企业的辅导工作。1974 年上半年，为成立信保基金做了大量前期准备工作，政府部门内部也进行了多次讨论，最终通过了设立章程，为其成立确定了大致的框架。6 月17 日，"财政部"召开捐助人会议，并选举成立了基金第一届董事会、监事会；7 月 9 日完成财团法人登记，进入了正式运营阶段。整个过程是在政府的主导下进行，各个部门大开绿灯，进行得十分顺利。2003 年 5 月 15 日，主管机关改为"经济部"，继续配合政府振兴经济及稳定就业等政策，积极发挥信用中介的作用，协助中小企业顺利从银行获得贷款。

（二）台湾地区中小企业信用保证基金的运作机制

台湾地区中小企业信用保证基金的定位是财团法人。[1] 在台湾地区，财团法人通常从事的是慈善公益类活动，而且必须得到主管机关和法院的核准，日常运作要接受多个部门的监督，在信息公开上也有较严格的要求。这也可以说明盈利并不是信保基金运营中追逐的目标，它的成立就是为了服务和支持中小企业。其年报也已明确指出信保基金的成立就是为了增强银行的放贷意愿，促使中小企业顺利得到资金，促进社会经济发展。信保基金的持续稳定运作正是得益于政府定期编列预算和金融机构配合注资。"台湾当局"甚至通过法律形式规定了政府、银行和企业必须向信保基金捐资，并且明确规定了各个主体应该达到的捐资比例。自设立至 2013 年底，信保基金累计获捐 1 146.01 亿元新台币（其中各级政府占 78.07%，金融机构占 21.49%，其他机构占 0.44%），并让信保基金与金融机构共担融资损失的部分。[2] 信保基金还采取了多项措施，力图使基金的风险能够被控制在一定范围内，如对送保案件品质不佳、风险较大的金融机构降低担保比例，这对银行来说也是一种促使其提高工作质量的正向压力。

在信保基金的官方网站[3]和作业手册中的显眼位置都明确指出，其保证对象主要分为三类：

一是中小企业。符合"行政院"核定的《中小企业认定标准》的中小企业（不含金融业、保险业和特殊娱乐业）。这里所说的中小企业，首先应该在相关部门办理过公司登记或工商登记，并符合下列标准（不含分支机构或附属机

---

① 台湾中小企业信用保证基金官方网站：www. smeg. org. tw.
② 台湾中小企业信用保证基金官方网站：www. smeg. org. tw.
③ 台湾中小企业信用保证基金官方网站：www. smeg. org. tw.

构），即制造业、矿业及土石采掘业。实收资本在新台币 8 000 万元以下或雇员人数未满 200 人；其他年营业额在新台币 1 亿元以下或雇员人数在 100 人以下的服务行业。

二是创业个人。申请者须拥有台湾户籍，且为所创或所经营的中小企业的负责人或出资人，并符合青年创业及启动金贷款规定。

三是其他通过审核的对象。

为了提高处理效率并且方便民众，信保基金不断创新，在 2012 年还启用了网络作业系统，将送保的案子分流处理，机构的办事效率得到了很大的提升。凡是正常经营、证照齐全、无不良信用记录，且符合认定标准的中小企业都可以申请该项信用保证。目前，申请的方式主要有三种：

（1）向金融机构申请。为了方便办理，信保基金已经与全岛 40 多家金融机构的 3000 多个营业单位建立了合作伙伴关系，企业可以就近申请，手续简便，再由金融机构申请和移送信用保证。

（2）向信保基金申请。这属于"直接保证"方式。企业可以根据自己申请的担保种类从基金的作业手册和官网上查询要求的资料，然后直接向信用保证基金申请。信保基金视情况进行实地访查，并对企业的财务状况、管理水平、未来收益等方面进行评估。信保基金会对申请进行审核，并向通过审核的企业颁发承诺书。

（3）向专责受理窗口申请。为了协助特定产业发展，政府有指定部门办理特定产业的信用保证。这类产业中的企业必须先到政府部门的专责受理窗口办理，如文化创意产业优惠贷款须向"文化部"申请，本土品牌向海外市场推广所需要的贷款得向"经济部工业局"申请等。此外，信保基金还与相关单位、各县市政府等以火金姑（相对保证）专案的方式提供信用保证，同时还提供咨询、培训等方面的服务。企业可以直接向合作单位的受理窗口进行申请，如"行政院劳工委员会"（微型创业凤凰贷款）、"各县市政府"、"中华电信"等专责窗口。

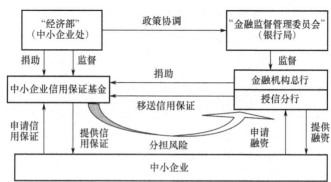

图 1　台湾中小企业信用保证基金的运作机制

资料来源：台湾中小企业信用保证基金：《2013 年台湾中小企业融资信用保证手册》（说明：这是作者在台湾调研时信保基金的一个职员提供的资料）。

发展至今，可以说绝大部分行业的中小企业都被纳入了信保基金保证对象的范围。一般来说，在日常运营中信保基金主要提供一般保证和专案保证两类项目。此外，为了配合推动政府政策的施行，信保基金还会根据情况需要提供日常业务范围以外的特案保证。

除了在资金方面提供直接支持，台湾中小企业信用保证基金还与专业辅导机构等合作，将有关融资、财会、经营管理等各个方面的专业人士整合到一起，为中小企业提供相关的融资服务，帮助企业改善内部管理制度、建立科学的会计制度，从根本上帮助中小企业改善融资环境。[①] 还开放了辅导中心、薪传学院等多种形式的平台，使中小企业在获取咨询、辅导、服务等方面有了更多便捷的渠道。

经过 40 年的发展，信用保证基金已经发展成为适应台湾地区社会经济环境的独具特色的机构，有力地支持了台湾地区中小企业的成长与发展。综合统计，自成立到 2013 年底，基金共提供 5 282 583 件信用保证，保证金额约 8 兆 2 188 亿新台币，协助保证户自金融机构获得的融资金额约为 11 兆 3 369 亿新台币。台湾还设立了"磐石奖""小巨人奖"嘉奖当年表现优秀的中小企业。而大部分获奖企业都是在信保资金的帮助下抓住了成长的机会。有了资金支持，一些中小企业抓住了机遇迅速发展壮大，甚至成长为具有很高知名度的跨国公司，如我们熟悉的宏碁、鸿海等企业。[②]

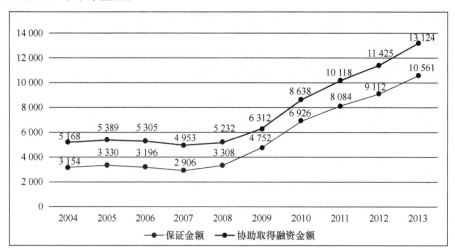

图 2　2004 至 2013 年台湾中小企业信用保证基金承保情形

资料来源：根据台湾中小企业信用保证基金网站（http：//www. smeg. org. tw）中小企业信用保证基金 2004—2013 年年报整理所得。

---

① 福建省金融学会赴台考察团. 信保基金：台湾中小企业政策性融资体系之核心 [J]. 福建金融，2013（3）：20～25.

② 景春梅. 台湾中小企业信用保证基金的发展经验 [J]. 中国金融，2012（10）：81～82.

（三）解决信息不对称问题的具体措施：台湾经验

通过对信保基金的发展历程和运作机制进行分析，我们可以归纳得出信保基金在为中小企业提供信用担保的过程中处理银行、信保机构和中小企业三者之间信息不对称问题的措施。

1. 建立银信合作的风险共担机制

信用担保机构的加入实际上是把银行与中小企业在信息不对称下产生的风险转移到了自己身上。这样一来，如果信保机构承担100%的风险，容易使银行产生放贷时审核不严、事后监管不力的倾向，加大信保机构的代偿风险。信保行业发展较好的国家和地区的成功经验就是在法律上规定信保机构对中小企业的贷款需求实行比例担保，使银行也成为中小企业贷款的利益相关人，发生损失时银行也必须承担一部分责任。根据国际经验，信保机构一般只承担70%—80%的责任。就台湾地区来说，一方面，银行对信保基金直接出资，从成立到2013年金融机构对信保基金的出资额累计达到20%以上，信保基金的经营状况也就与银行利益密切相关。另一方面，信保基金也与银行展开了紧密合作。根据其2013年年报，我们可以看到，到目前为止与信保基金签约合作的岛内外银行有40家，营业单位达到了3 000多个。整个台湾地区的中小企业都可以很方便地直接向周边的合作银行申请贷款。基金在大部分情况下采用的是间接保证的方式。在这种方式下，基金不直接与中小企业联系，而是由授权的银行对中小企业进行审核。符合申请要求的中小企业可以直接向银行申请信用担保，经审查通过的可以由银行先行发放贷款。超过规定的贷款额度的，由银行将中小企业的申请报告和规定所需的资料送交基金审查，审查通过后再发放贷款。[①] 这样一来，办事效率大大提高不说，信保基金可以利用银行专业的人力资源和较丰富的信用资源，节约大量人力、物力和财力。台湾信保基金对中小企业贷款承担50%—80%的偿付责任，部分业务可达到90%的比例，银行与信保基金合作共赢。除此之外，每年信保基金还上报"经济部"颁发"信保伙伴奖"和"直保绩优奖"等奖项，公开表扬办理中小企业信用担保融资业务中的优秀金融机构，不仅扩大了银行的社会正面影响力，也使得银行的参与积极性进一步提高。

2. 根据具体环境适时进行制度创新

不同的国家或地区面对的经济社会环境截然不同，并且在不同的时间段里可能发生剧烈变动。这就决定了任何行业都不可能是一成不变的，应时应景的制度创新正是保持企业活力和持续发展的重要因素。中小企业信用担保行业具有较强的公益性质，收取较低的保证手续费，却要为信用水平较低的中小企业提供融资担保，承担了较高的风险，且变数很大，单靠政府定期的财政拨款很难存续。同

---

① 中国人民银行厦门市中心支行课题组. 台湾中小企业信用担保的实践及其借鉴 [J]. 上海金融，2003（1）：57~58.

时，作为信保机构主要服务对象的中小企业，规模小，抗压能力弱，针对其需要进行创新也更能贯彻中小企业信保机构的设立宗旨。①

在增加收入来源上，信保基金主要从两方面着手。针对企业，信保基金于2004年建立了直接保证回馈机制，从字面上就可以看出其运作机制就是鼓励那些受到过基金融资支持并发展壮大的企业以自愿为前提，向信保基金注资。② 这样，信保基金的资金来源得到了扩展，也形成了企业相互带动扶持的良性循环。针对金融机构，信保基金开创性地实施了"火凤凰"催收奖励专案。虽然通过实行比例担保制度，银行也会承担企业无法偿还贷款的风险，但是毕竟大部分风险还是在信保基金身上。为了进一步调动银行的积极性，"火凤凰"专案适时出现。它的主要内容是将一定比例（1%—15%不等）的收回款项作为奖励发放给收回已经成为代账、坏账的贷款的金融机构，以此鼓励合作金融机构及个人催收已经清偿债权的积极性，可以有效降低信用保证基金的损失。

在对中小企业的融资服务上，信保基金还会根据企业所面对经济社会环境的改变，适时推出有针对性的政策和方案，及时调整担保比例和保证费率。例如，2008年的金融危机在岛内引起了剧烈震荡，其中以中小企业受到的冲击最大，很多企业面临资金链断裂进而倒闭的危险境况。中小企业信用保证基金积极配合政府政策，在业务上适时创新，于年底推出了"千金挺专案"。③ 该方案从增加授权保证额度、提高信用担保比例、提高同一企业申请融资担保额度等方面加强了对中小企业的保证力度，并将保证手续费率从0.75%降至0.5%。在这一阶段，信保基金协助中小企业获得的融资总额已接近成立以来的最高纪录，有力地支持了台湾地区中小企业应对金融危机的冲击。

3. 建立完善的中小企业信用担保配套服务机制

中小企业信用保证基金不单单是一个提供信用担保的中介机构，可以说它是将目标群体锁定为中小企业的综合性服务机构。信保基金的最终目标是协助中小企业顺利从银行获得贷款，台湾地区目前已经将这种服务扩展到了融资所涉及的各个环节。在台湾"经济部"发布的2013台湾中小企业白皮书中，信用保证的定义不仅仅局限为帮助中小企业获得银行贷款，还有提供融资辅导等服务性内容。这就决定了其业务内容的广泛，实践中，信保基金正是将"授人鱼不如授之以渔"的理念贯彻到了工作的始终。

第一，建立了完备的中小企业融资服务体系配合信保基金的工作，中小企业

---

① 台湾中小企业信用保证基金以服务中小企业为一切行动的根本出发点。2003年，其主管部门由台湾"行政院"转变为"经济部"，更好地贯彻了服务于中小企业发展的方针。台湾学者黄博怡、邱哲修等学者对比了转型前后信保基金的效率，发现转型之后，中小企业通过信用保证的协助自银行取得的融资额每年均在5 000亿元新台币左右，比转型前的年均2 000亿元新台币的2倍还多。这也说明了信保基金的灵活性。

② 戴淑庚，赖静，郭富霞. 台湾中小企业信用保证基金研究［J］. 台湾研究，2010（5）：37～42.

③ 王铂波. 中小企业融资背后的推手——中小企业信用保证基金［J］. 主计，2009（11）.

因而也拥有了多个便利渠道接受融资方面的辅导，节约了双方的成本，工作效率也相应得到了提高。1982 年设立了中小企业联合基金会。基金会的成立正是在"政府"政策的指导下，为中小企业提供融资、财会等方面的服务，从根本上帮助中小企业实现质的提升。除此之外，先后又设立了马上解决问题中心和专业的融资服务平台，当中小企业遇到融资困难的时候，可以向这些机构申请融资辅导和诊断。机构会视情况需要通过电话、邮件，甚至委派专员实地调查等方式了解企业的实际经营情况，从企业的具体情况出发进行多角度的综合评估，进而为中小企业提供专业建议。

第二，中小企业信用保证基金本身也将服务内容扩展到提供咨询、建议等项目之上。信保基金的工作人员会通过电话、面谈及网络等方式，帮助企业增进财务及非财务方面的知识。2013 年，信保基金通过专线电话及电子邮件的方式，提供金融机构送保作业及规章方面的咨询达 10 500 次以上。其中最具创意的举措就是开办信保薪传学院。学院的日常活动主要是通过论坛、讲座和课程三种形式开展的。论坛会不定期邀请政府官员、学者及信保方面的专家主讲，介绍政府政策、经济大环境及未来经济走势。讲座会定期邀请经信用担保而成功经营的企业家介绍分享自己的创业经历、经营理念及危机处理方式等方面的经验教训。课程每两个月举办一场，主要通过案例分析的形式，将受到过信保基金保证的具有代表性的企业个案拿出来探讨，授课内容形象且与实际接轨，还有安排财务、管理等方面专业课程，企业各部门负责人都可以根据自己的实际需要申请参加。这样做的好处是一方面可以帮助中小企业建立起完善的会计制度、内部管理制度，提高融资方面的专业知识，从源头改善中小企业的融资状况。另一方面，种类多样的服务内容对中小企业是有益的，吸引它们主动同信保基金保持联系。当它们向基金获取融资、发展等方面的服务时，实际上也是将自己真实的财务状况、发展计划等内容反映给了信保基金，能够有效降低信用担保机构与企业之间的信息不对称。

第三，建立严格的内外部监督机制。信保机构向中小企业提供的是准公共产品，具有收益风险不对称的天然特征，必然需要得到"政府"大量的资金支持和政策优惠。要保证这些资金的使用落到实处以及信保机构的日常经营合法合规，就必须建立完整的内外部监督体系。达到自我约束、外部监督、日常运营机制公开透明三者结合的境地，极大地降低了银企、信企之间的信息不对称程度。

在内部管理方面，信用保证基金在内部制度建设方面日趋完善，形成了在董事会领导下的公司治理结构，并且设有监察人进行监督。监察人由"经济部"直接委派，董事会成员由信保基金的捐资成员按比例担任。基金现任常务董事 4 人，董事 8 人，常务监察人 1 人，监察人 4 人，分别都在政府之中担任要职。基金具体的经营活动是在总经理的主导下开展。基金的部门设置合理，分工明确，负责日常工作的业务部门有保证业务群、发展服务群、行政支援群以及专案研究室和国际事务室。另外还设有经营委员会和风控委员会对基金的运营活动进行分析总结和监督管理。这些部门的分工涵盖了中小企业申请担保的所有环节，且环环相扣，办事效率大大提高。更重要的是，工作人员职责明确，一旦出现问题很容易便可以追根溯源，基金运营的透明度也提高了。

在外部监督方面，首先信保基金有自己的官网，上面明确、清晰地公开了中小企业信用担保的申请资格、申请方式、基金提供的一般保证项目和专案保证项目、保证手续费、合作银行等信息。基金的合作银行通过多种渠道（甚至在ATM机上）公开申请信用担保所需要的基本信息。此外，基金每年都会定期对外公布年报，公开本年度基金的提供保证情形、重要业务措施、对中小企业提供咨询服务的情形、业务余额、代位清偿情形、财务报告等重要信息，供社会大众监督。其次，接受较为严格的政府监督。法律明确规定信用保证基金必须及时向监管部门报送各种报表资料，并且还要定期对外公布年报，接受外界监督。

参考文献：

［1］赵爱玲．中国中小企业信用担保体系研究［M］．北京：中国社会科学出版社，2012.

［2］乔治·阿克洛夫，迈克尔·斯彭斯，约瑟夫·斯蒂格利茨．阿克洛夫、斯彭斯和斯蒂格利茨论文精选［M］．北京：商务印书馆，2010.

［3］林跃均．中国社会信用体系模式及其剖析［M］．北京：中国方正出版社，2012.

［4］狄娜，张利胜．信用担保机构经营管理［M］．北京：经济科学出版社，2007.

［5］李骞．台湾地区中小企业融资体系研究及其对内地的启示［D］．湖南：湖南大学，2007.

［6］谢巨波．基于准公共产品界定下的中小企业信用担保效率研究［D］．广州：暨南大学，2005.

［7］王桂梅．中小企业信用担保问题研究［D］．辽宁：东北财经大学，2002.

［8］George A. Akerlof. The Market for "Lemons"：Quality and Market Mechanism［J］. Quarterly Journal of Economics，1970，84（3）.

［9］J. E. Stiglitz, Andrew Weiss . Credit Rationing in Markets with Imperfect Information［J］. American Economic Review, 1981.

［10］Boot, Tharkor, Udell. Secured Lending and Default Risk：Equibrium Analysis, Policy Implications and Empirical Results［J］. Economic Journal, 1991, 101.

［11］Riding Allen L. , Haines George Jr. Loan Guarantee：Cost of Default and Benefit to Small Firm［J］. Journal of Business Venturing, 2001, 16.

［12］Julian Frank, Oren Sussman. Financial Distress and Bank Restructuring of Small to Medium size UK Companies［J］. Review of Finance, 2005, 9（3）.

［13］Allen N. Berger, Gregory F. Udell. Relationship Lending and Lines of Credit in Small Firm Finance［J］. The Journal of Business, 1995, 3（68）.

民营经济历史地位和作用探析[①]

马丽娜

摘要 确定社会主义基本经济制度以来，民营经济发展迅速，成为最具活力的经济成分。但民营经济在当前，依然不能享受和国有经济同等的法律地位和法律保护，成为制约其发展的重要因素。究其原因是因为在社会主义初级阶段基本经济制度中不同所有制成分的地位和作用不同，同时从社会主义的发展趋势看，民营经济自身具有历史局限性。为此必须深化市场经济体制改革，按照市场经济的要求不断完善基本经济制度，才能为民营经济在社会主义市场经济中健康发展提供保障。

关键词 民营经济；基本解决制度；历史地位作用

中国民营经济在 20 世纪后 50 年经历了一个从有到无而又从无到有的曲折历程。1978 年以来三十多年的改革开放历程中，中国民营经济重新复苏并获得了发展。尤其是自党的十五大从基本经济制度层面确定民营经济在社会主义市场经济体制中的地位，同时民营经济也从社会主义制度外融入制度内后，民营经济开始了长足和实质性的发展。作为中国经济发展的生力军，它有力地支持了国民经济持续、快速的增长，为中国经济做出了重要贡献，而且为参与 21 世纪全球竞争的中国经济奠定了坚实的基础，成就令世人瞩目。然而同民营经济贡献不相称的是，和国有经济相比，受到的市场待遇大不相同。由于与国企相比在政府心目中的位置有着巨大差异，从而导致民企长期在意识形态、法律和政策上都处于被歧视的地位。外部环境尤其是法律环境不利，不仅影响民营经济在未来中国经济发展中发挥作用的程度，更影响民营企业自身的制度创新和变革。因此已经成为最为关键的制约因素之一。

制约民营企业发展的最大法律障碍是按照所有制性质对国有经济和民营经济进行不同程度的保护规定，所有制歧视导致的不平等、不公平的法律环境。但造成民营经济和国有经济不平等法律地位和不均等法律保护的深层次的原因，不是法律本身，而是反映社会主义生产关系本质的社会主义基本经济制度，也就是说是由民营经济在社会主义基本经济制度中的地位和社会主义历史时期的局限性决

---

① 该文是北京市哲学社会科学规划项目"民营经济和国有经济法律保护差异性的制度经济学分析"（12JGB064）阶段性研究成果。

定的。

一、"民营经济"的由来

"民营经济"一词在西方市场经济国家很难找到，因此没有确定的相对应的英文单词，在国外的资料中，常出现的是国有（state owned），非国有（non-state owned）和私有经济（private economy）等。因为这些国家政府很少参与企业的经济活动，企业的经济行为以市场为导向，私有经济是市场活动的天然主体。在中国，从目前能查阅的资料来看，"民营经济"最早出现在 1931 年版的《经济救国论》中，作者王春圃第一次使用了"民营经济"一词。他将民间人士经营的企业称作"民营"企业，与之对应的把国民政府经营的企业叫作"官营"企业。可以看出，这里的"民营"是与"官营"相对应的概念，强调的与经营关系有关，而没有涉及生产资料所有制的性质。[1] 毛泽东也曾在 1940、1942 年使用过"民营"和"民营经济"概念，这一时期根据地还没有国有经济，但存在公营经济，在这里毛泽东所使用的"民营"概念既包括私人经济，也包括各种合作社经济。在《抗日时期的经济问题和财政问题》[2] 报告中指出："只有实事求是地发展公营和民营的经济，才能保障财政的供给。"改革开放后，在《中共中央国务院关于加速科学技术进步的决定》（1995 年 5 月）中也出现"民营"一词，该文件指出："民营科技企业是发展我国高技术产业的一支有生力量，要继续鼓励和引导其健康发展。"随后，"民营经济"一词就广泛出现在各种媒体的报道中。除此之外，与民营经济概念相似的"个体经济""私营经济""非公有制经济"早在 20 世纪 80 年代政府就有提及，1997 年的中共十五大更是提出了"非公有制经济"的概念，对其在社会主义市场经济中的地位和作用给予了清晰的界定，随后"民营经济""民营企业"等概念开始被大量使用，并广泛出现在媒体和学者文章中。

二、民营经济概念的界定

随着我国市场化改革的深入和民营经济的发展，民营经济已经成为理论和实践中的研究热点，国内学者也对其进行了大量的研究，绝大部分学者对民营经济的地位和作用已取得了基本共识，但目前对民营经济这一概念并没有一致的定性，且存在大量的争议。因此，要研究民营经济的历史地位问题，首先要对民营经济的概念予以梳理，并加以界定。

目前，关于民营经济的概念有所有制和经营方式之争，也有广义和狭义之分。归纳起来主要有以下几种观点：

① 杜松年. 关于民营经济 [J]. 沿海新潮，1998（1）.
② 毛泽东选集（合订本）[M]. 北京：人民出版社，1991.

（1）我国现阶段的民营经济，不是一个严格的法律概念，而是社会学家和经济学家在我国特有的经济转型时期提出的一个为人们所能接受，刻意淡化所有制性质的模糊概念。张理（2005）① 在"民营经济与南京经济发展高层论坛"中撰文指出，"民营经济"不是一个法律概念，因而在国家的立法中，至今尚未使用"民营经济"这种提法，日常对它的使用是建立在流行和简便的基础上的，是一个模糊而非精确的概念，更多的是一种约定俗成，带有极强的"中国特色"。黄瑞（2008）② 认为，作为一个社会学或者经济学上的概念，对民营经济的界定应当限定在两个层面上：一是从所有制结构和所有权归属上，民营企业不是公有企业的对称而是国有国营企业的对称，是国家投资、国家经营企业以外的其他各种企业形式，其范围是非常广泛的；二是从经营主体和经营范围上，民营企业是国家及其所属部门以外的民间主体作为经营者来经营的企业，经营范围主要是法律许可的具有一般竞争性的领域和行业。

（2）从所有制角度界定民营经济。这种观点认为，对民营经济概念的界定，应该从所有制关系入手。黄文夫（1999）③ 认为，民营经济是非国有直属机构的法人组织或自然人以自有资本、租赁资本、借贷资本为主从事自主经营自负盈亏并享有相对独立的收益权和投资权的经济活动的总和。民营经济实质上是以非国有经济为基本特征的经济形式，既指私有经济，也可以指公有与私有混合的经济，认为民营经济应当包括除国有经济外的其他一切经济成分，即城乡集体经济、个体私营经济、联营经济、股份制经济、外商投资经济和港澳台投资经济等；刘伟（2000）④ 认为，民营经济在财产关系上主要是私有制，只是出于规避某些意识方面的考虑，才用民营经济的概念来代替私有经济。因此，狭义的民营经济实质上就是指私营经济，包括个体、私营以及私人合作和私人股份为主的公司企业等。王劲松、史晋川、李应春（2005）⑤ 在分析民营经济的内部产业结构时，从广义和狭义两个角度界定了"民营经济"的范围，认为广义的民营经济是对除国有和国有控股企业之外的多种所有制经济的统称，狭义的民营经济则除去广义民营经济中的港澳台投资经济和外商投资经济。

（3）从经营方式的角度界定民营经济。木志荣（2002）⑥ 认为，所谓民营经济仅仅是一种与资产经营有关的经济形式，其经营方式可以是民有民营，也可以是国有民营；韩云（2001）⑦ 认为应该从经营主体的不同来界定民营经济，也就

① 张理．"民营"经济的法律环境［J］．南京社会科学，2005（1）．
② 黄瑞．民营经济法律地位若干问题思考［J］．特区经济，2008（4）．
③ 黄文夫．走向21世纪的中国民营经济［J］．管理世界双月刊，1999（6）．
④ 刘伟．中国经济的盛世金言［M］．广州：广东经济出版社，2000．
⑤ 王劲松，史晋川，李应春．中国民营经济的产业结构演进［J］．管理世界，2005（10）．
⑥ 木志荣．对民营经济概念的修正［J］．云南财贸学院学报，2002（5）．
⑦ 韩云．从经营机制角度界定民营经济概念［J］．桂海论丛，2001（6）．

是说民营或民营经济不是一个所有制概念；晓亮（2010）① 认为民营经济的含义是以民间人士、民间组织、民间机构经营的经济，也可以解释为利用民间资金、民间力量、民间方式营运的经济，民营经济应该包括：个体经济、私营经济、民营科技企业、乡镇企业、股份合作制企业、国有民营企业、外资经济；持相似观点的还有周志纯（1990）②，他认为"民营"只是与"官营"相对应的概念，"民营"指的是经营主体，而不是产权主体，由民办、民投、民营、民享、民有的"自我经营、自负盈亏、自我约束、自我发展"的社会经济主体，都属于"民营"范畴，民营经济的概念，既是我国改革与发展实践中得到社会公认的概念，又完全符合中国传统文化"以民为本"的思想体系，现阶段民营经济主要包括三种形式，即"民有民营"、"国有民营"和"财产混合所有民营"。

（4）从所有制形式和经营方式相结合的角度界定民营经济。这种观点认为，民营经济作为一种经济形式，总是既涉及经营方式，又涉及所有制形式。单东（1998）③ 认为，民营经济是与国营或官营经济相对应的概念，在我国民营经济是非国有国营的所有制形式和经营方式的总称，简言之，民营经济就是非国有国营经济。阳小华、曾健民等（2000）④ 指出，民营经济是指除去国有国营以外的所有制形式和经营方式的总称，简单地说，民营经济就是非国有国营经济。

（5）从经营方式和企业的市场属性相结合的角度来界定民营经济的概念。李金荣、姚会元（2011）⑤ 认为中国的民营经济与市场经济是紧密联系在一起的，应该具有市场经济主体所应该具有的属性，因此将企业的市场属性引进到民营经济概念的界定中是十分必要的；同时，民营经济概念对促进中国的经济改革具有积极意义，因为民营经济中的"民"含有以民为本的意味。

从目前情况来看，绝大多数学者赞同从经营机制角度来界定民营经济的概念。著名经济学家于光远对民营经济就这样的表述：民营经济"不是一种所有制形式，在中国它指的是一切非国营经济。它既包括社会所有制中社会主义国家所有制以外的其他社会所有制形式的经济，也包括各种形式的私有制经济民营经济，当然包括现有的民营的各种非国家所有制经济，也包括民间租赁或承包国有企业而形成的经济。即民营经济既包括民有民营经济，也包括国有民营经济，民营进入原先的国有企业时也要投入资金，因而经营者同时也就成为这个企业部分财产的所有者。至于经营和所有之间虽然两者具有不同的含义，但同时存在密不可分的关系"。

本文认为，我国民营经济是从基本经济制度中的非公有经济演化过来的，是

---

① 晓亮. 关于民营经济的几个理论问题——我的民营经济观 [J]. 中国流通经济，2010（10）.
② 周志纯. 解放思想，抓住机遇实现民营经济的第二次创业 [J]. 理论月刊，1990（3）.
③ 单东. 民营经济论 [J]. 浙江社会科学，1998（2）.
④ 阳小华，曾健民等. 民营经济发展研究 [M]. 武汉：湖北人民出版社，2000.
⑤ 李金荣，姚会元. 中国民营经济研究述评（1990—2010）[J]. 财经政法资讯，2011（3）.

社会主义基本经济制度的重要组成部分，而我国基本经济制度的内涵正是所有制结构，因此研究民营经济不能脱离其所有制属性。

三、民营经济的性质

中国所有制结构中的民营经济，其实就是私有制经济。该概念从产生那天起就是作为官营、国有的对立物，包括个体、私营、中外合资、中外合作等经济成分。本文重点分析改革开放以后在我国成长起来的个体经济和私营经济。

个体经济和私营经济是既相联系又相区别的经济成分，两者的共同点就在于它们同属私有经济，即生产资料私人所有。不同点主要在于前者是以个人及家庭劳动为基础的私有经济，后者则是以雇用劳动为基础的私有经济。

生产资料私有制是指生产资料归私人所有的所有制形式。人类历史上曾存在过两种生产资料私有制形式，但两者的根本性质不同，一种是劳动者以自己和家庭劳动为基础的生产资料私有制，另一种是以无偿占有他人劳动为基础的生产资料私有制。

人类历史上最初出现的第一种性质的生产资料私有制，是劳动者的生产资料私有制，是和自然经济相适应的。这种以劳动者自身和家庭的劳动为基础的生产资料私有制的特点是，劳动者不仅拥有生产资料，而且也拥有自身以及家庭的劳动力所有权，劳动者用自己的生产资料和劳动力进行劳动，劳动产品也属于劳动者自己。

以无偿占有他人劳动为基础的生产资料私有制，在历史上先后采取过几种形式：生产资料奴隶主私有制，生产资料封建主私有制、生产资料资本主义私有制和社会主义市场经济条件下的私有制经济四个发展阶段。这几种生产资料私有制的共同特点是：劳动者失去全部或主要的生产资料，而生产资料所有者则凭借自己占有的生产资料，无偿占有劳动者剩余劳动提供的劳动成果。社会主义市场经济体制下，私有制经济作为社会主义市场经济的重要组成部分，其性质与之前所有社会形态的私有制经济都有所不同，尤其是不同于资本主义社会的私有制经济。一方面，社会主义市场经济条件下的私有制经济从本质上说还是一种私有制形式的经济形态，具有私有制的本质属性，也表现出一些和资本主义私有制经济相同的特征；但另一方面，社会主义市场经济条件下的私有制经济又是在社会主义这一大背景下产生和发展的，是为社会主义建设服务的，并受到国家法律和政策制约和监督的，所以说它又表现出不同于之前的私有制经济的一些特征。

四、诠释民营经济的历史作用和地位

生产资料私有制是人类社会发展到一定阶段的必然产物。这种所有制在历史上曾经发挥促进生产力发展的极为重要的积极作用。人类历史上出现的第一种居于统治地位的私有制是奴隶社会私有制。奴隶社会私有制代替原始公社公有制既是历史的必然，也促进了奴隶社会生产力以及人类文明的发展。封建社会也是如此。不同种类私有制经济的演进与更替遵循的是生产关系必须适应生产力发展这一历史规律，既是生产力发展的必然结果，又极大地促进了生产力的继续发展。尤其是作为生产资料私有制的最后形态和最高形态的资本主义私有制，在人类历史上结束了长期的低级生产力发展阶段，直接为未来更高社会提供物质和精神条件，最终将创造出最符合人类自身发展的条件，短短几百年更是创造出了人类社会前所未有的生产力。

工业革命后，资本主义的矛盾也曾几度激化，从而就有了社会主义运动与理论的蓬勃兴起，为此，资本主义生产关系适时不断进行调整。尤其是第二次世界大战以后，这种调整不仅包括在所有制形式上，私有制的实现形式多样化这类自我调整，甚至包括所有制内在性质上的调整，即越来越多地吸收其他所有制的长处，包括吸收公有制性质的因素，甚至是那些被公认为是社会主义构成部分的内容。正是这种开放、兼容、并存的调节，使资本主义现代私有制摆脱了古典私有制固有的封闭性，在产权结构、组织形式及运行方式等方面都明显地表现出"公私"混合的特征。由此赋予了现代资本主义私有制以广泛的适应性和应变能力，构成了一个能吐能纳的开放的制度。也可以说，这正是资本主义社会在二战之后，重新焕发青春活力、持续保持繁荣局面的关键因素。事实告诉我们：一方面以资本为基础的资本主义生产方式最终要由更高级的社会生产方式取代，这是不可逆转的；另一方面，资本主义生产方式作为人类历史的第二大形态，仍然发挥着推动生产力不断进步的作用，仍具有强大的生命力。人类第二大形态为第三大形态创造条件的过程，相对于现代人来说仍然是很漫长的。

科学社会主义的创始人马克思、恩格斯曾预言，社会主义革命能够在发达的资本主义国家同时取得胜利，取得胜利后的社会主义国家"无产阶级将取得国家政权，并且首先把生产资料变为国家财产……国家真正成为整个社会的代表所采取的第一个行动，即以社会的名义占有生产资料，同时也是它作为国家所采取的最后一个独立行动。"① 马克思、恩格斯设想未来社会采取的这种社会直接占有生产资料的公有制形式，和社会主义革命在落后、不发达的国家首先取得胜利的社会主义国家在实践中建立的所有制形式是不相同的。我们没能建立起在生产力极大发展的基础上，作为资本主义历史和逻辑进程中的替代物和继起物的社会主义，而是建立了在半封建半殖民地生产力落后的基础上，作为资本主义的并行物出现的社会主义。审视一下 20 世纪世界大范围内出现的社会主义公有制实践，人们不难得出结论，当代的公有制本身不属于马克思所预见的社会历史发展的第三大形态，而属于资本生产和市场经济时代的公有制，也就是"第二大形态"

---

① 马克思恩格斯选集［M］. 3 卷. 人民出版社，1995：320.

的公有制。目前，我国社会主义市场经济是公有制和私有制同时存在的统一体。资本主义的高级阶段和共产主义的初级阶段——社会主义阶段，虽然属于性质不同的两种社会制度，但它们有相同的生产力层次，即市场经济阶段。这就决定了公有制与私有制在我国社会主义阶段并存成为一种必然。我国在相当长的历史时期内要想全面建立能与高度发达的生产力相适应的，马克思设想的未来社会，即第三大形态的公有制是不切实际的。社会主义阶段的中心任务是迅速发展生产力。这就必须充分利用一切积极因素，包括国外的资金、技术以及国内的个体、私营经济力量。正因如此，在社会主义阶段，私有经济的存在不是有害的而是有益的，它们与公有制是可以并存、兼容、相互促进的，它们也不是可有可无的因素，而是社会主义市场经济条件下社会主义制度的重要组成部分。

改革开放后，非公有制经济发展是引人注目的。从改革开放之前的"资本主义尾巴"到 20 世纪 80 年代中后期的"有益补充"，再到"十五大"以后的"重要组成部分"和现在特别强调的"共同发展"。这一历史演变充分向人们昭示了个体经济、私营经济为代表的民营经济，在我国社会主义市场经济中的作用和地位逐渐被人们认可和肯定。三十多年的实践也证明，在社会主义市场经济发展中，非公有制经济功不可没，社会主义市场经济离不开非公有制经济。

党的"十五大"指出，"非公有制经济是社会主义市场经济的重要组成部分"，是构成社会主义基本经济制度不可或缺的组成部分。党的"十六大"提出"必须毫不动摇地鼓励、支持和引导非公有制经济发展""个体私营等各种形式的非公有制经济是社会主义市场经济的重要组成部分"。这些不断深入和完善的论述都明确给予了非公有制作为一种经济成分在社会主义市场经济条件下的定位。我们注意到与"十五大"相比，"十六大"表面上看是重点强调了两个"毫不动摇"，但内含着我们不再强调社会主义初级阶段，而是把公有制和非公有制的共同发展和社会主义市场经济紧密相连。党的十八届三中全会决议确定：国有资本、集体资本、非公有资本相互融合的混合所有制经济是基本经济的重要实现形式。公有制经济财产权不可侵犯，非公有制经济财产权同样不可侵犯。保证各种所有制经济依法平等使用生产要素、公开公平公正参与市场竞争、同等受到法律保护，依法监管各种所有制经济。十八届三中全会决议，关于把保护私有产权放到和保护公有产权同等重要的地位，这必将为下一步宪法从法律制度层面最终确定两者产权制度的平等保护打下基础。

可见，伴随着市场化改革的深入，尤其是以所有制结构为内容的基本经济制度的确立及不断深化和完善，一方面民营经济从无到有①，从没有地位到有一定地位，从有方针政策地位到有法律地位，从有不完全的法律地位到有完全的法律地位，最终成为社会主义市场经济体制的重要组成部分。另一方面我们也清楚地

---

① "文化大革命"期间，私有经济几乎绝迹。

看到，在公有制经济是主体、多种所有制共同发展的基本经济制度中，不同所有制的地位是不平等的。公有制经济始终是主体，作为主体地位必然要有数量和质量的保障；国有经济居于主导地位，维持和保证主导，必然享受优惠和倾斜；而非公有制经济则是从属的地位，身居从属地位必然服务服从于国家发展公有制经济的需要。这是基本经济制度赋予的不同所有制的非均等地位。基本经济制度的客观依据是因为我国社会主义初级阶段生产力水平不高、不平衡，并且多层次。国有经济长期被看作代表和适应现代社会化大生产和先进生产力水平的经济体；而民营经济则被认为是适合生产力水平不高、现代化程度低的经济体。随着改革开放的实践探索以及社会主义理论的突破与创新，国营经济改革不断深化，其产权制度和经营机制增加了许多新的内容，例如，国有企业的现代企业制度改革，要求明晰产权，实行公司治理结构，尝试使其成为市场经济中的一般主体地位等，但目前它的经营管理者仍由国家委派，存在官企职位互换，以及其在国家经济生活中特殊性，在很多领域依然居于垄断地位，享有特殊优待。

当前民营经济和国有经济待遇不同，民营经济被歧视的现状，深层次的原因在于其本身在社会主义历史时期的局限性和在社会主义基本经济制度中的定位。从我国社会制度的性质来看，我国是社会主义国家，从社会主义发展趋势、最终目的和本质要求看是要消灭剥削、消除两极分化的。非公有制经济不是社会主义不可或缺的组成部分，而是社会主义市场经济的重要组成部分。马克思设想的未来社会，是社会主义的高级阶段，到那时资本完成历史使命，人的自由个性充分发展，没有阶级、没有剥削，私有制也将不复存在。因此私有经济及民营经济是社会主义历史时期具有历史局限性、暂时性的经济形式。必然决定了在社会主义初级阶段的基本经济制度是公有经济为主体，非公有制经济为从属。坚持公有制经济的主体地位，是社会主义的一条根本原则，也是我国社会主义市场经济的基本标志。可见社会主义的本质决定了非公有制经济的从属地位。

五、结论

本文认为，不仅社会主义初级阶段，可能整个社会主义阶段均不能不实行公有制和私有制两种制度平等竞争，优势互补，也就是说，民营经济在我国社会主义市场经济阶段具有顽强的生命力和增长活力。因为社会主义取代资本主义的条件和公有制实施条件，不是一个条件。为此我们要澄清一个认识，传统观点认为社会主义和共产主义相同点之一，是都以公有制为基础。其实这两种公有制有本质不同，前者属于第二大形态，后者属于第三大形态。我国现实中存在的公有制是第二大形态的公有制，这种公有制必然是公私并存且彼此融合的公有制。与此相适应，民营经济无论是现在还是在未来相当长的时期都是中国经济最具活力的经济形式。未来随着市场化的不断深入，民营经济将发挥更加广泛的作用。成为市场化的推动力，产业结构升级的主力军、技术创新的新生力量、和谐社会的重要经济基础。面对这样一种历史趋势，我们只能顺势而为，积极应对。

为此，要进一步深化社会主义市场经济体制改革，按照市场经济的要求继续进行所有制领域的改革，大力发展混合所有制经济，优化所有制结构，继续深化完善基本经济制度，为宪法保护提供坚实的物质基础；不断推动市场化进程，加快市场化步伐，优化资源配置，为民营经济进一步发展创造条件；转变政府执政理念，加快政府转型进程，真正建立起为所有市场主体，提供一视同仁服务的高效政府；推进国有企业改革，打破国企的行政垄断，鼓励民营企业参与国有企业改革。通过这些努力必然能为民营经济的健康和持续发展打造更加宽阔的空间。

参考文献：

[1] 马克思恩格斯全集 ［M］. 北京：人民出版社，1979.

[2] 张理.“民营”经济的法律环境 ［J］. 南京社会科学，2005（1）.

[3] 戴园晨. 中国经济的奇迹——民营经济的崛起 ［M］. 北京：人民出版社，2005.

[4] 李金荣，姚会元. 中国民营经济研究述评（1990—2010）［J］. 财经政法资讯，2011（3）.

[5] 邹平学. 宪政的经济功能初探 ［J］. 法律科学，1996（2）.

[6] 钱弘道. 从经济角度思考宪政 ［J］. 环球法律评论，2004（2）.

[7] 吴宣恭等. 产权理论比较研究——马克思主义与西方现代产权学派 ［M］. 北京：经济科学出版社，2000.

[8] 王强等. 中国民营经济运行报告2012 ［M］. 北京：中国经济出版社，2013（1）.

[9] 贾孟喜. 认识消灭私有制的辩证历史过程 ［J］. 经济研究导刊，2011（3）.

"新常态"下央企重组战略意义分析[①]

张 巍

摘要 供给侧结构性改革，核心是"去产能"，央企重组是产业结构调整的关键，相对于非国有企业，国有企业存在更加明显的过度投资现象，造成投资效率低下。经过多年发展整合，央企大量资产分布在重化工领域和资源性行业，钢铁、船舶、建材、煤炭等行业面临严峻的产能过剩问题，产能利用率低、效益差甚至全行业亏损。2015年是央企重组多发的一年，是去产能、调整产业结构的必然要求，未来央企重组仍有空间。

关键词 央企重组；产业结构；"新常态"

一、产业结构升级、去产能是"新常态"下经济发展核心动力

2015年年底中央经济工作会议明确指出，2016年首要任务是供给侧结构性改革，核心是"去产能"，彰显了"去产能和去库存"的紧迫性和重要性，并决定以钢铁和煤炭行业作为本轮去产能、重拳治理僵尸企业的突破口。本轮去产能，中国正处于经济新常态的增速换挡、结构调整和动力转换的重要转折期，经济增长率明显放缓，需求受到一定限制，凯恩斯主义式的刺激政策已经失灵。本轮过剩产能主要集中在中上游行业，与国内外的需求增长或出现长期错配，这意味着过剩产能的消化难度加大，从而可能对工业投资增速形成较长时间约束。[②] 现有投资结构失衡导致部分工业行业产能严重过剩、产业技术进步滞缓以及投资效率低下，中国经济发展倚靠的一直是资源耗费型产业、轻工业，多年来各级政府在基础设施、房地产、汽车等方面的大规模投资驱动了钢铁、煤炭、水泥、化工等方面的大批量生产，造成产能过剩。提高工业投资效率，必须调整投资结构，降低第二产业比重，减少对低端制造业投资。[③] 在需求面，国内消费升级导致主导产业更迭，中上游重化工业的产能将与新生的需求长期错配，这会造成产能的消化异常缓慢。从供给端来看，清理重化工业领域的过剩产能时，难以重复20世纪90年代末"纺织压锭"等相对简单粗暴的

---

① 本文系2012年北京市哲学社会科学规划项目"民营经济与国有经济法律保护差异性的制度经济学分析——基于北京市的调研"（12JGB064）的研究成果。

② 巴曙松. 去产能应倚重改革和市场力量 [J]. 经营管理者，2013（9）.

③ 韩国高，胡文明. 去产能对中国工业投资效率的效应分析 [J]. 投资现代化，2015（6）.

行政性手段，难度加大。

2016 年中国经济将面临更为沉重的去产能、去杠杆、提高经济效益的中期挑战，去产能的提出是产业结构升级的重要抓手，中国经济正在从高度依赖资源粗放投入的传统制造产业，转向第一、第二、第三产业协调均衡的集约式发展，普遍特征是从重资产转向轻重资产并存，从有形资产转向无形和有形资产并存。

国际市场处于后金融危机时代，欧美等发达国家普遍进入去杠杆周期，储蓄率趋势性回升，国际市场有效需求整体不足将成为全球经济的中长期主流，导致以往依赖发达国家出口的格局很难持续。在此背景下，在国内的供给侧改革与产业创新驱动下，国外的"一带一路"战略的推出势在必然。

我国政府以往实施的财政政策，尤其是在 2009 年采取的扩大政府和社会投资 4 万亿元人民币的宏观调控政策，对引领产业结构调整、升级重视不足，因而产业结构优化效果不明显，不仅问题没有得到很好的解决，反而在一定程度上支持了一些产能过剩行业和高耗能、高污染行业的维持与扩张。银行融资体系的特征是习惯性地服务于资本密集、重资产的工业企业，产融不协调不仅延缓了中国产业转型的步伐，也使得个别重资产领域产生了大量的过剩产能，导致资源配置效率低下。

新一届政府面对经济形势改变调控思路，确认了经济增长减速、进行结构调整以及转变生产方式是我国经济在今后一个较长时期内持续存在的经常性状态，是一种与改革开放以来一直持续的经济快速增长情况有较大区别的状态，因此将这种状态称之为"新常态"。在这种态势下，产业结构升级、去产能、发挥创新驱动成为经济发展的新型核心动力。

二、央企重组是其自身产业生存的需要

目前，国资委管理的央企有 106 家，将它们按行业分类，见表 1。可见，央企目前集中于高能耗的第二产业，从各自业务分析，或者处于同一行业，或者处于上下游业务端。

相对于非国有企业，国有企业存在着更加明显的过度投资现象，造成投资效率低下。[①] 经过多年发展整合，央企大量资产分布在重化工领域和资源性行业，钢铁、船舶、建材、煤炭等行业面临严峻的产能过剩问题，产能利用率低、效益差甚至全行业亏损。从产业发展角度看，如果能够消化一些落后企业、退出部分国有资产，并把这些资产转入新兴产业领域中去，对国有资产的保值增值和优化布局来说将极为有利，并将进一步推进产业转型。

---

① 杨华军，胡奕明. 制度环境与自由现金流的过度投资 [J]. 管理世界，2007 (9).

表 1　央企分类表

行业	数量	企　业
石油石化	6	中石油、中石化、中海油、中国中化、中国化工、中国化学
钢铁	4	鞍钢、宝钢、武钢、中国钢研
煤炭	4	神华、中煤能源、中国煤炭科工、中国煤地
电力	12	国家电网、南方电网、中国华能、中国大唐、中国华电、中国国电、国家电力、三峡集团、中国西电集团、中国能建、中国电建、中广核集团
船舶海运	4	中国船舶工业、中国船舶重工、中国远洋、招商局
汽车	3	中国一汽、东风汽车、中国一重
有色	7	中国五矿、中国有色集团、中国铝业、有研总院、中国冶金地质、中国黄金、矿冶总院
铁路公路	6	中国中车、中国通号、中国中铁、中国铁建、中国铁路物资、中国交建
医药	1	国药集团
航空	6	中国航空、东方航空、南方航空、中国航信、中国航材、中国航油
纺织	5	中轻集团、中国工艺、中国恒天、中纺集团、中丝集团
电信电子	9	中国电信、中国联通、中国移动、电信科学研究院、中国普天、上海贝尔、中国电子、中国电子科技、武汉邮电科学研究院
机械制造	6	哈电集团、东方电气、中钢、国机集团、机械总院、机械科学研究院
航天军工	7	中航工业、航天科工、航天科技；中国兵器、中国兵器装备、中核集团、中国核建
房产建材	8	中国建筑、中材集团、中国建材、保利集团、建筑设计研究院、中咨公司、华润、华侨城
农业	6	中储棉、中储粮、中粮、中盐、中林、农发集团
文化旅游	4	华录集团、港中旅、中国国旅、中智公司
综合	8	国新控股、新兴际华、国投公司、中国商飞、中国节能、城通控股、南光集团、中国通用技术集团

资料来源：根据国资委网站央企名录整理。

　　由表 1 可见，目前央企大多集中于制造业，尤其是钢铁、船舶、建材、煤炭等产能严峻过剩行业，在行业内央企的分布分散，没有完全做到行业龙头，需要很大力度的重组调整。兼并重组是实现产业结构优化与提升企业竞争力的重要手段之一，是提高控制力和竞争力的需要。以提高竞争力和控制力为重点深化国有企业改革，是近期重要改革任务。要提高竞争力和控制力，就要集聚企业的核心业务，做大主业、做强优势，避免在不同行政部门隶属下无序竞争，按照"从优原则"以优势企业为龙头重新整合，把优势资源集中于优势企业。

三、产业结构调整要求央企重组力度加大

随着"新常态"对产业结构升级的压力加大，央企重组力度加大。2015 年是央企重组多发的一年（见表 2）：2015 年初，中国南车、中国北车宣布合并，2015 年 8 月 6 日，国资委网站发布公告称，经报国务院批准，中国北车和中国南车实施联合重组，意味着南北车合并正式收官。2015 年 5 月，国家核电和中国电力投资集团宣布正式合并，成立国家电力投资集团公司。此番合并，被看作中国顶尖的核电技术公司和拥有垄断地位的核电运营公司之间的强强联合。2015 年 12 月 1 日，南光（集团）有限公司和珠海振戎公司实施重组；12 月 8 日，中国五矿集团公司与中国冶金科工集团有限公司宣布实施战略重组，中国冶金科工集团有限公司整体并入中国五矿集团公司；12 月 11 日，中国远洋运输（集团）总公司与中国海运（集团）总公司实施重组。12 月 29 日，国资委透露，中国外运长航集团有限公司整体并入招商局集团有限公司。至此，国务院国资委直接监管央企的数量降至 106 家。

表 2 2015 年重组央企时间表

时间	重组前央企	重组后央企名称
2015 年初	中国南车、中国北车	中国中车
2015 年 5 月	国家核电、中国电力	国家电力
2015 年 12 月	南光（集团）有限公司和珠海振戎公司	
2015 年 12 月	中国五矿集团公司、中国冶金科工集团	中国五矿集团公司
2015 年 12 月	中国远洋运输（集团）总公司、中国海运（集团）总公司	中国远洋运输（集团）总公司
2015 年 12 月	中国外运长航集团有限公司、招商局	招商局

资料来源：根据国资委网站相关信息整理。

按照国务院的部署，国资委积极往前推进央企重组工作。2003 年国资委成立之初，管理的央企数量为 196 家，2010 年底央企总数减少为 123 家，2014 年年底，中央企业已由 2003 年的 196 家减少到 112 家，"十二五"期间央企重组的目标是数量减少至 30—50 家①，显然"十二五"目标很难完成，未来央企重组仍然有很大空间。

2015 年央企重组大幅提速，是去产能、调整产业结构的必然要求。2015 年 5

---

① 国资委研究中心主任李保民 2010 年 10 月 30 日出席"十二五经济形势展望高峰论坛"时表示，"十二五"期间中央企业的数量将减少至 30—50 家。

月 8 日国务院批转发展改革委《关于 2015 年深化经济体制改革重点工作的意见》（简称《意见》），发出信号——国企改革从前一年的第四项工作升格为 2015 年的第二项任务，显示其在经济体制改革中的分量提高。其中提及的"1＋15"体系是官方首次亮相；同时，关于"制定中央企业结构调整与重组方案"这一新提法值得重视。

2015 年央企进行兼并重组各有特色，可以总结为三种模式：中国南车和中国北车为代表的"对等合并"属于横向联合、强强合并模式，避免恶性竞争；中远集团、中海集团属于资源组合、产业链条重组模式；中冶集团和五矿是兼并式重组，既有重组的特征，又有清理退出的特征，将二者的优势资源结合到一起，消除劣势，减少议价成本，实现内部交叉补贴，弥补亏损。同时央企相互参股也是一种资本重组方式。三大电信公司共同出资 100 亿元注册设立中国通信设施服务股份有限公司，这被称为"共享竞合"为核心的"铁塔模式"，是央企与民营企业混合所有制的重组模式。

据肖亚庆透露，目前国有企业普遍面临产业结构偏重的问题，仅央企重化工领域资产总额就接近 70%。下一步国企改革重点，将对国家战略需要、央企有优势的产业和战略性新兴产业，如航空航天、核电、高铁、新能源、新材料、智能电网等，加大投入力度，同时对于央企长期亏损和资不抵债的低效无效资产，加大处置力度，积极化解过剩产能。[1]

2015 年 12 月 29 日，国务院国资委、财政部、国家发改委联合发布的《关于国有企业功能界定与分类的指导意见》中明确，国企根据主营业务和核心业务范围划分为商业类和公益类，在推进改革、促进发展、实施监管、定责考核四个方面分类施策，分类施策目前从监管上来讲容易操作，对于商业类的央企，逐渐可以让其回归市场，脱离央企身份，而公益类的央企，应该是涉及国家经济安全与经济命脉的企业，重组整合空间大，在所处行业可以处于垄断地位。从央企的行业分类可以看出，这样的企业很多还可以强强联合或产业链重组、兼并重组。

四、结论

总之，无论是央企的领导、国资委的意愿，还是现实社会经济发展的需要，央企重组都是未来一个时期工作的重点，以此为抓手，带动产业结构调整，对外开展更为规范的投资活动，实施"一带一路"战略。从重组模式上来看，公益类央企强强联合或产业链重组、兼并会是主流模式，商业类央企逐渐会采用与民营企业混合所有制的重组模式。伴随结构调整与混合所有制改革深化，央企的大分化、大重组高潮必将到来。混合所有制经济的重要形式是央企与民企的结构重组，投资经营公司与混合所有制的改革交叉进行，这些都要倚靠央企兼并重组。

---

① 杨烨. 国资委定调 2016 年国企改革［N］. 经济参考报，2016-03-15.

在 2003 年至 2015 年的十余年，央企重组经历了自愿重组、国资委主导、自愿重组、国资委主导四个轮回阶段，国企的质量比以前明显提高。从国有经济战略性重组目标要求看，国有企业应该主要体现为公益性企业和特定商业性企业，一般商业性企业应淡化所有制概念，原则上不新设这类央企，国有资本应择机逐步退出。

参考文献：

[1] 巴曙松，去产能需倚重改革和市场力量 [J]. 经营管理者，2013（9）.

[2] 韩国高，胡文明. 去产能对中国工业投资效率的效应分析 [J]. 投资现代化，2015（6）.

[3] 杨华军，胡奕明. 制度环境与自由现金流的过度投资 [J]. 管理世界，2007（9）.

[4] 杨烨，国资委定调 2016 年国企改革 [N]. 经济参考报，2016 – 03 – 15.

重温十八届三中全会决议，引领供给侧结构改革

马丽娜

摘要 我国经济已经步入新的发展阶段，适应和引领"新常态"，2015年年底提出供给侧结构改革。为了确保这一改革取得应有的成效，必须重温党的十八届三中全会决议，以经济体制改革为重中之重，继续深化基本经济制度，理顺政府和市场的关系，发挥市场在资源配置中的决定作用，推进国有企业市场化改革和大力发展民营经济等。

关键词 十八届三中全会决议；供给侧改革；全面改革

自2013年11月党的十八届三中全会通过了《中共中央关于全面深化改革若干重大问题的决定》（简称《决定》）决议，已有两年多的时间。期间国际国内经济形势发生了很大的改变，种种迹象表明，中国经济发展进入新阶段。2013年，为应对全球金融危机后国际经济形势复杂变化的需要，和针对中国经济经过30多年快速发展，国内经济发展的约束条件发生变化的新情况以及经济内在规律调整的要求，中央提出了"经济新常态"的概念。2014年，中央经济工作会议对经济新常态进行了全面阐述。2015年年底提出了供给侧结构改革。2015年11月10日，习近平在中央财经领导小组第十一次会议上，第一次提出了供给侧结构性改革。2015年12月中央经济工作会议明确："推进供给侧结构性改革，是适应和引领经济发展新常态的重大创新，是适应国际金融危机发生后综合国力竞争新形势的主动选择，是适应我国经济发展新常态的必然要求。"

无论从我国经济新常态对宏观经济形势的研判和对未来经济发展战略的选择规划来看，还是适应和引领"新常态"的供给侧结构改革，核心内容都没有变化，那就是坚持不懈地走改革发展的道路。当前供给侧结构的问题归根到底是体制上、制度上的问题。为此，十八届三中全会《决议》依然具有重要的现实意义。为了新常态下的供给侧结构改革不走弯路，本文认为有必要重温十八届三中全会《决定》。

十八届三中全会《决定》明确了一个中心思想：改革是最大的红利。那么，全面深化改革的重点是什么？哪里才是牵一发动全身的改革突破口？党的十八届三中全会的《决定》对此给出了明确答案：经济体制改革是全面深化改革的重

点，核心问题是处理好政府和市场的关系，使市场在资源配置中起决定性作用，并更好地发挥政府作用。

一、改革是最大的红利，经济体制改革是全面改革的重中之重

党的十一届三中全会以来，我们以巨大的勇气锐意推进改革开放。从农村到城市、从沿海到内地，经济体制改革披荆斩棘，始终是全面推进改革的突破口。极大地解放和促进了社会生产力的发展，推动中国经济取得举世瞩目的成就。

到 2015 年年末，中国经济总量达到了 67.67 万亿元人民币，经济总量在全球稳居第二位。中国对世界经济发展的增量贡献已接近世界经济增量的 30%。除了国际地位和经济增长对国际的贡献在不断上升外，人均国民收入已接近中等偏上国家收入水平。我国 2012 年人均国民总收入为 5 870 美元，2013 年达到 6 710 美元，2014 年达到 7 400 美元，2015 年增加到约 7 880 美元，达到中等收入偏上水平。"十三五"规划中指出，全面建成小康社会就是要将我国从中等收入国家变成高收入国家，努力跨越"中等收入陷阱"，这是"十三五"规划的重要方面。但同时我们也必须清醒地认识到，当前国内外环境发生了很大的变化，国际经济形势复杂多变，具有多种不确定性。国内经济发展面临一系列突出的矛盾和新的挑战：改革开放以来，对中国经济增长做出巨大贡献的各种生产要素红利已经得到最大程度的释放，红利优势已经不复存；原有的靠高投入、低产出、拼资源的增长方式已经难以为继；利用支出和出口带动经济增长的路子也走到了尽头。长期积累的矛盾和风险进一步显现，经济增速要换挡、结构调整要历经阵痛、新旧动能转换相互交织，中国经济下行压力加大，进一步增加了国内经济运行当中矛盾的复杂性和综合性。

在这种状况下如何走出困境，继续保持中国经济平稳增长，改革是最大的红利，改革引发的制度创新是红利之源。通过改革进一步完善健全市场机制，消除制约经济发展方式转变的体制机制障碍，进一步解放和发展生产力。同时经济体制改革在全面深化改革中起着牵一发而动全身的功效。经济体制改革对其政治、社会和上层建筑意识形态等方面改革具有重要的影响和传导作用，决定着其他体制改革的进程和深度。可以促进其他领域深层次矛盾的化解，促进其他领域改革的协同深化。当前进行的供给侧结构改革不能定性为增加有效供给，实现供求均衡的宏观经济政策，它的核心内容依然是改革，是体制改革和制度创新。

二、继续深化基本经济制度改革

公有制为主体、多种所有制经济共同发展的基本经济制度，是中国特色社会主义制度的重要支柱，也是社会主义市场经济体制的根基。改革开放以来这一最重要的制度创新是我国经济实现快速发展和综合国力迅猛提高的前提条件。公有制经济和非公有制经济都是社会主义市场经济的重要组成部分，都是我国经济社

会发展的重要基础，必须毫不动摇地巩固和发展公有制经济，坚持公有制主体地位，发挥国有经济主导作用，不断增强国有经济活力、控制力、影响力；也必须毫不动摇地鼓励、支持和引导非公有制经济的发展，使它们真正发挥市场主体地位的作用。自从党的"十五大"确定了我国坚持以公有制为主体，多种所有制共同发展为社会主义初级阶段的基本经济制度以来，"十六大"进一步深化基本经济制度理论，提出"两个毫不动摇"和把公有制和非公有制统一于社会主义市场经济的理论。如何优化所有制结构，克服所有制融合过程的体制和制度障碍，使公有制经济和非公有制经济真正统一于社会主义市场经济中，真正实现两者相互促进，双赢的发展格局，在实践中一直是不容易把握的难点问题。党的十八大三中全会的决定，使这一理论更具有现实性和可操作性：混合所有制经济是基本经济的重要实现形式。《决定》明确指出：国有资本、集体资本、非公有资本等交叉持股、相互融合的混合所有制经济，是基本经济制度的重要实现形式。混合所有制是基本经济制度的实现形式，也就是未来国有经济和非公有制经济改革和发展的重要形式。国有资本投资项目允许非国有资本参股，非公有制经济也可以吸引国有资本进入，这种融合有利于各种所有制资本取长补短、相互促进、共同发展，实现双赢的发展路径。

三、理顺政府与市场的关系，市场在资源配置中起决定作用

"改革红利"中首先是市场化改革，即要紧紧围绕市场在资源配置中的决定性作用，减少政府管制，市场活力进一步释放，提高资源配置效率，增加有效供给，解放和发展生产力。在市场经济体系中，处理政府和市场的关系是任何实行市场经济国家的重点和难点。而中国作为仍处在转轨过程中的市场经济国家，尤其是作为中国市场经济推动者的政府，在政治权力行使者和生产资料所有者双重身份为一身的前提下，尤为艰难。我国市场化改革和经济发展中突出的问题就是政府与市场的职责边界不清晰，政府既是裁判员又是运动员，对微观经济活动的干预过多，政府管制越多，企业创新空间越少，交易成本越高。同时政府职责不清，导致政府在弥补市场失效和公共产品提供中越位和缺位并存。比如，审批过多、市场准入门槛过高、行政性垄断过多等，严重制约了市场机制自身发挥作用。《决定》指出，经济体制改革是全面深化改革的重点，核心问题是处理好政府和市场的关系，使市场在资源配置中起决定性作用和更好发挥政府作用。"十四大"和十四届三中全会都提出，发挥市场在社会主义国家宏观调控下对资源配置的"基础性"作用；十六届三中全会强调"更大程度地"发挥市场在资源配置中的基础性作用，健全国家宏观调控；十八届三中全会则将市场在资源配置中的作用提高到"决定性"的高度，基础作用改为起决定性作用，尽管字面变化不大，但意义深远。市场在资源配置中起决定性作用，这是市场经济的应有之义。过去我们一直谈市场在资源配置中起基础作用，何为"基础性"？对这三字

的理解很难界定，因此在实践中难以度量和把握。让市场在资源配置中起决定作用，明确告诉我们市场机制能够实现资源优化配置，政府不应介入，不干预市场正常发挥作用；而市场不能干的，市场失效的领域，市场对政府提出要求，政府才能介入。今后主要由市场或市场主体充当"运动员"，政府则主要充当"裁判员"的角色，从而理清了政府与市场的行为边界。

如何限制政府，确保政府的不随意干预和介入，《决定》从几个方面给予了明确的规定。第一，变万能政府为有效的政府。《决定》指出，科学的宏观调控，有效的政府治理，是发挥社会主义市场经济体制优势的内在要求；必须切实转变政府职能，深化行政体制改革，创新行政管理方式，增强政府公信力和执行力，建设法治政府和服务型政府。第二，简政放权。最大限度减少中央政府对微观事务的管理，市场机制能有效调节的经济活动，一律取消审批，对保留的行政审批事项要规范管理、提高效率；直接面向基层、量大面广、由地方管理更方便有效的经济社会事项，一律下放地方和基层管理。第三，完善市场决定价格机制。《决定》指出，凡是能由市场形成价格的都交给市场，政府不进行不当干预。推进水、石油、天然气、电力、交通、电信等领域价格改革，放开竞争性环节价格。政府定价范围主要限定在重要公用事业、公益性服务、网络型自然垄断环节，提高透明度，接受社会监督；完善农产品价格形成机制，注重发挥市场形成价格作用。

四、国有企业市场化改革

平等的地位意味着遵守同样的市场规律和规则展开公平竞争。为此，必须打破国有企业的行政垄断。我国的国有企业改革走过了三十多年的历程，可谓历经风雨，其中有快速推进也有停滞不前甚至有些时期出现过倒退。在 1997 年的"十五大"和 1999 年的十五届四中全会上，由于确定了基本经济制度理论，明确了国有经济的地位，指出了公有制经济实现形式多样化的途径，国有企业在战略性重组过程中推进很快。但在 2009 以后出现了国进民退现象，在这股浪潮中民营经济发展受到很大制约，形成了一批大的垄断央企、国企。它们利用行政垄断地位占据了大量的社会资源和自然资源，享受种种政策优惠，获得垄断利润。但在运营中忽视市场需求，不注重技术、产品创新，管理模式上官僚主义严重，根本不能算作真正的企业，所以很难走出国门参与国际市场的竞争，接受市场的检验。任何市场经济都会产生垄断，问题不在于垄断，而在于行政性垄断，市场经济要消除的正是这种行政垄断。目前来看，中国供给侧改革五大任务中包括了"去产能""去杠杆"。那么，出现产能与债务积压的原因究竟是什么？答案是国企。由于体制性缺陷，国企难以对市场的变化做出灵活反应，加上存在"预算软约束"的老毛病，所以即使行业出现了明显的产能过剩，国企也难以退出。更关键的是，即便成为僵尸，这些国企依然可以从国有银行获得输血。《决定》提出应从以下两个方面推进国有企业改革：其一，推动国有企业完善现代企业制度。国有企业要按照现代企业制度的要求进行产权制度改革，要适应市场化、国际化新形势，进行规范经营。公平参与市场竞争、提高企业效率、增强企业活力。健全协调运转、有效制衡的公司法人治理结构。建立职业经理人制度，更好发挥企业家作用。对国企按功能进行重新分类，使其真正成为推进国家现代化、保障人民共同利益的重要力量。其二，完善国有资产管理体制。以管资本为主加强国有资产监管，改革国有资本授权经营体制，组建若干国有资本运营公司，支持有条件的国有企业改组为国有资本投资公司。国有资本投资运营要服务于国家战略目标，更多投向关系国家安全、国民经济命脉的重要行业和关键领域，重点提供公共服务、发展重要前瞻性战略性产业、保护生态环境、支持科技进步、保障国家安全。

五、大力发展民营经济

市场在资源配置中起决定作用的一个重要前提条件是市场主体多元化，且各市场主体权利平等、机会平等、规则平等，平等竞争优胜劣汰。改革开放以来，我国最大和最有成效的制度创新就是发展民营经济，民营企业成为我国市场经济中真正的市场主体。党的"十五大"确定基本经济制度以后，1999 年宪法修正案确认：非公有制经济和国有经济具有平等的法律地位；2004 年宪法修正案：保护个体、私营经济的合法权利和利益，从公民私有财产保护角度加强了民营经济企业生存权的保障，2005 年，"非公经济 36 条"和 2010 年"新非公 36 条"不断扩展民营经济市场准入的空间范围，民营经济得到迅速的发展。现在民营经济成为我国最富活力的经济体，在就业、税收和经济增长中的贡献十分显著。但民营经济发展中由于所有制歧视的存在，依然受"玻璃门"、"弹簧门"或"旋转门"的制约，享受不到和国有经济同样的法律地位和法律保护。例如，我国《宪法》和其他法律对不同经济成分的差异性保护，根本原因就在于以所有制为内容的基本经济制度所规定的不同所有制的不同地位和作用。

十八届三中全会决议从法律保护、市场准入等方面扩大了民营经济的生长空间。第一，保护非公有制经济产权。产权是所有制的核心，民营经济要实现跨越式发展，需要体制转型，这样才能适应市场经济的需要。产权得到保护是体制转型根本性的前提条件，也是其健康、快速发展的先决条件。《决定》指出：完善产权保护制度，保证各种所有制经济依法平等使用生产要素、公开公平公正参与市场竞争、同等受到法律保护，依法监管各种所有制经济。除关系国家安全和生态安全、涉及全国重大生产力布局、战略性资源开发和重大公共利益等项目外，一律由企业依法依规自主决策，政府不再审批。重申健全归属清晰、权责明确、保护严格、流转顺畅的现代产权制度，公有制经济财产权不可侵犯，非公有制经济财产权同样不可侵犯。明确把公私产权保护提到同样的高度。第二，扩大和畅通民间投资进入的领域和渠道。《决定》指出，国家保护各种所有制经济产权和合法利益，保证各种所有制经济依法平等使用生产要素、公开公平公正参与市场竞争、同等受到法律保护，依法监管各种所有制经济。除关系国家安全和生态安全、涉及全国重大生产力布局、战略性资源开发和重大公共利益等项目外，一律由企业依法依规自主决策，政府不再审批；为民间投资进入提供多种选择；尽快在金融、石油、电力、铁路、电信、资源开发、公用事业等领域向民间资本推出一批符合产业导向、有利于转型升级的项目，形成示范带动效应；切实落实和完善对国有经济布局和结构进行战略性调整的改革方案，分类推进重点行业领域改革开放，为民间投资进入营造良好的体制环境；坚持废除对非公有制经济各种形式的不合理规定，消除各种隐性壁垒，制定非公有制企业进入特许经营领域具体办法。第三，鼓励非公有制企业参与国有企业改革。鼓励发展非公有资本控股的混合所有制企业，鼓励有条件的私营企业建立现代企业制度。这次特别强调，国有资本的投资项目允许非公有资本参与，说明《决定》要消除障碍，使民营经济和国有经济发展处在同样公平竞争的环境之下给予平等的市场待遇。

参考文献：

[1] 马克思恩格斯全集 ［M］. 北京：人民出版社，1979.

[2] 马克思恩格斯选集 ［M］. 北京：人民出版社，1972.

[3] 马克思. 资本论 ［M］. 北京：人民出版社，1975.

[4] 万东铖. 所有制结构大重组 ［M］. 北京：中国经济出版社，1999.

[5] 王强等. 中国民营经济运行报告 2012 ［M］. 北京：中国经济出版社，2013 (1).

简析分税制改革中我国中央与地方财政关系

支小青　杨晓静

摘要　纵观我国分税制改革的二十多年历程，"理想化"的分税制并未实现。事权界定不清、地方政府事权与财权始终处于不对称状态，给我国经济社会发展带来了诸多问题，特别是中央与地方财政关系方面，分税制改革造成了中央政府和地方政府的财政矛盾。本文简单梳理了分税制改革中中央与地方的财政关系，分析了中央与地方财政分权的结果，最后提出了中央与地方财政关系的优化对策。

关键词　分税制；财政分权；财政关系

一、分税制改革中有关中央与地方财政关系的概述

我国于 1994 年进行了分税制财政管理体制改革，初步规范了中央和地方财政关系。分税制的主要内容是："按照中央与地方政府的事权划分，合理确定各级财政的支出范围；根据事权与财权相结合的原则，将税种统一划分为中央税、地方税和中央地方共享税，并建立中央税收和地方税收体系，分设中央和地方两套税务机构分别征管。"① 其中的"事权与财权相结合"原则成为处理政府间财政关系的基本原则。

2006 年，党的第十六届中央委员会第六次全体会议通过了《中共中央关于构建社会主义和谐社会若干重大问题的决定》，提出"进一步明确中央和地方的事权，健全财力与事权相匹配的财税体制"。2007 年，中共十七大报告进一步强调了要"健全中央和地方财力与事权相匹配的体制，加快形成统一规范透明的财政转移支付制度，提高一般性转移支付规模和比例，加大公共服务领域投入"。原来的"事权与财权相结合"原则过度为"财力与事权相匹配"原则。

对发达地区来说，财政收入潜力较大，决定了这些地区更偏好"财权"；对财源严重不足的地方来说，"财力"优于"财权"。②无论是"财权与事权相结合"还是"财力与事权相匹配"，分税制改革实质上都增加了中央政府汲取财政收入的能力，进而增加了对地方政府经济发展的控制能力，保证了中央政府各项

---

① 国发〔1993〕85 号文件：国务院关于实行分税制财政管理体制的决定，1993 – 12 – 15.

② 杨志勇．分税制改革中的中央和地方事权划分研究［J］．经济社会体制比较，2015（3）.

宏观调控政策得以顺利实施。

二、中央与地方财政分权的结果

1994 年以前，中国的财政体制采用"包干制"，其中政府财政收入被分为三类：中央固定收入、地方固定收入和中央地方共享收入。地方政府会主动参与管理以增加本地政府的固定收入。通过分税制改革，中央政府成功获得了在包干制（1979—1993）背景下转移到地方政府的大部分财政收入权力，达到了分税制的目的之———提高中央财政收入占全国财政的比重。正如图 1 所示，中央财政收入由 1993 年的 957.51 亿元上涨到 1994 年的 2 906.50 亿元，中央财政收入占全国财政收入的比重由 1993 年的 22% 飙升到 1994 年的 55.7%，而地方财政收入由1993 年的 3 391.44 亿元跌到 1994 年的 2 311.60 亿元，地方财政收入占全国财政收入的比重则由 1993 年的 78% 降到 1994 年的 44.3%，此后中央和地方财政收入占全国财政收入的比重一直不相上下（如表 1 和图 2 所示）。

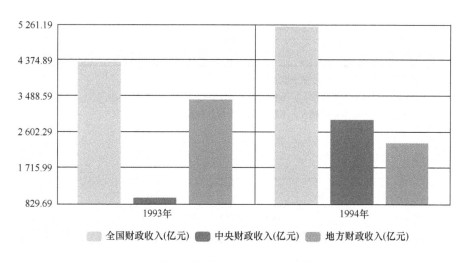

图 1　1993 年和 1994 年中央和地方财政收入

数据来源：国家统计局。

表 1　1995—2014 年中央和地方财政收入及比重

指标	2000 年	1999 年	1998 年	1997 年	1996 年	1995 年
全国财政收入（亿元）	13 395.23	11 444.08	9 875.95	8 651.14	7 407.99	6 242.2
中央财政收入（亿元）	6 989.17	5 849.21	4 892	4 226.92	3 661.07	3 256.62
地方财政收入（亿元）	6 406.06	5 594.87	4 983.95	4 424.22	3 746.92	2 985.58
中央财政收入比重（%）	52.2	51.1	49.5	48.9	49.4	52.2
地方财政收入比重（%）	47.8	48.9	50.5	51.1	50.6	47.8

续　表

指标	2007 年	2006 年	2005 年	2004 年	2003 年	2002 年	2001 年
全国财政收入（亿元）	51 321.78	38 760.2	31 649.29	26 396.47	21 715.25	18 903.64	16 386.04
中央财政收入（亿元）	27 749.16	20 456.62	16 548.53	14 503.1	11 865.27	10 388.64	8 582.74
地方财政收入（亿元）	23 572.62	18 303.58	15 100.76	11 893.37	9 849.98	8 515	7 803.3
中央财政收入比重（%）	54.1	52.8	52.3	54.9	54.6	55	52.4
地方财政收入比重（%）	45.9	47.2	47.7	45.1	45.4	45	47.6

指标	2014 年	2013 年	2012 年	2011 年	2010 年	2009 年	2008 年
全国财政收入（亿元）	140 370.03	129 209.64	117 253.52	103 874.43	83 101.51	68 518.3	61 330.35
中央财政收入（亿元）	64 493.45	60 198.48	56 175.23	51 327.32	42 488.47	35 915.71	32 680.56
地方财政收入（亿元）	75 876.58	69 011.16	61 078.29	52 547.11	40 613.04	32 602.59	28 649.79
中央财政收入比重（%）	45.8	46.6	47.9	49.4	51.1	52.4	53.3
地方财政收入比重（%）	54.1	53.4	52.1	50.6	48.9	47.6	46.7

注：1. 财政收入中不包括国内外债务收入。

　　2. 中央财政收入均为本级收入，不包括国内外债务收入。

　　3. 地方财政收入均为本级收入，不包括国内外债务收入。

数据来源：国家统计局。

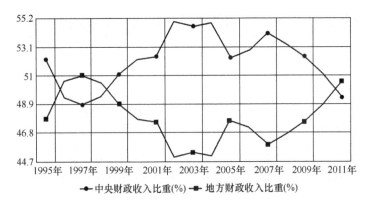

图 2　1995—2011 年中央和地方财政收入占全国财政收入的比重

数据来源：国家统计局。

　　而分税制改革的另一目的——提高全国财政收入占 GDP 的比重并没有显著实现，表 2 数据显示，全国财政收入占 GDP 的比率随着改革的推行反而从 1993 年的 12.24% 下降到 1994 年的 10.76%。

表2　1993年和1994年全国财政收入和国内生产总值

指标	1994 年	1993 年
国内生产总值（亿元）	48 459.6	35 524.3
全国财政收入（亿元）	5 218.1	4 348.95
全国财政收入占 GDP 比重	10.76%	12.24%

数据来源：国家统计局。

在地方财政收入占比大幅度下降的同时，地方财政支出在全国财政支出中所占的比重却没有明显降低，反而还有上升的势头。如图3所示，分税制改革后的几年间（1995—2000年）中央财政支出占全国财政支出的比重呈小幅上升趋势，2000年之后，中央财政支出比重明显下滑，与之对应的地方财政支出比重逐年上升。表3截取了2000年至2011年我国中央和地方财政收入及其占全国财政收入的比重，从表3中可以看出，2000年至2011年这十年间地方财政支出占总支出的比重逐年增加，由2000年的65.3%增加到2011年的84.9%。

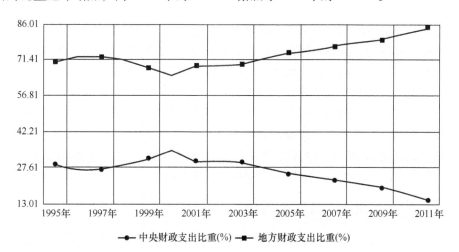

图3　1995—2011年中央和地方财政支出占全国财政支出的比重

数据来源：国家统计局。

表3　2000—2011年中央和地方财政收入及比重

指标	2011 年	2010 年	2009 年	2008 年	2007 年	2006 年
全国财政支出（亿元）	109 247.79	89 874.16	76 299.93	62 592.66	49 781.35	40 422.73
中央财政支出（亿元）	16 514.11	15 989.73	15 255.79	13 344.17	11 442.06	9 991.4
地方财政支出（亿元）	92 733.68	73 884.43	61 044.14	49 248.49	38 339.29	30 431.33
中央财政支出比重（%）	15.1	17.8	20	21.3	23	24.7
地方财政支出比重（%）	84.9	82.2	80	78.7	77	75.3

续　表

指标	2005 年	2004 年	2003 年	2002 年	2001 年	2000 年
全国财政支出（亿元）	33 930. 28	28 486. 89	24 649. 95	22 053. 15	18 902. 58	15 886. 5
中央财政支出（亿元）	8 775. 97	7 894. 08	7 420. 1	6 771. 7	5 768. 02	5 519. 85
地方财政支出（亿元）	25 154. 31	20 592. 81	17 229. 85	15 281. 45	13 134. 56	10 366. 65
中央财政支出比重（%）	25. 9	27. 7	30. 1	30. 7	30. 5	34. 7
地方财政支出比重（%）	74. 1	72. 3	69. 9	69. 3	69. 5	65. 3

数据来源：国家统计局。

　　地方财政收支的变化表明，在地方本级支出和收入之间出现了越来越大的缺口，地方政府资产和负债不匹配成为地方政府财政困难的原因之一，在一定程度上打击了地方政府的积极性和创造性。但地方一般预算的可支配财力除了本级收入外，还有来自中央财政的补助收入，1995 年，这部分开支占中央财政总支出的 56%，而到 2008 年则占到 63.3%。① 中央财政的税收返还和转移支付力度也逐年加大，一定程度上弥补了地方政府本级收支间的巨大缺口，同时也带来了另一个问题：各地区之间的地方财力严重不均衡，经济大省的地方税收收入越来越高，而偏远贫困地区对中央财政补贴、转移支付的依赖性越来越强。中央与地方财政分权带来的又一问题是土地财政问题。分税制改革使财权过分集中在中央政府，由于地方政府只能执行中央（全国人大、国务院等）制定的税收法律法规政策，一些财力不足的地方要想增加地方财政收入，不得不另辟蹊径靠发行地方债、卖地来增加收入，使分税制被质疑为高房价的"罪魁祸首"。总而言之，财权与事权之间密不可分。分税制改革以来，虽然不断强调"财权与事权相匹配"，但地方的财权和事权始终是不对称的，"理想化"的分税制改革未能实现。

三、中央与地方财政关系的优化

　　针对前面提到的中央与地方财政矛盾的三个问题——地方财政收支缺口过大、转移支付造成的地方间财政发展不平衡以及地方政府事权与财权不协调，可以从以下几点来优化我国中央与地方政府间的财政关系，从而逐步消解分税制改革带来的诸多弊端。

（一）明确中央财政在基本公共服务领域的支出责任，缓解地方财政支出压力

　　我国地方财政收支缺口过大不只是地方财力不足造成的，而是因为中央财政在一些基本公共服务领域（如教育、医疗和社会保障等）的支出责任不够明确，使一些本应由中央政府承担的财政职责转移给了地方。虽然中央财政通过转移支

---

① 朱青. 从国际比较视角看我国的分税制改革 [J]. 财贸经济, 2010 (3).

付将很大一部分财力转移给了地方，但地方财政的支出结构并不能得到有效控制，地方政府往往没有能力承担如此大的财政压力。中央财政在基本公共服务领域的支出责任过小不利于基本公共产品的有效提供，更不利于公共服务的均等化。[①] 因此我国中央政府要承担起应负的支出责任，减轻地方财政压力。

（二）完善转移支付制度

分税制改革以来，我国财政转移支付资金规模不断加大，而在中央财政向地方财政补助支出中，专项拨款补助占据了较大的比重。专项转移支付可以起到稳定社会、改善民生的重要作用，特别是对于财力较为不足的基层地区，专项转移支付可以缓解基层财源紧张的压力。但由于我国中央与地方财政事权财权的交叉，出现了既有中央负担地方支出的情况又有地方承担中央支出的现象，造成了财政支出的低效率。此外，我国的各种转移支付中纳入地方预算的只有一般性转移支付，而专项转移支付资金都未编入地方预算，并且在专项转移资金的管理上还存在专项拨款不当、"多头管理"等现象。因此应该完善我国现有的转移支付制度，既要用一般性转移支付来促进公共服务均等化，又要通过专项转移支付来提高资金的使用效率。增加一般性转移支付的规模和比例，更好地发挥地方政府贴近基层、就近管理的优势，清理、整合、规范专项转移支付项目，大幅度减少转移支付项目，归并重复交叉的项目。[②] 同时完善政府间的税收调节机制，根据地方政府间的贫富差距以及基层政府承担的公共服务，给予地方政府特定的专项拨款来实现其政府职能，并将属于地方事务且数额相对固定的项目划入一般性转移支付，实现缩小地方政府间财力的巨大差距的目的。

（三）中央与地方财政关系法治化

中央与地方财政矛盾的产生，无论是地方支出压力过大，还是转移支付制度不完备，归根结底是由于政府事权与财权的不统一造成的，因此有关完善分税制的诸多建议中，推动分税制立法的呼声日益高涨。我国财政分权体制尚未健全，促进财政分权法治化是实现规范财政分权的关键。

首先要做到事权明确，包括国家与市场的事权、中央与地方的事权、地方与地方之间的事权以及政府机构之间有关财政活动的事权。其次是财权的划分应以事权为基础，有多大事权就应有多大财权，体现"财权与事权相匹配"的原则，这就要求政府财政收入的多少要与其所担负的公共职能相适应，确保政府有足够的财力满足其实现公共职能的需要。再次，要加快推进税收征管体制的立法化和司法化，进一步明晰中央与地方的税收边界。最后，要推进分税制改革的立法，根据我国财权与事权划分的基本原则制定统一的分税制改革方案，从而推进我国

---

① 朱青．从国际比较视角看我国的分税制改革［J］．财贸经济，2010（3）.

② 楼继伟．深化财税体制改革建立现代财政制度，中华人民共和国财政部官网（http：//www. mof. gov. cn/zhengwuxinxi/caizhengxinwen/201410/t20141015_ 1150389. html）.

中央与地方财政关系的法治化进程。

总之，优化我国中央与地方的财政关系必须重视"事权与财权相结合"的原则，将中央与地方的事权界定清晰，缓解地方政府过大的财政压力，同时确保中央政府财政职能的实现，必须明确中央财政在基本公共服务领域的支出责任、完善转移支付制度和推进中央与地方财政关系的法治化，以化解地方财政收支缺口过大、地方间财政发展不平衡以及地方政府事权与财权不协调等分税制改革带来的矛盾。

参考文献：

[1] 楼继伟. 中国政府间财政关系再思考 [M]. 北京：中国财政经济出版社，2013 (1).

[2] 高培勇，杨志勇. 推进政府间财政关系调整 [J]. 经济研究参考，2014 (22).

[3] 寇铁军，周波. 我国政府间事权财权划分的法制化选择 [J]. 财经问题研究，2008 (5).

[4] 朱青. 从国际比较视角看我国的分税制改革 [J]. 财贸经济，2010 (3).

[5] 张千帆. 地方财政分权——中国经验、问题与出路 [J]. 政法论坛，2011 (9).

[6] 杨志勇. 分税制改革中的中央和地方事权划分研究 [J]. 经济社会体制比较，2015 (3).

我国上市公司独立董事制度有效性的理论分析

齐　勇　林祝君

摘要　独立董事制度是在英美股权高度分散背景下弥补原有治理结构缺陷的产物。中国独立董事制度设立的初衷是制约内部控股股东，规范经理人行为，提高公司治理水平。但我国上市公司独立董事制度有效性也一直存在诸多争议。本文首先回顾了对我国上市公司独立董事制度有效性的实证研究结果，接着分析了独立董事制度产生的制度基础，又从外部公司治理、内部公司治理、独立董事制度独立性以及非正式制度的社会文化层面整体分析了我国独立董事制度的现状，然后从微观公司治理层面分析了不同的公司股权结构会对独立董事制度有效性产生重要影响，最后做总结并提出了相应的对策。

关键词　独立董事制度；公司治理；制度；股权结构

一、文献回顾

独立董事是指不在上市公司担任董事之外的其他职务，并与公司及其大股东之间不存在可能妨碍其独立做出客观判断的利害关系（尤其是直接或者间接的财产利益关系）的董事。独立董事制度始于 20 世纪 30 年代的美国，并在 20 世纪 90 年代以来在世界各国得到广泛推广。我国的独立董事制度发端于 1993 年在香港联交所上市的"青岛啤酒"。2001 年 8 月，中国证监会发布《关于在上市公司建立独立董事制度的指导意见》，宣告在境内上市公司中全面引入独立董事制度。

独立董事制度是对我国上市公司治理结构的一大制度创新，它被当作一剂灵丹妙药引入我国，人们希望它能解决企业中的法人治理结构、中小投资者保护等问题。学者们从不同角度进行了大量的实证研究。然而，实证结论却大相径庭。王砚书、于佳欣和武侠（2008）运用相关性分析的方法研究发现董事会独立董事比例及其年薪与企业的经营绩效之间为正相关关系，亲自参加会议独立董事比例对企业经营绩效的影响也比较显著。黄静和王天东（2010）通过实证研究发现，独立董事能有效监督控股股东对中小股东利益的侵害，同时发现公司价值、企业规模和资产负债率与独立董事比例具有正相关，此外，独立董事所具有的外部资源能够给公司的发展带来更多机会。王鹏飞、谢永珍（2005）的研究发现，我国上市公司的独立董事占董事会比例与企业规模呈负相关关系，这个结果从某种程度上表明，我国上市公司因规模扩大而对管理层监督需求的增加并没有通过独立董事很好地解决，独立董事的存在可能仅仅是政策约束的结果。魏刚、肖泽忠、Nick Travlos 和邹宏（2007）的研究表明，当独立董事具有多重身份时，对企业的绩效存在一定的阻碍作用。曹群辉（2006）通过面板数据模型对我国上市公司进行分析发现独立董事的规模、比例与由净资产收益率表示的企业绩效之间无显著相关性，独立董事的介入并没能有效提高企业在绩效方面的表现。另外，独立董事的学历、任期的长短以及年龄大小均与企业绩效无显著相关性。魏成龙、郑军（2009）选取中国医药制造业上市公司的数据作为样本进行实证分析发现，独立董事制度与企业绩效之间不存在显著的正相关关系。吴洁、蓝发钦（2009）通过对 2005 年至 2007 年之间的 462 家上市公司进行分析，得到了相似的结论。

以上结论各有其合理性的一面，因为它们是从不同角度选取不同的样本和计量指标得出的实证结论，但有一个事实难以否认：独立董事制度并没有发挥出设计者所预期的效果，有些甚至起了相反的作用。那么，独立董事制度究竟有没有效果，决定独立董事制度有效性的根源是什么呢？从现有文献可以看出，这方面比较深入的理论研究非常少，郭强、蒋东生（2003）从契约的角度研究了独立董事制度的本质。他们认为独立董事制度是否有效取决于五个约束条件：①不能由大股东或经理人选聘；②在董事会中占多数席位；③有效的法人激励制度；④专业化的能力；⑤有效信息。可见，独立董事制度在上市公司治理中其有效性会受到许多条件的限制。笔者认为，问题的根源在于制度环境。本文拟从制度环境的角度提出一个分析我国上市公司独立董事制度的框架，即从制度影响的角度分析独立董事制度赖以生存的制度条件以及我国上市公司是否具备这些条件，独立董事制度的建立和实施是否对推动我国上市公司治理的完善有实质性帮助，以此为基础分析我国现行上市公司独立董事制度的缺陷并尝试提出应对措施。

二、上市公司独立董事制度理论基础

（一）委托代理理论

经济学上的委托代理理论主要研究受托管理、有限理性、道德风险、监督等内容。委托代理理论放弃了管理者无私的假设，认为企业管理者也是自利的，即他们不仅有自己的效用函数，而且追求的就是自己的利益。在委托代理关系中，由于相关信息在委托人和代理人之间分布不对称，两者的利益目标函数也不相同，代理人在其经营管理活动中追求个人利益最大化而采取机会主义行为方式，就有可能违背所有者的利益，从而给委托人带来损失。由于信息不对称下道德风险的存在，使代理成本的产生在所难免。解决内部人控制这一委托代理问题的关键是要建立有效的董事会机制，完善股东与董事之间的委托代理关系。为此，需要改造上市公司现有的治理结构。可行的办法是设立独立董事，就是要提升董事的代理能力，确保董事有能力履行信托义务并积极自觉地维护股东利益。其次，设立独立董事，意在安排中小股东的代理人，将公司的股权结构映射到公司的董事结构中来，对上市公司现有的治理结构实施必要的改造，从而制约大股东，保护中小股东的合法权益。

（二）利益相关者理论

早期的企业理论中经济学家以"剩余索取权"来定义企业的所有权。利益相关者理论认为，剩余索取权的享有者应该包括公司的雇员、债权人等向企业投入了专用性资产的利益相关者，所以，企业的剩余控制权也应该由所有的利益相关者一同分享。在讨论企业剩余权分布方式的问题上，应该跳出这种简单的"物质资本"与"人力资本"两分法，企业剩余权的合理安排应该是将剩余索取权和剩余控制权非均衡地分散对称分布于企业的多种利益相关者之中。公司治理的目标是满足多方利益相关者的不同需求，关注公司经营所造成的社会和政治影响。在公司的决策机制上，决策是由多个利益相关者合力参与、共同形成的。受到这种治理理念的影响，同时为了使公司的决策更加科学有效，便于公司吸收更多的专家和人才，这就为独立董事进入董事会，为建立能够发挥效用的独立董事制度创造了条件。

（三）信号传递理论

信息经济学研究什么是非对称信息情况下的最优交易契约，所以又称为契约理论或机制设计理论。信息的不对称性会衍生出两类代理问题即逆向选择和道德风险。信号传递理论主要是解决逆向选择问题。从信息传递理论角度来分析，追加一名外部董事相当于向市场发出信号，表明公司开始计划着手解决面临的经营问题，即使董事会结构本身并不直接影响上市公司解决这些经营问题的能力。一般而言，独立董事在董事会中的人数增加和比重的上升，有助于提高上市公司董事会在证券市场中的公信力。声誉机制可以提高独立董事的声誉与地位，从国外情况来看，独立董事越关心自己的声誉，他的监督就越积极，这本身就在向外界传递一种信号，因为这些独立董事特别关注他们的声誉，在行使职能时能更多地保持其独立性。此外，在信用体系比较健全的市场，这种信号传递机制能够形成一种良性的循环，并在一定程度上避免逆向选择带来的道德风险。

（四）人力资本理论

随着社会的发展，人力资本对企业生产过程的贡献越来越大，在同类型的不同企业中，由于运作方向、方式和方法的不同，会产生不同的结果。现代企业理论认为，企业剩余应该在企业的要素产权所有者之间进行分配。在人力资本理论下，将人力资本产权所有者和非人力资本产权所有者视为两个平等的主体。人力资本理论要求创新公司剩余控制权的分享模式。人力资本和物质资本、技术等同样是非常重要的生产要素，它既是人身体的一部分，又是一种资本，还是未来收入的源泉。企业的成长往往并不由投入物质资本的多少决定，而取决于人们各种知识的运用，即人力资本的应用。正是因为人力资本的存在，非人力资本才能真正地运转起来，独立董事一方面可以为公司提供多角度、多领域的建议，协助管理层规划和执行公司发展战略；另一方面，作为公司与外界环境连接的桥梁，能够凭借其声誉帮助公司获得必要的发展资源。这一理论为独立董事报酬激励机制提供了理论支持。独立董事报酬激励机制以工资和期权等非现金形式给予独立董事激励，是对人力资本的认可和肯定。

综上，委托代理理论、利益相关者理论、信号传递理论与人力资本理论，构成了支撑独立董事制度的主要理论基础，委托代理理论揭示了内部人控制问题的实质，阐明了公司治理，进而是独立董事制度所要解决的问题根源，是支撑独立董事制度产生和发展的基石；利益相关者理论以公司的性质及其根本目标作为分析起点，揭示了独立董事制度得以顺利出现的条件，并对独立董事的服务对象提出了内在的要求；信号传递理论与人力资本理论为独立董事声誉机制与薪酬机制提供了理论支持。

三、我国上市公司独立董事制度现状的整体分析

根据新制度经济学的理论观点，任何一项制度的产生都必须具备赖以生存的制度基础，世界各国的独立董事制度概莫能外。独立董事制度的制度环境可以从正式制度和非正式制度两个方面进行考察，正式制度包括公司治理制度和非公司治理制度两个方面。就公司治理制度而言，独立董事制度的有效建立有赖于外部公司治理制度、内部公司治理制度以及独立董事制度本身的制度条件。非正式制度主要指社会文化和意识形态等方面。

从公司外部治理角度来看，外部治理机制是与内部公司治理机制相适应的公司外部管理与控制体系，它们提供企业绩效信息，评价企业行为和经营者行为的好坏，并通过自发的优胜劣汰机制激励和约束企业及其管理层。产生独立董事制度的英美等国实行外部市场导向型的公司治理制度，上市公司股权相对分散且具可流通性，外部市场（包括股权市场以及由此衍生出来的控制权市场、经理人市场、借贷市场等）较完善。但以德国、日本为代表的一些国家对独立董事制度并不热衷。究其原因，主要是这些国家外部市场相对不发达，公司治理以内部治理为主。从我国上市公司外部治理条件来看，无论是股权市场、借贷市场，还是控制权市场和经理人市场都不成熟，并未为我国在上市公司实施独立董事制度提供足够的支持。实施独立董事制度是我国想通过移植他国经验强制性引入制度变迁，在本土化的过程中其实际效果的发挥还需要与本国市场积极融合。

从内部治理角度来看，公司内部治理所要解决的问题是通过公司内部的机构设置与权利安排来解决效率问题。从内部公司治理制度来看，实施独立董事制度的国家或地区，其内部公司治理以发挥董事会的领导核心和监督作用并实行单层董事会制度、对高层经营管理人员实行高报酬计划为特征，而在实行双层董事会

制度（包括以德国为代表的"上下结构"和以日本为代表的"平行结构"）的国家或地区，独立董事制度并不普遍。从理论上分析，"单层董事会结构"下的独立董事制度的功能与"双层董事会结构"下的监事会制度相似，二者并无实质性区别。我国在实施"双层董事会结构"的前提下引入独立董事制度，会造成独立董事制度和监事会制度之间的权责划分不明确以及协调问题，并不一定能够降低公司治理的成本和提高公司治理效率。

从独立董事制度本身分析，独立董事的生命在于其独立性，但这种独立性又和注册会计师的独立性不同，它既要独立于企业，又不能完全超脱于企业，而且很多客观因素都在一定程度上限制了独立董事的独立性，因而这种独立性只能是相对的，而且带有普遍性。同时独立董事的选拔机制和独立董事人才市场的运行机制也是制约独立董事独立性的重要方面，而且后者往往比前者更重要。为了确保独立董事制度的有效实施，还要保证独立董事在董事会中的多数地位（绝对多数或相对多数）。独立董事激励和约束机制的建立也是独立董事制度有效发挥作用的必备前提，独立董事的中等程度收益和中等程度成本是其最佳的激励和约束"度"。另外，还必须为独立董事提供足够的工作条件。我国现行的有关规定在确保独立董事制度有效性方面尚存在一定缺陷，无助于独立董事制度的有效施行。

从社会文化角度的非正式制度分析，西方文化传统和宗教传统，尊重个人的独立性，维护私有产权，注重个人精神的表达。这种精神不仅在宗教上具有强烈自我完成的个人意愿，同时也有深刻的社会责任，所体现的是一种宗教的、社群的、互相沟通的特性（杜维明，1997）。西方文化的上述特点为独立董事制度的核心——独立性提供了重要的文化背景，是独立董事制度产生和进一步完善的重要基础。而以儒家文化为主体的中国传统文化也会对独立董事的独立性产生影响，"礼义仁治"的伦理观念、"和为贵"的人际关系准则、"中庸之道"的处世原则、重人治和仁治文化背景，客观上均制约着独立董事的独立性和独立董事制度的严肃性。

新制度经济学关于制度安排的理论告诉我们，任何一项制度的制定、实施及其效果都会受到相关制度的制约和影响。因此，每一项制度的制定和实施，既要考虑该制度本身，也要考虑其他相关制度的安排。独立董事制度也是如此。独立董事制度作为公司治理制度的组成部分，其作用的发挥和有效程度的大小除决定于该制度本身的完善程度外，还取决于整个社会的制度结构，即其他正式制度和非正式制度对独立董事制度的制约和影响，以及该制度的实施机制。

四、我国上市公司独立董事制度的微观股权结构分析

政治法律制度、社会文化习俗、科学技术水平是公司治理面临的宏观环境，其对公司治理的影响也是宏观方面的，因为它涉及的是国家或地区层面，也就是

说，在同一国家或地区这些因素是共同的，而股权结构因素涉及公司微观层面，不同公司其股权结构并不一样，因而其对公司治理的影响是微观的，但它对公司治理的内部结构会产生重大影响。而股权结构特征之所以决定着公司治理成本，是因为在不同的股权结构下面临着不同的利益结构及其冲突。陈仕华、郑文全（2010）依据三个典型事实，打破了传统公司治理的分类方法（英美模式、德日模式、家族模式），将公司治理模式划分为代理型公司治理模式、剥夺型公司治理模式和混合型公司治理模式。这一划分为公司治理理论研究建立了一个全新的分析框架，更好地体现了公司治理模式的内生性：股权结构因素是决定公司治理模式的一个核心微观元素。

陈仕华、郑文全（2010）认为，股权分散型公司面临的是代理型治理问题：存在小股东与管理层之间的利益冲突；股权集中型则面临两种类型的治理问题：控股股东兼任管理层的股权集中型公司面临的是剥夺型治理问题，存在控股股东与小股东之间的利益冲突；控股股东非管理层的股权集中型公司面临的是混合型治理问题，存在控股股东、小股东、管理层三者之间的利益冲突。

公司治理本质上是股东所代表的股权、董事会所代表的监督权和经理层所代表的经营权之间的一种权衡机制。在股权高度分散的代理型公司治理中，由于没有大股东，经理人也不会出现由大股东兼任的情形；相应地，董事会不会受到某一垄断力量的约束，在国家法律明文规定的条件下，独立董事占多数席位、有效的信息获取和沟通制度也相对容易建立；并且由于股东大会和董事会真正代表了中小股东利益，股东大会和董事会是乐意建立有效的法人激励机制和选聘有专业能力的独立董事的，因而其发挥作用的有效性条件比较容易满足。

在控股股东非管理层的股权集中的剥夺型公司治理中，控股股东和管理层存在利益勾结的可能性，为保证其绝对权力，在不完全契约条件下，独立董事很难保证不由大股东或经理人选聘，即使按照法律规定保证了独立董事在董事会中占多数席位，由大股东或经理层选出的独立董事也可能是形同虚设。由于大股东或经理层的掌控，其实质性作用也难以得到发挥。如果控股股东存在侵占小股东利益的意图，信息的不对称也会使有效的信息沟通机制难以真正建立。在控股股东兼任管理层的股权集中混合型公司治理模式中，权力高度集中在控股股东手中，比起上种情形，治理成本相当高昂，致使独立董事的有效性更加难以发挥。

综上所述，独立董事在不同公司治理模式中的作用效果是不同的。既然如此，对学者们从不同角度得出的关于独立董事有效性的实证结论不一致性以及许多质疑独立董事制度的声音也就不难理解了，因为各国或各地区以及各上市公司股权结构的千差万别，在当今法律制度和企业契约不完善的条件下，各上市公司独立董事治理的效果必然存在差异。

五、结论与对策建议

独立董事制度是在英美股权高度分散背景下弥补原有治理结构缺陷的产物。中国独立董事制度设立的初衷是制约内部控股股东，规范经理人行为，提高公司治理水平，也就是说，独立董事在我国的引入主要是代表中小股东监督大股东，以缓解我国股权高度集中所致的大股东缺乏制衡的问题（徐高彦，2011）。中国独立董事制度的有效性之所以受到众多的质疑，其原因主要有两个：一是与英美德日等发达国家相比，中国的法律制度和企业契约制度更不完善，市场机制并不成熟，社会文化有差异，因而独立董事制度的作用肯定会大打折扣；二是中国的股权结构的基本特征是高度集中，强制性地推行独立董事制度背离了公司治理模式的内生性，独立董事发挥有效作用的各种条件难以具备，独立董事成为"花瓶"难以避免。因此，解决中国独立董事制度有效性问题的基本方式有三个：一是进一步完善政治法律制度和企业契约制度，推进有利于公司治理的文化建设，形成独立董事制度发挥作用的优良宏观环境；二是遵循公司治理结构的内生性规律，改革现有的强制性推行独立董事制度的做法，根据各上市公司股权结构的差异进行分类，并以此为依据有针对性地推行独立董事制度，通过更加有效的微观机制来创造独立董事发挥作用的有效条件；三是进一步实施股权分置改革，将高度集中的股权结构（尤其是国有上市公司的股权结构）转变为高度分散的股权结构，弱化控股股东的力量，强化广大中小股东的压力机制。

参考文献：

[1] 王砚书，于佳欣，武侠. 上市公司独立董事制度与经营绩效关系的实证研究 [J]. 企业管理，2008（23）.

[2] 黄静，王天东. 独立董事形成机制实证研究 [J]. 经济管理，2010（2）.

[3] 王鹏飞，谢永珍. 中国上市公司独立董事比例影响因素的实证观察 [J]. 生产力研究，2005（8）.

[4] 魏刚，肖泽忠，Nick Travlos，邹宏. 独立董事背景与公司经营绩效 [J]. 经济研究，2007（3）.

[5] 曹群辉. 我国上市公司独立董事制度与公司绩效的理论与实证研究 [D]. 西南交通大学. 2006.

[6] 魏成龙，郑军. 中国独立董事制度与公司绩效的关系——基于中国医药制造业上市公司2003—2008年数据的分析 [J]. 经济管理，2009（9）.

[7] 吴洁，蓝发钦. 独立董事制度与公司绩效的相关性研究——基于中国上市公司的一个实证 [J]. 经济论坛，2009（14）.

[8] 郭强，蒋东生. 不完全契约与独立董事作用的本质及有效性分析——从传统法人治理结构的缺陷论起 [J]. 管理世界，2003（2）.

[9] 宁向东. 公司治理理论 [M]. 北京：中国发展出版社，2005.

［10］ 杜维明．现代精神与儒家传统［M］．北京：生活·读书·新知三联书店，1997.

［11］ 娄芳．国外独立董事制度的研究现状［J］．外国经济与管理，2001（12）．

［12］ 金永红．独立董事："独立"才能"懂事"［J］．上市公司，2002（11）．

［13］ 姿芳，原红旗．独立董事制度：西方的研究和中国实践中的问题［J］．改革，2002（2）．

［14］ 徐高彦．独立董事独立性、关联销售和公司价值的相关性理论分析——基于《关于在上市公司建立独立董事制度的指导意见》的政策影响［J］．武汉大学学报，2011（02）．

［15］ 阎达五，谭劲松．我国上市公司独立董事制度：缺陷与改进——一个基于制度分析的研究框架［J］．会计研究，2003（11）．

［16］ 陈仕华，郑文全．公司治理理论的最新进展：一个新的分析框架［J］．管理世界，2010（2）．

［17］ 王笛鸣．完善我国上市公司独立董事制度的思考［J］．经济视野，2015（31）．

城市化与城乡一体化

京津冀区域经济发展差异研究

陈明生　　曹冰洁

摘要　从北京、天津和河北地区人均 GDP 和各地区产业结构的状况来看，京津冀地区内部在区域经济发展上存在较大的差异。资源禀赋不同、发展基础不同以及政府政策支持力度不同是京津冀区域内部三个地区（北京市、天津市、河北省）及其辖区之间经济发展水平存在差异的主要原因。通过明确各地区的定位、调整产业结构、统筹京津冀区域整体经济发展和大力发展循环经济等措施可促进京津冀区域经济的协调发展。

关键词　京津冀区域；工业化阶段；发展差异；产业结构

京津冀地区是我国经济增长的重要引擎，承载着繁荣我国社会主义市场经济的重任；而作为我国的政治、文化中心和重要的经济增长极，该地区在协调全国经济的发展中举足轻重，因此对京津冀地区的经济发展状态进行研究具有十分重要的意义。同时，由于京津冀地区内部的各个地区在地理位置、劳动力、技术和资源等方面都具有较大的差异，因此，对京津冀地区内部各个地区之间经济发展差异问题进行分析，对于推进京津冀地区整体经济的发展亦十分必要。

一、京津冀地区各区域经济发展差异

（一）京津冀地区各区域人均 GDP 对比

人均 GDP 是反映一个地区居民真实生活水平的重要数据之一，同时也是判断一个地区经济发展水平的重要指标。据有关资料显示，2014 年北京市的人均 GDP 为 98 966 元，按年平均汇率折合为 16 278 美元，仅次于天津市的人均 GDP 水平，位于全国第二。天津市的人均 GDP 水平在全国范围内处于领先地位，2014 年天津市的人均 GDP 为 105 889 元。可以看出，无论是北京市还是天津市，人均 GDP 水平都很高，表明其在全国处于相对比较发达的水平。

河北省地处华北平原，自然条件优越，是我国农耕文明的发源地之一。它还与北京、天津形成三角形地带，交通便利，受京津冀区域内北京和天津两地区的影响较大。在这样独特的地理位置的影响下，河北省利用本地区的资源优势和区位优势，积极发展第一、第二产业。2014 年，河北省的人均 GDP 为 39 991 元，这一人均 GDP 水平在全国范围内都处于中下等水平，更何况是在经济水平较发达的京津冀区域内，毫无疑问，其人均 GDP 水平处于京津冀地区的末端。

（二）京津冀各区域产业结构的差异

产业结构不仅是一个地区经济结构的重要组成部分，同时也是一个地区经济增长的引擎（张丽峰，2008）。产业结构既是一个国家或地区经济增长的表现，又是其经济增长的原因。同样，各地区产业结构的差异既是各区域发展程度差异的表现，又是这种差异及差异发展的原因。

首先看北京市的产业结构，如图1所示。

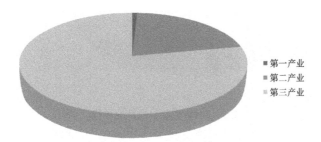

图1　2014年北京市产业结构

数据来源：北京统计信息网　http：//www. bjstats. gov. cn/tjsj/tjgb/ndgb/201511/t20151124＿327764. html.

图1显示，2014年北京市的GDP是21 330.8亿元，从北京市的三大产业对国内生产总值的贡献来看，其中，第一产业的增加值是159亿元，占GDP的比重为0.75%；第二产业的增加值是4 545.5亿元，比重为21.31%；第三产业的增加值是16 626.3亿元，所占比重最大，达到了77.94%。

其次看天津市的产业结构，如图2所示。

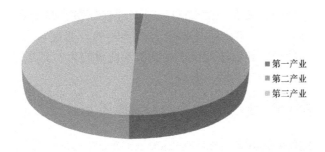

图2　2014年天津市产业结构

数据来源：天津统计信息网http：//www. stats - tj. gov. cn/Item/24795. aspx.

图2显示，2014年天津市的GDP（国内生产总值）是15 722.47亿元，从天津市的三大产业对GDP的贡献来看，其中，第一产业的增加值是201.53亿元，占GDP的比重为1.28%；第二产业的增加值是7 765.91亿元，比重为49.40%；第三产业增加值是7 755.03亿元，比重为49.32%。在三大产业中，第二产业占

GDP 的比重最大，达到了 49.40%。

最后看河北省产业结构，如图 3 所示。

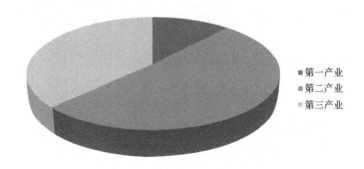

图 3　2014 年河北省产业结构

数据来源：河北省统计局 http：//www. hetj. gov. cn/hetj/tjgbtg/101416551733029. html.

图 3 显示，改革开放以来，我国大部分地区的经济都得到了迅速的发展。近年来，随着改革力度的不断加大，河北省的经济也得到了迅猛发展。河北省 2014年的 GDP 是 29 421.2 亿元，从河北省的三大产业对 GDP 的贡献来看，第一产业的增加值是 3 447.5 亿元，占 GDP 的比重为 11.72%；第二产业的增加值是15 020.2亿元，比重为 51.05%；第三产业的增加值是10 953.5亿元，比重为37.23%。其中第二产业在 GDP 中所占的比重最大，为 51.05%。

从京津冀区域内三个地区的产业结构可以看出，与第二、第三产业相比，第一产业对国民经济生产的贡献可以说是微不足道的，其中，北京和天津两地第一产业的比重都没有达到 5%，河北省的第一产业在区域内最高，也只是达到了11.72%，与其他两大产业相比还是有很大的差距的；通过对三个地区的比较，不难看出，北京市第三产业占该地区产业结构的比重较大，而其他两个地区的第二产业在国民经济结构中所占的比重较大。

二、京津冀区域经济发展差异的形成原因

（一）资源禀赋类型不同

北京不仅是京津冀地区的文化中心，更是我国的文化中心。由于高等院校和科研机构云集北京，在较多的科研投入和政策支持下，北京市成为我国技术和人力资本最丰富的地区。天津也具有较好的地域优势，天津地处我国的渤海湾，是我国重要的海港之一，该地区交通便利，更多通过发展对外贸易来促进本地区经济发展；从三大产业的角度来看，该地区利用其便利的交通在发展第三产业的基础上更加注重第二产业的发展；而在第二产业的发展上，天津市更加注重发展较大规模的制造业。河北省经济发展在全国处于中等水平，但在京津冀地区内部，

河北省的经济发展水平相对较低。尽管如此，河北省凭借其优越的地理位置和人文条件，在区域经济发展中也具有很多优势，例如，河北省劳动力丰富且廉价，煤炭和钢铁等资源丰富，而且河北省的工业发展历史悠久，尤其是重工业具有一定的基础。

（二）发展基础不同

作为历史上多个朝代的都城，自古以来北京的发展比京津冀区域内其他两个地区要好很多。北京的发展历史悠久，是一座历经沧桑的历史文化古城，有着较好的政治基础、经济实力、文化底蕴以及便利的交通。1949年9月21日，中国人民政治协商会议第一次全体会议上将中华人民共和国首都设于北平市，并将北平市改名为北京市。新中国成立以后，北京一直都是全国重点建设的国际化都市，北京的发展在政治、经济、文化、交通等多个方面都占优势地位，尤其是在科技文化方面，北京地区的发展基础远远高于其他两个地区，因此北京的发展基础自然也在区域内最好。

天津是我国的直辖市，也是全国的中心城市，是中国6座超大城市之一。天津筑城六百余年，其发展历史亦是相当悠久。同时，优越的地理位置使天津成为区域内最大的海港城市，海上交通十分便利，进出口贸易较多，对外贸易的发展水平较高，沿海这一优越的地理优势使天津的发展基础优越于河北省。尽管如此，天津市的发展基础仍与北京市存在较大的差距。在发展基础上，区域内天津市仅次于北京市。

新中国成立以来，河北省的发展水平一直落后于京津两地区，1959年到1961年的三年自然灾害对当时依靠农业的河北省来说更是雪上加霜。改革开放后，尽管国家给予了一定的支持，但是河北省的发展仍然不容乐观，而此时同区域内的京津地区发展已是蒸蒸日上。与其他两个地区不同的是，河北省城市化水平低，发展最为落后，为了解决这一问题，河北省提出"一年一大步，三年大变样"，在城镇发展方面取得了较大的成就。尽管如此，河北省的发展在区域内基础最差，远远落后于其他两个地区。

（三）国家政策支持的力度不同

作为首都的北京相对于区域内的其他两个地区更多地得到国家政策的支持，京津冀一体化过程中确定了北京在该区域经济发展中的主导地位，同时也享受到一系列的政策优惠；天津作为区域内最大的海港城市，滨海新区被誉为"中国经济第三增长极"，而天津也是环渤海地区经济中心和中国北方经济中心。2015年4月21日，中国（天津）自由贸易试验区正式挂牌，中国（天津）自由贸易试验区为中国北方唯一的自贸区；国家政策支持的力度在京津两市相对较大，而对区域内的河北省的支持则相对较少。政策倾向不同，对三个地区经济发展会产生较大的影响。

三、促进京津冀区域经济发展的对策

（一）明确区域内各地区的定位

北京、天津和河北三个地区在京津冀区域内的不同定位对三个地区经济的发展具有不同的影响。三个地区的定位是否科学也会影响京津冀区域整体的经济发展水平。因此，不仅要明确京津冀区域内各地区的功能定位，还要对三个地区进行科学的定位（刘璐宁，2013）。首先，确立北京在京津冀区域整体发展中的领导地位；将北京发展成为京津冀地区的科技中心，是京津冀差异化与一体化发展的必然选择。其次，注重发挥天津的转化功能，即把北京的科学技术转化为产品，以满足人们需要。最后，河北省要发挥其自身优势，利用其雄厚的工业基础，大力发展工业，尽快实现从工业化的中期阶段到后期阶段的过渡。三个地区的分工是：北京是科研中心，注重产品的研究与创新；天津利用其与北京相近的区位优势，把科研成果转化为能够满足人们需要的产品；河北省作为区域内最大的工厂来大规模生产该产品，满足整个区域内人们对该产品的需要（张丽峰，2008）。

（二）调整区域内各地区的产业结构

北京市产业结构调整的主要关注点是其科技优势。我们从三大产业的角度来分析北京市产业结构的调整：首先，随着北京现代化进程的加快，北京人口密集，土地资源紧张，用于工业开发和城市建设的土地资源尚且紧俏，更不用说大规模的农业用地，现如今，寸土寸金的北京已不适合大规模发展农业等第一产业，北京第一产业的发展应该转向观光和休闲农业；其次，根据北京市城市功能的定位，北京市的第二产业应该得到适度的发展，而不是一味追求大规模，盲目发展；第三产业在北京市的产业结构中占有非常大的比重，在经济发展中也发挥着重要的作用。因此，北京应充分利用其技术和高新技术人才的优势，重点发展金融、保险和其他新兴的第三产业（王海涛、徐刚，2013）。

当前，天津市产业结构的调整应该更加注重发挥其海洋运输交通便利的优势，积极调整产业结构，建设现代化的工业城市。从三次产业结构和资源约束的角度，天津市第一产业在国民经济结构中占的比重很小，根据天津市在京津冀区域发展中的定位，该地区不适合大规模发展传统的农业，而应该注重农业的科技和研发；天津市的第二和第三产业在国民经济结构中的比重不分伯仲，天津市应该注重在发展第三产业的同时，更加注重第二产业的发展，并更加注重实现由科技到产品的转化；在第三产业的发展中，注重第三产业中基础部门的发展。只有在第一、第二、第三产业协调发展的情况下，才能更好地促进天津市经济的发展（周桂荣、王冬，2011）。

由于河北省有雄厚的工业基础，河北省产业结构的调整应该更加注重发展第二产业，尤其是第二产业中的工业。河北省的第一产业相对于京津冀区域内的其他两个地区的第一产业在国民经济结构中所占的比重较大，因此，河北省第一产业的发展讲究一个"稳"字，在经济发展的过程中要稳住第一产业，保证整个京津冀区域人们的基本生活需要。第二产业的发展应该是河北省的重中之重，由于雄厚的工业基础和丰富的资源优势，第二产业一直是拉动河北省经济增长的重要力量。该地区第二产业的发展应更加讲究一个"优"字，由于该省的工业发展历史悠久，传统工业在整个工业结构中所占的比重很大，因此，应该借助于科技力量，积极创新，使工业发展的质量更高。第三产业的发展讲究一个"用"字，由于科技和研究力量有限，河北省第三产业的发展远远落后于京津冀区域内的其他两个地区，因此，河北省第三产业在发展过程中应该积极利用其他两个地区最新的科技成果，把科技转化为现实生产力，积极促进第三产业的发展，更加注重发展第三产业中传统的第三产业，进而以另一种形式反过来推动第二产业的发展（王喆、赵昭，2013）。

（三）统筹京津冀区域整体的发展

统筹京津冀区域整体的发展，不仅会对该区域经济造成重大影响，更是事关我国改革开放和现代化建设全局的大事。京津冀区域内各个地区经济发展水平存在很大的差异，这就使京津冀的经济一体化进程举步维艰。我们应该统筹京津冀区域整体的发展，而不是区域内各地区各自为政，阻碍区域整体的发展。统筹京津冀区域整体的发展要做到政策制定上的相互联系，这就要求建立京津冀政策制定上的协调机制。同时，在京津冀整体经济发展中应该更加注重区域内的差异化发展，只有把一体化和差异化发展相结合，才能真正地促进京津冀区域整体经济的发展。

四、结论

在统筹京津冀区域发展的过程中，由于北京、天津和河北在资源禀赋、发展基础、政府政策支持等方面的差异导致三个地区经济发展水平的不同，进而给统筹京津冀区域经济发展带来了一系列的问题。因此，在京津冀发展过程中要明确区域内各地区的功能定位，进行合理的结构调整，并集中力量促进京津冀区域经济的整体发展。在认清并分析京津冀区域内经济发展差异的前提下，通过区域内各地区经济发展的一体化和差异化发展来实现京津冀区域的共同发展。

参考文献：

[1] 叶堂林．"十二五"期间京津冀区域产业升级与整合研究［J］．开发研究，2011（1）．

[2] 高洪深．区域经济学［N］．北京：中国人民大学出版社，2014．

[3] 刘璐宁．京津冀地区产业结构与就业结构协调发展的实证研究［J］．石家庄经济学院学报，2013（5）．

［4］张丽峰．京津冀产业结构对经济增长影响差异性分析［J］．工业技术经济，2008（2）.

［5］王海涛，徐刚．区域经济一体化视阈下京津冀产业结构分析［J］．东北大学学报，2013（4）.

［6］周桂荣，王冬．推动京津冀区域产业升级与创新浅析［J］．现代财经，2011（3）.

［7］王喆，赵昭．首都经济圈及其产业结构演进［J］．中国建设教育，2013（5）.

近代上海城市化经验之再反思[①]

熊金武　　文贯中

摘要　城市化是中国最大的民生工程之一，而城市化的真谛就是吸纳农村人口进入城市定居。面对今日城市发展困局，探索符合中国国情的城市发展模式极为重要。近代上海的城市化经验表明，以市场为主导的城市化道路，有利于实现资本、技术、劳动力和土地等资源的有效配置，大量吸收农村人口，实质性提高中国城市化率。近代上海模式值得借鉴。

关键词　城市化；近代上海；市场导向；集聚效应

上海作为中国最大的工商业城市，其城市发展的经验与教训一直备受关注。对近代上海城市发展的研究已经非常深入，比如上海的各种志书，以及《上海城市发展》等书籍刊物。最新的研究开始打破过去单纯批判性的做法，积极总结历史发展经验。近代上海事实上并不仅是充满了贫民窟和黑社会的十里洋场而已，更是远东地区最大的现代化城市，是十分成功的城市发展案例。对于正在实现城市现代化发展"大跃进"且城市化问题不断凸显的中国而言，从城市化角度来讨论上海近代城市化经验就显得十分重要。

一、以吸收人口为核心的城市化评价标准

城市化是指吸纳农村人口进城定居，成为市民的一部分，以降低农村人口在总人口中的比重。也就是说，不仅农村劳动力，其配偶、子女，甚至其他亲人，都要能够自由进入城市工作、生活和定居，真正成为具备在城市环境下自身再生产能力并能融入城市生活的市民，而不是孤身一人的暂住者和过客。[②]

城市化既是解决"三农问题"的根本途径，也是摆脱数千年农本社会的关键。几亿农村人口亟待进入城市定居，分享城市经济增长收益，中国城市化任重道远，可谓最大的民生工程。这个国情要求中国城市化必须以吸收农村人口，尤其是边远地区的贫穷农民先行。这样可以提高土地和投资利用效率，充分发挥城市人口集聚效应，形成可持续性内生经济增长，降低城乡收入差距。不然，农村

① 基金项目：中国政法大学青年教师学术创新团队支持计划资助（16CXTD07）和中国政法大学校级人文社会科学研究青年项目资助（15ZFQ79001）。

② 文贯中，熊金武. 化地不化人的城市化符合中国国情吗？[J]. 城市规划，2012（4）.

人口进入城市的成本会不断增加，"三农问题"的解决势必延缓，并使城市化蜕变为排斥外来人口的城市自我现代化。

对城市化的贡献率是中国城市发展的最关键指标，具体就体现在吸收人口的能力上。城市大力吸纳外来人口尤其是农村人口，才能称得上城市发展对城市化的贡献。也正是在人口向城市集中的过程中，形成城市的人口集聚效应，繁荣城市经济。城市人口规模和人口密度、就业创造能力和对外来人口和农村人口的吸收能力在一定程度上代表了城市对人口的吸纳能力。有必要以此标准对近代上海城市发展经验重新评价（见表1）。

表1　1945年上海中心区面积①　　　　　　　单位：平方公里

	原华界	原公共租界	原法租界	合计
建成区面积	53.847	22.6②	10.22	86.667
行政区面积	494.68	22.6	10.22	527.5

数据来源：邹依仁.旧上海人口变迁研究［M］.上海：上海人民出版社，1980：90－122。

二、近代上海的城市化绩效

（一）人口规模和人口密度

近代上海保持了高人口增长率和高人口密度。人口规模从1852年开埠之初的54万人增长为1950年的498万人，整整增长9倍。到1950年，共有414万人口居住在城市中心区，城市化率超过80%。与此同时，上海中心区人口密度呈现较快速度上升的趋势，到1950年超过了4.7万人/公里^2，而人均占地面积则相应快速下降到不足21米^2/人（见表2）。与之相对应的是城市土地规模的缓慢上升和土地的密集型利用。无论租界还是华界，在快速吸纳外地人口的同时，因城区拓展而增加的实际土地使用面积极为有限。在城市百年发展历程中，近代上海平均每年建成区扩张面积不超过1平方公里，总共建成区面积才86.667平方公里，体现了土地利用的高效。

---

① 其中，由于民国时期没有建成区面积这类统计指标，总建成区面积按照1945年上海非农就业比率高的行政区面积之合近似折算，具体指黄浦、老闸、邑庙、蓬莱、嵩山、卢家湾、常熟、徐家汇、长宁、静安寺、新成、江宁、普陀、闸北、北站、虹口、北四川路、提篮桥、榆林、杨树浦20个行政区构成的中心区面积。公共租界和法租界行政区域全部为建成区面积，将1945年上海中心区面积扣除租界建成区面积以作为华界建成区面积近似值。后文中华界和租界建成区面积和中心区面积皆以此为准。文贯中，熊金武.化地不化人的城市化符合中国国情吗？［J］.城市规划，2012（4）.

② 租界界限曾多次扩展，至1899年公共租界面积最后确定为22.6平方公里，而法租界面积于1914年最后确定为10.22平方公里。见白吉尔.中国资产阶级黄金时代［M］.上海：上海人民出版社，1994：123.

表2　近代上海人口数量、密度和人均占地面积

年份	1935	1937	1945	1947	1950
行政区人口（万人）	370.2	385.2	337.02	449.44	498.1
中心区人口（万人）			280.13	373.15	414.12
行政区面积（公里²）	527.5	527.5	617.99	617.99	617.99
行政区人口密度（人/公里²）	7 018	7 302	5 454	7 273	8 060
中心区人口密度（人/公里²）			32 323	43 056	47 783
中心区人均占地面积（米²/人）			30.9	23.2	20.9

数据来源：邹依仁. 旧上海人口变迁研究［M］. 上海：上海人民出版社，1980：90～92、108.

注：假定1947年和1949年建成区面积与1945年一致。

（二）人口就业情况

1935年租界每平方公里就业人数达到了3.16万人，就业创造能力十分高。到1950年，近代上海中心区依然保持着21 513人/公里²，合计就业人口达到186.45万人。究其原因在于，人口密集的近代上海特别有利于第三产业的发展。各国经验表明，吸收农民进城工作定居的主要途径是城市的服务业，因为第三产业对从业者素质要求具有多样性，提供就业机会多。近代上海成功的原因事实上就是首先允许城市自发扩张人口，增加人口密度，形成对房地产和服务业的稳定需求，可以促进劳动密集型的制造业，特别是服务业的兴起，利于进一步吸收农村人口。所以，第三产业成为近代上海提高城市化贡献率的主要依托，1935年公共租界第三产业就业创造能力达到了2.3万人/公里²（见表3）。

表3　1934—1935年近代上海建成区吸收就业人口

区域	总就业人口（万人）	建成区面积（公里²）	建成区单位面积就业人数（人/公里²）	就业结构（%）		
				第一产业	第二产业	第三产业
公共租界（1935）	71.6	22.6	31 682	0.2	28.6	71.2
老浦西（1946）	165.7	86.7	19 119	0.5	28.4	71.1
老浦西（1950）	186.5	86.7	21 519	0.5	22.0	77.4

数据来源：邹依仁. 旧上海人口变迁研究［M］. 上海：上海人民出版社，1980：106～107.

（三）对外来人口的吸收能力

吸收外来人口的能力对提高城市化水平有直接影响。"老浦西"人口快速增长的原因就在于大量外来人口的流入，以至于外来人口成为"老浦西"人口的主体，达到85%。其中，江苏和浙江人口是"老浦西"外来人口的主要组成部

分，占外地籍人口的 80% 以上。不过来自山东、安徽、江西、湖南等贫穷省份的人口在 1929 至 1936 年的 8 年间就增长了一倍，成为外来人口的主要增长点。[①] 同时，"老浦西"是近代难民和灾民的主要避难地，仅 1937 年登记的 7.5 万难民中就有约三分之一来自穷困的苏北。[②] 在"老浦西"模式下，外来人口尤其是最贫苦的外地农民可以进入上海自由择业定居，得以分享城市的集聚效应，不仅带来了劳动力，更带来了资本和技术，是上海近代兴起的主要动力之一。

上述数字突出显示了近代上海在大规模接受外来人口的基础上，成了一个人口密集型的城市，形成了强大的需求市场和发达的第三产业，极大地发挥了城市人口集聚效应，在提高中国城市化率和缓解"三农问题"的同时，也确立了其国际经济中心、金融中心、贸易中心和航运中心的地位。从城市发展经验角度考察，近代上海在发展现代经济的同时，密集吸收外地人口，特别是外地人口，开创了一条符合国情的人口密集型城市化道路。

三、近代上海城市发展经验

近代上海城市经验根本上就是指由租界开创并为华界当局借鉴的一系列市场导向型城市制度，主要体现在奠定城市土地管理制度基础的土地章程、中外人口自由流动制度和地税房捐制度。

（一）城市发展要基于"土地章程"

土地章程是租界的"根本大法"[③]，奠定了不同于中国古代城市的土地产权管理和流转制度的基础。首先，土地章程在承认土地私有制的前提下规定，"商人租赁基地，必须地方官与领事官会同定界，注明步数、亩数、竖立石柱……商人报明领事官存案，并将认租出租各契，写立合同，呈验用印，分别发给收执"[④]，构建了一套产权明晰的城市土地管理制度。其次，土地章程要求"如有分租、转租房屋、换租地基之事，应随时报明备案"[⑤]，放弃了对土地流转数量、土地转让价格等市场行为的限制[⑥]，为土地转让、土地抵押贷款、造屋出售、出租等土地产权流转市场行为做了制度准备。后来，租界的土地管理制度为华界当局所借鉴，形成了近代上海市场导向型城市土地管理制度。于是农民可以通过一级土地市场向行政当局和开发商出售、出租私有土地以获取土地升值带来的级差

---

① 忻平. 从上海发现历史 [M]. 上海：上海大学出版社，2009：38～40.

② 韩起澜. 苏北人在上海（1850—1980）[M]. 上海：上海古籍出版社，2004：39.

③ "上海已产生多个章程也"，主要包括 1845 年《上海地皮章程》、1854 年《上海英法美租界租地章程》、1869 年未经中国政府公开承认的土地章程修改稿及其多次增改版本和 1893 年《上海新定虹口租界章程》等。参见徐公肃，丘瑾璋. 上海公共租界制度 [A]. 蒯世勋. 上海公共租界史稿 [C]. 上海：上海人民出版社，1980：43.

④ 《上海租界志》编纂委员会. 上海租界志 [M]. 上海：上海社会科学院出版社，2001：682.

⑤ 《上海租界志》编纂委员会. 上海租界志 [M]. 上海：上海社会科学院出版社，2001：684.

⑥ 《上海租界志》编纂委员会. 上海租界志 [M]. 上海：上海社会科学院出版社，2001：684～686.

地租；房地产行业可以通过二级土地市场完成开发商和行政当局间的土地流转以实现土地开发增值收益。近代上海城市扩张所需土地是四郊农民基于对土地市场的价格信号做出反应而自愿提供的结果。

（二）人口自由流动是城市发展的"活水"

近代上海的兴起是冲破华洋分居藩篱的结果。租界创建之初，华人不得进入洋人居留地居住，洋人也不得越界居住。所以，到1851年，洋人居留地常住人口只有265人，可谓"人烟稀少，功能单调"。[1] 在小刀会起义时期，上海县城居民涌入被视为较为安全的洋人居留地，使之顿时成为一个"繁华""热闹"场所。虽然大批避难华人的突然到来使得居留地的舒适和宁静一时被打乱，但是在商业利益驱动下，英法领事向中国政府要求修改土地章程，正式确认华洋杂居。[2] 于是，大量外省籍人口，特别是外省籍农村人口得以自由进入上海谋生和定居。人口自由流动制度为市场机制发挥人口要素调节作用提供了可能。

（三）城市建设的财源：地税和房捐

近代上海受到西方城市制度思想影响采取了一种基于土地和房产市场价格之上的地税和房捐制度。[3] 其中，地税是由租地人或土地占有人按土地估价的一定比例每半年缴付一次的一种直接税；房捐是由房屋的承租人或自用房屋的业主按房租的一定比例缴纳。地税和房捐收入跟随城市房地产行业的发展而增长，成为城市房地产增值收益部分再分配的合理机制，构成了近代上海城市建设和维护的主要财政收入来源。在1926年至1941年间，房捐和地税两项收入在工部局收入总数中一般保持在70%左右，在公董局经常性收入中也超过了60%，[4] 而同期房捐收入在华界财政收入中达到了40%左右。[5]

近代上海城市化机制是以市场原则为基础的，人口、土地、资本等要素根据市场供求以价格为杠杆自由流动。但是市场导向型城市化道路并不排斥政府的土地区划和城市规划。很大意义上说，近代上海的城市规划相对中国传统的城市建设是一大进步。例如，1869年《法租界公董局警务路政章程》、1901年《公共租界工部局中式新房建造章程》等包含了限定住房建设地基高度，强调建设路灯、公厕和下水道等公共基础设施，禁止占用公用道路和公然虐待家畜等内

---

① 熊月之. 上海通史［M］. 5册. 上海：上海人民出版社，1999：31、67~70.
② 熊月之. 上海通史［M］. 4册. 上海：上海人民出版社，1999：71.
③ 贾彩彦. 近代上海土地管理制度思想的西方渊源［J］. 财经研究，2007（4）：120~131.
④ 熊月之. 上海通史［M］. 9册. 上海：上海人民出版社，1999：69、70.
⑤ 《上海财政税务志》编纂委员会. 上海市财政税务志［M］. 上海：上海社会科学院出版社，1995：100、479~485. 上海特别市政府于1933年起开始征收暂行地价税，但是具体税收金额不详，并于1948年9月起征土地增值税，累计征税时间不过8个月。上海特别市政府征收地价税和土地增值税主要是受到了孙中山先生"涨价归公"思想的影响，不完全是照搬租界的制度.

容。① 当然，这些现代化的城市规划不是由政府运用行政力量强制推行，而是在尊重私人产权的基础上，按照市场自由原则实现，并且注意中外文化兼容，不是简单照搬西方城市规划。②

四、近代上海城市发展问题的再反思

今天，我们有必要怀着以史为鉴的态度，寻求对今日中国城市发展仍有启示的历史经验。要重新认识近代上海模式，就必须对其各种偏见予以深入的反思。

（一）近代上海是否仅是一个消费型城市

第三产业在上海产业结构中居于主导地位，70% 以上的居民在第三产业就业。不过第三产业高度发达并没有损害上海作为近代中国工业化水平最高的现代化城市的地位。虽然按照强调工业尤其是重工业优先发展的苏联模式，近代上海被认为是一个生产功能微弱的消费型城市。现在第三产业的发达已经被认为是城市现代化水平高的体现，并且由于其对人力资本不高的农业人口具有特别强大的吸收能力，第三产业成为发展中国家农民分享城市集聚效应的主要就业途径。所以从城市人口集聚角度上讲，第三产业高度发达的近代上海模式符合国情，值得肯定。

（二）贫民窟问题

贫民窟一直被认为是近代上海模式下城市建设失败的表现。不过在人口流动自由的情况下，棚户区居民之所以不顾居住条件恶劣而定居上海，不仅是因为上海能提供避免战乱灾荒的环境，还由于近代上海能提供比内地其他地方更高水平的发展机会，使上海市的贫苦工人依然比同时代内地城市的工人维持更高的生活水平。③ 事实上，近代上海贫民窟问题并不如想象中严重。1936 年 12 月，上海华界的棚户和船户户数不超过 10%，人口数也不超过 9%。④ 世界银行发布的 2009 年世界发展报告⑤代表了世界对贫民窟态度的 180 度大转弯，原因是尽管几十年来世界银行投入大量资源在人口稀少的边远农村扶贫，但当地民众仍然选择来到城市贫民窟发展。这个事实使学界开始尝试理解贫民窟长期存在的经济学理由，将其作为发展中国家城市化过程的一个必然阶段而接受，同时探讨积极改进

---

① 《上海租界志》编纂委员会. 上海租界志 [M]. 上海：上海社会科学院出版社，2001：708 ~ 714.

② 例如 1845 年土地章程包括了对中西不同葬礼仪式的尊重和对华人祖坟维护与祭拜的维持的内容，"商人葬地界内，遇有已故之人，任听照本国葬礼治理，华民不得拦阻，并不得毁坏坟墓"，"旧有华民坟墓，租户等不得践踏毁坏。遇有应行修理之处，听凭华民通知租户，自行修理。其祭扫之期……各租户不得拦阻，致拂人情……如有华民坟坟自主自愿迁葬者，听从其便。"《上海租界志》编纂委员会. 上海租界志 [M]. 上海：上海社会科学院出版社，2001：682、683.

③ 忻平. 从上海发现历史 [M]. 上海：上海大学出版社，2009：268 ~ 271.

④ 邹依仁. 旧上海人口变迁研究 [M]. 上海：上海人民出版社，1980：100.

⑤ World Bank. World Development Report 2009：Reshaping Economic Geography [M]. Washington, DC：World Bank Publications，2008.

贫民窟的公共服务和帮助贫民窟居民融入城市的措施。显然，贫民窟作为联结城市和农村的一个环节，是低收入阶层，特别是边远农村人口分享城市集聚效应的捷径。如果没有当年的贫民窟和华洋杂处，很难想象会有后来的繁华上海。

（三）外来人口的失业和贫困化问题

市场导向型的城市化虽然不能保证每个农村居民进入城市后都能有稳定的工作和安逸的住房，但给予了民众在城市工作和居住的自由选择权，典型代表就是近代上海人口的高度流动性。

首先，外来人口可以自由选择进出城市，于是相当部分的外来人口重返原籍，因为在土地私有制下不存在进入了城市就失去在农村的生存发展机会的问题。以1930年至1937年间为例，迁入迁出合计人口从25万升至70万以上，约占同期上海总人口的20%左右。① 这也体现了近代上海的城市活力。

其次，外来人口可以根据收入水平选择居住的地段和房屋，并未被要求居住在一些由政府规定房屋面积和房型的房屋和街区之中。

最后，外来居民可以自由选择符合自己人力资本的职业，而不会由于城管等制度被排斥于城市之外。

所以，一旦第一代外来人口按照自己选择的方式定居下来，就会产生新的分工和就业，也许经过第一代人的打拼，第二代和第三代就可以有稳定的城市生活，这在上海城市史上有很多案例。例如，100多年前苏北高邮移民开始到俞泾浦河岸王家宅搭草棚宅居，至1950年，已有苏北移民427户2 226人，多以竹畚箕的加工和销售为生。此地渐被称为"畚箕浜"。1993年调查显示，此地居民文化程度大有提高，原住的草棚已为大的砖木结构平房或楼房所替代，居民完全融入了现代的上海都市生活。② 上海正是因为能够给予不同阶层的外地人以机会和希望，才有了今天的非凡发展。

（四）本地居民生活水平是否受到负面影响的问题

近代上海虽然吸收了大量外地人口，但是总体来说并没有降低本地人口生活水平。比如，租界是上海工商业最为集中、现代化程度最高的城区，理当以外国人和华裔成功人士居民为主，然而数据显示，租界上海籍人口比例却上升了一半，达到21%。③ 这说明近代上海模式下本地人口不仅并未被边缘化，反而能够维持比较高的生活水平。其中一个重要原因是，在市场导向型城市土地制度下，土地增值的收益大部分归当地的失地农民，使其得以比较顺利地融入城市的核心区域工作和生活，免于因技能和资本缺乏而陷入贫困。

---

① 邹依仁．旧上海人口变迁研究［M］．上海：上海人民出版社，1980：118～121．
② 王明辉，姚宗强．虹口区志［M］．上海：上海社会科学院出版社，1999：151～152．
③ 邹依仁．旧上海人口变迁研究［M］．上海：上海人民出版社，1980：112．

五、结论

近代上海模式的核心部分莫过于保护和明晰土地产权的土地章程，打破华洋分居的人口自由流动定居制度，以及实施作为城市建设资金主要来源的房捐和地税制度。这三者构成了市场导向下人口密集型城市化道路的基本框架。市场导向型城市化道路首先保证了各种要素在价格的指引下自由流动以反复探索各种穷尽城市集聚效应的机会，实现符合国情的资本、技术、劳动力和土地等资源的最有效配置。如果在有限的城市土地上最大限度地吸收外来人口，特别是农村人口工作定居，实现人口密集型的城市发展，则中国城市化率就能获得实质性的提高，城市的集聚效应自然达到最大。

事实上，如果说城市化是中国最大的民生问题之一，那么，近代上海模式所代表的正是基于尊重市场规律基础上的民生经济思想。当前城市化过程中导致的种种民生问题都可以从近代上海模式得到启示。无论是对待贫民窟、摊贩、难民甚至舞女的态度，还是在土地和人口等城市制度构建方面的成就，都是根植于深厚的中国传统文化和尊重市场经济规律的精神。对于正向世界各地寻找城市化启示的中国来说，近代上海代表的宝贵的本土性经验具有特别的指导意义。

参考文献：

[1] 白吉尔. 中国资产阶级黄金时代 [M]. 上海：上海人民出版社，1994.

[2] 贾彩彦. 近代上海土地管理制度思想的西方渊源 [J]. 财经研究，2007（4）.

[3] 邹依仁. 旧上海人口变迁研究 [M]. 上海：上海人民出版社，1980.

[4] 忻平. 从上海发现历史 [M]. 上海：上海大学出版社，2009.

[5] 熊月之. 上海通史 [M]. 上海：上海人民出版社，1999.

[6] 文贯中，熊金武. 化地不化人的城市化符合中国国情吗？[J]. 城市规划，2012（4）.

宏观经济政策与产业发展

中国货币流通中现金 M0 变化的经济学分析

——基于互联网金融发展的背景

巫云仙　杨洁萌

摘要　货币流通中的现金 M0 是中国货币供应量的重要统计指标之一。本文运用中国人民银行和国家统计局公布的有关数据，分析了近年来 M0 总量增长速度递减、相关比率下降的趋势。究其根源，非现金支付工具特别是银行卡和第三方支付对现金产生了直接的替代效应，而互联网金融的发展改变了人们货币需求的交易动机、预防动机和投机动机。作为货币管理当局，央行必须在互联网金融发展的背景下，有前瞻性地应对未来无现金社会的发展趋势、"货币非国家化"和监管难度提高的挑战，以稳固央行在货币供给体系中的地位，提升央行控制货币供给的能力和更好地防范金融风险。

关键词　货币流通中的现金（M0）；互联网金融；货币需求；经济学分析

现金是货币供应中最活跃的部分，是经济交易活动的重要媒介，并通过货币市场与实体经济相联系。2012 年以来，中国互联网金融呈现迅猛发展的态势，传统金融机构和互联网企业利用日益升级的互联网和信息通信技术，以更便捷的方式为用户提供资金融通、支付、投资和信息等各种金融服务，使支付体系中非现金支付的金额快速增长。货币流通中现金 M0 的增速骤然由 2011 年的 13.71% 减缓为 2012 年的 7.71%，2014 年又降至 2.88%，2015 年的增速也仅为 4.9%。在互联网金融迅猛发展的背景下，M0 究竟发生了怎样的变化？其变化的原因又是什么？M0 的变动趋势又将对央行的货币政策产生怎样的影响？本文试图对这些问题进行经济学分析。

一、文献综述与问题的提出

国内外学界关于中国流通现金 M0 问题的研究成果，可梳理为以下几个方面：

一是关于 M0 自身变化趋势的研究。少数国外学者建立了企图分析 M0 影响因素与测算 M0 总量的一般计量经济学模型[1]，如汉弗雷（2004）通过建立计量

---

[1]　Bach G L. *Currency in circulation* [J]. Federal Reserve Bulletin, Volume 30, 1944: 318 ~ 328; Bhattacharya K, Joshi H, *Modelling currency in circulation in India*, Applied Economics Letters [J], Volume8, Issue 9, 2001: 585 ~ 592; Hlavacek M, Konak M, Cada J., *The Application of Structured Feedforward Neural Networks to the Modelling of Daily Series of Currency in Circulation* [J]. Czech National Bank's Research Project No. C8/03, 2005.

模型，研究了美国现金支付的变动情况，对 1974—2000 年美国的现金使用情况进行实证分析，认为借记卡和信用卡已取代了部分现金和支票，但现金在近期内仍不会完全消失。[①]

国内学者关于 M0 问题的直接研究不多，且大部分发表于 10 余年之前。[②] 比较有分量的是中国人民银行货币金银局课题组的研究成果（1999），分析了 1978 至 1998 年中国现金总量和结构运行状况，并做出了对 1999 年至 2010 年现金总量和结构的预测。[③]

二是关于 M0 供给因素的研究。国内学者的研究主要集中于货币乘数影响因素的分析。如蒲成毅（2002）指出，随着数字现金的普及使用，货币流通速度的变化特征呈 V 字形[④]；周光友（2007）通过对现金占活期存款的比值和电子货币占 M1 的比值，对货币乘数 M1 和 M2 分别进行了回归分析，其结果显示，电子货币占 M1 的比值与货币乘数呈正相关关系，而现金占活期存款的比值与货币乘数呈负相关关系；[⑤] 李泉（2014）通过实证方法验证了电子货币增强了中国货币乘数的放大效应，加剧其内生性；[⑥] 徐绍军（2015）构建了包含互联网金融体系的货币乘数模型，实证分析了互联网金融体系与货币乘数之间的互动关系。[⑦]

国外学者对这一问题也进行了很多研究。Ed Stevens（2002）指出，在业已经历多年电子商务发展的经济合作与发展组织（OECD）成员国，20 世纪末即已提出关于数字货币和网络货币对货币流通速度和货币乘数影响的研究；[⑧] Marko（2006）指出，加入对电子货币的考虑后，M0 存量除现金外还应加入流通性高的电子货币账户，存款准备金率也受到电子货币余额准备金率的影响。[⑨]

---

① Humphrey, David B. *Replacement of Cash by Cards in U. S Consumer Payments* [J]. Journal of Economics and Business, Vol56, 2004：211～225.

② 孙来祥. 体制变动中的货币（M0）需求：理论公式与经验结果 [J]. 经济研究, 1991（11）：63～72；刘学杰, 付志强. 对流通中货币（M0）调控问题的探讨 [J]. 金融理论与实践, 1995（2）：30～32；李琨：我国各层次货币供应量的监测价值 [J]. 中国社会科学, 1997（6）：19～33；宋海林. 我国货币（M0）流通变化的六个特征 [J]. 新金融, 1999（10）：8～9；陈宝山. 论 M0 运作轨迹、风险与监管举措 [J]. 中国钱币, 2001（1）, 总第 72 期：4～12.

③ 中国人民银行货币金银局课题组. 人民币现金总量与结构需求预测 [J]. 中国金融, 1999（11）：32～38.

④ 蒲成毅. 数字现金对货币供应与货币流通速度的影响 [J]. 金融研究, 2002（5）：81～89.

⑤ 周光友. 电子货币发展对货币乘数影响的实证研究 [J]. 数量经济技术经济研究, 2007（24）5：98～107.

⑥ 李泉. 电子货币发展对货币乘数的影响研究——基于中国 1993—2011 年数据的实证检验 [J]. 兰州学刊, 2014（02）：124～129.

⑦ 徐绍军. 互联网金融对货币乘数影响的实证分析 [J]. 经济视角, 2015（7）：30～35.

⑧ Ed Stevens：*Electronic Money and the Future Role of Central Banks* [J]. Federal Reserve Bank of Cleveland, March 1, 2002

⑨ Slovinec, Marko：*Digital Money and Monetary Policy* [J]. Biatec, 2006, 14：3.

三是关于持有现金 M0 的需求因素的分析研究。国外学者提供了基础性理论分析工具，如欧文·费雪（1911）著名的费雪现金交易方程式、以马歇尔和庇古（1923）为代表的剑桥学派的现金余额方程、凯恩斯（1936）的流动性偏好理论，以及后人对凯恩斯理论的丰富和发展。① 这些理论分析多是英美国家的货币需求问题，鲜有论及中国的情况。

国内学者基于上述理论对中国消费者持币动机进行了相应的研究。如胡新智（2004）指出，随着金融工具的创新和金融电子化的革命，人们的流动性偏好下降，货币需求随之下降;② 中国人民银行合肥中心支行课题组（2012）基于凯恩斯和弗里德曼货币理论在中国适用性的角度，实证分析了经济增长、物价水平、货币政策演变与流通中现金的定量与定性关系。③

综上所述，国内外关于货币流通中现金 M0 问题的研究是非常不够的，国外的研究根植于西方经济发展的实际，基本上没有有针对性的研究。而国内学者的研究具有不同的研究个性，有的研究论述发表的时间较早，2013 年以后的研究成果无论从广度和深度来看都有待加强。这些年又恰恰是中国支付体系发生不少颠覆性变化之际，货币流通中的 M0 出现了递减趋势，而对这一变化及其背后的影响因素等方面的研究，却鲜有学者涉及。

本文以现有可得数据为基础，充分挖掘 M0 数据背后的经济学含义，透视货币供求市场的变化和发展趋势，为央行更好地进行宏观调控和金融监管提供研究基础和政策建议。

二、M0 总量及其相关比率的变化趋势

中国是一个现金交易的社会，现金 M0 的使用在货币总量中占有非常大的比重。1978 年改革开放以来，伴随着中国经济的高速发展，流通中现金 M0 的总量持续增加，据中国人民银行相关统计数据显示，从 1978 年的 212 亿元增长到 2015 年的 63 216.58 亿元，其总量、净投放和增速变化如图 1 所示。

图 1 显示，1978 年至 2011 年间，中国 M0 年均增长 18.06%；1978 年至 1995 年间，M0 的增长速度振幅巨大，1984 年达 49.51%，1988 年达 46.72%，1992 年和 1993 年的增速分别是 35.45% 和 35.26%，而 1995 年则下降到了阶段性低点的 8.19%；1996 年至 2011 年，M0 的增速则围绕 12% 的均值小幅波动，

① 凯恩斯. 就业、利息和货币通论 [M]. 北京：商务印书馆，1983：145；费雪. 货币的购买力 [M]. 北京：商务印书馆，1934，1934：8；马歇尔. 货币、信用与商业 [M]. 北京：商务印书馆，1986：3～6；Baumol, William J: *The Transactions Demand for Cash: An Inventory Theoretic Approach* [J]. Quarterly Journal of Economics, Issue 6, 1966：318～319；Edward L Whalen: *An Extension of The Baumol-Tobin Approach to The Transactions Demand of Cash* [J]. Quarterly Journal of Economics Volume 66 , Issue 4, 1952：545～556.

② 胡新智. 论金融创新对货币需求的影响 [J]. 上海金融，2004（1）：16～19.

③ 中国人民银行合肥中心支行课题组. 经济增长、物价水平、货币政策演变与流通中现金关系的实证分析 [J]. 西部金融，2012（2）：52～58.

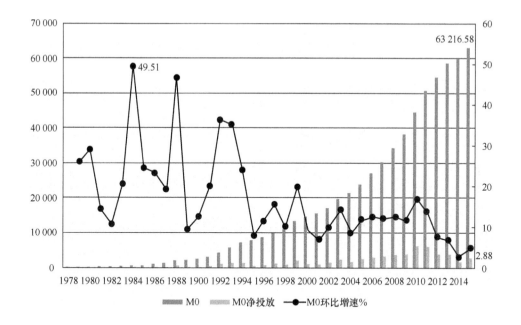

图1 M0 总量、净投放与增值速度变化趋势（1978—2015 年）

数据来源：作者根据中国人民银行《货币统计概览·货币供应量》（1978 年至 2015 年）的统计
数据计算得出，并制作此图。

但相对平稳，仅有现金净投放绝对额最大的 2010 年，增速为 16.69%，之后呈现
递减态势。2012 年 M0 增速骤降至 7.71%，2013 年为 7.16%，2014 年更是降至
2.88% 的历史低点，2015 年小幅回升至 4.9%。

为了更好地说明 M0 的变化趋势，可以从 M0 /M1（狭义货币中的现金比
率）、M0 /M2（广义货币中的现金比率）、M0/GDP、M0/TS（即 M0/城乡居民储
蓄余额）、M0/TC（即 M0/社会消费品零售总额）的 5 个相关比率的分析中得到
说明。从 1990 年至 2015 年的实际数据分析来看①，上述 5 个大比率均呈下降趋
势，且不断创新低，其变化趋势如图 2 所示。

图 2 显示，从 1990 年至 2015 年，M0/M1 从 38.05% 下降到 15.77%；
M0/M2 从 17.29% 下降到 4.54%，降幅超过 7 成，且不断走低；M0/GDP 从
14.17% 波动下降至 9.34%（最高为 1993 年的 16.60%）；M0/TS 从 1993 年最高
的 38.57%，下降到 2015 年的 11.45%，降幅超过了 2/3；M0/TC 的比值也从
1993 年最高的 41.4% 下降到 2015 年的 21.01%，且在 2011 年后呈快速下降
趋势。

---

① 因 1990 年起央行才统计发布 M1、M2 数据，为保证可比性，数据区间选择从 1990 年开始，下同。

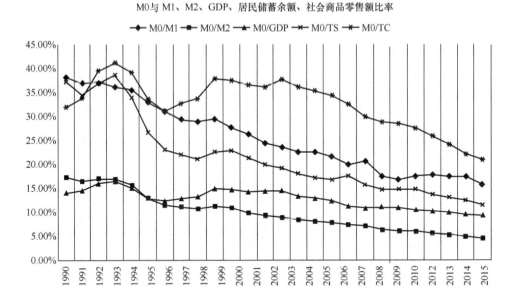

M0与M1、M2、GDP、居民储蓄余额、社会商品零售额比率

图2　M0相关比率年度变化趋势（1990—2015年）

数据来源：作者根据中国人民银行《货币统计概览·货币供应量》（1990年至2015年）的统计数据、国家统计局统计年鉴数据等计算得出，并制作此图。

从上述数据分析来看，M0总量的增长速度有所放缓，5个相关比率也呈不断下降的趋势，特别是自2012年以来，M0基本上处于下行变化之中，这其中的影响因素值得探究。

三、互联网金融的发展对M0变化的影响

在互联网金融快速发展的背景下，M0及其相关比率下行变化趋势的重要影响因素应该是非现金支付工具的迅猛发展对现金产生了直接的替代效应。

中国人民银行相关统计数据显示，中国交易活动中的票据、银行卡、汇兑等非现金工具支付的交易额，[①] 从2007年的592.95万亿元增长到2015年的3448.85万亿[②]元，8年增长了4.82倍，年均增长24.62%，其发展情况如图3所示。

图3显示，非现金支付工具中票据的交易额比较稳定，银行卡和汇兑交易额增长迅速，特别是银行卡的普及，大大减少了流通中现金M0的使用。通过银行

---

① 2006年，中国人民银行开始发布年度支付体系运行情况报告。

② 2015年非现金支付工具统计中，因在"汇兑等其他业务"中新统计贷记转账业务，造成与以往年度不可比，笔者推算的可比数据约2 300万亿元。

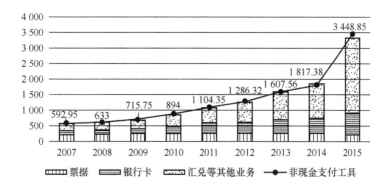

图3　非现金支付规模的变化趋势（2007—2015 年）

数据来源：作者根据历年《中国人民银行支付体系发展报告》（2006—2015 年）相关数据进行计算，并制作此图。

卡的消费额自 2006 年以后逐年迅速增长，其趋势可以从图 4 中得到说明。

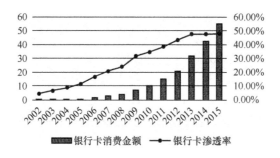

图4　银行卡消费金额和银行卡渗透率（2007—2015 年）

数据来源：作者根据历年《中国人民银行支付体系发展报告》（2006—2015 年）相关数据进行计算，并制作此图。

图 4 显示，以 2002 年中国银联成立为标志，中国银行卡产业进入了快速发展期。银行卡发行量从 2002 年的 4.97 亿张增长至 2015 年的 54.42 亿张，交易金额相应地由 11.682 亿元增长到 669.82 万亿元，增长了 56.38 倍，年均增长率 65.88%。其中，银行卡消费金额由 2002 年的 0.19 万亿增长到 2015 年的 55 万亿，年均增长率 54.65%。银行卡渗透率（剔除房地产、大宗批发等交易类型的银行卡消费额/社会消费品零售总额）由 4.68% 上升到 47.96%。2013 年开始，银行卡渗透率增速减缓的主要原因是第三方支付对银行卡产生了部分替代。

除了银行卡之外，近年新兴的第三方支付，如支付宝、微信支付等，以其独特的技术优势和便利性，快速占据了小额支付的诸多领域，越来越被消费者青睐，第三方支付快速发展情况如图 5 所示。

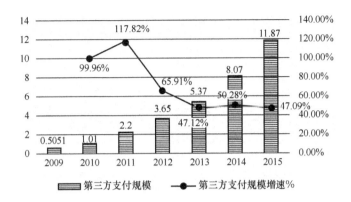

图 5 2009—2015 年第三方支付规模（单位：亿元）

数据来源：作者根据艾瑞咨询《2015 中国电子支付行业研究报告》① 的相关数据进行计算，并制作此图。

图 5 显示，第三方支付市场规模不断扩大，从 2010 年的 1.01 万亿元上升至 2015 年的 11.87 万亿元。截至 2015 年 12 月底，中国人民银行共发布第三方支付牌照 270 张，其中涉及互联网支付的企业共 112 家。第三方支付年均近 70% 的爆发式增长对现金产生了替代效应，同时也对银行卡支付产生了替代效应。

目前，随着苹果支付（Apple Pay）与中国银联合作而进入国内支付市场，而支付宝又推出"空付"技术，进一步加剧了支付领域的竞争，以及数字化和无现金的发展趋势，互联网金融不断从供给侧改变着我们的支付习惯和交易模式。

四、M0 变化的需求动机分析

按照凯恩斯货币需求的流动性偏好理论，货币的总需求包括交易性、预防性和投机性需求，而连接其中的变量是收入和利率。在互联网金融迅猛发展的背景下，人们需要货币的动机发生了变化，导致 M0 增速呈下降趋势。

首先是交易性需求不断下降。根据凯恩斯的理论，人们持有现金的一个主要动机是满足日常交易或支付的需要。而非现金支付工具的不断开发使交易和支付变得更加便捷和安全，且极大地降低了交易成本。2015 年，中国的网络支付用户规模超过 3 亿人，其中银联、互联网和移动支付用户数突破 2.6 亿户，网络零售市场交易规模占到社会消费品零售总额的 12%。随着手机用户的普及，移动互联网技术的推陈出新和升级换代，第三方支付企业为争夺支付用户而推出的各种促销手段使许多线下交易都可以无现金方式完成，消费者持有现金的交易性动

---

① 艾瑞咨询：《2015 年中国第三方互联网支付交易规模达到 118674.5 亿元》，资料来源：艾瑞咨询官方网站，http：//report. iresearch. cn/content/2016/03/259313. shtml，2016 年 3 月。

机和需求不断下降。

其次是预防性需求的弱化。预防动机是人们为了预防意外的支付而持有一部分的现金货币。这种货币需求本来就可以通过活期存款替代，但目前许多类"余额宝"等互联网金融产品转换为现金非常容易，支付场景也越来越多元化，人们可以在任何时间和地点，以多种方式进行交易和支付，因此，互联网金融的发展使人们对预防性货币的需求动机不断弱化。

最后，传统投机性货币需求下降。投机性的货币需求是人们为了抓住突然出现的获利机会而持有的现金，以便根据市场行情的变化随时进行金融投机。但在目前的互联网金融环境下，出现了许多创新性金融产品，不仅具有安全性、流动性和营利性的特点，而且还有较高的投资价值和接近于无风险的 T + 0 的高收益金融服务，人们不必再因流动性风险和机会成本忍受低利率持有现金。相比之下，持有现金的机会成本反而会增加，使人们重新考虑如何配置其资产组合。为了收益最大化，会减少货币性资产的持有量，增加非货币性金融资产，从而降低了传统的投机性货币需求。

总之，通过技术和产品的创新服务，互联网金融通过降低交易成本和现金转换成本、增加交易活跃程度、提高资金利率等方式，降低了人们因交易、预防和投机动机而产生的货币需求，改变了人们对具有最高流动性现金的偏好，同时也改变了中国支付领域中"现金为王"的局面。货币形式从物质载体向电子化、数字化和虚拟化转变是大势所趋，网基货币对卡基和纸基货币的替代效应日趋明显，无现金社会并不是一个遥远的梦。[①]

五、M0 变化对央行的挑战和应对策略

流通中现金 M0 的变化貌似一组组没有太多含义的数据，但数据背后所透露出来的成因和未来发展趋势的信息却具有极大的冲击力，这只是互联网和通信技术侵蚀金融领域的一个方面，对习惯于传统金融监管框架的中央银行来说是不小的挑战。

一是无现金社会的发展趋势下，央行如何巩固在货币供给体系中的顶端地位。由于中国地域辽阔，发展程度不均衡，广大中西部农村地区的经济相对落后，非现金支付工具的应用相对滞后，现金 M0 还会存在一定的时期。但随着手机和通信、网络技术的发展，手机和移动互联网的普及，经济相对落后的地区有可能一跃进入到无现金支付阶段，[②] 现金与非现金交易将以互补形式共存发展，最终也会趋于无现金交易。面对这一局面，央行将如何巩固其法定货币发行者的

---

① 丹麦和瑞典已经在争谁成为世界上第一个无现金使用国家。无现金社会并不是指完全没有现金使用的社会，而是现金供应量稳定在一个极限值，人们对现金的需求将保持平稳。

② 目前非洲的肯尼亚、卢旺达和刚果等国就是如此，它们的金融基础设施很落后，许多人都没有银行账户，但可以拥有互联网支付手段。

顶端地位？这个问题已经无法绕开，需要从长计议，进行顶层设计。短期来看，需要加强对 M0 的监测和统计，充分利用大数据分析，不断研究把握 M0 的发展规律和趋势，合理安排人民币的发行，做好货币调控和金融服务。

二是货币的替代效应与如何应对"货币非国家化"[①] 的挑战。互联网金融的深度发展，非现金支付工具对流通中现金 M0 的替代程度越来越高，网基货币将逐步替代以信用卡为代表的卡基货币和以现金为代表的纸基货币，货币的替代效应越来越明显。在不远的将来，央行就要面对一个类似"私人提供"的电子货币供给体系（如比特币）。因此，央行要顺应时代发展形势，加快研究数字货币的流通和管理问题，以防止"影子货币"体系对现有体系的替代，减少贪污腐败、行贿受贿、金融犯罪和洗钱等违法犯罪行为，提升央行对货币供给和货币流通的控制力，更好地支持经济和社会发展，助力普惠金融的全面实现。

三是货币监管当局要应对监管难度提高的挑战，全面加强统计监测，防范金融风险。在互联网金融背景下，非银行类机构也可以进入金融领域，特别是目前的第三方支付企业，一方面连接银行，处理资金结算等工作，另一方面连接商户和消费者，使客户的支付活动不通过银行即可完成，这给央行的监管带来了巨大挑战。目前，第三方支付已经成为线上线下全覆盖、应用场景丰富的综合支付模式，但尚未纳入官方统计和监测。

货币监管当局要尽快建立和完善互联网金融数据统计的监测体系，特别是健全电子支付的统计监测，明确统一的统计标准和报送程序，将传统金融体系之外有关互联网企业的金融业务数据纳入统计范围，实现监测全覆盖，但也要管好作为互联网金融资金起点和终点的银行账户，以便更好地把握互联网金融发展的脉搏，保证金融体系的健康运行。

流通中的现金 M0 是中国货币经济的重要纽带，它不断减少的发展趋势既是时代进步的表现，也是传统金融监管理念和模式与时俱进的开始。互联网金融以其独特和新颖的方式搅动着传统经济的发展大局，如何应对由此引起的种种挑战，将是经济管理者的长期任务，我们需要一种前瞻性的思维来思考 M0 变化及其所体现的问题。一组组无声的数字蕴含着许多意想不到的变化。

参考文献：

[1] Bach G. L. Currency In Circulation [J]. Federal Reserve Bulletin, Volume 30, 1944：318 ~ 328.

[2] Baumol, William J, The Transactions Demand for Cash：An Inventory Theoretic Approach [J].

---

① 奥地利学派的代表人物哈耶克1978年在《货币的非国家化》一书中宣称："货币非国家化是货币发行制度改革的根本方向，由私营银行发行竞争性的货币（即自由货币）来取代国家发行垄断性的货币是理想的货币发行制度。"参见哈耶克. 货币的非国家化 [M]. 北京：新星出版社，2007：49.

Quarterly Journal of Economics, 1966 (6)：318～319.

［3］Bhattacharya K, Joshi H. Modelling Currency in Circulation in India ［J］. Applied Economics Letters, 2001, 8(9)：585～592.

［4］Ed Stevens. Electronic Money and the Future Role of Central Banks ［J］. Federal Reserve Bank of Cleveland, March 1, 2002.

［5］Edward L. Whalen, An Extension of the Baumol – Tobin Approach to the Transactions Demand of Cash ［J］. Quarterly Journal of Economics Volume 66 , Issue 4, 1952：545～556.

［6］Hlavacek M, Konak M, Cada J. The Application of Structured Feed forward Neural Networks to the Modelling of Daily Series of Currency in Circulation ［R］. Czech National Bank's Research Project No. C8/03, 2005.

［7］Humphrey, David B. Replacement of Cash by Cards in U. S Consumer Payments ［J］. Journal of Economics and Business, 2004 (56)：211～225.

［8］Slovinec, Marko. Digital Money and Monetary Policy ［J］. Biatec, 2006, 14：3.

［9］费雪. 货币的购买力 ［M］. 北京：商务印书馆, 1934：8.

［10］马歇尔. 货币、信用与商业 ［M］. 北京：商务印书馆, 1986：3～6.

［11］凯恩斯. 就业、利息和货币通论 ［M］. 北京：商务印书馆, 1983：145.

［12］孙来祥. 体制变动中的货币（M0）需求：理论公式与经验结果 ［J］. 经济研究, 1991 (11)：63～72.

［13］刘学杰, 付志强. 对流通中货币（M0）调控问题的探讨 ［J］. 金融理论与实践, 1995 (2)：30～32.

［14］李琨. 我国各层次货币供应量的监测价值 ［J］. 中国社会科学, 1997 (6)：19～33.

［15］宋海林. 我国货币（M0）流通变化的六个特征 ［J］. 新金融, 1999 (10)：8～9.

［16］陈宝山. 论 M0 运作轨迹、风险与监管举措 ［J］. 中国钱币, 2001 (1)：4～12.

［17］中国人民银行货币金银局课题组. 人民币现金总量与结构需求预测 ［J］. 中国金融, 1999 (11)：32～38.

［18］蒲成毅：数字现金对货币供应与货币流通速度的影响 ［J］. 金融研究, 2002 (5)：81～89.

［19］周光友：电子货币发展对货币乘数影响的实证研究 ［J］. 数量经济技术经济研究, 2007 (5)：98～107.

［20］李泉. 电子货币发展对货币乘数的影响研究——基于中国 1993—2011 年数据的实证检验 ［J］. 兰州学刊, 2014 (2)：124～129.

［21］徐绍军. 互联网金融对货币乘数影响的实证分析 ［J］. 经济视角, 2015 (7)：30～35.

［22］胡新智. 论金融创新对货币需求的影响 ［J］. 上海金融, 2004 (1)：16～19.

［23］中国人民银行合肥中心支行课题组. 经济增长、物价水平、货币政策演变与流通中现金关系的实证分析 ［J］. 西部金融, 2012 (2)：52～58.

（该文发表于《改革与战略》, 2016 年第 5 期, 全文收录于本论文集。）

我国互联网金融对商业银行的影响

马丽娜　张　颖

摘要　互联网金融近些年迅猛崛起，引起了社会广泛关注。互联网金融是金融领域的巨大创新，颠覆了传统的金融模式，给传统金融业带来了危机。同时，也不可忽视互联网金融快速发展的背后隐藏着亟待解决的风险和监管问题。如何保证互联网金融的健康可持续发展，如何进行金融业的进一步改革，都需要我们进一步探讨。

关键词　互联网金融；商业银行；影响

一、绪论

金融互联网化已经成为如今不可逆转的大趋势，不可否认，经济全球化的加快推进，信息技术的迅猛发展，使互联网成为联动世界最便捷的工具，金融作为经济发展的核心力量，更需要紧跟科技发展的步伐，积极利用互联网优势平台，成为金融业发展的有力工具和资源优化配置的有效手段。如今，随着生活节奏的加快，人们更加依赖于互联网，更倾向于足不出户完成各项任务，互联网金融平台正是在金融领域为人们的生活提供便利这样一个契机，作为现有金融市场的有效补充，协助人们以最小的成本实现利益的最大化。互联网金融到底是一种新渠道还是新商业模式，值得商榷。它将怎样影响我国商业银行的发展，怎样促进我国金融监管的变革，以及互联网金融最终是否会成为一种大数据的载体和实体银行的网络衔接终端，都是值得思考和研究的问题。

二、互联网金融的界定

2012 年，谢平布《互联网金融模式研究》一书中提出了互联网金融概念。2013 年 3 月 5 日，李克强总理在"政府工作报告"中提出："促进互联网金融健康发展。"互联网金融以超乎想象的速度在发展，从无到有，从不为大众所知到迅猛发展，它不仅为传统的金融增添了活力，也为金融监管带来了改革的动力，并让市场催生出新的合作模式。

互联网金融是一个谱系的概念，一端是传统的银行、证券、保险、交易所等金融中介和市场，另一端是瓦尔拉斯一般均衡对应的无金融中介或市场情形，介于两端之间的所有金融交易和组织方式，都属于互联网金融的范畴。谢平教授提出的互联网金融是指"支付便捷、市场信息不对称的程度相当低，资金供需双方可以进行直接交易，银行、券商和交易所等金融中介都不起作用，可以达到与现在间接和直接融资同样效果的资源配置效率，并在促进经济增长的同时，大幅度降低交易成本"①。这一定义得到大家的普遍认可和拓展延伸。互联网金融的产生是伴随着电子商务的发展，是依托于大数据、云计算、搜索引擎以及社交网站的通过互联网技术的运用和突破来实现的。

2015 年 7 月 18 日，央行联合多部委共同发布互联网金融行业的"基本法"：《关于促进互联网金融健康发展的指导意见》（简称《指导意见》）。指出互联网金融是传统金融机构与互联网企业（以下统称从业机构）利用互联网技术和信息通信技术实现资金融通、支付、投资和信息中介服务的新型金融业务模式。互联网与金融深度融合是大势所趋，将对金融产品、业务、组织和服务等方面产生更加深刻的影响。互联网金融对促进小微企业发展和扩大就业发挥了现有金融机构难以替代的积极作用，为大众创业、万众创新打开了大门。促进互联网金融健康发展，有利于提升金融服务质量和效率，深化金融改革，促进金融创新发展，扩大金融业对内对外开放，构建多层次金融体系。②《指导意见》按照"依法监管、适度监管、分类监管、协同监管、创新监管"的原则，确立了互联网支付、网络借贷、股权众筹融资、互联网基金销售、互联网保险、互联网信托和互联网消费金融等互联网金融主要业态的监管职责分工，落实了监管责任，明确了业务边界。

三、互联网金融的现状分析

（一）互联网金融模式

（1）支付平台。主要有网络银行、手机银行、移动支付与第三方支付。网络银行和手机银行是通过网络及移动设备为载体来实现银行业务，第三方支付是指通过互联网在客户、第三方支付公司和银行之间建立连接，帮助客户快速实现货币支付、资金结算等功能，同时起到信用担保和技术保障等作用。

（2）互联网货币。未来可能会出现很多信誉良好、有支付功能的网络社区将发行自己的货币。目前已经出现了互联网货币的雏形——虚拟货币，如比特币、Q 币等。

（3）网络贷款。有基于大数据的征信和网络贷款、P2P 网络贷款，类似于民间融资，直接实现户对户。这种模式弥补了金融机构无法解决的中小企业融资难问题和替代民间融资机构；降低了信息不对称和交易成本，使借款人和贷款人都能受益；还拥有比民间借贷更低的成本和更便利的渠道；投资人也可以获得比银

---

① 谢平，邹传伟. 互联网金融手册［M］. 北京：中国人民大学出版社，2014.
② 摘自《关于促进互联网金融健康发展的指导意见》（银发〔2015〕221 号）。

行存款更高的回报。

（4）众筹融资。主要是互联网上的股权和类股权融资。在美国以 Kickstarter 为代表，在中国则以天使汇为代表。

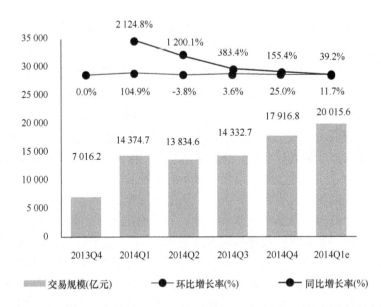

注释：(1)统计企业类型中不含银行和中国银联，仅指第三方支付企业；(2)艾瑞根据最新掌握的市场情况，对历史数据进行修正。
资料来源：艾瑞综合企业及专业访谈，根据艾瑞统计模型核算及预估数据。

图1　2014Q1—2015Q1 中国第三方移动支付市场交易规模及增长率①

（二）互联网金融的优势

一是解决了信息不对称的问题。在以往传统金融模式下，供需双方受地域、时间、信息获取渠道不同的限制，不能充分地实现对接。尤其是中小企业，融资、筹资难是一个极其严峻的问题。而互联网恰好解决了这个问题。互联网通过网络的一体化和迅捷化使任何企业和个人都可以第一时间获取有用信息，和符合条件的交易主体产生联系。交易双方可以通过网络解决地域限制的难题，全面了解对方的财力及信用状况。互联网企业还可以通过公开违约和降低信用评级的方式来增加违约成本。

二是基于大数据平台，利用纯技术效率，实现资源的有效配置。互联网金融的产生使市场几乎达到一般均衡论所描述的理想状态（无金融中介），使金融资本得到有效的利用，市场可以依据其自身的调节实现均衡。资金的供求信息可以直接通过网络发布并进行匹配，无须中介，不需要银行、证券公司和交易所等中

---

① 数据来源：艾瑞网，互联网数据中心。（www.iresearch.com.cn）.

介市场；打破了地域和时间的限制，实现了碎片化的管理；在资源配置的效率上和自动化积极程度上远远高于商业银行。

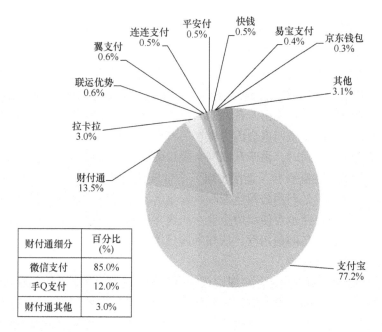

财付通细分	百分比 (%)
微信支付	85.0%
手Q支付	12.0%
财付通其他	3.0%

注释：(1)统计企业类型中不含银行和中国银联，仅指第三方支付企业；(2)艾瑞根据最新掌握的市场情况，对历史数据进行修正。

资料来源：艾瑞综合企业及专业访谈，根据艾瑞统计模型核算及预估数据。

图2　2015Q1 中国第三方移动支付交易规模市场份额①

三是降低了交易成本。由于省去了交易媒介，供需双方可以直接联系和交易，也大大降低了交易成本。互联网金融几乎达到与直接融资和间接融资相等的资源配置效率，在促进经济增长的同时，还能大幅度地减少交易成本。在这一模式下，金融业的分工模式和专业化都将被淡化，不论是企业家还是普通民众，都可以通过互联网这一媒介进行各自所需要的各种金融交易，市场参与成员将更加平民化，互联网金融市场交易所产生的巨大效益给予普通老百姓更多的实惠。

四是金融创新，超级支付与移动支付相统一。银行、券商等金融中介机构的中介功能弱化，股票、债券等有价证券的发行和交易以及款项的支付都可以直接在网上进行交易，更加方便快捷，实现了金融交易方式的创新。

五是以客户需求为导向，改变了之前商业银行以自身利益最大化为导向的特点，真正以客户为中心，以客户需求为导向来展开业务。伴随着更加开放的文化和商业氛围，互联网客户的增长率远远高于传统的商业银行。

---

① 数据来源：艾瑞网，互联网数据中心。(www.iresearch.com.cn)。

六是金融自由化。长期的金融抑制使个人消费和中小企业的金融服务得不到满足，而互联网金融恰巧可以利用自身的优势，满足消费者的有效需求，这也有利于进一步推动金融自由化。

（三）互联网金融的劣势

（1）风险较大，互联网金融最首要的问题就是存在隐性和显性的若干风险。首先是信用风险，如果任何一个环节出现信用问题，都会让整个链条出现断裂。互联网的联动性会让风险快速地蔓延，危害面之大，很难预料。其次是技术风险，投资者和操作人员可能由于各种原因出现操作失误或操作不当，从而使投资者遭受经济损失。而互联网也会因为黑客的入侵，造成信息泄露，客户会因信息被盗而使权益受损。同时，由于互联网金融的便捷性，很可能存在潜在的欺诈风险，类似于 P2P 的融资平台，直接实现了户对户，增加了监管难度，如果融资企业信用度低，或者只是利用公司空壳吸收资金，实施诈骗，便很难追回。市场经济自我调节的不确定性也会使小微企业承担更多的市场风险。而传统的商业银行由于历史悠久，有较高的信用度，认知和诚信度较高，风险相对较小，而且其遇到风险的承受能力也更高。

（2）互联网金融和传统金融理论逻辑和创新路径的差别让其监管方式也产生了巨大差别。传统的金融业有固定的经营场所，对其经营状况和资金存量可以进行现场核查，实地监管，体系也相对完善，措施可行。而互联网金融借助互联网，覆盖区域过大，交叉部门过多，很难采用传统方式进行有效监管。

（3）互联网金融很容易成为洗钱等违法活动的"温床"。互联网的隐蔽性使其运营的监管难度更高。

互联网在中国真正兴起于 20 世纪 90 年代，而互联网金融是近几年才产生的，制度上仍处于空白期。2015 年 7 月 18 日出台的只是互联网金融的指导意见，并没有成文的法律法规进行约束。很多投机者可能会利用法律的空白这样的契机，进行一些违规行为的操作，危害金融安全。

商业银行资金规模雄厚，可以利用其庞大的客户基础、较强的经营能力来实现其规模收益，节约成本，这也是互联网金融碎片化管理，小规模、分散化经营所不能企及的。

四、互联网金融对商业银行的影响

（一）对商业银行业务的影响

（1）互联网金融对商业银行负债业务的影响。互联网金融的兴起对商业银行直接的冲击是商业银行主营业务中存款业务的缩减。存款数额的多少对银行的盈利有较大影响，由于新兴的互联网金融理财产品较传统银行的存款业务利息更高，流动性更强，限制和底线较低，更易得到投资者偏爱。在线产品吸收了银行的一部分存款，致使银行吸收存款的能力被弱化，客户被新型支付平台分流。

表1 中国大型商业银行贷款总额（2010—2014年）① 单位：千美元

银行名称	贷款总额 2014 年	贷款总额 2013 年	贷款总额 2012 年	贷款总额 2011 年	贷款总额 2010 年
中国工商银行	1 801 982 564	1 625 978 903	1 399 722 042	1 236 156 251	1 025 307 064
中国建设银行	1 548 377 719	1 407 652 187	1 194 402 155	1 031 029 049	855 988 786
中国农业银行	1 323 429 846	1 183 913 338	1 022 862 952	893 317 612	748 424 574
中国银行	1 386 382 617	1 246 688 309	1 091 435 991	1 006 652 055	854 704 303
交通银行	560 832 668	535 259 552	468 598 785	406 568 899	337 756 429
中国招商银行	410 838 220	360 037 678	302 795 559	260 450 885	216 136 592
兴业银行	260 360 851	222 380 859	195 428 162	156 049 769	128 996 968
上海浦东发展银行	331 488 815	289 639 148	245 572 526	211 308 858	173 109 865
中国中信银行有限公司	357 559 742	318 100 245	264 388 984	227 592 405	190 889 947
中国民生银行	296 235 668	257 974 395	220 142 769	191 277 593	159 683 979
中国广发银行有限公司	129 259 409	117 119 670	97 899 641	85 727 927	70 488 579
中国渤海银行	33 561 253	27 515 190	22 494 069	17 861 988	13 956 409
总计	8 440 309 370	7 592 259 474	6 525 743 634	5 723 993 291	4 761 487 084

（2）互联网金融对商业银行资产业务的影响。商业银行之前的利息收入占基本业务收入的80%，而如今，第三方支付平台的出现打破了银行业支付结算业务的垄断，在保障利率的情况下，信贷业务的信息对称使线上融资的信贷成本更低，极大地缩减了商业银行的利润。但是，商业银行的系统内掌握大量的客户资料及信息，可以及时有效地发现客户需求，资金实力雄厚，信用度、安全性较高。而网络贷款平台的资金是以民间融资得来，资金链条薄弱，稳定性差，只有加强联合，才可以有更长足的进步。

由表1中的数据可知，虽然互联网金融分散了客户流，但大型商业银行的贷款总额仍是逐年上升的，说明互联网金融目前对商业银行的影响也是有限的。

（3）互联网金融对商业银行中间业务的影响。中间业务是商业银行的重要利润来源之一。互联网金融不断地推出新的产品，基金、信托、保险等，侵蚀了商业银行的中间业务，压缩了银行的利润空间，在线销售便捷灵活，方式多样，使商业银行不得不拓展、研发新的金融产品，同时完善和优化现有的理财产品以及除传统业务以外的其他金融业务与交易模式。虽然传统商业银行已经在逐渐取消卡年费、异地跨行取款手续费，但仍然存在许多其他不可忽视的费用，耗时

---

① 数据出自于 Wind 数据库，选取十二家大型商业银行公司年报数据。

长，成本低。第三方支付平台可以提供无手续费和及时到账业务，提高了效率，降低了成本。

（二）对商业银行的其他影响

随着利率市场化进程的加快，商业银行负债成本的上升是不可避免的，净息差将持续地收缩。所以，商业银行应该放弃存贷差，积极调整思维和经营模式，主动应对互联网革命。

互联网金融的优势在于注重客户体验和满意度，以客户为中心，有针对性地进行调整，设计更加便利的交易方式和交易产品来赢得更多客户关注。传统银行长久以来都使用单一的服务模式，并不能适应不同客户群体的需求，无法实现资源的有效利用和利润的最大化。所以，实现以客户为中心的定制化产品及服务，会使商业银行在互联网金融的冲击下仍旧蓬勃发展。

P2P和人人贷这样的网络贷款模式直接实现了人与人的对接，省去了金融中介的交易费用，也解决了小微企业的燃眉之急。对商业银行来说，由于小微企业的建制不健全，商业银行的信贷流程及信用评级体系的复杂，小微企业很难迅速地从商业银行获取贷款，从而面临着发展的困境。商业银行拥有庞大的规模，应该充分地完善制度，优化其资源配置，针对现存的小微企业借贷难问题，制定有效的方案予以扶持。

虽然互联网金融产业迅速扩张，但仍旧不会撼动商业银行作为传统金融业的主导地位，实体银行也必然会长久地存在。它作为宏观调控的有力工具，也利用其规模效应实现经济的稳定，保证金融体系的信用，有效调节市场风险。

五、我国商业银行的对策

（1）完善外部监管。美国2012年针对互联网金融问题制定了《乔布斯法》。该法案涉及内容系统而全面。中国也可以借鉴美国的监管经验，制定中国的互联网金融法案，实现互联网金融的规范化运营。

（2）转变银行业自身的经营模式，优化结构，实现利率市场化，走出金融抑制，实现金融创新，推进金融深化。

（3）加强内部人员管理。加强内部的人员建设，保证服务的质量；提高人员的职业技能和个人修养；把管理学中的微笑服务运用其中；转变之前的人海战术，实现精英化模式；以市场为导向，以客户为中心，重视客户的服务体验。

默顿·博迪认为，金融机构的形式可能会发生变化，但基本功能是不变的。传统的模式不适应发展了，所以需要创新。我认为，商业银行可以和互联网实现合作，共同发展。一方面，互联网金融的规模相比于传统的商业银行而言，交易规模还是较小，短期内不会动摇商业银行的统治地位。另一方面，也不可忽视技术革命对金融业的影响，所以当前的互联网金融可以看作传统商业银行的一种补充形式，用以提高传统金融的运行效率。

从本质上看，互联网作为虚拟载体，与商业银行的网点式实物载体相辅相成，也将随着法律和监管体系的完善不断地发展，更加的完备和完善。

参考文献：

[1] 谢平，邹传伟，刘海二. 互联网金融手册 [M]. 北京：中国人民大学出版社，2014.

[2] 周宇. 互联网金融：异常划时代的金融变革 [J]. 经济改革，2013 (9).

[3] 袁博，李永刚，张逸龙. 互联网金融发展对中国商业银行的影响及对策分析 [J]. 问题探讨，2013 (12).

[4] 宫晓琳. 互联网金融模式及对传统银行业的影响 [J]. 金融实务，2013 (5)：86~88.

[5] 李丹. 浅析互联网金融及其对商业银行的影响 [D]. 苏州大学，2014.

[6] 管仁荣，张文松，杨鹏君. 互联网金融对商业银行运行效率影响与对策研究 [J]. 云南师范大学学报，2014.11 (6).

[7] 吴萌. 互联网金融对商业银行的影响研究 [D]. 吉林大学，2015.

[8] 曹胜. 互联网金融对商业银行的影响及对策 [J]. 金融纵横，2014 (6).

碳税征收与产业结构的调整：理论与对策

陈明生　　闫丽婷

摘要　碳税是发达国家用来减缓以二氧化碳为主的温室气体排放增长的一种有效的财政政策手段。碳税征收将对产业结构产生重要影响：一方面，由于不同产业、不同企业受碳税影响的大小不同，碳税征收将促进我国产业结构和产业组织结构的变化；另一方面，如果主动进行结构调整，优化产业结构及提高产业集中度，将缓解碳税征收对产业发展的不利影响。据此，我们可以提出相应的碳税征收和结构调整对策。

关键词　碳税；产业结构；能源强度；产业集中度

一、引言

随着我国环境污染、能源浪费问题越来越严重，建立完善我国环境税体系已经提上议事日程，中共十八届三中全会提出，要加快资源税改革，推动环境保护费改税。征收碳税问题受到国内外理论界的高度关注，研究征收碳税的影响及对策，对启动碳税征收方案具有重要的意义。

国内外一些学者已经注意到了碳税征收对不同产业的影响，导致产业结构发生变化。苏明（2009）认为，开征适度的碳税必然会促进产业结构的调整和优化。刘辉（2009）认为，征收环境税有利于抑制污染产业，发展环保产业，优化产业结构。何建武、李善同（2010）研究了碳税征收对不同地区不同产业的影响。朱永彬等（2010）研究了碳税对不同经济部门的不同影响。姚昕、刘希颖（2010）认为开征碳税有利于减少碳排放，提高能源效率，并且可以调整产业结构。林帧（2011）以河南省为例，研究了开征碳税将通过投资结构的变化导致产业结构和经济结构升级和优化。张金艳、杨永聪（2011）以瑞典为例证实瑞典征收碳税提高了产业结构水平。袁建国、宋文娟、赵凯（2013）认为，基于产业结构调整视角研究我国碳税制度的设计能够推动产业结构调整，使我国产业结构符合全球产业结构调整的趋势。周丹、赵子健（2015）认为，征收碳税有助于提高第三产业比例，优化产业结构。可以看出，国内外学者对碳税相关问题的研究取得了较多成果，但已有研究也有一些缺陷，学者们初步研究了碳税征收的产业结构优化效应，但研究侧重于碳税征收对产业结构的影响，而且研究一般是单向的，较少研究产业结构变化对碳税征收及税率确定的意义，此外，已有研究忽略了碳税征收与产业结构其他方面（如产业组织结构）的关系。

本文拟在研究碳税征收和产业结构之间关系的基础上，探寻碳税征收的一些对策，尤其是产业结构调整对策，以促进我国经济的发展和节能减排水平的提高。

二、碳税征收、能源强度与产业结构的关系

按照学界的研究，碳税是指以减少二氧化碳的排放为目的，对化石燃料（如煤炭、天然气、汽油和柴油等）按照其碳含量或碳排放量征收的一种税。碳税征税对象是在生产、经营等活动过程中因消耗化石燃料而向自然界排放的二氧化碳，因此，碳税征收将增加企业的能源成本。

（一）能源强度与产业结构的关系

由于不同产业在生产过程中使用不同的工具，需要大小不同的动力，因此，需要消耗不同数量的能源。总体而言，随着社会的发展和技术的进步，生产中更多用机器的动力代替人的体力，因此，在一个行业中，能源消耗可能会增加。以我国的情况为例，第一产业、第三产业的能源强度较低，第二产业中，建筑业的能源强度也很低，但工业的能源强度则高得多（见表1）。

表1　2013年我国相关产业能源强度

产　业	增加值（亿元）	能源消耗量（万吨标准煤）	能源强度（万吨标准煤/亿元）
农、林、牧、渔、水利业（含环境与公共设施管理业增加值）	60 017.7	8 055	0.134
工业	217 263.9	291 131	1.340
建筑业	40 807.3	7 017	0.172
交通运输、仓储和邮政业	26 036.3	34 819	1.337
批发、零售业和住宿餐饮业	66 512.4	10 598	0.160

由于各产业密集使用能源的情况并不相同，所以，在经济增长过程中，产业结构演进的不同趋势会对我国总体能效状况和节能环保带来不同的后果，把握产业结构演进的各种趋势对能效变化和节能环保的含义将有助于我们采取一定措施，在促进产业结构演进的过程中提高节能环保水平。经济增长过程中三次产业结构和工业内部结构变化被学者概括为配第—克拉克定律、霍夫曼定律、高加工度化定律和技术集约化定律。

1. 配第—克拉克定律与能源强度的变化

配第—克拉克定律反映了产业结构中第一、第二、第三产业比重的发展变化

情况，因为在不同的阶段，第二、第三产业比重的变化情况有所不同，而且第一、第二、第三产业的能源强度有很大的不同，因此，配第—克拉克定律反映的产业结构变化趋势对能源效率和节能环保的影响也会不同。根据配第—克拉克定律，随着人均国民收入水平的提高，第一产业的比重持续下降。因为第一产业的能源效率比第三产业尤其是比第二产业要高，因此，第一产业比重的下降将导致国家产业系统能源效率的下降。按照库兹涅茨的解释，在工业化的中前期，第二产业的比重会迅速上升，成为财富的主要创造者，毫无疑问，这个阶段产业系统的能源效率将下降很快；进入工业化后期，第二产业创造的财富比重将下降，而第三产业成为经济发展的主体，成为财富的主要创造者，在这一阶段的某个时刻，产业系统的能源效率将出现拐点，由以前的下降变为升高。

2. 霍夫曼定律与能源强度的变化

霍夫曼定律揭示的是工业结构演进过程中的重工业化趋势。按照《中国统计年鉴》的定义，重工业是指为国民经济各部门提供物质技术基础的主要生产资料的工业。重工业具有两个重要的特点：一是产品单位体积的重量比较大，以前主要是通过重工业的这个属性来定义重工业的；二是极大改变了劳动对象的物理属性：或者改变劳动对象的位置属性，如采掘工业需要把化石能源、矿物等从很深的地底下开挖出来；或者极大改变劳动对象的物质属性，原材料工业要把化石原料转化成可以进一步加工的原材料；或者改变劳动对象的复杂属性，把简单的东西加工组装成高度复杂的产品。上述两个属性使重工业在生产过程中需要使用巨大、沉重、高度复杂的生产工具，对劳动对象进行复杂的生产和处理，这使重工业需要消耗大量能源。因此，工业结构的重工业化将极大地降低能源效率，对节能环保提出严峻挑战。事实上，各国工业化进程中能源消耗大幅增长都是在进入重工业化的过程中出现的。

3. 高加工度化和技术集约化规律与能源强度的变化

高加工度化和技术集约化规律的节能环保含义是相似的，因此，我们放在一起阐述。对重工业的产品单位体积的重量大和劳动对象的物理属性改变大这两个特点，相比于采掘工业和原材料工业，加工组装工业及高新技术产业（很多产业同时是加工组装工业和高新技术产业）恰好是这两个特点不那么明显的产业，这两个产业都是把简单的东西加工、制造组装成极为复杂的产品，其生产工具具有复杂、技术含量高的特点，生产过程中较少耗费能源。以中国为例，通用设备制造业、专用设备制造业、交通运输设备制造业、电气机械及器材制造业、通信设备、计算机及其他电子设备制造业、仪器仪表及文化、办公用机械制造业等产业的单位 GDP 能耗都很低，与其说是重工业大量消耗能源，毋宁说是重工业中的采掘工业及原材料工业大量消耗能源。因此，虽然重工业化极大恶化了工业系统的节能环保状况，但随着重工业化进程的深入，即重工业化进程中高加工度化及技术集约化趋势的出现，整个工业系统的能源效率会趋向上升，节能环保形势会明显好转。

（二）碳税征收、能源强度与产业结构的变化

因为不同产业的能源强度不同，因此征收碳税后，会增加企业的能源成本，不同产业的碳税负担会有很大的不同，从而改变了产业的竞争优势。具体而言，从三大产业结构来看，征收碳税将会增加高能耗的第二产业的生产成本，制约高碳产业的发展，在一定程度上降低该产业在产业结构中的占比，而对包括批发零售、餐饮业等在内的第三产业，征收碳税对其影响有限，所以征收碳税将有利于产业结构的优化升级，提高第三产业在 GDP 增长中的贡献率，同时，还能促进第二产业中低碳行业的发展。同时，企业为了将征收碳税的影响降到最低，会想方设法转变生产方式，积极探索和利用清洁能源，加快淘汰落后产能，研究和使用节能减排技术，进一步促进产业结构的调整和优化。

由于不同产业碳税负担的不同，碳税征收时如果主动进行产业结构的调整升级，将能够减轻整体产业系统和企业系统的碳税负担。产业结构的高度化，第三产业在整个产业系统中比重的提高，重工业中高新技术产业比重的提高，都将使碳税征收对产业发展和经济发展的负面影响降低，从而有利于碳税征收政策的出台。

三、碳税征收、规模经济与产业组织结构的调整

（一）产业组织结构与规模经济的关系

产业组织结构是指产业内企业的结构，既包括企业规模结构，即不同规模的企业在产业内的比重，又包括产业内企业间的分工协作关系。产业组织结构是否合理，既关系到企业在市场机制下的竞争活力，企业是否有足够的动力和压力来促进技术进步、改善经营管理、降低成本，又关系到企业能否充分利用规模经济，避免过度竞争带来的低效率。产业集中度是反映产业内企业规模结构指标体系中最常用、最简单易行的一种，主要反映了产业内企业之间的市场份额分布状况。

规模经济来源于生产要素在企业内聚集的规模和结构，对单个企业来说，在一定限度内，在企业内要素结构不变的条件下，规模经济的大小与企业的规模成正比；而在市场规模和产业内企业数量既定的条件下，产业集中度与产业内规模最大的那些企业的规模呈正相关关系。可以看出，规模经济与产业集中度之间存在极为紧密的关系。

首先，规模经济是产业集中度提高的动力和原因。尽管企业竞争的形式各不相同，但竞争最终都直接表现在经营成本上。在一定限度内，随着某些企业规模的扩大，单位产品的成本会降低，企业的利润增加，即出现规模经济效应，此时，这些企业的竞争力就越强，企业就能持续提高其市场份额，产业集中度随之提高。从客观上说，规模经济是企业得以扩大规模、提升竞争力的原因；从主观

上说，追求规模经济是企业通过扩大投资、兼并等方式扩大生产规模的原因。对任何产业而言，企业规模扩大都能获得协作利益、分工利益以及各种费用的节省，在收益增加超过成本增加的范围内，企业持续获得规模经济利益。

其次，产业集中度是规模经济产生的前提。规模经济是一个结果，是企业规模扩大的结果。从动态的角度来看，企业因追求规模经济而扩大生产规模，但在一定时间点上，产业集中度是既定的，因此其规模经济效应也是既定的；从横向比较的角度，一个国家某一产业组织结构的现状决定了该国在该产业上的国际地位和竞争力。这一关系的政策意义在于国家可以通过一定手段在较短时间内提高某一产业的集中度，使产业内的主要企业能够获得规模经济，从而较快提高该产业在国际上的竞争力。

可以看出，在一定限度内，产业集中度和规模经济效应存在累积循环的因果关系。对某一产业而言，这种良性互动一旦形成，产业将获得持续的发展动力。

（二）碳税征收与产业集中度的提高

碳税征收对产业集中度的影响主要通过以下两种方式实现：一是碳税征收使一些能源利用效率和经济效益比较低的企业的经济效益进一步下降，这些企业可能无法承受碳税负担，从而退出该行业；二是碳税在一定程度上提高了行业的进入壁垒，阻碍新企业的进入。

1. 碳税征收与部分企业的退出。"退出"是指企业退出原来的生产经营领域，放弃生产或提供某种产品或服务。如果征收碳税，使用较多化石能源的产业必将受到较大的影响。行业内企业的规模、能源利用效率、经济效益不同，其受到的影响也有很大的差异。一方面，大企业具有规模经济优势，在一定条件下生产单位产品的平均成本包括能源成本会递减，也就是说，具有规模效应的大企业的能源利用效率高，单位产品分摊的碳税负担较小。此外，规模效率高的企业有较高的利润率，企业资金实力强，一旦开始征收碳税，其适应能力比较强，经营不会受到大的冲击；大企业也拥有实力和技术推动节能减排项目的开展，进一步降低化石燃料的消耗，提高能源的利用效率。另一方面，中小企业的规模较小、经济效益较低、能源利用率也较低，如果我国开始征收碳税，有些企业可能会不堪重负，从而亏损甚至破产。

2. 碳税征收与行业进入壁垒的提高。进入壁垒是指企业进入某一业务领域遇到的障碍和困难，它对行业内厂商的数量和规模有重要影响，深刻影响着行业的集中度和企业的市场份额。不同行业的进入壁垒有较大的差异，有的行业进入壁垒较高，而有的行业进入壁垒较低。

碳税的征收会使产业尤其是能源密集型产业的进入壁垒提高：首先是节能减排技术方面的进入壁垒，征收碳税的主要目的是提高企业的能源利用效率，减少二氧化碳的排放，因此对企业节能减排技术提出了更高的要求。以钢铁业为例，大型钢铁企业有技术优势和资金实力开展节能减排项目，从而提高能源利用效率，而潜在的进入者往往无法与已有企业抗衡。其次是规模经济方面的进入壁垒，对像重工业这样的基础行业，属于资本密集型和资源密集型行业，有显著的规模经济效应特征，企业规模和企业经济效益之间存在很密切的关系，随着生产能力的扩张，平均成本呈下降趋势。在征收碳税的情况下，具有较大生产规模和较高规模效率的企业具有明显的竞争优势。新进入者为了与已有企业竞争，必须达到一定的生产规模。因此，征收碳税能够提高钢铁业等重工业的进入壁垒，从而有利于提高重工业的产业集中度。

（三）碳税征收、规模经济与产业组织结构的调整

可以看出，虽然碳税征收增加了企业的成本，对企业造成一定程度的不利影响，但是碳税也促使规模较小、产能落后、效率低下的中小企业遭到淘汰，在一定程度上提高了产业进入壁垒。根据产业组织结构理论，在市场需求扩大或者不变的前提下，提高行业进入壁垒、加速淘汰落后产能会使一些企业市场份额扩大，从而提高产业的集中度。因此，如果结合适当的产业结构调整政策，碳税征收就能够成为产业结构调整的新契机，从而促进产业的发展。

在碳税征收、产业组织结构与规模经济之间将形成如下关系：碳税征收将增加企业的能源成本，从而降低企业的经济效益，效益较差的中小企业将遇到经营困难甚至被兼并或破产，产业内规模较大的企业将分享退出企业原有的市场份额，同时，较高的能源成本会增加资本进入行业的困难，最终导致产业集中度的提高，产业和大企业得到规模报酬递增的好处。更进一步，规模扩大的企业将在市场中获得更大的竞争优势，这可能使这些企业进一步扩大规模，产业集中度进一步提高，这样，产业集中度提高和规模经济之间形成因果关系的循环累积，大企业乃至整个行业的经济效益进一步提高，从而部分抵消因碳税征收导致的企业成本的增加。

四、碳税征收和产业结构调整的对策

根据以上分析，我们可以采取合理的对策，降低碳税征收对产业发展的不利影响，促进节能环保水平的提高，并促进产业的发展和经济的增长。

（一）采用从量计征方式，实行有差别的碳税政策

建议考虑采用从量计征的方式，即采用定额税率形式。在设计税率水平时应综合考虑：最大限度地反映减排 CO_2 的边际成本；对宏观经济和产业竞争力的影响；对煤炭、天然气和成品油等不同化石燃料实行差别税率；应当根据不同产业对能源依赖度的大小，设定合理的碳税征收标准。从表面来看，对高碳产业应征收更高碳税，但高碳的能源密集型产业在征收较高碳税后会大大增加能源成本，过高的碳税会严重阻碍高碳产业发展，因此，通过碳税征收降低碳排放应该循序渐进，不能一蹴而就。

（二）降低重工业比重，加快第三产业发展，优化产业结构

为了降低能源强度，需要优化产业结构，降低煤炭在能源结构中的消费比重，提高能源效率；逐步降低重工业在产业结构中的比重，降低五大行业（如煤炭、核燃料等）在工业行业中的比重，大力发展其他低能源强度的行业，有利于保持经济增长且减少碳排放。

加快经济转型步伐，促进产业结构升级，降低第二产业在国民生产产值的比重，同时提高我国第三产业的比重，升级服务，提高服务质量，拓宽服务业的服务领域和范围，利用产业结构的合理升级实现能源强度的降低，减少碳税征收对产业的成本冲击。

（三）引进和发展先进技术，优化企业内部分工，优化组织结构

加大科研投入，增加跨国合作交流机会，引入先进国外能源处理技术设备，通过引进国外高水平先进技术，降低能源消耗量，提高能源使用效率。从能源结构方面来看，应减少高碳能源的使用，增加众多清洁能源的使用力度，使能源结构更为优化，更为合理；同时，投入资金和技术加大对新型能源的研究开发力度，通过能源结构的优化实现能源强度的降低。

利用竞争和国家调控杠杆，优化企业内部分工，在产业内部形成合理的竞争格局，优化产业组织结构，最大限度地提高能源效率。

（四）转变政府职能，促使产业结构协调

当前中国产业结构中存在的很多不协调现象，如第二产业比重过高、煤炭产业占第二产业比重过高等都源于政府对这些产业的干预。政府通过这种干预尽管获得了对中国经济环境较大的影响力，同时也造成了市场效率低下的结果。因此，政府应当逐步调整产业结构政策，减少对某些能源密集型产业的支持，促进产业结构协调发展。

参考文献：

[1] 楚序平. 中国钢铁产业规模经济研究 [D]. 南开大学博士论文，2009.

[2] 何建武，李善同. 二氧化碳减排与区域经济发展 [J]. 管理评论，2010 (6)：9～16.

[3] 姜磊，季民河. 技术进步、产业结构、能源消费结构与中国能源效率——基于岭回归的分析 [J]. 当代经济管理，2011 (5)：13～16.

[4] 李廉水，周勇. 技术进步能提高能源效率吗？——基于中国工业部门的实证检验 [J]. 管理世界，2006 (10)：82～89.

[5] 林桢. 碳税开征对地方经济可持续发展的影响及对策——以河南省为例 [J]. 中央财经大学学报，2011 (3)：6～9.

[6] 刘辉. 征收环境税的必要性及其经济影响 [J]. 中国财政，2009 (24)：62～64.

[7] 齐志新，陈文颖. 结构调整还是技术进步？——改革开放后我国能源效率提高的因素分

析［J］. 上海经济研究，2006（6）：8～16.

［8］沈田华，彭珏. 环境税经济效应的扩展分析及其政策启示［J］. 财经问题研究，2011（1）.

［9］苏明等. 我国开征碳税问题研究［J］. 经济研究参考，2009（72）：2～16.

［10］姚昕，刘希颖. 基于增长视角的中国最优碳税研究［J］. 经济研究，2010（11）：48～58.

［11］张金艳，杨永聪. 瑞典碳税对产业结构水平影响的实证分析［J］. 国际经济战略，2011（3）.

［12］朱永彬，刘晓，王铮. 碳税政策的减排效果及其对我国经济的影响分析［J］. 中国软科学，2010（4）：1～10.

［13］周丹，赵子健. 基于地区 CGE 模型的碳税效应研究——以上海为例［J］. 生态经济，2015（4）：24～28.

［14］Joseph Schumpeter. *Capitalism*, *Socialism*, *and Democracy*［M］. George Allen and Unwin, 1976.

创业板融资新规对股票价格的影响研究

刘婷文　鲁嘉琪

摘要　本文以 2014 年 5 月 14 日中国证监会颁布的《首次公开发行股票并在创业板上市管理办法》和《创业板上市公司证券发行管理暂行办法》（以下简称"融资新规"）为背景，首先进行面板数据回归筛选出创业板 355 只股票，运用事件研究法，计算在新规颁布期间的超额收益率，结果发现收益率显著为正，说明新规的推出对创业板市场股价有积极作用。进一步的研究表明，绩效较好的公司在事件窗内的累计超额收益高于绩效较差的公司，说明新规的颁布有助于创业板市场实现优胜劣汰的功能。此外，本文在改变事件窗的大小和绩效衡量指标方面进行了稳健性检验，验证了本文得出的实证研究结果是稳健的，并得出结论。

关键词　创业板；融资新规；事件研究法；股票价格

一、引言

我国创业板市场在 2009 年 10 月 30 日开市交易，旨在为高成长的中小企业和高科技企业提供融资渠道。创业板是我国的"高新技术板"，在当今经济发展和市场竞争中，创业板投资是推动科技进步及其产业化的重要机制。创业板市场以激励创业为基本立足点，通过中小企业的创业和成长，推进新兴技术产业化和传统技术升级优化。可以说，能否有效构造创业板投资所需的各种条件，直接关系着我国经济的可持续发展。

根据深交所的统计，截至 2014 年 10 月 29 日，创业板上市公司数量为 397 家，是 5 年前开市时的 14 倍；总股本 1 059.48 亿股，是开市时的近 40 倍；总市值达 2.277 万亿元，是初期的 15 倍。① 近几年来，创业板的制度建设在强化分红、退市以及债券发行等方面也在不断完善。然而，自上市以来，创业板一直存在"三高"（高发行价、高市盈率、高超募资金）问题，这抑制了创业板市场资源配置作用的发挥，也增加了投资者的风险。此外，阿里巴巴、百度等优质的上市资源不约而同地选择在美国纳斯达克上市，成为我国创业板市场的遗憾。为了使创业板朝着更加健康有序的方向发展，留住更多具有成长潜力的高成长性公司，推出创业板融资新规、在市场准入和再融资等方面进行制度改革显得至关

---

① 数据来源：深圳证券交易所网站：http://www.szse.cn/。

重要。

2014 年 5 月 14 日，中国证监会发布《首次公开发行股票并在创业板上市管理办法》和《创业板上市公司证券发行管理暂行办法》（证监会令第 99 号和 100 号）（二者下文简称"融资新规"），对创业板公司上市融资进行了规定。首发办法降低了发行人首次公开发行股票的财务准入条件，强化了信息披露要求，拓展了行业覆盖面，这些措施将有利于创业板服务于中小企业。再融资办法的颁布则弥补了此前的制度缺失，进一步完善了创业板市场的融资制度，有助于实现创业板市场资源配置功能，满足不同的投融资需求。首发办法同时也强调投融资功能均衡协调，考虑发行人的需求和投资者回报，也可以防范上市公司过度融资，合理设定各个融资品种的发行条件。

从理论上讲，一方面，融资新规有利于资源的有效配置，有利于扶持新兴产业，鼓励了创业和创新，且对创业板市场进行了规范，使投资者的利益得到了保护，这将引起资本市场的积极反应，对股价有正向影响。另一方面，融资新规有可能会加速上市企业估值泡沫的破灭，引起资本市场的消极反应，这对股价会有负面影响。最终，哪一方面影响为主，需要基于市场的实证研究。

为此，本文以 2014 年 5 月 14 日中国证监会发布的首发办法和再融资办法为背景，采用事件研究的方法实证检验创业板融资新规对创业板股价的影响。文章结构如下：第二部分提出了研究假说，第三部分介绍了研究样本的选择及研究方法，第四部分进行实证回归分析及稳健性检验，第五部分得出相关结论。

二、研究假设

首先，为分析融资新规的影响，我们提出了如下研究假说：

假说 1a：投资者认可完善后的创业板融资制度，融资新规颁布期间，资本市场出现显著的正向市场反应。

创业板首次公开发行办法降低了财务准入条件，取消了盈利持续增长的限制，有利于上市公司小额快速融资，对创业板企业的融资需求有推动作用。而创业板再融资制度的推出也会使创业板活力有所提升，投资者投资创业板的热情也会随之增加。因此创业新规的推出会使股票市场产生正向反应。

假说 1b：投资者不认可完善后的创业板融资制度，融资新规颁布期间，资本市场出现明显的负向反应。

由于当前创业板估值偏高，市盈率将近 100 倍，高于中外股市牛市时的峰值。随着首发和再融资制度的实施，创业板可能会面临巨大冲击，快速上涨产生的风险可能会在短期内爆发，从而引起估值泡沫的加速破灭。在这种情况下，创业板融资新规的推出会导致股票市场上出现负向反应。

可见，假说 1a 和 1b 互为备择假说。

其次，创业板融资制度改革的另一个重要目的在于优化市场资源配置，有效保障高效上市公司的资金来源和运作，促进公司价值提高。我们对此也提出了研究假说。

假说2：融资新规颁布期间，实现了优胜劣汰的目的，绩效高的公司比绩效低的公司获得更高的累计超额收益。

创业板融资新规能够在促进绩效较好公司的发展同时淘汰绩效差的公司。在制度推出时，绩效较高的公司，即盈利能力强的公司能够得到投资者的认可，获得更高的累计超额收益率；而绩效较差的公司，即盈利能力较差的公司，因为得不到投资者的认可而得不到较高的超额收益率。因此绩效较低的公司获得的累计超额收益低于绩效较高的公司。

三、样本选择与研究方法

（一）数据来源与样本选择

我们将 2014 年 5 月 14 日之前在创业板上市的公司作为样本范围，考察 2014 年 5 月 14 日融资新规颁布期间上市公司的市场反应，数据跨度为 2013 年 8 月 27 日至 2014 年 7 月 13 日，包括日个股收益率、创业板市场指数收益率、上市公司总资产收益率（ROA）和净资产收益率（ROE）。我们对数据进行了如下筛选：①剔除事件期内停牌时间超过一个月的公司；②剔除相关数据有缺失或不可得的公司。最终得到的上市公司样本量为 355。数据来源为 Wind 金融数据库。

在选择样本时，我们没有剔除发布其他重大公告的上市公司，其原因在于：①在融资新规颁布日前后 60 天内，大部分上市公司都发布了年报或季报，若进行剔除，则样本容量较小，分析结果将不具有参考价值。②Dewenter 等（2005）指出，在事件参数回归的方法中，若事件参数回归系数显著，则可以忽略那些影响股票收益率的其他因素。基于此结论，我们可以对样本进行回归分析，如果事件参数估计显著，则可以认为样本选取有效，样本公司发布的其他重大事项对事件分析的影响是不显著的。[①] 为此，我们构建的回归模型如下：

$$R_{it} = \alpha_i + \beta R_{mt} + \gamma D_t + \varepsilon_{it}$$

其中，R_{it} 是指事件研究法的事件窗内第 i 只股票 t 期的日个股收益率；R_{mt} 是 t 期的市场指数收益率，本文采用创业板指数日收益率来衡量；D_t 是融资新规的虚拟变量，融资新规颁布之后取 1，否则取 0。模型主要考察的是制度颁布对个股收益率的影响，因此将日个股收益率作为因变量、制度虚拟变量作为自变量进行面板数据回归。

参数估计如表 1 所示。实证结果表明，融资新规颁布这一制度因素变量 D 的回归系数在 1% 的水平下显著为正。结果表明，在样本选择时不剔除有其他重大

---

① 我们可以认为融资新规的发布是外生决定的，与上市公司发布重大公告无关。因此，若遗失上市公司发布公告的变量，不会对事件的参数估计造成有偏估计。

公告的上市公司，其结果不会有显著性的偏差。

表 1　面板数据回归结果

自变量	系数	标准误差	T 统计量
D	0.001 6＊＊	0.000 2	7.88
R_{mt}	0.932 8＊＊＊	0.011 4	81.74
样本量：126735			

注：＊＊、＊＊＊分别代表 5％、1％水平显著。

（二）研究方法

事件研究（Event Study）是根据研究目的，选择某一特定事件，以研究事件发生前后某一段时间内样本股票收益率的变化，进而解释特定事件对样本股票收益率的影响。其基本假设是在事件研究窗口内，若事件未发生，股票收益率不会发生显著变化。事件研究首先要明确所研究的事件，并且确定要研究的事件引起的股票价格变化的事件区段，即事件窗口。然后要建立正常收益和超额收益计算模型，其中，正常收益是指假设不发生该事件条件下的预期收益，超额收益是事件期间该股票事前或事后实际收益与同期正常收益之差，最后需要对超额收益进行显著性检验，确定事件是否对股价产生显著影响。

本文运用事件研究法来考察融资新规颁布期间的市场反应。我们以 2014 年 5 月 14 日为事件日，记为 0 期，选取（-60，60）事件窗作为事件窗口。由于融资新规颁布前已有 2 个月征求意见的时间，市场对融资新规的反应时间较长，制度推出后具有一个较长的反应过程，因此本文选取的事件窗口时间也较长。然而，较长的事件窗口有可能会包含其他因素的影响，从而使估计有偏。为此，我们在稳健性检验中也对（-10，10）和（-5，5）等事件窗口进行了考察。关于估计窗口的选择，一般而言，在以日收益率建立估计模型时，估计期间通常选择 100 天至 300 天，因此本文选择（-260，-61）一共 200 个交易日作为估计窗口。事件研究法示意图如图 1 所示。

图 1　事件研究法示意图

（1）超额收益率。为了对比股价在事件前后的变化，我们需要计算超额收益（AR）、累计超额收益（CAR），进而得到累计平均超额收益率（CAAR）。具体步骤如下。

首先，以事件日为 0 点，确定估计窗口，利用市场模型对 355 只股票的期望

收益（正常收益）分别进行估计，模型如下

$$R_{it} = \alpha_i + \beta_i R_{mt} + \varepsilon_{it}$$

$$E(R_{it}) = \hat{\alpha}_i + \hat{\beta}_i R_{mt}$$

其中，R_{it} 是第 i 只股票的收益率在 t 日的收益率，R_{mt} 是创业板指数在 t 日的收益率。

其次，利用估计出的 $\hat{\alpha}_i$ 和 $\hat{\beta}_i$，计算股票 i 在 t 日的超额收益率（AR）

$$AR_{it} = R_{it} - (\hat{\alpha}_i + \hat{\beta}_i R_{mt})$$

最后，计算股票 i 在 $[T_1, T_2]$ 时间区间（均为交易日）内的累计超额收益率（CAR），

$$CAR_{i(T_1, T_2)} = \sum_{t=T_1}^{t=T_2} AR_{it}$$

则，股票 i 在 $[T_1, T_2]$ 时间区间（均为交易日）内的累计平均超额收益率（CAAR）为

$$CAAR_{(T_1, T_2)} = \frac{1}{N} \sum_{i=1}^{N} CAR_{i(T_1, T_2)}$$

（2）显著性检验。为了检验 N 家上市公司样本的累计超额收益率（CAR）在统计意义上是否显著，采用的 t 检验统计量为：

$$t = \frac{CAAR}{S/\sqrt{N}}$$

其中，S 为样本标准差。

四、实证检验结果与分析

（一）新规颁布期间累计平均超额收益分析

在本部分，我们对假说 1 进行了检验。

在分析创业板融资新规颁布的市场走势时，本文计算了全样本在 2014 年 5 月 14 日新规颁布期间（-60, 60）的累计超额收益率，并分析其走势（如图 2 所示）。可以看到，创业板市场整体走势是"先降后升"。这说明投资者在创业板融资新规颁布的前期，担心随着创业板首发和再融资新规的颁布，创业板会面临冲击，估值泡沫将有可能破灭。因此，对融资新规能否更好地保护自己的权益，能否进一步健全我国创业板市场持有怀疑、不确定的态度，对市场出现了负面的反应。但是，在新规颁布后，累计超额收益率开始上升，正面反应占据了主导力量。

在新规颁布的前后交易日，累计超额收益率有显著的上升。事件窗（-60, 0）内的超额收益率为 -0.038 9，而事件窗（0, 60）内的收益率上升到 0.085 0，事件发生前后的差异在 1% 的水平下显著，结果如表 2 所示。图 3 表示了事件发

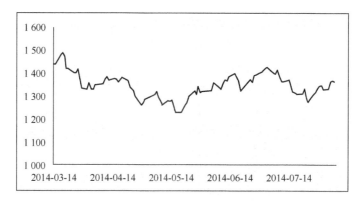

图 2　创业板指数在事件窗内的走势

生前后事件窗内超额收益率的变化情况。

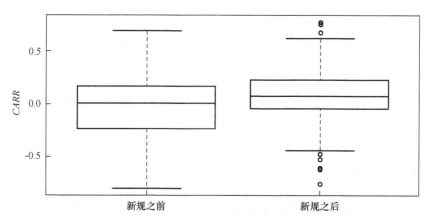

图 3　事件发生前后 *CAR* 的变化

在表 2 中，在整个事件窗（ - 60，60）内的 *CAAR* 值为 0.049 3，其值为正，且在 5% 的显著性水平下显著。这说明，投资者从总体上而言是认可创业板融资新规的，因而资本市场出现了显著的正向反应，由此证伪了假说 1b，接受了假说 1a，即投资者认可完善后的创业板融资制度，融资新规颁布期间，资本市场出现显著的正向市场反应。

表 2　事件窗内超额收益率显著性检验

事件窗	CAAR	t 值
（ - 60，60）	0.049 3 * *	2.39
（ - 60，0）	- 0.038 9 * * *	- 2.66
（0，60）	0.085 0 * * *	6.97

注：＊＊、＊＊＊分别代表在 5%、1% 水平下显著。

（二）不同绩效的上市公司累计平均超额收益比较

为了检验假说2，我们对不同绩效的上市公司累计平均收益进行了比较。在研究不同绩效公司的累计超额收益时，本文采取分组比较的方法，同样观察分析时间窗内不同组别 CAR 的值。对公司绩效的衡量，选择总资产收益率（ROA）进行分组比较。选择 ROA 的原因有两点：①本指标能够精确测算，可得性强；②本指标具有较强的综合性和广泛的采用度。为了使本文的研究结论更加严谨，本文还用净资产收益率（ROE）替代总资产收益率（ROA）进行了稳健性检验。

我们将样本按照公司绩效分为两组，即高绩效组（H 组）和低绩效组（L 组），分界标准为 $ROA = 10$。然后在两组内分别计算在事件窗口内的累计平均超额收益率 CAAR－H 和 CAAR－L，并对其走势进行对比分析。新规颁布期间，CAAR－H 的值为 0.081 9，在 1% 的水平下显著为正；CAAR－L 的值为 －0.094 3，在 1% 的水平下显著为负。这说明，虽然整体而言创业板的收益率有所上升，但是对绩效不同的公司，股价的影响有所不同。绩效较高的公司有着更加积极的反应，而绩效较低的公司的反应却是负向的。创业板融资新规的颁布对发行人和中介机构的信息披露有着更加严格的要求，有利于投资者更加准确判断上市公司的投资价值。随着创业板融资功能的完善，其中好公司得到融资后将加快成长并脱颖而出，创业板的资源配置功能得以实现。同时，绩效较差公司会面临更加严格的信息披露，而难以获得融资。从长远来看，这有利于创业板市场走向成熟，而绩效较好和较差公司的分化也会显著增大。

（三）稳健性检验

为了排除指标选择和事件窗口选择对结论的影响，我们进行了稳健性检验。

首先，对于假设1，我们选取了不同事件窗口计算 $CAAR$。由于事件研究法的实证结果对事件窗口的选择比较敏感，累计平均超额收益率可能会因为事件窗口长短的不同而大不相同。本文选取的事件窗较长，主要考虑到新规颁布的影响区间较长，但可能包含其他因素的影响，为此，本文选择了（－30，30）和（－10，10）两个事件窗口进行研究，结果如表3所示。可以看出，在改变了事件窗的长度以后，$CAAR$ 仍然显著为正，说明市场对融资新规的正面反应结论是稳健的，不会随着事件窗长度的改变而改变。但同时也注意到事件窗长度变短之后，$CAAR$ 的显著性变低，说明融资新规在较短的时间内对市场的影响稍弱，要在较长的一段时间内才会有明显的正向作用。

表3　不同事件窗的显著性检验结果

事件窗	CAAR	t 值
（－30，30）	0.033 4 *	1.75
（－10，10）	0.030 6 *	1.69

注：* 表示在10%的显著性水平下显著。

其次，对假设2，我们替换了衡量公司绩效的指标。ROE 和 ROA 都是衡量公司盈利能力的指标，被广泛用于替代公司绩效。前文使用的 ROA 衡量公司绩效偏重于公司总资产的盈利能力，而 ROE 偏重于净资产的盈利能力。在此，我们使用 ROE 替代 ROA 对公司绩效进行分组。同样地，将 ROE 分为 H 组和 L 组，分别代表绩效高和绩效低的公司。结果发现，在用 ROE 替换 ROA 之后，H 组的 CAAR – H 为 0.090 8，在 1% 的水平下显著，L 组的 CAAR – L 为 – 0.062 3，在 1% 的水平下显著。即创业板融资新规对绩效较好的公司有更大的促进作用，而对绩效较差的公司有负向影响。这与用 ROA 得出的结果一致。

五、结论

本文以 2014 年中国证监会发布的《首次公开发行股票并在创业板上市管理办法》和《创业板上市公司证券发行管理暂行办法》为背景，运用事件研究的方法计算超额收益率的变化，考察创业板新规的市场反应。实证结果表明，创业板新规的颁布对市场有积极的作用，新规颁布期间的超额收益显著为正，且超额收益率在新规颁布后有明显的上升，在改变事件窗口大小的情况下，结果是稳健的。进一步对上市公司依绩效进行的分组分析表明，绩效较好的公司在新规颁布后的市场反应更加积极，而绩效较差的公司在事件窗内的收益是负的，说明新规的推出起到了优胜劣汰的作用，对好公司有进一步的促进作用，而较差的公司将面临更大的风险。

创业板市场主要是由一些具有先进生产技术、较大增长空间的中小企业组成的。创业板市场是一个有预见性的资本市场，不要求公司以往的业绩十分突出，关键是看公司未来是否有进一步发展和盈利的空间。因此，创业板市场的上市条件比主板宽松。中小企业可以通过创业板市场，帮助企业在成长过程中分散所承担的各种风险，并形成合理的激励机制，实现收益和风险均衡的需要。由于创业板上市企业处于创新和发展阶段，前景的不确定性更大，只有加强创业板市场纪律和信息披露制度，形成高度的市场透明度，才能使中小企业在发展过程中有更好的信息和市场环境。因此，通过明确 IPO 条件和上市规则等制度安排对发行人信息披露、规模发展、持续融资和财务指标等做出明确标准和要求，可以为中小企业的发展建立良好的制度规范和标准。

参考文献：

[1] Brown S J, Warner J B. Using Daily Stock Returns: the Case of Event Studies [J]. Journal of Financial Economics, 1985, 14（1）: 3 ~ 31.

[2] Shleifer A. Do Demand Curves for Stocks Slope Down? [J]. The Journal of Finance, 1986, 41（3）: 579 ~ 590.

[3] Agrawal J, Kamakura W A. The Economic Worth of Celebrity Endorsers: An Event Study

Analysis [J]. The Journal of Marketing, 1995：56～62.

[4] Morck R, Yeung B. Internalization：An Event Study Test [J]. Journal of International Economics, 1992, 33 (1)：41～56.

[5] Cowan A R, Sergeant A M A. Trading Frequency and Event Study Test Specification [J]. Journal of Banking & Finance, 1996, 20 (10)：1731～1757.

[6] Boehmer E, Masumeci J, Poulsen A B. Event-study Methodology under Conditions of Event-Induced Variance [J]. Journal of Financial Economics, 1991, 30 (2)：253～272.

[7] Austin D H. An Event-study Approach to Measuring Innovative Output：The Case of Biotechnology [J]. The American Economic Review, 1993：253～258.

[8] Dyckman T, Philbrick D, Stephan J. A Comparison of Event Study Methodologies Using Daily Stock Returns：A Simulation Approach [J]. Journal of Accounting Research, 1984：1～30.

[9] Fatum R, M Hutchison M. Is Sterilized Foreign Exchange Intervention Effective After All? An Event Study Approach [J]. The Economic Journal, 2003, 113 (487)：390～411.

[10] Prabhala N R. Conditional Methods in Event Studies and An Equilibrium Justification for Standard Event-Study Procedures [J]. Review of Financial Studies, 1997, 10 (1)：1～38.

[11] Acharya S. Value of Latent Information：Alternative Event Study Methods [J]. The Journal of Finance, 1993, 48 (1)：363～385.

[12] 史金艳, 杨睿博, 戴望秀. 创业板退市制度新规的市场反应研究 [J]. 证券市场导报, 2014 (5)：20～25, 39.

[13] 李冻菊. 股权分置改革的效应研究——来自深市中小企业板的实证 [J]. 经济经纬, 2006 (4)：98～100.

[14] 袁显平, 柯大钢. 事件研究方法及其在金融经济研究中的应用 [J]. 统计研究, 2006 (10)：31～35.

[15] 赵红平. 股权分置改革后上市公司可转换公司债券发行的公告效应研究 [J]. 财会通讯, 2010 (12)：30～33.

[16] 张琼. 事件研究法在我国药品降价政策评估中的应用 [J]. 财经研究, 2010 (12)：4～15.

[17] 黄张凯, 赵龙凯, 祖国鹏. 限售股解禁的价格效应研究 [J]. 金融研究, 2010 (9)：123～143.

[18] 李庆峰, 黄维加. 限售股解禁的市场效应与影响因素研究——基于事件研究法和沪深300指数样本 [J]. 宏观经济研究, 2011 (7)：56～63.

[19] 熊艳, 李常青, 魏志华. 媒体"轰动效应"：传导机制、经济后果与声誉惩戒——基于"霸王事件"的案例研究 [J]. 管理世界, 2011 (10)：125～140.

[20] 边小东. 并购绩效常用研究方法：事件研究法 [J]. 财会通讯, 2009, 17：15～16.

[21] 曾亚敏, 张俊生. 股利所得税削减对权益资产价格的影响——以财税〔2005〕102 为背景的事件研究 [J]. 经济科学, 2005 (6)：84～94.

[22] 黄春铃. 证券监管效率和承销商声誉——基于南方证券"麦科特事件"的案例研究 [J]. 管理世界, 2005, 07：129～138, 171.

[23] 许红伟, 陈欣. 我国推出融资融券交易促进了标的股票的定价效率吗？——基于双重差分模型的实证研究 [J]. 管理世界, 2012 (5)：52～61.

[24] 祝红梅. 资产重组中的内幕交易和股价操纵行为研究 [J]. 南开经济研究, 2003 (5)：60～62.

[25] 闻岳春, 段弈冰. 创业板高管离职事件对股价影响的实证分析 [J]. 证券市场导报, 2013 (7)：31～35, 43.

[26] 朱和平. 创业板上市公司的成长性评价研究 [M]. 北京：科学出版社, 2006.

[27] 王国刚. 中国创业板市场研究 [M]. 北京：社会科学文献出版社, 2002.

中国社会就业量对经济增长影响分析

张　巍　　沈亚军

摘要　经济增长是各国经济政策的核心目标，学者们一直在理论上探寻经济增长的成因，以促使经济增长目标的实现。本文从经济增长的衡量标准入手，对一些宏观经济变量进行分析，提取主要决定因子，忽略次要因子，寻找经济增长的相关决定因素。一国经济增长的影响因素很多，包括劳动力供给、资本、技术进步、制度健全、进出口等。此外，本文还选取了一些因素，并寻找相关宏观数据，对数据进行主成分分析和因子分析，以期寻找对经济增长有更大影响的因素。

关键词　增长；GDP；资本；就业

宏观经济有很多重要的目标，其中，经济增长率和失业率是经济运行状况的重要衡量标准。作为世界第一人口大国，就业问题一直是我国不容忽视的问题。改革开放三十多年来，我国经济取得了举世瞩目的成绩，创造了高速增长的奇迹。经过三十多年的高速发展，如今，国家经济步入新常态，经济增长由高速增长步入中高速增长，经济增长对就业岗位创造能力日趋乏力，社会就业形势日趋严峻。与此同时，如何正确处理好经济增长同就业的关系，使经济增长和就业增加能够同步进行，是当前我国亟须解决的关键问题。

一、宏观经济增长模型

经济增长是指一个国家或地区生产的物质产品和服务的持续增加，它意味着经济规模和生产能力的扩大，可以反映一个国家或地区经济实力的增长。现在我国主要是用国内生产总值、国民生产总值来测量经济增长。为了消除价格变动的影响，反映实际的经济增长，应该使用不变价格计算。度量经济增长除了测算增长总量和总量增长率之外，还应计算人均占有量，如按人口平均的国内生产总值或国民生产总值及其增长率。本文选取 GDP 作为经济增长指标。

就业是指在法定年龄内的有劳动能力和劳动愿望的人们所从事的为获取报酬或经营收入进行的活动。再进一步分析，则需要对就业从三个方面进行界定：一是就业条件，是指在法定劳动年龄内，有劳动能力和劳动愿望；二是收入条件，是指获得一定的劳动报酬或经营收入；三是时间条件，即每周工作时间的长度。本文以社会就业量作为就业指标。

宏观经济学通常借助生产函数来研究经济增长。宏观生产函数可表示为$Y_t = A_t f(L_t, K_t)$，式中Y_t，L_t，K_t顺次为t时期的总产出、投入的劳动量和投入的资本量，A_t代表t时期的技术状况。根据生产函数可进一步得到一个描述投入要素增长率、产出增长率与技术进步增长率之间关系的分解式，即索洛模型：$GY = GA + \alpha GL + \beta GK$（式中，$GY$为产出的增长率，$GA$为技术进步的增长率，$GL$、$GK$分别为劳动和资本的增长率；$\alpha$和$\beta$为参数，它们分别是劳动和资本的产出弹性）。从索洛模型可以看出，经济增长是技术进步、资本积累和劳动力增加等因素长期作用的结果；经济增长与就业增长是正相关的，经济增长将推动就业的相应增长；技术进步率、资本投入增长率及劳动与资本的产出弹性均与就业增长率呈负相关。

宏观经济政策有三个主要目标：高GDP增长、低失业率、低通货膨胀。这三个目标之间有什么数量关系，是宏观经济学要研究的重大问题。奥肯定律是宏观经济学最可靠的经验定律之一。根据奥肯定律，GDP增长比潜在GDP增长快每2%，失业率下降1%。GDP增长比潜在GDP增长每慢2%，失业率上升1%。奥肯首先提出潜在GDP是指在价格保持相对稳定的情况下，一国经济所生产的最大产值，亦称充分就业GDP，即在所有愿意在现行工资下工作的人都就业下的GDP。奥肯定律论述的失业率与GDP的数量关系是失业率变动与潜在GDP增长率减实际GDP增长率这个差额的数量关系。其公式如下：

$$失业率的变动 = -1/2(实际GDP增长率 - 潜在GDP增长率)$$

奥肯定律的一个重要结论是：为防止失业率上升，实际GDP增长必须与潜在GDP增长同样快，如果想要使失业率下降，实际GDP必须快于潜在GDP增长。根据实际经验数据，大多数经济学家仍然认为潜在GDP的增长率一般在2%至2.5%之间，因此，当经济增长率高于2.25%时，失业率将下降，在此基础上，经济增长率每增加一个百分点，失业率就会下降半个百分点；当经济增长率低于2.25%时，失业率将上升，在此基础上，经济增长率每减少一个百分点，失业率就会上升半个百分点。

二、影响经济增长的描述性分析

（1）我国长期以来缺乏可信的失业统计，反映在资料上的数据只有城镇失业率这一指标，虽然随着这一指标逐渐地完善与合理，从过去到现在的数据变化趋势也能反映出我国面临着严峻的就业形势，但由于其中一些时间段还是存在很大的失真，利用失业率指标来研究就业与经济发展的精确数量关系，可能会出现更多的误差。鉴于此，本文应用两个指标，一是反映经济增长的指标，即国内生产总值（GDP）；另外一个是反映整个社会所容纳的劳动力总数的主要指标，即社会就业量。

（2）GDP与社会就业量变化。图1和表1显示，近十年来，我国经济一直保

持稳定的上升势头，2005 年的 GDP 是 184 575.8 亿元，而 2014 年达到了
634 043.4亿元。十年间，社会经济总量呈直线上升，并且仍保持继续上升的趋
势。随着 GDP 的增长，全社会所吸收的就业量也不断增加，由 2005 年的 74 647
万人到 2014 年的 77 253 万人。

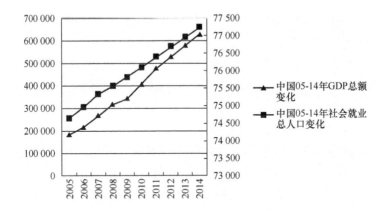

图 1　中国 2005—2014 年 GDP 总额和社会就业总人口变化

表 1　GDP 与社会就业量

日　期	2005 年	2006 年	2007 年	2008 年	2009 年
GDP（亿元）	184 575.8	217 246.6	268 631	318 736.7	345 046.4
就业量（万人）	74 647	74 978	75 321	75 564	75 828
日　期	2010 年	2011 年	2012 年	2013 年	2014 年
GDP（亿元）	407 137.8	479 576.1	532 872.1	583 196.7	634 043.4
总就量（万人）	76 105	76 420	76 704	76 977	77 253

数据来源：中华人民共和国国家统计局，国家年度数据（2015）。样本数据我们用 x 代表 GDP 总量；
y 代表就业量。根据表 1 的数据绘制图 1。

可以看出，我国近十年的社会 GDP 总额与其所容纳的就业量拥有相同的变
化趋势，二者的发展保持正相关关系，理论上可以认为，我国经济的增长带动了
就业总量的扩大。

根据表 1 的数据画出反映 GDP 总额同社会就业量关系的散点图 2，从散点图
我们可以看出数据的关系，就业伴随着 GDP 的增长而呈上升趋势，GDP 总额同
就业量呈明显的非线性正相关关系。

三、社会就业量对经济增长的回归分析

对年度 GDP 总额与就业量两个指标进行回归分析，根据本文的目标，选择
GDP 总额作为因变量（即解释变量），就业量作为自变量（即被解释变量）。我

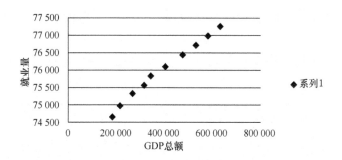

图 2 GDP 总额与就业总人口散点图

们关心的是经济增长对全社会就业量的带动作用，因此可以排除其他因素的影响。下面运用 SPSS 软件进行回归分析。

表 2 模型汇总[b]

模型	R	R^2	调整 R^2	标准估计的误差
1	0.996[a]	0.992	0.991	82.588 35

注释：a. 预测变量：（常量）GDP 总额；

　　　b. 因变量：就业量。

相关系数 $R = 0.996$，相关系数 $R^2 = 0.992$，R^2（拟合优度）作为回归分析的决定系数为 $0.99 > 0.8$，数值较大，说明拟合较好，散点集中于回归线上。

表 3 方差分析表

模型		平方和	df	均方	F	Sig.
1	回归	6 704 705.417	1	6 704 705.417	982.974	0.000[b]
	残差	54 566.683	8	6 820.835		
	总计	6 759 272.100	9			

注释：a. 因变量：就业量；

　　　b. 预测变量：（常量），GDP 总额。

从表 3 可知 F 值的实际显著性概率 p 值，Sig. < 0.05，即回归分析模型具有统计学意义。

表 4 系数[a]

模型		非标准化系数		标准系数	t	Sig.
		B	标准误差	试用版		
1	（常量）	73 782.373	74.793		986.491	0.000
	GDP 总额	0.006	0.000	0.996	31.352	0.000

注释：a. 因变量：就业量。

通过 t 检验可知，常数项和 GDP 总额都是有统计学意义的。由此可得 GDP 总额和社会就业总量的一元回归方程为：$y = 0.006x + 73\,782.373$。

通过回归结果的分析可以看到，方程的拟合优度较高，方程与变量的显著性能够通过检验，回归结果令人满意。回归结果表明，2005—2014 年我国的就业弹性为 0.006，也就是说，代表经济发展的 GDP 总量指标每年增长 1 个百分点，就能拉动全社会就业总量增加 0.006 个百分点，以 2014 年的 77 253 万总就业量为基数，GDP 增长 1 个百分点，全社会就会增加 4.63 万个就业岗位，这个结果表明，我国在经济增长的同时带动了就业的扩大，但这种扩大是有限的。

四、影响 GDP 变量的主成分分析和因子分析

经济增长是各国经济政策的核心目标，学者们一直在理论上探寻经济增长的成因，以促使该目标的实现。本文从对经济增长的衡量标准入手，对一些宏观经济变量进行分析，提取主要决定因子，忽略次要因子，寻找经济增长的相关决定因素。

一国经济增长的影响因素很多，包括劳动力供给、资本、技术进步、制度健全、进出口等。本文选取了一些因素，并寻找相关宏观数据，对数据进行主成分分析和因子分析，以期寻找对经济增长有更大影响的因素，并加深对统计学的学习了解。

此外，本文在国家统计局找到一些相关数据，如用来表示经济增长的 GDP、表示劳动力供给的就业量、净出口、固定投资额、人均消费额等一些因素。以下是运用 SPSS 的相关分析。

表5　中国 2005—2014 年经济增长影响因素数值

年份	GDP	就业量	净出口	固定投	人均消费
2005 年	184 575. 8	74 647	62 648. 1	88 773. 62	5 771
2006 年	217 246. 6	74 978	77 597. 2	109 998. 2	6 416
2007 年	268 631	75 321	93 563. 6	137 323. 94	7 572
2008 年	318 736. 7	75 564	100 394. 94	172 828. 4	8 707
2009 年	345 046. 8	75 828	82 029. 69	224 598. 77	9 514
2010 年	407 137. 8	76 105	107 022. 84	251 683. 77	10 919
2011 年	479 576. 1	76 420	123 240. 56	311 485. 13	13 134
2012 年	532 872. 1	76 704	129 359. 3	374 694. 74	14 699
2013 年	583 196. 7	76 977	137 131. 4	446 294. 09	16 190
2014 年	634 043. 4	77 253	143 911. 66	512 760. 7	17 806

数据来源：中华人民共和国国家统计局，国家年度数据（2015）。

表6　相关矩阵

		就业量	净出口	固定投资	人均消费
相关	就业量	1.000	0.960	0.982	0.990
	净出口	0.960	1.000	0.939	0.960
	固定投资	0.982	0.939	1.000	0.996
	人均消费	0.990	0.960	0.996	1.000

由表6可得就业量、净出口、固定投资和人均消费等变量的相关系数最小为0.939，均接近于1，它们之间具有强的相关性，所以这些变量适合做因子分析。

表7　KMO 和 Bartlett 的检验

取样足够度的 Kaiser – Meyer – Olkin 度量。		0.735
Bartlett 的球形度检验	近似卡方	82.054
	df	6
	Sig.	0.000

由表7可以看出，KMO > 0.07，接下来是 Bartlett 球形度检验，Sig. < 0.001，综合两个指标，说明变量之间具有相关性，可以进行因子分析。

表8　公因子方差

	初始	提取
就业量	1.000	0.988
净出口	1.000	0.951
固定投资	1.000	0.980
人均消费	1.000	0.995

由表8可以看出，4个公因子方差的提取值均大于0.8且接近于1，说明提取公因子的代表性高，解释性强。

表9　解释的总方差

成分	初始特征值			提取平方和载入		
	合计	方差的 %	累积 %	合计	方差的 %	累积 %
1	3.914	97.849	97.849	3.914	97.849	97.849
2	0.069	1.724	99.572			

成分	初始特征值			提取平方和载入		
	合计	方差的 %	累积 %	合计	方差的 %	累积 %
3	0.016	0.392	99.964			
4	0.001	0.036	100.000			

提取方法：主成分分析。

表9中，成分1的特征值大于1，可以解释97.849%的方差，所以可以提取成分1作为主成分。其余成分包含的信息较少，故舍去。

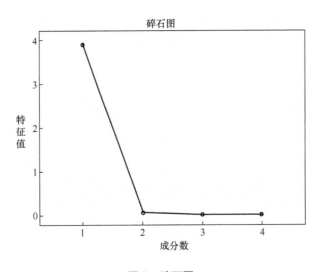

图3　碎石图

从图3中可以看出，成分1包含了几乎所有的信息，从2开始就几乎没什么有用信息了。因此，社会就业量是中国经济增长的主要影响因素。

五、结论

从以上的分析中可以了解到，劳动力供给即就业量是GDP增长的主要影响因素，其他因素对GDP的变化影响甚微。我国如何真正解决好劳动者就业问题是关乎国计民生的重大问题。经济增长是就业增长的前提条件，是解决失业问题的根本出路。而就业量的增加将提高劳动者收入，从而促进经济的增长。要实现经济增长和扩大就业的良性互动，还要采取相应的宏观经济政策。

第一，对欠发达地区，应选择劳动密集型经济，并且要提升劳动密集型经济的技术水平和集约程度，实现劳动密集型经济从粗放型向集约型的转变；应重点发展商业零售、交通运输、信息咨询、社区服务、物业管理等就业增长弹性大、吸纳劳动力多的劳动密集型第三产业。

第二，大力发展劳动密集型出口加工业，不断提高劳动密集型产品的技术含量和附加值。按外资的就业弹性和职位绝对增加量等指标来引导外资的地区流向。努力改善劳动力市场的运转效率，为劳动力供需双方提供及时有效的信息服务。

第三，加快农村城镇化建设，发展农业产业化，鼓励农民从传统的粮食生产转向就业弹性较高的经济作物的种植，减轻和延缓农村剩余劳动力的流动速度。

参考文献：

[1] 陈友余. 中国经济增长因素分析及其预测 [J]. 统计与决策. 2013（3）.

[2] 季方. 中国经济增长因素实证分析 [D]. 首都经济贸易大学，2009.

[3] 张鹏飞，陈斌开. 城市经济增长影响因素 [J]. 浙江社会科学. 2007（6）.

70％自给率下的中国粮食和食品安全研究

齐　勇

摘要　中国粮食供给自给率的降低已经严重影响到居民食品安全以及国家的粮食安全。如何解决中国的粮食问题，世界和我国的专家分成坚持粮食自给自足和市场化解决粮食问题两种路线。本文认为，未来中国粮食安全战略必须坚持粮食自给自足政策和路线。正确处理好粮食自给和进口的关系，需要采取有力措施，解决我国的粮食自给问题。

关键词　粮食；食品；安全；家庭承包制

一、引言

国家统计局的统计数据表明，2014 年中国又是一个丰收年，全年粮食产量达到 5.46 亿吨，增产 2.9％，连续 5 年保持在 5 亿吨以上的产量。与此同时，2014 年中国小麦和玉米的进口量分别为 120 万吨和 157 万吨，大米进口只有 36.6 万吨。总计进口粮食大概 310 万吨。只看这样的数据，我们可能会认为中国粮食自给率依然很高，超过 99％。

如果这样认为，那就错了。按照国家统计局的统计，粮食只包括玉米、水稻、小麦等作物，却不包括大豆。中国在 2010 年进口大豆 5 480 万吨，这是一个惊人的数据，仅这一项就占到粮食产量的 10％。如果考虑到大豆的单产只有粮食作物的 1/3（据统计，2008 年大豆和粮食作物每公顷产量分别为 1 703 千克和 4 951千克）。如果大豆换算粮食，中国需要进口 30％ 的粮食。加之中国在 2010 年进口了 260 万吨的棉花，考虑到棉花单产只有粮食的 1/4，相当于进口了粮食 1 000万吨。

综合大豆和棉花的进口量来看，2014 年中国粮食自给率只有 70％。不言自明，之所以统计上中国粮食产量猛增，是因为原来种大豆的土地用来种粮食了。

实现城乡一体化，建设美丽乡村，是建设"美丽中国"、实现"中国梦"的重要组成部分。2013 年 7 月 22 日，习近平总书记在湖北省鄂州市东港村育种基地视察时说："城镇化要发展，农业现代化和新农村建设也要发展。农村绝不能成为荒芜的农村，粮食安全要靠自己。"当前，中国粮食供给自给率的降低已经严重影响到居民食品安全以及国家的粮食安全。如何解决中国面临的粮食和食品安全问题已经成为全党面临的重要任务。

二、目前我国粮食安全的基本状况

粮食安全是指保证任何人在任何时候都能够在物质上和经济上获得足够、安全和富有营养的食品，满足其积极和健康生活的膳食需要及食物喜好。粮食安全可以分为四个层次，即世界粮食安全、国家粮食安全、家庭粮食安全和个人营养安全。其中，国家粮食安全是核心层次。从本质上讲，国家粮食安全是指一个国家满足粮食需求以及抵御各种不测事件的能力。我国理论和实践部门研究认为，中国的粮食安全指标主要有四个方面：第一个也是最重要的标准就是粮食生产的安全。国家粮食的自给率必须努力达到 95% 以上。或者说，粮食外贸依存系数保持在 5% 左右。如果条件允许，外贸依存系数可适度提高。第二个标准是，从粮食消费安全角度看，人均粮食应达到 400 千克。我国研究人员的研究表明，人均粮食 370 千克就能够基本满足目前的食品消费需要，人体最低热量摄入标准为每人每天 2 100 大卡，不能使贫困人口陷入饥饿以致影响社会安定和谐。第三个标准是粮食库存安全应该稳定在 20%—25% 左右为宜。第四个标准是粮食产量波动系数应稳定在 2% 左右。我国粮食常年生产能力应该保证在 4.85 亿吨以上。

2013 年 11 月 29 日，国家统计局发布公告称，2013 年中国粮食总产量达到 60 193.5 万吨，同比增长 2.1%。从 2004 年算起，这已是中国粮食产量连续增加的第十个年头。如果只看这样的数据，我们可能会认为中国粮食自给率依然很高，超过 99%。但是据统计，三大主粮 2012 年净进口总数为 1 900 万吨左右，2013 年前七个月的总数也已达 1143.9 万吨。不仅如此，继玉米在 2011 年进入"全面进口元年"后，中国有望于 2014 年超越埃及，成为全球最大的小麦进口国。国家粮油信息中心预测，进口总量将达 650 万吨。2012 年我国大豆总产量低于 1 000 万吨，进口大豆接近 6 000 万吨，主要为转基因品种。[①] 据海关统计，2012 年，我国累计进口棉花 513.7 万吨。如果考虑到大豆的单产只有粮食作物的 1/3，棉花的单产仅仅是粮食产量的 1/4，不言自明，中国粮食自给率下降是明显的。

粮食自给率下降的影响是巨大的，对内对外都是一个冲击。

首先，粮食自给率下降必然导致中国粮食价格的上涨。粮价是万价之基，而食品类价格在中国 CPI 权重中占比 1/3。粮价的上升会引发劳动力价格的继续上涨和一切商品价格上涨。如果粮食价格上涨幅度加大，无疑会恶化我国通货膨胀的态势。

其次，粮食自给率下降是我国近年来食品不安全的重要原因。为了提高粮食产量，在农业生产中大量使用化肥、农药，种植转基因作物。此外，国内粮食供给不足必然导致中国粮食价格的上涨，在这种情况下，餐饮经营者必然会出于节

---

① 我国米袋子系在别人腰间：大豆及三大主粮依赖进口 [J]. 财经，2013（6）：9.

约成本的考虑，以牺牲食品安全来应对。国人餐桌日益成为某些人"追求"化学诺贝尔奖的试验场，① 地沟油屡禁不止。而在国内粮食自给率连续走低的大背景下，我国食品卫生监督执法部门对粮食和食品安全的管理不敢采取雷霆手段，致使我国食品不安全状况越演越烈。

最后，粮食自给率的下降会导致进口粮食增加，影响中国粮食安全和国家安全。布朗在1994年就指出"谁来养活中国"这样一个问题？像中国这样的人口大国，如果不能实现自给自足，仅从国际市场上去采购，一旦遭遇禁运，中国人就有可能挨饿，会受制于人。目前，全球每年粮食的正常贸易量为2.2亿吨至2.3亿吨，即使中国将这些粮食全部购买下来，也只能满足国内粮食需求的45%。中国进口粮食会把国际粮价推高的"大国效应"，中国进口粮食每增加100万吨，国际粮价上升5%。这种情况下，无法处理与进口粮食的发展中国家的关系。因此，基辛格说：如果你控制了石油，你就控制了所有的国家；如果你控制了粮食，你就控制了所有的人。由此可见，中国粮食安全形势已越来越严峻。

三、家庭承包制是中国粮食自给率下降的根本原因

中国在20世纪90年代初的时候粮食自给率还在90%以上。此后，粮食自给率就在逐步下降。随着今后中国经济的进一步发展和城市化的推进，中国的粮食自给率可以预计会进一步下降。这样的低自给率是什么原因造成的？

十一届三中全会开始的改革开放是以农村实行家庭承包责任制的实施为起点的，它对克服以前的平均主义，调动广大农民的生产积极性，推进农业生产力的发展，提高农产品产量，满足城乡居民饮食需要，支援工业建设和出口创汇做出了极大的贡献。但从实质上看，这是一种小农单干经济，不能从根本上完成从传统农业向现代农业的转变。随着改革开放的深入，其缺陷日益显现。

马克思说："这种生产方式是以土地及其他生产资料的分散为前提的。它既排斥生产资料的积聚，也排斥协作，排斥同一生产过程内部的分工，排斥社会对自然的统治和支配，排斥社会生产力的自由发展。它只同生产和社会的狭隘的自然产生的界限相容。"② 在这种生产方式之下，先进机器和设备的购买和采用，新技术和新生产工艺的发明和采用，水利设施的兴修，植树造林，土壤改良，治理土地沙化碱化和水土流失，治理植物病虫灾害，交通运输、通信技术条件的改善等，所有这些促进农业生产力进步的措施和手段都是这种生产方式解决不了的。

这种生产方式本质上是自然经济。男耕女织、自给自足，"大而全、小而

① 何时国人餐桌上不再成为某些人"追求"化学诺奖的试验场［EB/OL］. http：//fmxx. blog. 163. com/blog/static/11924905520109110115853928.

② 马克思. 资本论［M］. 北京：人民出版社，1975：830.

全"，"三十亩地一头牛，老婆孩子热炕头"，"鸡犬之声相闻，老死不相往来"，是对这种生产方式的生动写照。它追求产品的使用价值而不是为了市场需要而生产。它不讲成本和收益的计算，不以追逐利润最大化为目的，难以促进生产力的发展；它排斥竞争，回避竞争，回避创新和冒险，安于现状，不愿并且也不能承担大的风险和经济波动。

由于这种生产方式一家一户的小生产的特征，生产规模狭小、积累能力有限，各个经济主体之间缺乏联合等特点，在这种土地经营制度和农业生产制度下，农民从根本上来说是弱势群体。他们除了土地和简单劳动力以外，不掌握任何政治资源、资本、技术、组织管理和文化智力资源等，难以抵制地方政府的错误政策；此外，家庭承包责任制激发了农民的小私有者心理，使农民对损害集体利益的言行、贪污腐败等问题漠不关心，各种必须的和有益的集体事业和公益事业都难以开展，使农村日益碎片化。这也是单纯的农业问题进一步放大为"三农"问题的重要原因。

这种生产方式因为生产水平低下，控制自然的力量非常小。它控制不了自然，反过来必然被自然所控制。每次大的自然灾害，都会对这种生产方式下的农业生产造成极大的破坏。

种种因素交织在一起，使这种生产经营盈余能力极其低下，剩余产品极少，难以进行大规模的积累，只能维持简单再生产，有时候甚至连简单再生产都难以维持。中国封建社会历史漫长，发展缓慢，是与这种落后的生产方式密切相关的。

跟其他产业比较起来，这种生产方式效益低下、缺乏竞争力，致使农业劳动力、土地、资金等生产要素日益从农业中流出，农业大量"失血"，农业发展道路日益狭窄和局促，农村日渐"内卷化"；同时，加入 WTO 以后，这种落后的农业生产方式难以同国外资本主义的大农业竞争。目前，中美两国农业劳动生产率相差极大，中国农产品的价格高于国际农产品市场价格 20%—40%。从总体上看，中国农产品不具有竞争力，而且由于农业几乎没有什么收益，农民对农业生产的现金投入明显减少，未来几年出现农业生产萎缩的情形不是不可能的。随着城市化的推进，中国的粮食自给率预计会进一步下降。

四、中国粮食和食品安全问题的对策和出路

关于中国粮食和食品安全问题的解决，学术界一般提出的措施包括：实行严格的耕地保护制度，遏制耕地下滑趋势；支持农田水利建设，改善灌排保障能力；科技兴粮，挖掘粮食生产潜力；采用价格、贷款、休耕、灾害补贴、税收等政策，加大生产扶持力度，支持粮食主产区建设，提高粮食比较效益，调动农民种粮积极性；支持农业政策性保险，构建粮食安全屏障；处理好粮食自给和进口的关系，适当从外国进口一部分粮食；制定适合中国的饮食生产和消费结构；广

辟饲料来源，采用替代饲料；大力发展耕地以外的资源，发展蛋白含量高的粮食和其他作物。这些措施的提出基本上是从改进农业生产力的角度着力，没有涉及生产关系的改变。而粮食自给率下降以及随之而来的食品安全问题在现有家庭承包制度安排下难以解决。2013年，中央一号文件指出，要充分发挥农村基本经营制度优越性，着力构建集约化、专业化、组织化、社会化相结合的新型农业经营体系，进一步解放和发展农村社会生产力；鼓励和支持承包土地向专业大户、家庭农场、农民合作社流转，发展多种形式的适度规模经营。只有改变了家庭承包制这种日渐落伍的生产关系，实行规模化的农业，再辅之以其他措施，中国粮食安全问题才能得到有效解决。

参考文献：

［1］马克思. 资本论［M］. 北京：人民出版社，1975.

［2］许志信. 草地建设与畜牧业可持续发展［J］. 中国农村经济，2000（3）.

［3］邓英淘. 关于中国土地资源开发利用状况的综述［M］//参天水利资源工程研考会：工作通报. 北京：社会科学文献出版社，2004.

［4］中国21世纪议程管理中心可持续发展战略研究组. 全球化与中国"三农"［M］. 北京：社会科学文献出版社，2005.

［5］王学真，公茂刚. 粮食安全理论分析与对策研究［J］. 东岳论丛，2006（6）.

［6］欧云. 浅析水利与我国粮食安全的关系［J］. 城市建设理论研究，2013（3）.

［7］Colby, Hunter, Xinshen Diao, Francis Tuan. China's WTO Accession: Conflicts with Domestic Agricultural Policies and Institutions, TMD Discussion Paper, No. 68, Trade and Macroeconomics Division, International Food Policy Research Institute, Washington, D. C. , 2001.

北京市与台湾地区文化创意产业发展比较研究*

黄立君　　施雯雯

摘要　文化创意产业是一种在经济全球化背景下产生的以创造力为核心的新兴产业。该产业在北京市和台湾地区起步都较晚，但两地都制定了很多政策来推动其发展。本文通过实地调研及政府官网所获得的公开数据，对北京和台湾地区的文化创意产业发展现状及其原因进行比较研究，以期获得促进该产业进一步发展的经验。

关键词　文化创意产业；发展差异；原因

兴起于20世纪90年代末期的文化创意产业（Cultural and Creative Industries）是一种在经济全球化背景下产生的以创造力为核心的新兴产业，强调一种主体文化或文化因素依靠个人（团队）通过技术、创意和产业化的方式开发、营销知识产权的行业。它的发展有助于经济结构转型，创造就业机会，提高生活质量，促进社会发展。文化创意产业在北京市和台湾地区起步都比较晚，但两地都制定了很多政策来推动其健康有序地发展。本文通过实地调研及政府官网所获得的公开数据，对北京和台湾地区的文化创意产业发展现状及其原因进行比较，以期获得促进该产业进一步发展的经验。

一、国内外相关研究成果综述

关于文化创意产业，凯夫斯（Caves）、霍金斯（Howkins）、陶斯（Towse）等对其内涵从不同的角度进行了研究；波特（Porter）、斯科特（Scott）、普拉特（Pratt）等对文化创意产业集聚的动因给出了解释；怀斯（Wise，2002）、波特（Porter，2002）、伍德和泰勒（Wood & Taylor，2004）、普拉特（Pratt，2004）、吴（Wu，2005）、劳伦兹和伦德瓦尔（Lorenz & Lundvall，2010）、班克斯（Banks，2010）、蒙索（Monseau，2011）等则对文化创意产业发展过程中的政府职能进行了研究。

在有关北京和台湾地区文化创意产业比较研究方面，徐丹丹、宋欣、张维昊（2011），赵曙明、李程骅（2006），厉无畏（2006），穆青（2008），赵继新、楚江江（2011）等分别从资金支持、人才培养和产权制度构建方面对文化创意产业的政策进行了研究。张京城（2011）把北京市文化创意产业政策按功能分为八大

---

* 本文获台湾政治大学"2014两岸暨国际学人研究奖助"。文责自负。

类，并进行了相应的统计，分析了各类政策的特点和详细情况。[①] 徐信贵、陈伯礼（2010）在研究台湾当局如何推动文化创意产业发展的过程中，总结了三大政策工具：补助、从业激励和人才培养，并对《文化创意产业发展法》的立法历程和总体内容进行了介绍。[②] 魏雪莲、陈永洛（2012）在详细介绍台湾地区人才培养体系特点的基础上，指出其之所以能在人才培养上取得巨大成功的原因在于，台湾地区始终把培养与时俱进的创意人才作为政策重点。[③]

以上成果为我们的后续研究提供了参考与学术指南。本文在搜集整理第一手数据的基础上，对北京市和台湾地区文化创意产业整体发展现状及原因进行比较研究。

二、北京市与台湾地区文化创意产业整体运行概况

（一）文化创意产业整体规模

1. 北京市文化创意产业整体规模

在政策及相关保障措施的推动下，北京市文化创意产业发展迅速，产值增速不断加快，在 GDP 中所占的比重也逐渐提高，已经成为全国文化创意产业的领跑者。《2013 年两岸城市文化创意产业竞争力调查报告》[④] 显示，北京（96.828 分）排名第一、上海（96.641 分）第二、台北（93.816）第三。2006 年至 2012 年期间，北京文化创意产业发展情况如表 1 所示。

表 1　北京市文化创意产业产值及占 GDP 比重情况（2006—2012 年）

单位：人民币亿元

年份 指标	2006 年	2007 年	2008 年	2009 年	2010 年	2011 年	2012 年
产值（亿元）	823.2	1 008.3	1 346.4	1 489.9	1 697.7	1 989.9	2 205.2
GDP（亿元）	8 117.8	9 846.8	11 115.0	12 153.0	14 113.6	16 251.9	17 879.4
占 GDP 比重（%）	10.1	10.2	12.1	12.3	12.0	12.2	12.3

资料来源：根据北京市统计信息网整理 www.bjstats.gov.cn.

从表 1 可以看出，北京市文化创意产业产值连年增长，由 2006 年的 823.2 亿元增加到 2012 年的 2 205.2 亿元，增长了 167.9%，平均增速为 18.1%，高于 GDP 的平均增速。2012 年，北京市文化创意产业产值为 2 205.2 亿元，虽然与 2011 年相比，增速有所下降，但仍然高于 GDP 增速，稳居第二支柱产业地位，

---

① 张京成. 北京文化创意产业发展报告（2011 版）[M]. 北京：社会科学文献出版社，2012：38～39.

② 徐信贵，陈伯礼. 台湾文化创意产业营造中的政府角色与功能 [J]. 管理现代化，2010（2）.

③ 魏雪莲，陈永洛. 借鉴台湾文化产业人才培养优势培育福建文化产业人才 [J]. 长沙大学学报，2012（4）.

④ 该报告于 2013 年 6 月公布，由亚太文化创意产业协会在 2013 年通过调查研究 42 个城市，以文化软实力和文化硬实力作为衡量标准。

仅次于金融业。

北京市文化创意产业就业带动作用明显，2006年至2012年吸纳就业和带动就业的情况如表2所示。

表2 北京市文化创意产业就业人数（2006—2012年）

	2006年	2007年	2008年	2009年	2010年	2011年	2012年
从业人数（万人）	89.5	102.5	107	114.9	122.9	140.9	152.9
占第三产业就业人数比重（%）	14.1	15.7	15.1	15.6	16.0	17.8	20.4
占全市就业人数比重（%）	9.7	10.9	10.9	11.5	11.9	13.2	13.8

资料来源：根据张京城的《中国创意产业发展报告（2013）》（中国经济出版社2013年版）整理所得。

从表2可以看出，2006年以来，北京市文化创意产业从业人数、占第三产业就业人数比重以及占全市就业人数比重均不断提高。2012年，北京市文化创意产业就业人数达到152.9万人，占第三产业就业人数的20.4%，占全市就业人数比重为13.8%，说明北京市文化创意产业不仅实现了产值的稳步增长，同时也带动了就业的稳步增长。从各行业吸纳就业的人数来看，软件、网络及计算机服务业平均就业人数达69.8万人，几乎占据北京市文化创意产业总体就业人数的一半，远远高于其他行业。

2. 台湾地区文化创意产业整体规模

台湾地区的政策推动分为文创一期（2002—2008年）和文创二期（2009—2013年），发展情况如表3所示。

表3 台湾地区文化创意产业产值及占GDP比重情况（2002—2012年）

单位：新台币亿元

	产值（亿元）	GDP（亿元）	占GDP比重（%）
2002年	4 352.60	10 0754.63	4.32
2003年	4 930.56	10 4020.25	4.74
2004年	5 451.59	110 356.07	4.94
2005年	5 620.48	114 005.68	4.93
2006年	5 997.58	118 999.60	5.04
2007年	6 174.15	124 730.30	4.95
2008年	6 783.39	122 665.28	5.53
2009年	6 488.40	120 826.82	5.37
2010年	7 661.28	132 548.10	5.78
2011年	7 842.55	134 060.68	5.85
2012年	7 574.24	140 523.93	5.39

资料来源：作者根据张建一的《2013台湾文化创意产业发展年报》（台湾"文化部"2013年版）整理所得。

从表3中可以看出，文创一期台湾文化创意产业产值不断增长，占GDP比重不断提高。在文创二期的前期，由于受全球经济衰退的影响，产值出现了负增长状态，"行政院"2009年提出的"创意台湾——文化创意产业发展方案"通过系统地辅导与协助文化创意产业，其成果在2010年显现，产值较2009年增长了18.1%，远远高于GDP增速。但在2012年又出现滑落，原因主要还是在于受国际经济放缓影响，导致消费迟缓，外销市场萎缩。但总体来看，台湾地区文化创意产业产值的平均增速是低于北京的。

台湾地区文化创意产业目前尚没有就业人数统计资料，较为相似的调查为"行政院"劳委会所发布的《职业类别薪资调查报告》，虽然产业分类有些许差异，但也不失为值得参考的客观数据。从近五年台湾地区文化创意产业受雇员工人数趋势观察，大致上与文化创意产业产值趋势相同，如表4所示。

表4　台湾地区文化创意产业受雇员工人数（2008—2012年）　　单位：人

	2008年	2009年	2010年	2011年	2012年
出版	30 790	31 463	31 461	32 466	31 156
影片服务、录音录制及音乐出版	14 614	13 997	15 115	15 974	16 168
传播及节目播送	18 363	17 935	17 816	18 149	18 492
广告业及市场研究	28 456	27 407	27 936	28 842	28 081
专门设计服务	13 359	13 827	14 746	16 441	18 737
艺术表演	3 439	3 634	3 535	3 617	3 693
运动、娱乐及休闲服务	52 469	47 259	50 430	47 414	46 003
创意生活	8 421	9 020	9 500	10 000	10 460
总计	169 111	164 542	170 539	172 903	172 757

资料来源：作者根据张建一的《2013台湾文化创意产业发展年报》（台湾"文化部"2013年版）整理所得。

表4显示，台湾地区文化创意产业受雇工人数在2009年出现了明显的下降，2010年及2011年又有所回升，但2012年又呈现微幅衰退情形，但平均受雇员工人数基本保持在17万人左右。从各行业的角度来看，运动、娱乐及休闲服务、出版和广告业及市场研究从业人数较多，主要是因为这三个行业都是以人力为主的中小型企业。以出版业为例，无论是内容的编制，还是书籍的流通和销售，都依赖大量的服务人员。与北京市相比，台湾地区文化创意产业受雇员工行业分布情况没有出现被一个行业独占大半江山的局面，相对比较均匀地分布在几大行业之中。

（二）文化创意产业主要行业发展概况

根据北京市政府2006年颁布的《北京市文化创意产业分类标准》，将文化创意产业分为九大类，涵盖了文化艺术、广播影视、旅游休闲、艺术品交易等类别，下设 27 个中类，88 个小类，为全面系统地对文化创意产业的运行进行统计监测提供了良好的参考依据。北京市文化创意产业发展情况如图 1 所示。

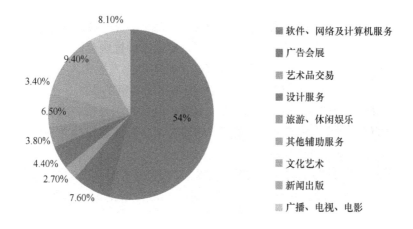

8.10%
9.40%
3.40%
6.50%
3.80%
4.40%
2.70%
7.60%
54%

■ 软件、网络及计算机服务
■ 广告会展
■ 艺术品交易
■ 设计服务
■ 旅游、休闲娱乐
■ 其他辅助服务
■ 文化艺术
■ 新闻出版
■ 广播、电视、电影

图 1　2012 年北京市文化创意产业各行业产值比例

资料来源：作者根据张京城、王国华的《北京文化创意产业发展报告（2013）》（社会科学文献出版社 2013 年版）整理所得。

从图 1 中可以看出，各行业发展冷热不均现象严重。2012 年，九大行业门类中，软件、网络及计算机服务以绝对的优势占主体地位，产值达 1 190.3 亿元，占总产值的 54%，吸纳就业人数 69.8 万，占总就业人数的 45.7%，其他八个行业产值比重均在 10% 以下，与软件、网络及计算机服务业差距较大，由此也可以说明软件行业已经成为北京市文化创意产业中最重要的一个领域。

新闻出版业产值为 208.3 亿元，占总产值的 9.4%，仅次于软件、网络及计算机服务业，吸纳就业人数 15.6 万，占总就业人数的 10.2%，与 2011 年相比，无论是产值还是从业人员，均实现了稳步增长。

广播、电视、电影产值为 177.6 亿元，居第三位，占总产值的 8.1%，吸纳就业人数 6 万，占总就业人数的 3.9%，而该行业主要企业在收入和利润的增长方面主要是通过创新经营模式实现的，说明广播、电影、电视行业已经形成以企业为主体的创新格局。

广告会展产值为 168.6 亿元，占总产值的 7.6%，吸纳就业人数 12.5 万，占总就业人数的 8.2%，总体来看，该行业在 2012 年实现了稳步增长，并在带动相关产业的发展、促进北京市经济发展方式的转变上正发挥越来越大的作用。

设计服务产值为 97.4 亿元，占总产值的 4.4%，吸纳就业人数 11.9 万，占总就业人数的 7.8%。2012 年，中国设计交易市场的落成，将进一步促进设计服务业的资源整合。

旅游、休闲娱乐业产值为 83.4 亿元，占总产值的 3.8%，吸纳就业人数 11.1 万，占总就业人数的 7.3%，其中，入境旅游由于受全球经济衰退和人民币升值的双重影响，在 2012 年出现了小幅下跌，但国内旅游依然保持了较快发展的态势。

文化艺术产值为 76 亿，占总产值的 3.4%，吸纳就业人数 7.2 万，占总就业人数的 4.7%，已逐步出现文化与产业融合、文化与科技融合的新消费模式。艺术品交易产值为 59.2 亿，占总产值的 2.7%，吸纳就业人数 2.8 万，占总就业人数的 1.8%，其中，书画尤其是古代书画依旧占据交易额的很大比例。

总体来看，在产值增速方面，广播、电视、电影领域最快，其次为软件、网络及计算机服务，在吸纳就业人数方面，软件、网络及计算机服务业依旧占据了半壁江山，其次为其他辅助服务和新闻出版业。

而台湾地区于 2010 年制定并颁布了"《文化创意产业发展法》"，重新定义了文化创意产业的内涵，并将其各行业类别由 13 类增至 15 + 1 类（如表 5 所示）。

表 5　台湾地区文化创意产业分类图

领域	行业（15 + 1 项）	行业（原 13 项）
艺文类	视觉艺术产业	视觉艺术产业
	音乐及表演艺术产业	音乐及表演艺术产业
	文化资源应用及展演设施产业	文化资源应用及展演设施产业
	工艺产业	工艺产业
媒体类	电影产业	电影产业
	广播电视产业	广播电视产业
	出版产业	出版产业
	广告产业	广告产业
设计类	流行音乐及文化内容产业（新增）	设计产业
	产品设计产业（调整）	
	视觉传达设计产业（调整）	
	设计品牌时尚产业	设计品牌时尚产业
	建筑设计产业	建筑设计产业
	创意生活产业	创意生活产业
数位内容	数位内容产业（调整）	数位休闲娱乐产业
其他	经"中央"主管机关制定之产业	

资料来源：作者根据李仁芳的《2011 台湾文化创意产业发展年报》（"行政院文化建设委员会" 2011 年版）整理所得。

台湾地区文化产业的产值情况如图2所示。

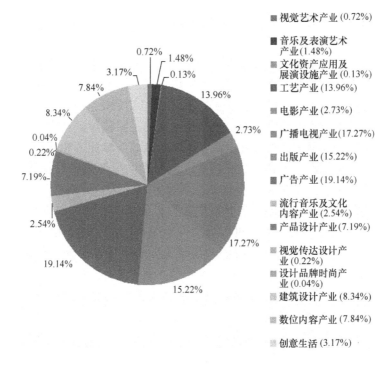

图2显示，2012年台湾地区文化创意产业各行业产值比例

资料来源：作者根据张建一的《2013台湾文化创意产业发展年报》（台湾"文化部"2013年版）整理所得。

图2显示，2012年，台湾地区的文化创意各行业产值中前五名依次为广告产业、广播电视产业、出版产业、工艺产业以及建筑产业。其中，广告产业产值为新台币1 450亿，占总产值的19.14%；广播电视产业产值为新台币1 308亿，占总产值的17.27%；出版产业产值为新台币1 153亿，占总产值的15.22%；工艺产业产值为新台币1 058亿，占总产值的13.96%；建筑设计产业产值为新台币632亿，占总产值的8.34%。产值增长率排名前5的依次为视觉艺术产业、音乐及表演艺术产业、设计品牌时尚产业、电影产业和广播电视产业，其中，产值最高的前三大产业占整个文化创意产业的51.63%，产值最小的前三大产业仅占整个文化创意产业的0.39%，由此可见，台湾地区文化创意产业各行业经济规模差异大，但依旧小于北京市。

（三）文化创意产业集聚发展情况

从产业集聚发展情况来看，北京市和台湾地区都形成了一定规模的集聚，北京市对文化创意产业的集聚管理使用的是"集聚区"这个概念，台湾地区对文化创意产业的集聚管理使用的是"园区"这个概念，两者的区别主要在于园区相对于集聚区来说，是一种比较规范和成熟的集聚区，它的管理营运体系是相对完善的，而集聚区具有混合型的特点，它包括创意主体、创意产品化的生产空间和创意产品的收集和交易。

根据北京市政府在 2006 年颁布的《北京市文化创意产业集聚区认定和管理办法（试行）》，将文化创意产业集聚区认定分为四批共 30 个，按照主营业务的不同，可以分为八种行业类别。从聚集区的地理区位来看，可以发现北京市各区县的文化创意产业聚集区功能与各区县在北京城市功能定位中的分工基本一致。东城区和西城区是国家政治中心和历史文化建筑的主要载体，其特殊的区位功能决定了文化创意产业聚集区主要集中在文化艺术领域，海淀区和朝阳区文化、智力等资源丰富，第三产业发达，文化创意产业聚集区呈现集中发展态势，密云、怀柔、门头沟、平谷、延庆由于环境承载能力相对有限，不适合产业大规模发展，因此，这些地方的文化创意产业集聚数量有限且主要集中在生态旅游方面。从集聚区的发展脉络来看，大致可以分为两个时期，第一期是前集聚时期，即 20 世纪 90 年代至 2005 年，这一时期的集聚主要是自发形成的，如宋庄的画家村、潘家园的古玩市场、大山子文化艺术区等，文化与科技的融合并不紧密。第二期是集聚区时期，即 2006 年至今，这一时期北京市政府开始从战略的角度重视文化创意产业的发展，因此，集聚主要是在政府的引导下形成的。

而台湾地区共有 28 个文化创意产业园区，主要依靠政府的力量来推动产业的集聚。位于前五的分别为华山园区、花莲园区、台南园区、嘉义园区和台中园区（如表 6 所示）。

表6　台湾地区五大文化创意产业园区基本资料（2012）

名称	华山园区	花莲园区	台中园区	嘉义园区	台南园区
面积	5.56 公顷	3.35 公顷	5.6 公顷	3.92 公顷	0.6108 公顷
土地拨用	2004 年	2003 年	2007 年	2006 年	2007 年
都市计划变更	2003 年 9 月变更为创意文化专用区	2009 年 5 月变更为创意文化专用区	2007 年 5 月变更为创意文化专用区	2005 年 11 月变更为创意文化专用区	2009 年 12 月变更为创意文化专用区
园区定位	文化创意产业、跨界艺术展现与生活美学风格塑造	文化艺术产业与光结合之实验场域	台湾建筑、设计与艺术展演中心	传统艺术创新中心	台湾创意生活产业发展中心
活动场次	1 512	27	230	157	0
活动参与人	1 792 406	36 772	653 670	40 428	0

资料来源：作者根据《台湾文化创意产业发展年报》（2012、2013）（许秋煌总编辑，台北市"文化部" 2012、2013 年版）整理而得。

从表6可以看出，目前，台湾地区五大文化创意园区中，华山文化创意园区于2007年12月正式交付给台湾文创发展股份有限公司经营管理，花莲文化创意园区也由民间团队负责园区策展营运，台中文化创意园区、嘉义文化创意园区、台南文化创意园区正积极进行招商作业，推动委外经营。总体来看，五个园区中，只有华山园区拥有较丰富的营运经验，加上"文化部"和台北市政府陆续完善的软硬件设备并积极进行规划研究，使其具有很大的发展潜力，其他四个园区都停留在边走边看的建设中，文化创意产业园区的活力有待进一步提高。

三、北京市和台湾地区文化创意产业规模出现差异的原因

北京市和台湾地区文化创意产业规模的差异情况如图3所示。从产值来看，2009年为分水岭，2009年之前，台湾地区文化创意产业产值一直高于北京市，2009年之后，台湾地区文化创意产业产值被北京市反超。究其原因，一方面是统计口径的不同和政府行为造成的，另一方面则是因为全球金融危机对两个地区的影响程度不同。

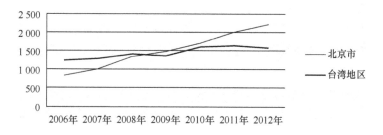

图3　北京市和台湾地区文化创意产业产值（2006—2012年）（单位：亿元）
数据来源：作者根据公开文献整理而得。

（一）2006—2009年两地文化创意产业规模出现差异的原因

为促进文化创意产业的发展，台湾地区政府于2010年制定并颁布了"《文化创意产业发展法》"，在该法中重新定义了文化创意产业的内涵。因此，在此法颁布之前，将"台湾当局"对文化创意产业的划分范围与北京市大致相对应，可以发现，占据北京市半壁江山的网络、软件和计算机服务业基本没有纳入台湾地区的统计范围，所以虽然从统计数据来看，这一时期北京市文化创意产业产值与台湾地区一直相差不多并于2009年超过台湾地区，但是如果将软件、网络和计算机服务业剔除，可以发现，台湾地区文化创意产业的实际产值在这一时期是远远高于北京市的。因此，这一时期两个地区产值出现上述差异的原因主要是政府行为的不同，台湾地区文化创意产业比北京市起步早，政府的配套推动措施相对完善，再加上政府积极倡导自由的文化氛围，从而推动了文化创意产业的发

展。从产值占 GDP 的比重来看，北京市从 2006 年起就一直高于台湾地区，一方面是因为台湾地区 GDP 数值远远高于北京市，另一方面也是因为统计口径的差异，如果把软件、网络及计算机服务业剔除在北京市的统计口径之外，可以发现，文化创意产业产值占北京市 GDP 的比重仅为 5%—6%。

（二）2010—2012 年两地文化创意产业规模出现差异的原因

2010 年，台湾地区政府制定并颁布的"《文化创意产业发展法》"把数位休闲娱乐产业[①]调整为数位内容产业。[②] 因此，2010 年之后，台湾地区数位内容产业与北京市软件、网络及计算机服务的部分行业是可以匹配的，而从统计数据来看，北京市的产值在这一时期已超过台湾地区。究其原因，主要有以下三点：

一是统计口径的差异。虽然 2010 年台湾地区已经把网络服务和内容软件纳入了统计范围，但数位内容产业的整体涵盖规模仍小于软件、网络及计算机服务业，使台湾地区的统计口径依然小于北京市。

二是市场规模大小的差异。台湾地区与北京市相比，市场较狭小，不能较好地化解外来因素带来的冲击，因此，受全球金融危机的冲击较大。总体来看，台湾地区文化创意产业一直是以内需市场为主，其岛内市场远远小于北京市所依托的整个中国大陆市场，不足以支撑产业发展，因此，外来因素的冲击会给台湾地区带来更为严重的后果。受全球经济景气走缓的影响，台湾地区的公众在消费上趋于保守，内销市场发展迟缓，再加上欧美国家受欧债危机的影响，市场消费力下降，使文化创意产业总体外销金额出现衰退。

三是北京市政府有效的政策推动。自 2006 年以来，北京市政府在推动文化创意产业的发展过程中，积极主动地采取了一些有效措施，使其文化创意产业得到了快速的发展。

这些措施首先将文化与科技相融合，并使其成为核心支柱产业。科技是手段，文化是内容，只有将两者融合，才能不断构建和拓展文化创意产业新的发展空间。在科技和文化融合方面，北京市政府通过一系列政策性文件提出过具体要求，加强政府对科技和文化融合的组织和引导，扶持"文化与科技融合"的企业主体，提升北京市文化与科技的融合效率。随着互联网技术的普及，2012 年，北京市软件、网络和计算机服务业的产值占总产值的 54%，成为核心支柱产业，数字出版、新媒体、网络游戏、动漫等行业表现出明显优势，已形成科技引领产业增量发展的态势，这些科技型创意产业以较少资产获得较高的资产收益率，成为北京市文化创意产业一直保持高速发展、克服全球金融危机等不利因素影响的

---

① 数位休闲娱乐产业包括电动玩具制造、电子游戏器制造、儿童乐园、综合游乐场、其他游乐园及主题乐园、电动玩具店。

② 数位内容产业大致分为 5 个主要产业与 3 大关联产业，主要产业分别是数位游戏、电脑动画、数位影音、数位出版与典藏、数位学习 5 个领域，关联产业则包含行动应用服务、网络服务及内容软件 3 个领域。

重要原因。

其次是促进城市创新环境的培育。北京市政府在符合城市发展定位和城区规划的基础上，不断推进新型集聚区的建立。以798艺术区和宋庄画家村为例，798地区原本的规划定位是电子工业园区，使其在2004年面临着被拆除的命运，为了保护自己的家园，艺术家们进行了强烈的反抗并向北京市人大提交议案，北京市委、市政府在深入调研的基础上，选择从发展文化创意事业和保留近现代建筑的角度出发，使这个地区最终得以保留并将其认定为集聚区。宋庄的发展具有类似的情况，早期的艺术家大多来自于圆明园1990年自发形成的艺术团体，随着艺术家逐渐形成规模，宋庄镇政府顺势引导艺术家，建立了宋庄艺术促进会，加强对该地区文化创意产业的管理和引导，使其逐渐地集聚了大批的艺术家。

最后是积极搭建文化创意产业公共物品平台。自2006年以来，北京市政府为引导和促进文化创意产业的发展，搭建了金融服务平台、展示交易平台和知识产权平台。北京市金融服务平台包括投融资服务平台和统贷平台，投融资服务平台于2007年在北京产权交易所启动，在充分利用网络资源和电子信息技术的基础上，通过集聚文化创意企业、投资人和各类中介服务机构等各方资源，为文化创意企业搭建起多层次的投融资服务体系。统贷平台于2012年12月成立，由北京市国有文化资产监督管理办公室和国家开发银行北京分行、中国建设银行北京分行共同运作，是针对中小企业融资难问题而设立的资金支持工具平台。展示交易平台主要是为文化创意产业的推广和交易提供一个可供展示的平台，目前，比较成熟的平台主要有中国北京国际文化创意产业博览会、北京国际音乐节、中国国际设计艺术博览会等。知识产权平台则主要集中在知识产权的交易，目前，北京市拥有三大国际版权交易中心：国家版权交易中心、人大版权交易中心和东方永和国际版权交易中心。三大公共服务平台的搭建能够整合各界资源，大大降低了文化创意企业的成本和风险。

尽管这一时期台湾地区受金融危机的影响较大，文化创意产业发展缓慢，但这都属于系统性风险，是无法避免的，我们不能因此而全面否定"台湾当局"在推动文化创意产业发展过程中所采取的一系列有效措施。总体来看，两个地区之所以出现以上不同的发展现状，主要是由政府行为所造成的，毕竟在文化创意产业发展初期，它在很大程度上还是受政府行为的影响，两个地区由于社会环境、制度和管理体系的不同，使政府在推动文化创意产业发展的过程中所采取的措施有所区别。而台湾地区从2002年就开始正式推行文化创意产业政策，因此政府的政策体系与北京市相比较为完善，北京市晚于台湾地区于2006年正式推行文化创意产业政策，因此在文化创意产业发展初期，它的产值低于台湾地区，同时这也说明政府行为在文化创意产业发展初期可以产生巨大的推动效果，但在后期，文化创意产业的发展应更多地回归市场。

参考文献：

［1］ Patrcia Wise. Cultural Policy and Multiplicities ［J］. International Journal of Cultural Policy, 2002, 8 (2)：221～231.

［2］ Susanna Monseau. European Design Right：A Model for the Protection of All Designers from Piracy ［J］. American Business Law Journal, 2011, 48 (1)：27～76.

［3］ Edward Lorenz. Measuring Creative Work：The European Experience ［J］. The IUP Journal of Knowledge Mangement, 2010, 8 (1)：77～97.

［4］ Towse. Creativity. Copyright and the Creative Industries Paradigm ［J］. Kyklos, 2010, 63 (3)：461～478.

［5］ Wood, Taylor. Big Ideas for a Small Town：The Huddersfield Creative Town Initiative ［J］. Comedian Local Economy, 2004, 19 (4)：380～395.

［6］ Mark Banks. Craft Labour and Creative Industries ［J］. International Journal of Cultural Policy, 2010, 16 (3)：305～321.

［7］ Pratt. Creative Clusters：Towards the Governance of the Creative Industries Production System? ［J］. Media International Australia, 2004, 112：50～66.

［8］ Weiping Wu. Dynamic Cities and Creative Clusters ［R］. World Bank Policy Research Working Paper 3509, Washington DC, 2005.

［9］ 迈克尔·波特. 国家竞争优势 ［M］. 李明轩，邱如美，译. 北京：华夏出版社，2002.

［10］ 张京成. 中国创意产业发展报告（2007）［M］. 北京：中国经济出版社，2007.

［11］ 张京成. 北京文化创意产业发展报告（2011版）［M］. 社会科学文献出版社，2012.

［12］ 厉无畏. 创意产业导论 ［M］. 上海：学林出版社，2006.

［13］ 凯夫斯. 创意产业经济学——艺术的商业之道 ［M］. 孙绯，译. 北京：新华出版社，2004.

［14］ 霍金斯. 创意经济：如何点石头成金 ［M］. 洪庆福，孙薇薇，刘茂玲，译. 上海：上海三联书店，2006.

［15］ 李红梅. 北京与台湾文化创意产业的交流与合作 ［J］. 海峡科技与产业. 2007 (2).

［16］ 徐信贵，陈伯礼. 台湾文化创意产业营造中的政府角色与功能 ［J］. 管理现代化，2010 (2).

［17］ 魏雪莲，陈永洛. 借鉴台湾文化产业人才培养优势培育福建文化产业人才 ［J］. 长沙大学学报，2012 (4).

［18］ 曹如中，付永萍. 创意产业发展过程中政府角色定位研究 ［J］. 科学管理研究，2012 (7).

［19］ 赵曙明，李程骅. 创意人才培养战略研究 ［J］. 南京大学学报，2006 (6).

［20］ 穆青. 浅谈文化创意产业发展中的知识产权管理 ［J］. 中国市场，2008 (9).

［21］ 徐丹丹，宋欣，张维昊. 国外城市发展文化创意产业的金融支持研究 ［J］. 首都经济贸易大学学报，2011 (5).

［22］ 赵继新，楚江江. 北京市文化创意产业公共服务平台构建研究 ［J］. 北方工业大学学报，2011 (2).

对我国当前反垄断执法的反思与探讨①

张　弛

摘要　2014 年夏季，我国反垄断执法机构先后密集发起对境内外多家企业和个别行政机构的反垄断调查与处罚，"张昕竹"事件又为本轮"反垄风暴"增添了戏剧性。通过回顾《反垄断法》颁布以来中国内地执法的系列案件，本文主要对当前我国的反垄断立法和执法工作中的一些问题进行回顾和评析。

关键词　反垄断；执法；立法

2007 年，中国《反垄断法》颁布，但并未立即实施。2013 年 1 月，国家发改委对三星、LG 等六家境外企业涉嫌垄断液晶面板发起反垄断调查，并进行处罚，这是中国反垄断执法的第一要案。同时国家发改委还对茅台、五粮液因价格垄断进行处罚。如果说 2013 年是中国内地"反垄断执法元年"，那么，进入 2014 年夏季，随着对多家全球公司进行反垄断调查，形成了一个反垄断高潮，又称中国反垄断执法"夏季风暴"。

一、2014 年我国主要反垄断案件回顾

2014 年 4 月 3 日，美国高通公司总裁率六位副总和一位中国律师，与发改委价格监督检查与反垄断局，就反垄断调查的有关问题交换意见，是为这次风暴的源头。2014 年 7 月 28 日，国家工商局对微软公司在中国内地的四个经营场所同时进行反垄断突击检查，新华社引用业内人士预言，"在全球信息化逐步发展的背景下，包括 IBM、高通、微软在内的外资公司面临调查的风险正在上升"。2014 年 8 月 4 日至 5 日，发改委有关部门突击检查奔驰汽车上海办事处，多名高管被约谈，办事处内多台电脑被强行检查。与此同时，上海市发改委对克莱斯勒、湖北物价局对奥迪的调查已接近尾声。两家企业都已查明存在垄断行为。例如，奥迪在湖北就曾召集 4S 店，统一零配件和保养价格。

在这一背景下，捷豹、路虎、北京梅赛德斯—奔驰、克莱斯勒等纷纷宣布降价，以应对反垄断调查。

2014 年 8 月 6 日，国家发改委完成对 12 家日企涉嫌汽车零部件价格的反垄

---

① 本文为中国政法大学青年学术创新团队阶段性研究成果。

断调查。8月13日，中新网援引知情人士的说法，中国社会科学院研究员张昕竹被国务院反垄断委员会专家咨询组解聘，因其以该身份受聘于正在接受反垄断调查的高通公司，收取高额回报，为高通出具"未垄断"的经济学证据。新华社就此发表了《决不能让某些专家浑水摸鱼、吃里爬外》的文章，一些人甚至指责张为卖国贼。于是，形成了讨论反垄断问题的高潮，出现了种种不同的议论。

8月19日，发改委反垄断监管部门对两家日企开出2.9亿日元的罚单。8月20日，对12家日本汽车零部件厂商中的十家处以12.35亿元的罚款。9月3日，发改委再次公布一起"反垄断大案"，对浙江保险业协会垄断车险案罚款50万元。9月9日，发改委对吉林亚泰、北方水泥、冀东水泥吉林公司等3家水泥企业违反《反垄断法》，罚款1.14亿元。9月12日，对一汽大众、克莱斯勒分别罚款2.485 8亿元和3 168.2万元。

9月2日，商务部在上海走访半导体、医疗器械行业，实地调查反垄断事宜，同时要求微软在20日内书面说明"涉垄断"。

10月16日，最高法院就奇虎360诉腾讯滥用市场支配地位案终审结案，为互联网领域的良性竞争和反垄断树立了标杆。

二、本轮反垄断执法取得的成果与经验

本轮反垄断风暴不仅值得关注，而且需要认真总结，它为我国反垄断立法和执法工作以及反垄断理论的发展提供了丰富的实践经验，并在两个方面澄清了关于反垄断及其执法的一些误解。

一方面，各界争论的一大焦点是，有人认为反垄断调查是专门针对外国公司，是一种排外行为，更有甚者，美国国际商业游说团体认为相关调查不公正。美国财长雅各布·卢致函国务院副总理汪洋，称中国对外企的反垄断调查可能严重影响中美关系。其实，这种说法经不起推敲和驳斥，前有对茅台、五粮液、联通等国内企业垄断调查和处罚，近有对国内三大水泥公司的反垄断调查和罚款，怎么能说是仅仅针对外国公司？从理论上看，这种说法的潜台词是，有的垄断不能反，因而反垄断执法也可以厚此薄彼，看客下菜。要知道，不论是何种垄断行为，都会破坏平等竞争的市场秩序，均在反对之列，不管它是哪国哪类企业。至于美国商业游说集团和美国财长的立场，很容易解释。

也许有人怀疑，为什么对外国公司的反垄断调查这么集中，外企都是在市场中发展起来的，它们的行为为什么要破坏市场规则？这既与企业的牟利动机和市场地位有关，也与中国的市场环境有关。

众所周知，有能力形成市场垄断或操纵行业价格的企业，以国际巨头居多，因而被查处的比例相对较高；中国开放向外资倾斜，政府以吸引外资为重要业绩，而不完善的市场环境为外商的不法行为提供了很多机会，这些企业对违法事

实甚至不加遮掩，它在中国市场上赚得的巨额垄断利润有目共睹。尤其是其中的相当一部分企业"前科"累累，在中国以外的其他市场也早已遭到反垄断调查或处罚。凭什么只有中国是它们雄霸一甲的沃土？相对于西方国家反垄断制裁的力度，我国的反垄断处罚相当温和，因而执法部门一旦介入反垄断调查，过程都比较简单顺利，违法企业基本上都不存在事实认定异议，虽然罚款数额巨大，但并未动摇其在中国市场经营发展的根基，它们反而主动配合政府执法，并以此向中国政府传达长期的合作意愿，这在当前的国际经济格局下显得更为重要。事实上，中国反垄断执法力度不断加强也是对那些在中国长期经营发展的各类企业发出了一个很强的市场信号，改变了其在中国国内经营不受约束的预期。特别是反垄断审查与执法矛头并非一直对外，其间不乏大量对国内企业涉嫌商业垄断的调查与处罚案例，只是媒体未加强力报道而已。

另一方面，由于张昕竹事件引发争论需要做一简评。高通公司也许是被调查的外资企业中的少数例外，自己主动及聘请专家为其涉嫌垄断的行为辩护，这种行为本身无可厚非。但高通涉嫌垄断确有事实可查，这并不是由于其收取的专利许可费过高，而是由于其收取专利费的方式存在问题。目前，高通在无线通信标准必要专利许可市场和 CDMA、LTE 基带芯片市场占据绝对的市场支配地位，前者的占有率是 100%，后者是 90%，并在 3G 和 4G 技术上积累了大量专利，由此形成高通特有的"专利费制度"。高通是按照整机出厂价格的 5% 收取专利费的，而芯片只占总成本的 4%—10%，从而导致国内终端厂家在国际竞争中处于劣势。另外，高通的专利包也有问题，它往往把很多专利捆绑在一起收费，而其中有些专利已经过时或者不需要，这也把其他厂商相同的专利排除在外，变成强制购买。此外，高通计划对 4G 手机收取 3%—3.5% 的专利费，而国产手机品牌的利润率大多不到 1%。据高通最新发布的 2014 年第三季度财务报告，在 22.4 亿美元的净利润中，专利授权及专利费共计 18.84 亿美元。更值得关注的是，高通对三星等国际品牌是按成本价收取的，远低于中国手机厂商，这属于典型的市场歧视。

如果张以中国社会科学院研究员的名义为高通公司提供咨询，不管收取多少佣金都无可非议，因为这是正常的市场交易行为。但他是反垄断委员会专家咨询组成员，该机构明文规定，不能以该身份在外从事与该机构相冲突的活动和其他活动。张昕竹明知故犯，因而反垄断委员会对他予以解聘完全正当。受到纪律处分后，张或可认错检讨，或可澄清申诉，但他没有这样做，而是批评中国的反垄断执法进入死胡同，企图混淆视听，从而引起社会的广泛批评。违纪就是违纪，至于"浑水摸鱼""吃里爬外"，甚至"卖国求荣"之说，则有偏激之嫌。"张昕竹事件"在一定程度上引起人们对我国从事反垄断工作专业人员的素质的广泛关注，也对他们提出了更高要求。

三、当前我国反垄断及执法的困境与解决思路

虽然 2014 年集中的反垄断案件查处取得了很令人瞩目的成绩，但仍然是冰山一角，我国的反垄断执法工作仍然任重道远。

第一，多头执法的困扰需要尽快解决。目前，国务院反垄断委员的主要职责是承担竞争政策研究与拟订、制定发布反垄断指南、协调反垄断执法等，其办公室设在商务部，而反垄断执法机构有三家，即商务部反垄断局、国家发改委价格监督与反垄断局和工商总局反垄断与反不正当竞争执法局，三家各自依托相关部门法行使职权，看似职责明确，实则架床叠屋，执法标准和执法力度掌握不一，而且互相干扰、互相扯皮，更重要的是，三部门行政级别都不高。如果说在反垄断执法初期尚可应付，那么，反垄断执法全面铺开以后就很难应对。这次反垄断风暴就暴露出这样的问题，因而引发社会的诟病和公众的质疑。比如，大案要案需要主动执法和联合执法，谁来牵头，谁做工作？被调查企业提出管辖异议，又由谁来制止越权执法？就连国务院反垄断委员会都不独立，何来其他？机构改革搞了多次，居然连这样简单的问题都解决不了，实在令人不解。因此，弱化发改委的行政审批权力，组建独立的具有权威性的反垄断机构，并扩大其权力，是反垄断执法的当务之急。

第二，关于反行政垄断和《反垄断法》及其相关法律法规修改完善问题。9月中，发改委接到韩国大使馆的举报，河北省政府规定"本省客运企业可以享受过路费过桥费半价优惠"，天津的一家中韩合资企业和外地企业被排除在外。发改委认为，河北省交通厅、物价局、财政厅此举涉嫌歧视性规定，并向河北省政府发出执法建议，责令三部门立即改正。这被视为我国《反垄断法》实施六年来首次涉及反行政垄断。

由于我们目前的社会主义市场经济脱胎于高度集中的传统计划经济，以政府主导、公有制基础、国有企业控制为特征，政府拥有大量经济资源，包揽了各种经济事务，容易产生行政垄断。这类行政垄断包括地区垄断、部门垄断和行政强制三种形式，也可以按照标准经济学教科书划分为"政府垄断"和"政府授予的垄断"两类。前者是指政府直接行使垄断权力，如烟酒、食盐专卖等，后者则是政府把垄断权授予某一企业，主要为国有企业。这种垄断既妨碍统一、公平竞争市场环境的形成，损害消费者利益，又易发生权力寻租，导致官商勾结，滋生贪污腐败。要知道，行政垄断是权力配置资源，而市场配置资源的基本前提就是要打破行政垄断。因此，把反行政垄断纳入整个反垄断执法，实行反市场垄断和反行政垄断并重，是改进和完善我国市场经济制度的必由之路。

2014 年 7 月 8 日，国务院发布《关于促进市场公平竞争维护市场正常秩序的若干意见》，明确了政府在反垄断、打破地区封锁、惩处不正当竞争行为方面的职责，这次发改委查处河北路桥收费中的垄断和歧视行为，打破了以往只查市

场不查政府的局面，填补了反行政垄断的空白。然而，这一破冰之举也暴露了现行《反垄断法》和反垄断执法存在的问题。

现行《反垄断法》没有把反行政垄断的管辖权交给反垄断行政执法机构，只规定执法部门可以向有关上级机关提出建议，对"河北路桥收费案"，发改委就是这样处理的。正如有人说，这是儿子犯错误交给老子处罚，易于大事化小，小事化了。另外，现行《反垄断法》还规定有豁免条款。如《反垄断法》第7条规定，"国有经济占控制地位的、关系国民经济命脉和国家安全的行业以及依法实行专营专卖的行业，国家对其经营者的合法经营活动予以保护"。这就意味着电力、航空、邮政、烟草、能源、银行等行业的行政垄断行为均被排除在反垄断之外。要真正反对垄断，这是需要首先修改的。如果修改这一条款，其他相关条款和相关法律，如《消费者权益保护法》《反不正当竞争法》《价格法》《公司法》《合同法》等也面临着调整或修改。

第三，与中国出台的很多缺乏操作性的法律一样，《反垄断法》的不少条款也过于笼统，赋予执法部门过多的自由裁量权，不但使执法过程出现较强的随意性，也使很多执法难以到位。例如，对违法企业"处上一年度销售额百分之一以上百分之十以下的罚款"比较具体，但同时又规定"反垄断执法机构确定具体罚款数额时，应当考虑违法行为的性质、程度和持续的时间等因素"，却并未明确行为性质、程度与持续时间将如何影响处罚量刑。一个直接问题是，反垄断执法目前在国内所向披靡，受罚企业无不认罚，媒体也不断宣示"又开出一张天价罚单"，但我们仍然不知道执法处罚力度到底如何。再者，法律应当保护被调查人的商业机密，但在反垄断执法领域，凡经查证属实的反垄断行为，"反垄断执法机构可以向社会公布"，言下之意，也可以不公布。其实，要求反垄断部门组建专门的信息渠道，对公众披露已经查实的垄断企业及垄断行为，不仅可以做到信息公开、执法公正，接受社会监督，同时也是进行竞争规则意识培养和教育以及法律普及的重要途径。

此外，反垄断执法的司法审查和执法监督也是未来不可回避的问题。近两年来，我国反垄断执法查处了不少案件，并未出现涉案企业申请行政复议的情况，反垄断执法的司法审查在我国尚属真空。业界人士担心，在司法不独立的情况下，面对错综复杂的反垄断案件，反垄断执法的法律监督能否真正落到实处。虽然受罚企业没有申请，执法机构也可以拿出一些典型案例进行公开听证。

参考文献：

[1] 王先林. 垄断行业监管与反垄断执法之协调 [J]. 法学，2014 (2)：111～117.

[2] 游钰. 论反垄断执法的司法审查 [J]. 中国法学，2013 (6)：34～44.

[3] 李剑. 反垄断私人诉讼困境与反垄断执法的管制化发展 [J]. 法学研究，2011 (5)：71～83.

［4］王晓晔. 关于我国反垄断执法机构的几个问题［J］. 东岳论丛，2007（1）：30~41.

［5］李剑. 如何制约反垄断执法机构——反垄断执法机构的独立性与程序性制约机制［J］.南京师大学报（社会科学版），2010年（5）：18~23.

［6］张炳生. 论我国反垄断执法机构的设置——对现行设计方案的质疑［J］. 法律科学，2005（2）：113~121.

试论中国收入分配不均等的地区失衡及其制度制约

马丽娜　　周阳夏蕾

摘要　财富分配和收入差距一直是最具争议的论题，尤其是金融危机后，分配问题再一次被推向争议顶点。居民家庭收入中，劳动收入占比约为3/4，所以劳动收入不同造成的收入差距不容忽视。资本造成的差距往往被认为是非常大的，遗产继承以及赠予也导致了社会分配的不平等。本文通过对收入分配地区失衡的现状的描述，解释造成差距的制度原因，提出累进税在调节分配差距方面可以作为政策参考。

关键词　收入分配；地区不均；制度

一、问题的提出

经过改革开放三十多年的发展，我国取得了举世瞩目的成就，但是贫富差距也随之不断扩大。财富分配和收入差距一直是最具争议的问题，尤其是金融危机后，分配问题再一次被推向争议顶点。收入分配问题有着复杂深刻的社会背景，涉及政治、经济、社会、文化各个方面。初次分配和再分配过程都会造成收入分配的差距。市场在初次分配中起决定性作用，各种要素按照贡献参与分配。劳动收入高低造成的差距与个人能力的大小直接相关。资本及其所有权获得的收益、遗产继承以及赠予造成的分配差距往往被认为是极端不平等的。再分配过程中的制度设计也有可能造成一定的分配差距。

国内有关收入分配差距的研究集中在对造成差距原因的探讨，并提出了相应对策。刘俊霞（2004）[①] 论述了中国过大的收入差别是由于资源分配不公造成的。厉以宁（2011、2013）[②] 通过分析城市居民对物质资本、人力资本、社会资本的掌握和控制超过农村居民，得出资本的不均配置是造成城乡收入差距扩大的主要原因。并在2013年提出初次分配的改革更加重要，因为初次分配是基础性的。郭庆旺（2013）[③] 通过分析分税制改革后的发展趋势，得出今后的税制改革

---

① 刘俊霞. 论资源分配与收入分配的关系 [J]. 中南财经政法大学学报，2004 (5).
② 厉以宁. 收入分配制度改革应以初次分配改革为重点 [J]. 经济研究，2013 (3).
③ 郭庆旺. 构建社会公平的税收制度 [J]. 经济研究，2013 (3).

应当朝着"有利于结构优化、社会公平的税收制度"的方向努力。刘方（2015）[①] 通过对我国房地产税收体系现状的分析，提出建立以"公平"为导向的税收制度。

本文通过对收入分配地区失衡现状的描述，说明再分配领域中，税收制度、转移支付制度、社会保障制度的缺陷是造成差距的制度原因，由此提出累进税在调节分配差距方面可以作为政策参考。

二、我国收入分配地区失衡的现状及其演变

统计年鉴将全国城镇居民家庭收入来源分为四类：工资性收入、经营净收入、财产净收入以及转移净收入。根据来源和形式将上述四类归为两类：劳动收入和非劳动收入。劳动收入是通过参与社会劳动所获得的收入，包括工资性收入和经营性收入。非劳动收入是通过劳动以外的其他方式，主要通过个人资产及其所有权和转移支付以及其他相关渠道获得收入，包括资产性收入和转移性收入。劳动收入的高低主要是因个人能力的差异、行业进入壁垒以及部分企业的垄断程度、对就业工资的干预等因素造成。非劳动收入的差距则主要是因个人所拥有的货币形式和非货币形式的资产及其资产收益率的差异所导致的。

收入分配还可以根据其与生产要素的关系分为功能收入分配与规模收入分配。功能收入分配，即要素收入分配，是从收入来源的角度研究生产要素和收入的关系；规模收入分配，即个人或家庭收入分配，是研究个人和家庭与收入总额的关系。

根据2016年第一季度数据报表，工资性收入占家庭总收入比例最大，为62%。工资性收入和经营净收入属于劳动收入，财产净收入和转移净收入属于非劳动收入。劳动收入占家庭总收入的74%，约为3/4。非劳动收入占总收入的26%，约为1/4，其中，转移净收入占16%。

收入分配有三个方面内容：劳动收入分配、资本所有权及其收益差异以及这两方面之间的相互作用。第一，虽然劳动收入的分配差异总是被认为比资本收入的分配差异小得多，却也不容忽视。因为劳动收入一般占国民收入的2/3到3/4，而且劳动收入分配存在显著差异，这表明公共政策和地区差异对劳动收入不平等和国民的生活水平有着重大的影响力。第二，与劳动收入分配的不平等相比，资本及其所有权分配被认为是极端不平等的。第三，总收入不平等的水平处于劳动不平等和资本收入不平等之间，并且更加接近劳动收入不平等水平。

1. 城乡居民收入的差异

自改革开放以来，我国经济快速发展，居民的收入水平也不断上升。但是，相对于城市经济的高速发展，农村地区经济发展相对迟缓，城乡居民收入的差异

---

① 刘方. 完善我国房地产税收体系的政策建议 [J]. 当代经济管理, 2015 (11).

也越来越大。所以，在分析城乡收入差距之前，有必要先考察城乡人口的变化趋势。图 1 说明了 1995 年至 2014 年城乡人口的变化趋势。

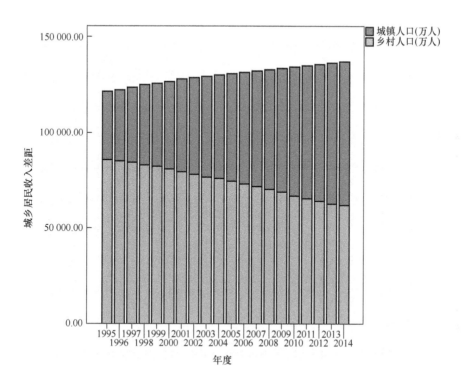

图1　1995 年至 2014 年城乡人口变化趋势图

数据来源：国家统计局。

我国城镇居民人口数量 20 年来逐步上升，从 1995 年至 2014 年，由 3.5 亿上升到 7.5 亿，增长了一倍多。而农村人口逐渐下降，由 1995 年 8.6 亿下降到 2014 年 6.2 亿，减少了 2.4 亿。20 年来，农村人口稳步下降和城镇人口逐渐上升使人口比重的差异逐渐缩小。城镇人口比重由 1995 年的 29% 增长到 2014 年的 55%，农村人口比重由 1995 年的 71% 下降到 45%。2011 年，城镇人口比重首次超过农村人口比重。虽然城镇人口数量超过了农村人口，但这并不意味着收入差距减小。

接下来，本文采用人均可支配收入作为考察对象。1995 年至 2014 年城乡居民家庭人均可支配收入差距是由相应年份城镇居民家庭人均可支配收入减去农村居民家庭人均可支配收入得到，其增长率是由当年的收入差值减去前一年的差值除以前一年差值的商得到。图 2 为城乡居民人均可支配收入差距及其变化趋势图。数据均来自中国国家统计局。

国家统计局官方数据显示，1995 年至 2014 年的 20 年间，城镇居民家庭人均

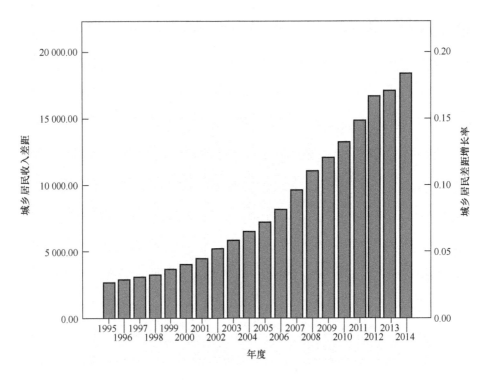

图2　1995年至2014年城乡居民家庭人均可支配收入差距及增长率趋势图

数据来源：国家统计局。

可支配收入从4 283元增长至28 843.85元，农村居民家庭人均可支配收入由1 577.7元增长至10 488.88元，分别增加了5.73倍和5.65倍。与此同时，城镇居民家庭人均可支配收入与农村收入的差距也在不断增加，如图2所示，城镇、农村的差距逐年增加，由1995年的2 705.3元增加至2014年的18 354.97元。1999年至2008年，收入差距的增长率一直维持在10%以上，2007年最高达到18%，2009年和2010年为9.5%左右，2011年和2012年又上升至12%，2013年最低为2.3%，2014年为7.7%。

　　从1995年到2001年，城乡居民的收入虽有所增加，但每年增加的幅度低于500元，自2002年开始，增加速度逐渐加快，2006年收入差距比2005年增加了934.4元。2007年收入差距每年增加超过1 000元。2012年达到最高，比2011年增加了1 815.6元。2013年增加量缩小为389.3元，2014年又飙升至1 317.6元。

　　2. 各省份居民人均收入的差异

　　在各省的数据中，城镇人均收入和农村人均收入具有相关性。因此，下面将选取各省、自治区、直辖市的城镇居民人均收入代表各省份的居民收入情况。我国31个省、市、自治区人均收入呈现地区差异。本文运用 SPSS 22.0 中系统聚类的方法，以全国31个省、市、自治区2014年的居民人均可支配收入为样本，进行聚类分析，研究居民人均可支配收入在全国范围内的分布。根据 SPSS 输出结果、观测值以及使用平均联结的树状图，将全国31个省、市、自治区分为四类：

第一类：北京、上海。北京2014年居民人均可支配收入达到44 488.57元，而上海达到45 965.83元。第二类：江苏、广东、天津、浙江。这四个省市中，居民人均可支配收入最低的是广东省，为25 684.96元，最高的是浙江省，为32 657.57元，天津和江苏分别为28 832.29元和27 172.77元。第三类：内蒙古、山东、辽宁、福建。这四个省份的居民人均可支配收入处于20 559.34元至23 330.85元之间，最高的省份是福建省，其次是辽宁、山东，最低是内蒙古。第四类：其余21个省份。最高的是湖北省，为18 283.23元，最低的是西藏，为10 730.22元。

三、收入分配地区差异原因的制度分析

城乡以及各省、市、自治区之间的收入差异与经济发展程度密切相关，除了自然禀赋不同以外，很大程度上取决于制度上的安排。在初次分配中，市场为主导，各种生产要素参与社会财富创造，并且按其在财富创造中的贡献大小参与收入分配。因个人能力的不同造成劳动收入的差距是合理的。资本及其所有权获得的收益往往被认为是极端的不平等。遗产继承以及赠予也造成了社会分配的不平等。而这一切恰恰是市场分配有效率的结果。

国民收入的再分配是在初次分配的基础上，政府针对初次分配后出现的分配差距加以调节，政府调节的措施有国家税收、转移支付、社会保障、社会救济等。合理的再分配政策不仅能保证失业者、缺乏劳动能力或劳动能力低下的公民基本的生存需要，而且能够更好地促进收入分配公平、公正。但是失当的再分配政策不仅不能取得调节收入分配的效果，甚至还会出现相反的结果。究其原因，主要在于税收、转移支付、社会保障等调节手段在制度方面的缺陷。

1. 税收制度的缺陷

（1）增值税。在我国的税收结构中，流转税占税收总额的比重近年来逐渐下降，到2014年，我国流转税占税收总额的50.7%，这使我国税收来源很大程度上依赖流转税。其中，增值税比例最高。增值税的课税对象是商品流通中增值的部分，流通中的商品可以通过价格和销售量转嫁赋税。增值税税赋与商品的供给弹性和需求弹性密切相关。日常必需品的需求弹性小于奢侈品的弹性，同时，在低收入家庭中，用于购买必需品的比例高于高收入者的比例，结果一大部分增值税比例由较低收入群体承担，高收入者反而对增值税承担率低。

（2）消费税。消费税不仅在引导消费、调节价格、保护环境方面发挥了重

要作用，也是再分配领域非常重要的工具。恰当的消费税税率和征收范围能够在一定程度上调节收入分配，但我国现阶段消费税在调节分配方面的能力略显不足，其主要原因在于消费税的税率和征收范围的确定。我国最新的消费税税目总共列举了烟、酒、成品油、鞭炮、贵重首饰及珠宝玉石、高尔夫球及球具、高档手表、游艇、木制一次性筷子、实木地板、小汽车、摩托车、化妆品13种消费品。对高档服务类消费品，如马场、俱乐部等并未开征消费税。

征收范围的缺陷也对发挥消费税调节分配的作用有所限制。不同档次的消费品税率不同，高低档消费品的界限难以确定，即便是差别税率，税率间差别的合理性也难以确定。因此，消费税也并未像预期那样起到合理引导消费的作用，在调节收入分配方面的作用也被削弱了。

（3）所得税。累进所得税是比较适合调节居民收入分配的税种。在我国当前的税种构成中，所得税占比重并不高，2014年只有6.2%。现阶段我国实行的个人所得税列举了八种收入来源作为征收范围，每种收入来源有五到七种累进档次。从理论上说，在调节居民收入分配的方面，个人所得税可以发挥调节收入分配的作用。然而在实践中，个人所得税的主要来源却是工资性收入，高收入群体的所得税流失非常严重。监管难度高也是实践中的一大难题。

个人所得税能够实现缩小分配差距的目标关键在于个税本身的设计和税收监管以及信息收集。我国个人所得税实行以源泉扣缴、代扣代缴为主要征管模式，这使大量游离于监管之外的隐性收入存在，造成了大量所得税的流失，从而个税发挥作用的领域也严重缩小。对高收入群体来说，收入来源多元，形式多样，这对监管造成了很大的困难，也导致申报制度的效果并不理想。

（4）财产税。财产税包括房产税、遗产税、契税、城镇土地使用税、土地增值税、车船税等。因为财产税是对财产所有者的财产征收，所有者的纳税能力可以通过财产价值体现，另外，财产税转嫁比较困难，因此，财产税一定程度上可以调节居民由财产造成的收入分配不公。但是实践中，对财产所有者财产价值的确定存在很大难度，对无形财产的确认难度更大。而且随着无形财产占全部财产的比重不断增大，其确认难度将大大增加。目前，在我国全部税收收入中，财产税税收收入几乎无关紧要。在调节收入分配方面，其效用也非常有限。

2. 转移支付制度的不足

近年来，虽然我国财政转移支付的规模逐年增加，但其在调节分配方面的作用并没有增强。纵向转移支付是财政转移绝对的主要形式。但是，规模较小的转移支付很难达到预期的效果。财政转移支付有多种形式，如税收返还、各种补助等。由于各种形式之间缺乏统一的调配，各级政府财权和事权的界限很难准确划分，致使转移性支付缺乏明确的方向和目标。加之城乡结构的影响，财政转移支付并没有补贴到低收入人群，与原本的调节分配的目标相背离。另外，横向的地区间的转移支付制度还有待健全。横向转移支付制度是财政资源在地区间的分配，促进了利益分配和格局的调整，可以在调节收入分配地区差距方面发挥作用。

总体而言，目前的转移支付制度并没有有效缩小不同群体之间的收入差距，更重要的是，低收入群体并没有因为转移支付改善收入状况。此外，按照体制性补助、一般性转移支付和税收返还合计计算总体财政转移支付，则经济越发达、财政补助总额可能越多。许多转向财政支付在资金分配上受人为因素影响，所以在调节收入方面，转移支付的作用难以充分发挥。

3. 社会保障制度不足

社会保障的目的是让缺乏劳动能力、失去收入来源的公民能够维持生存或基本生活。调节收入分配也是其主要功能之一。但是我国现行的社会保障制度对居民收入再分配的调节效果并不理想。我国社会保障资金支出占全部财政支出的比重相对较少，2014 年只有 10.56%，使其在调节收入分配方面表现乏力。并且在我国就业问题、老龄化问题日益严重的情况下，民众对社会保障资金的需求不断增加，也造成了资金方面的压力。

城乡有不同的社会保障机制，就养老保险而言，乡村养老保险让众多老年人获得保障，但是在缩小收入差距方面效果不明显。还有医疗保险的实际报销并没有规定的那么高，困难的民众很难获得扶持。另外，因为就业信息统计方面存在不对称问题，使民众的利益得不到保障。不同省份、不同行业标准以及不同的社会保障并没有减少收入差距。社会福利资源浪费和社会保障短缺的现象并存，使社会保障制度对居民收入差距的调节效果减弱。

四、结论和建议

虽然劳动收入不同造成的不平等程度比非劳动收入差距小得多，但在居民家庭收入中，劳动收入占比约为 3/4，所以劳动收入不同所造成的收入差距不容忽视。资本造成的差距往往被认为是非常大的，遗产继承以及赠予也造成了社会分配的不平等。另外，再分配领域的税收、转移支付、社会保障方面的缺陷是造成分配不平等的制度原因。

调节分配的制度安排不仅需要保护市场经济的竞争和激励，还要能控制资本集中，避免收入分配不平等程度的加深。累进资本税和累进所得税可以达到这样的要求。根据居民家庭收入来源结构（劳动收入和非劳动收入）设计不同的累进税：累进资本税和累进所得税。累进税的设计不是为了国家财政融资，而是为了管理社会财富，其目标是避免财富分配的不平等现象造成的不公。累进税可以在一定程度上避免财富过度集中，配合高度金融透明度，可以作为改善区域发展不平衡的政策参考。

参考文献：

[1] 刘俊霞．论资源与收入分配的关系［J］．中南财经政法大学学报，2004（5）．

[2] 阎大颖．中国各地区市场化进程差异对收入分配的影响［J］．上海财经大学学报，2007
（05）．

[3] 厉以宁．收入分配制度改革应以初次分配改革为重点［J］．经济研究，2013（3）．

[4] 郭庆旺．构建社会公平的税收制度［J］．经济研究，2013（03）．

[5] 刘方．完善我国房地产税收体系的政策建议［J］．当代经济管理，2015（11）．

贸易保护的政治经济学

——利益集团与集体行动

支小青　滕雨桐

摘要　通常，贸易保护主义政策需要通过一个政治过程来实现。虽然贸易保护政策的倡导者们总是宣称其政策会使整个社会受益，但在现实中，非自由贸易政策常常被政治决策所扭曲，相关政策也经常被特殊利益集团所左右。因此，通过保护贸易来提高社会福利与实施该政策的初衷相悖，而这恰恰是分析贸易政策的现实政治意义所在。本文以集体行动为基础，通过借用案例及博弈模型的分析，试图剖析一国乃至各国间存在的集体行动（政治）及贸易政策的产生。

关键词　贸易政策；集体行动；关税；博弈

一、贸易保护政治经济学

贸易保护政治经济学通常认为贸易保护是"内生"的，它分析政府在公共政治决策过程中对贸易政策选择的影响和变化的考量，并从政治和收入分配的角度来解释贸易保护的缘由和转变。

在决定贸易政策的政治市场上，需求者是特殊的厂商，即联合起来的利益集团及选民集团，供给者是有关政策制定的相关政治官员及领导人。其中，参与的双方根据自身的利益和期望，而非经济效率影响贸易政策供给和需求在社会福利与特殊利益集团间的收入分配，从而也必将影响他们的行为。作为"价格"的是关税、出口补贴、进口配额和其他非关税壁垒政策手段，在"理性"的参与双方追求自身利益最大化的过程中达到市场均衡。① 所以，在现实的经济环境中，贸易政策的决定取决于多种因素，这些因素既有一国存在的比较优势的经济影响，也有天然拥有的地理位置及资源的自然影响，同时，无可避免地还有一国内部政治因素的影响。贸易政策的政治经济学分析相较于纯贸易理论，应该更能体现实际贸易保护政策的客观描述。

---

① 袁满，丁化. G－H贸易保护政治经济学模型对发展中国家的启示［J］. 云南财经大学学报，2010（1）.

二、集体行动

康芒斯在《制度经济学》一书中将集体行动作为研究对象，认为真实的经济绩效主要取决于作为集体行动模式的制度。这里的制度就是集体行动控制个人的行动。他在书中用人物、原则和组织来区别在机构中取得领导地位所凭借不同制裁的不同的配合。人物是在机构中人的具象；原则是有目的的行动方针，可以激发协力一致的行动，使之趋向一定的目标；组织是当其完善时成为一种运行顺利的、有效力的统治集团，康芒斯将其称为"运行中的机构"，它不因机构中变更的人和原则而停止运行，可以更动其中的人物和改变原则"来适合各种人的不断变化的倾向或者互相矛盾的倾向"[1]，能够适应环境。他认为，一个机构内不断变化的人物原则和组织的合成物及复杂性，即为政治。[2]

他将四个"科学的原则"用于政治的分析，即管辖、限额、稳定和辩护。管辖是指控制个人行动的集体行动的范围，是一定范围内的集体行动，通过暴力的、经济的或者道德的力量控制个人的行为。限额的交易是行使管辖的程序，而限额的交易是拥有权力的几个参与者间达成协议的谈判，也可表示为争取权利的斗争。限额的程序可以区分为"互助"、独裁、合作、集体买卖和司法判决。在集团内部共同的经济原则为做出相应的规定，以管理其中的参与者的交易，并通过交易在彼此间分配生产的责任和利益以及财富的享受。而政治也表示为以控制限额的交易为目的一切集体行动。同时，限额的交易需要辩护，需要证明这种行为的正确性，以使集团取得足够的一致行动，强制实行这种交易，这种辩护同时带来了对那些不遵守规定的人的责备，而这种辩护和责备自然成为政治的语言。区分辩护和责备依靠的是习惯的假设和预期的可靠性。[3]

三、国家内部集体行动对贸易保护的影响

（一）具体案例：成本—收益分析

一国内有组织的利益集团对贸易的决策过程具有重大的影响。1990 年，美国政府通过运用配额制度，使国内食糖价格保持在目标水平。美国食糖进口配额的例子相当具有代表性。

图 1 是基于哈弗鲍尔和艾力奥特（1994）的数据，[4] 对食糖进口配额的收入分配效应进行的估算。进口配额使国内的需求超过国内供给加进口，从而使价格

---

① 康芒斯. 制度经济学（下）[M]. 于树生，译. 北京：商务印书馆，2009：425.

② 康芒斯. 制度经济学（下）[M]. 于树生，译. 北京：商务印书馆，2009：423～427.

③ 康芒斯. 制度经济学（下）[M]. 于树生，译. 北京：商务印书馆，2009：428～431.

④ Gary Clyde Hufbauer, Kimberly Ann Elliot. Measuring the Costs of Protection in the United States [R]. Washington D. C.：Institute for International Economics, 1994. An Up – to – dates Assessment of U. S. Trade Policies in 21 Different Sectors.

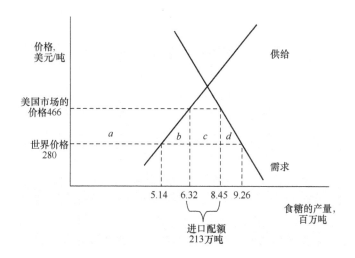

图 1   来源于哈弗鲍尔和艾力奥特（1994）

上升，于是抬高进口商品的国内价格。从图 1 中可以看出，配额将美国食糖进口量限制在大约 213 万吨，因此，美国市场的食糖价格超过世界市场 40% 还多，美国消费者的消费者剩余损失为 $a + b + c + d$ 的面积和，总价值是 16.46 亿。消费者损失的一部分 a 转化为美国食糖生产者的生产者剩余，价值 10.66 亿美元；一部分损失表现为生产扭曲损失 b（1.09 亿）和消费扭曲损失 d（0.76 亿），它们分别扭曲了生产者和消费者的行为动因，前者由于配额而导致国内过多生产该种商品，而后者由于消费者消费下降而造成效率损失；还有一部分转化为配额租金 c。需要说明一点，c 与关税不同。征得的关税通常全部转化为政府的收入，而配额租金则由持有进口许可证的个人和公司瓜分。许可证持有者可以从外国购买进口品并在国内以高价出售，此例中该价值为 3.95 亿。

　　配额制度使美国的食糖进口量维持在自由贸易条件下的一半左右，结果使美国的食糖价格达到每吨 466 美元。显而易见，配额体现了贸易保护的倾向，给部分食糖生产商以保护，从而使每一个生产者获得更大的利益，但为此支付代价的却是美国所有的消费者。表面看来，每个消费者的利益损失并不是很大，据统计，消费者的年平均损失为人均 6 美元，而一个典型的美国家庭一年也只需负担大约 25 美元[①]，但就全国而言，损失总量却是很可观的。

（二）食糖生产商的集体行动

　　这里的食糖生产者形成了一个组织良好的政治团体，其中的人物是食糖生产者；原则是有目的地保护贸易行动方针，因为每一个成员都非常清楚，实行贸易

---

　　① 保罗·克鲁格曼，茅瑞斯·奥伯斯法尔德. 国际经济学 [M].5 版. 海文，译. 北京：中国人民大学出版社，2002：190～191.

政策可以获得的利益；组织体现在，在这个利益集团中它是继续不断地运行，不因成员变更而停止，适逢竞选年份，食糖生产者利益集团会提供给政治家大量竞选经费以令其进行广告宣传、民意调查和其他活动，并要求其采取某种立场，即使违背大多数选民的利益，也要尽最大的可能使该集团朝着既定的利益目标顺利运行。

四个原则在这个案例中也有鲜明的表现。管辖体现在，食糖生产者集团内通过经济力量，靠经济压迫的制裁，通过允许潜在参与者参加交易、不许参加交易或者不干涉交易而保障利益，并控制个人的行为；限额体现在，利益集团中成员相互拉拢"互助"，达成支持贸易保护政策的协议，在共同事业中共同负责和同享利益；辩护体现在食糖生产者企图证明贸易政策可以改善贸易条件，增进社会福利，拉拢没有原则的美国选民投赞成票，因为一个典型的美国家庭每年约增加25美元的成本；而稳定体现在，虽然贸易保护不能获得大家的一致同意，但是当时的进口配额对当时当地和那种文明来说是合理的，是由有秩序的经济力量统治集团（即食糖生产商）所认可的运行机制及规则，达到最终实行贸易保护政策的程序，即为政治。

由此可见，政策的选择并不是建立在有多少选民赞成的基础之上，实际上往往由小部分的利益集团左右，以令广大人民遭受损失为代价，取得自身利益的最大化，这也是贸易保护政策政治经济的着重体现。

四、国家间集体行动对贸易政策的影响

（一）非合作博弈

假设存在相似国家 1 和 2，这两个国家在博弈过程中决定本国进口商品的关税税率，同时假设两国各有一个企业（国内所有企业的集合体）生产一种既供本国消费又相互出口的商品。可以把模型中的两个国家理解成两个相互隔离的市场，两国的消费者在各自的国内市场上既可以购买国货，也可以购买进口货，国货和进口货之间是可以完全替代的。

如果用 Q_i 记为在国家 i 市场上的商品数量，则该市场出清价格 P_i 可看作 Q_i 的函数，设为 $P_i = P_i(Q_i) = a - Q_i$，$i = 1, 2$。设企业 i 生产 h_i 供本国消费和 e_i 供出口，则 $Q_i = h_i + e_j$，$i, j = 1, 2$。两企业的边际生产成本同为 c，无固定成本，则企业 i 的生产总成本为 $c(h_i + e_i)$。当企业出口时，进口国征收的关税也纳入该企业的生产成本中，如果国家 j 的既定关税为 t_j，则企业 i 的出口成本为 $e_i(c + t_j)$，国内销售成本为 ch_i。

在博弈过程中，企业的收益是它所获得的利润：$\pi_i = \pi_i(t_i, t_j, h_i, h_j, e_i, e_j) = P_i h_i + P_j e_i - c(h_i + e_i) - t_j e_i = [a - (h_i + e_j)] h_i + [a - (e_i + h_j)] \times e_i - c(h_i + e_i) - t_j e_i$。而国家的收益则是社会总福利，即为消费者剩余、本国企

业利润和国家关税收入三部分之和：$\omega_i = \omega_i\ (t_i,\ t_j,\ h_i,\ h_j,\ e_i,\ e_j) = \dfrac{1}{2}\ (h_i +$

$e_j)^2 + \pi_i + t_i e_j$[①]。

假设两国已选择关税率分别为 t_1 和 t_2，则如果 $(h_1{}^*,\ e_1{}^*,\ h_2{}^*,\ e_2{}^*)$ 是在已知两国关税率的情况下两企业针对对方所做的最佳对策（纳什均衡）。那么，$(h_i,\ e_i)$ 则是 π_i 最大化下的解，即为 $\max\limits_{h_i, e_i \geqslant 0} \pi_i\ (t_i,\ t_j,\ h_i,\ h_j{}^*,\ e_i,\ e_j{}^*)$。由于企业 i 所获利润分为国内和国外市场的利润之和，因此最大化问题可分解为两个最大值的问题：

$$\max\limits_{h_i \geqslant 0}\{h_i[a - (h_i + e_j{}^*) - c]\}$$

和

$$\max\limits_{h_i \geqslant 0}\{e_i[a - (e_i + h_j{}^*) - c] - t_j e_i\}$$

解得

$$h_i{}^* = \frac{1}{2}(a - e_j{}^* - c)$$

$$e_i{}^* = \frac{1}{2}(a - h_j{}^* - c - t_j)$$

由于 i，j 可取值 1 或 2，将 h_j 和 e_j 代入以上方程组，解得

$$h_i{}^* = \frac{a - c + t_i}{3}$$

$$e_i{}^* = \frac{a - c^3 - 2t_j}{3}$$

假设两国间无关税，此博弈就转化为国内国外两个市场的古诺模型，关税使两企业的边际生产成本发生变化。在 i 国市场，企业 i 的边际成本为 c 而企业 j 的边际成本为 $c + t_i$。因企业 j 的边际成本高于古诺模型中的边际成本，从而导致企业 j 少生产，市场出清价格有上升的趋势，驱使企业 i 多生产。因此，$h_i{}^*$ 是 t_i 的增函数，而 $e_j{}^*$ 则是 t_i 的减函数。显而易见，一国的关税提高了产品国内生产者所能获得的价格，从而具有保护本国企业，增加本国企业国内市场占有率的作用。[②]

---

① 消费者剩余：

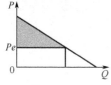

$$CS = \int_0^{Qi} f(Q)\,dQ - P_i Q_i = \int_0^{Qi} (a - x)\,dx - P_i Q_i = ax - \frac{1}{2}x^2 \Big|_0^Q - P_i Q_i = aQ_i - \frac{1}{2}Q_i{}^2 - P_i Q_i = (a -$$

$$P_i)Q_i - \frac{1}{2}Q_i{}^2 = \frac{1}{2}Q_i{}^2 = \frac{1}{2}(h_i + e_j)^2$$

② 谢识予．经济博弈论 [M]．3 版．上海：复旦大学出版社，2014：146 ~ 148.

（二）进出口企业的集体行动

在第一阶段，国家2进口竞争企业和出口企业寻租捐资，通过经济力量给予政党政治支持，国家2进口竞争企业期望政府制定高关税率，从而获得贸易保护，占有国内市场取得更大的收益；而国家2出口企业则期望低关税，避免高关税率而驱使国家1大额抬高进口关税以实施报复。在这一阶段，国家2进口竞争企业和出口企业两大集团各自与政党官员拉拢"互助"，达成支持贸易保护或自由贸易的政策协议，政党官员获得政治支持和选举成功，企业获取利润，双方各与政党在其中共同负责，共同享受利益与财富。最后，政党通过政治决策决定关税水平 t_j。

在第二阶段，针对国家2给定的最优关税 t_j，国家1决定是否要对国家2实施相应的报复或威胁，如果国家1实施报复，则 $t_i = \dfrac{a-c}{2}$（导致国家2不出口）；若不报复，则 $t_i = 0$。但对国家1进口竞争企业和出口企业两大集团，目的原则大有不同。对国家1进口竞争企业来说，其原则是寻求报复，根据这一原则，激发该集团中的参与者达成协力一致的行动，趋向报复的目标。这是由于报复会招致高关税的贸易战，从而使进口竞争企业集团获得更高的贸易保护，获得更多的利润。该集团中的各参加者通过其拥有的经济权力或力量游说政府或官员，达成既定的目标，坐享利益。相反，国家1出口企业集团的原则是，当国家2制定低关税时，不给予报复；而当国家2制定高关税时，实施报复。这是因为，如果国家1的报复引发一场高关税的贸易战，在国家2实行高关税的情况下，国家1抬高进口关税避免出口企业损失过大；如果其报复国家2由此推行自由贸易，那么国家1出口企业则减少了出口成本，获得的利润也因此变大。所以，国家1出口企业集团按照此原则达成一致的行动方针，共担责任，同享利益。总而言之，国家1进口竞争企业与出口企业分别形成两方利益集团，为获得各自的利益达成一致的行为，以各自的经济权力进行斗争。[①]

在第三阶段，对于国家2而言，如果国家1在给定的最优关税 t_j 下不实施报复政策，不设置进口关税，这一策略使国家2改变对国家1的报复预期，于是国家2会在下一时期增加关税，直到国家1报复为止；如果国家1给予报复，国家2可能会实施自由贸易政策，或者提高关税水平，从而朝自给自足的经济模式发展。国家2所作出何种贸易政策则取决于国家2出口企业和进口竞争企业两大集团各自的寻租能力。如果国家2确定了国家1实施报复的信息，国家2会避免引发国家1的报复行为，停止抬高关税。[②]

由此，两国家内进口竞争企业和出口企业各自的利益集团通过经济的压迫力

---

① 袁满，丁化. G－H贸易保护政治经济学模型对发展中国家的启示［J］. 云南财经大学学报，2010（1）.

② 李横，王志江. 国际竞争中企业产量与国家关税率的确定［J］. 商业研究，2004（8）.

量对集团内的参与者进行管辖，趋向一定的目标（或寻求高关税，或寻求低关税），在集团内部瓜分租金或同担风险。

五、结论

综上所述，一国内各方的利益集团通过游说或经济力量以共同的原则趋向一定的利益目标，而在进行国际贸易时，各国政府间的谈判与协商促使一国利益集团的游说力量与他国利益集团的游说力量相斗争，以各自的相对寻租能力影响贸易政策，促进集团利益。其中每一个利益集团都自具有人物、原则和组织的"政治"。

另外，政府也不会把贸易政策建立在关税的成本—收益方法的基础上，因为诸如关税、出口补贴、进口配额以及自愿出口限制等贸易政策工具，无疑地倾向于生产者而有损于消费者的利益，并且对社会福利的最好结果也只是不确定。现实情况是，特殊利益集团与社会福利存在差异，个人利欲反映于政府的目标中，但政府的目标为追求最大的政治成功，而非抽象衡量的社会福利。通常情况下政府的政策选择可能以损失广大人民的利益为代价而维护特殊集团的利益，由此看出，政策的制定不仅渗透着经济利益，也渗透着政治利益。

诚然，一个国家不能单单推行自由贸易政策，同时也不会只实行贸易保护政策，它们会在不同产业或者不同时期交替出现。国家政府推行何种贸易政策，取决于其自身经济发展情况、贸易地位、产业结构和比较优势、市场结构等诸多经济要素，同样也被各集团的政治利益所左右。

参考文献：

[1] 保罗·克鲁格曼，茅瑞斯·奥伯斯法尔德. 国际经济学 [M]. 5 版. 海文，译. 北京：中国人民大学出版社，2002：190~191.

[2] 薛敬孝，佟家栋，李坤望. 国际经济学 [M]. 北京：高等教育出版社，2004.

[3] 康芒斯. 制度经济学（下）[M]. 于树生，译. 北京：商务印书馆，2009：425.

[4] 罗伯特·J·凯伯. 国际经济学 [M]. 10 版. 刘兴坤、刘志彬、李朝气，译. 北京：中国人民大学出版社，2011.

[5] 西奥·S. 艾彻，约翰·H. 穆蒂，米歇尔·H. 托洛维斯基. 国际经济学 [M]. 7 版. 赵世勇，译. 上海：格致出版社，2013.

[6] 谢识予. 经济博弈论 [M]. 3 版. 上海：复旦大学出版社，2014：146~148.

[7] Gary Clyde Hufbauer and Kimberly Ann Elliot. Measuring the Costs of Protection in the United States [R]. Washington D. C.：Institute for International Economics，1994. An up-to-dates assessment of U. S. trade policies in 21 different sectors.

[8] 李横，王志江. 国际竞争中企业产量与国家关税率的确定 [J]. 商业研究，2004（8）.

[9] 袁满，丁化. G-H 贸易保护政治经济学模型对发展中国家的启示 [J]. 云南财经大学学报，2010（1）.

P2P 网贷行业运营流程及其发展前景分析

——以人人贷公司为例

张　巍　王月苑

摘要　P2P 网络借贷更加简单、快速、方便，近年来在我国逐渐兴起。本文以国内 P2P 网络借贷平台领头公司——人人贷公司为例，深入分析网络借贷平台的运营流程，找出存在的问题，并提出有效的建议和对策。本文重点研究人人贷平台上借款人获得资金的流程和人人贷平台上出借人借出资金的流程。从借款人角度来看，人人贷平台根据借款人所提交的各项申请资料综合评定其信用等级，以对应不用费率，从而收取相应的期初服务费和月综合费。从出借人角度来看，人人贷平台为其提供资产配置和债权转让两种方式，对出借人收取加入费用、管理费用和提前退出或延期支付费用。

关键词　P2P 网络借贷；人人贷；运营流程

一、研究背景

P2P（Personal to Personal）网络借贷起源于 P2P 小额借贷，是一种将小额度的资金聚集起来，借贷给资金需求者，以收取服务费的方式盈利的商业模式。它区别于传统的以商业银行为中介的借贷模式，即"储蓄者—银行—贷款者"的模式。P2P 与网络技术密不可分，通常是由互联网平台把投资人和借款人进行撮合匹配，然后通过网上银行、电子支付转账等技术在线完成借贷。这种模式由 2006 年诺贝尔和平奖得主尤努斯教授（孟加拉国）首创，其初衷为帮助贫困人群，属于非营利性质。

小额信贷在非盈利领域取得的成功引起了一些营利性的金融公司的注意，逐渐发展出 P2P 网络借贷平台，2005 年，全球首家 P2P 网络借贷平台 Zopa 在英国成立以来，P2P 这一新型借贷模式迅速获得了市场认可，由于其能够为用户提供比传统金融机构更加简单、快速、方便的贷款服务，近年来呈迅速发展的态势，在我国也逐渐兴起。许多学者认为，P2P 网络借贷弥补了我国传统银行的业务空缺，与其形成业务上的互补，有利于鼓励中小企业等的发展。然而，伴随着行业内长期的低利润率和频频爆出的 P2P 网贷公司跑路现象，P2P 行业陷入了发展的瓶颈。长期来看，该行业究竟能否寻求转型提高行业利润率以突破瓶颈，还是无法挣脱最初的模式从而转变为非盈利模式，是许多业内人士共同关注的问题。

（一）后金融危机背景下银行提高贷款发放门槛

在后金融危机背景下，国内商业银行加强风险控制使中小企业信贷加剧萎缩。2008 年，我国实行紧缩的货币政策，一方面银行信贷规模开始减少，另一方面又提高了发放贷款的门槛，使中小企业贷款愈加艰难。与此同时，随着国内经济发展和观念进步，越来越多的中低收入阶层的个人具有了投资理财的需求，而股市、楼市的不振致使老百姓投资收益率下滑，有吸引力的投资渠道所剩无几。这样的环境为民间小额信贷提供了发展的沃土。由于准入门槛较低，近年来 P2P 网贷平台如雨后春笋般迅猛发展，从中国首家权威 P2P 网贷行业门户——网贷之家（http：//guanwang. baidu. com/vcard/officialsite）的统计数据来看，2014 年 1 月至 10 月，运营平台数量从 880 家上升至 1 474 家，涨幅高达 67.5%。从行业发展角度来看，可以说从初创期进入了成长期。

（二）P2P 行业利润率不容乐观，频发跑路现象

P2P 行业利润率仍处于较低水平，譬如成交量位居前列的人人贷仅实现了盈亏平衡；仅成立一年成交量已突破 20 亿元的积木盒子目前尚未盈利；而老牌 P2P 平台之一的拍拍贷目前仍处于微亏的状况。许多业内人员认为，较低甚至为负的利润水平可能是行业内频发跑路现象的原因之一。

由于准入门槛低，行业内监管暂时空白，如今中国的 P2P 小额信贷行业鱼龙混杂，服务水平参差不齐。2011 年以来，P2P 公司资金链断裂，公司跑路的事情频发。据中国电子商务研究中心监测数据显示，截至 2014 年 6 月初，全国共有 1 275 家 P2P 平台，其中，今年前 5 个月上线 220 家，而今年跑路 P2P 平台已经有 45 家。仅 2013 年到 2014 年 6 月这 18 个月内，国内出现问题的平台已经超过 130 家，涉及资金超 35 亿。

（三）政府鼓励金融机构创新，行业监管尚处空白期

2011 年 8 月，中国银监会办公厅发布了《关于人人贷有关风险提示的通知》银监办发〔2011〕254 号，通知使用了人人贷这一名称作为 P2P 的中文译名，提示了该模式存在的风险，要求各金融机构注意防范。既然银监会并未禁止该模式，而是做出风险提示，就表示行业的合法性得到了监管部门的承认，被行业人士解读为好信号。此外，2012 年，中国人民银行发布《金融业发展和改革"十二五"规划》，其中对民间金融的指示中提到："完善法律、法规等制度框架，加强引导和教育，发挥民间借贷对正规金融的补充作用。"证监会在过去的一年时间里也出台了很多鼓励金融机构创新的政策。因此，民间金融和金融创新方面的大环境是比较宽松的。然而，目前 P2P 行业却缺乏相应的监管条例。法律缺失、监管不足成为 P2P 行业发展的障碍。

二、人人贷平台上借款人获得资金流程

图 1 为借款人在人人贷平台上获得资金的流程。在用真实邮箱或者手机号码注册完账号后，借款人可以根据自己的情况来选择自身信用认证方式、借款金额

以及期限等。在完成初步的借款申请后，借款人需要完善个人的详细信息，包括学历水平、学校以及籍贯等。除此之外，最重要的是，借款人需要提交必要的认证资料以证明自己的信用和还款能力，同时，借款人可以选择性地提交一些其他认证资料来提高自己在人人贷网站上的信用分数，以便获得更高的信用等级，享受更低的服务费。在所有资料提交完成后，人人贷网站会派专业人员对资料的真实性进行审核，并根据资料对借款人进行信用等级认证。若审核成功通过，则借款人的借款信息将会以散标的形式发布在人人贷网站上，等待出借人来投标。若审核失败，则出借人此次借款标的将流标，出借人可以通过完善自己的认证资料等方式来申请重新审核。

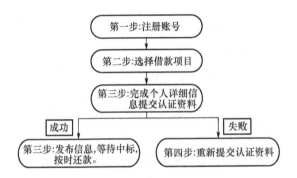

图1　人人贷平台上借款人获得资金的流程

人人贷根据借款人的不同工作情况将贷款分成3类，分别是工薪贷、生意贷和网商贷，要求出借人提交不同的认证材料。表1中详细展示了3类不同贷款申请所要求的必要条件和申请资料。不难发现，无论是对申请人身份证、个人信用报告这些共同的要求，还是工资卡银行流水、经营证明等特别的要求，都是为了证明出借人的信用等级以及还款能力。

表1　借款人条件

	申请条件	必要申请资料
工薪贷	(1) 22—55周岁的中国公民 (2) 在现单位转正满3个月 (3) 月收入2 000以上	(1) 身份证 (2) 个人信用报告 (3) 劳动合同或在职证明 (4) 近3个月工资卡银行流水
生意贷	(1) 22—55周岁的中国公民 (2) 企业经营时间满1年 (3) 申请人限于法人代表	(1) 身份证 (2) 个人信用报告 (3) 经营证明 (4) 近6个月常用银行卡流水

	申请条件	必要申请资料
网商贷	（1）22—55 周岁的中国公民 （2）在淘宝或天猫经营网店满半年 （3）店铺等级达到 2 钻，好评率达到 95%，动态评分达到 4.5，无法估价产品和虚拟产品占比不超过 40% （4）店铺在申请人名下，且近期无淘宝严重处罚 （5）近 3 个月交易总额满 3 万，且交易笔数超过 50 笔	（1）身份证 （2）提供网店地址及阿里旺旺账号 （3）需 QQ 视频审核

资料来源：人人贷官网（www.renrendai.com）。

　　以上材料是申请工薪贷、生意贷、网商贷所必需的材料。除了必要申请资料，借款人还可以提交其他申请资料，以提高自己的信用等级。其他可选的认证资料有房产认证、购车认证、结婚认证、学历认证、技术职称认证、手机实名认证、微博认证、居住地认证等。这些材料作为补充材料为借款人的信用进行补充，能够让借款人的信用记录、信用状况更加完整，有助于借款人的借款项目得到较快的实现。另一方面，除了上述资料之外，正常还款次数、逾期次数、严重逾期行为等都会影响借款人的信用评级。一旦出现逾期行为，逾期出现多次，出借人的信用受到影响，出借人的借款项目将受到较大的影响，并且借款利率将会发生改变，月综合服务费率和期初服务费率也会随着信用等级的降低而有所增加。表 2 是信用等级与月综合费率、期初服务费率之间的关系。

表 2　信用等级与月综合费率、期初服务费率关系表

信用等级	月综合费率	期初服务费率
AA	0.55%	0%
A	0.60%	1%
B	0.65%	2%
C	0.70%	2.5%
D	0.75%	3%
E	0.80%	4%
HR	0.88%	5%

资料来源：人人贷官网（www.renrendai.com）。

　　以上是从借款人的角度反映了整个的借款流程。从整个借款流程中可以发现，人人贷平台的收入来源于管理费用。一部分是借款人申请借款成功时需要缴纳的期初服务费，费用＝借款本金×期初服务费率（期初服务费率会随着出借人的信用等级发生改变）。另一部分是借款人每个月需要缴纳月综合费，月综合费＝借款本金×月综合费率（月综合费率会随着出借人的信用等级发生改变）。与此同时，人人贷公司对应的支出主要包括贷前审核人员工资和贷后催收团队工资。贷前审核项目支出是对借款人的信用进行保证，贷后催收项目支出是对资金流动、安全性的保障。

三、人人贷平台上出借人出借资金流程

图 2 所示为出借人在人人贷上成功出借款项的流程。在用真实邮箱或者手机号码注册账号后，借款人只需要进行身份证实名认证即可。在开始出借之前，借款人需要在自己的人人贷账户中充值，充值过程会发生手续费，由第三方收取，在这个步骤，人人贷平台不会收取费用。充值完毕后，借款人便可以在平台上选择适合自己的标的进行投资。对比借款人，可以发现人人贷对出借人的审核仅仅是实名认证，此处也不会发生认证资料审核费用。根据出借人可以选择标的的性质，

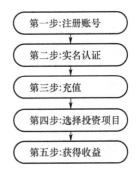

图 2　人人贷平台上出借人出借资金流程

可以将所有标的分为两大类，分别是资产配置类和债权类。

（一）资产配置类

资产配置类中有 U 计划和薪计划两类，债权类中有散标投资和购买转让债券两种。U 计划是人人贷提供的本金自动循环出借及到期自动转让退出的理财工具，其原理为在用户认可的标的范围内，对符合要求的标的进行自动投标，且回款本金在相应期限内自动复投，期限结束后 U 计划会通过人人贷债权转让平台进行转让退出。该计划所对应的标的均 100% 适用于本金保障计划，并由系统实现标的分散投资。出借所获利息收益可选择每月复投或提取。图 3 为 U 计划的运作流程。

如图 3 所示，理财人加入 U 计划后，会进入锁定期，锁定期内，投资的回款本金将继续进行投资直到锁定期结束，充分提高资金利用效率。锁定期结束后，理财人自动退出 U 计划，理财人在该计划内投资的债权将优先进行债权转让。债权转让所得资金及投资回款所得等将不再继续自动投资，系统将在指定时间将此资金转移至用户的主账户供用户自行支配。U 计划实质上是人人贷平台为理财人去挑选平台上的投资产品，被挑中的投资产品要求是机构担保标或者实地认证

标，这两类标的比起信用认证标来说具有风险更低的特征。

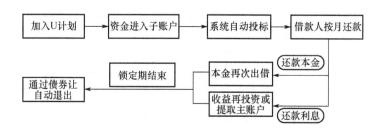

图3 U计划的运作流程图

资产配置类中的另一大类为薪计划。薪计划是人人贷针对工薪族理财需求打造的自动投标工具。用户可在每月固定日期加入固定金额（每月加入金额由初次加入时确定，后续月份不支持修改）。薪计划在用户认可的标的范围内，对符合要求的标的进行自动投标，回款本息在相应期限内自动复投，期限结束后通过人人贷债权转让平台进行转让退出。薪计划所对应的标的同样100%适用于本金保障计划并由系统实现标的分散投资。

在出借人选择资产配置类标的的过程中，人人贷平台的主要收入依然来源于各类费用。如表3所示，对于U计划，人人贷平台分别收取加入费用、管理费用和提前退出费用。值得注意的是，这里的管理费用来源于投标所得的利息收入超出计划预期收益的部分。对于薪计划，人人贷平贷收取的管理费用为每笔债券收益的10%，若出借人延期支付，还会额外收取延期支付费用。

表3 U计划收取费用表

	U计划	薪计划
投标范围	机构担保标、实地认证标	机构担保标、实地认证标
是否本金保障	是	是
费用	加入费用：加入金额×a%	加入费用：0
	管理费用：投标所得利息收入中超出U计划预期收益的部分作为管理费用归人人贷所有。若U计划投标所得利息收入不及U计划预期年化收益的，则不收取管理费用	管理费用：每笔债权收益×10%
	提前退出费用：加入金额×2%	延期支付费用：=（累计延期天数－10）÷365×总收益
预期年收益率	三个月：6.00%；六个月：8.00%；九个月：10.00%	9%

（二）债权类

出借人进行投资的另外一种方式是债权类投资，债权类投资者可以进行散标投资和购买转让的债权。散标投资是指债权人针对借款人发布的借款信息选择自己想要投资的标的进行投资，对于散标投资，人人贷不收取任何管理费用。

购买转让的债权是指用户在需要流动性时，可以通过出售其名下拥有的符合相应条件的债权给其他投资人，从而完成债权转让，获得流动资金。与此同时，出借人可以根据自己的情况，选择购买债券。债权转让过程中，系统会实时给出转让债权的公允价值。为尽快达成债权转让，用户在公允价值的基础上可以对转让债权的剩余未还本金部分进行相应的折价选择，用户确认转让的债权会在债权列表中展示并等待其他理财人购买，在此期间，发起转让的用户可以随时选择撤销尚未转让的债权部分。转让完成后，针对发起债权转让的用户，人人贷平台会收取基于成交金额一定比例的债权转让管理费。用户在购买转让债权的过程中，既可以全部购买，也可以部分购买，即购买一定份额的债权。购买转让债权的用户可以随时对已获得的债权再次发起债权转让，债权在转让过程中并不限制转让次数。人人贷平台在债权转让过程中对购买债权的用户不收取任何费用。

从整个债券类投资的过程来看，散标投资和购买转让的债权两种方式所采取的管理费收取方法是有差异的。在散标投资中，出借人并不收取任何管理费用，然而对购买转让的债权，出借人对购买债权的用户并不收取任何的费用，对于发起债权转让的用户（即出让人），转让债权时收取管理费。转让债权管理费的收取标准为：转让债权管理费 = 债权转让价格 × 转让份额 × 0.5%。

四、结论与建议

综合人人贷整个运营模式来看，人人贷的收入来源为来自借款人方面的期初服务费和月综合费，以及出借人方面的在 U 计划和薪计划中加入费用、管理费用和提前退出费用等各类费用和 U 计划投标所得利息收入中超出预期收益的部分，另外还有在债权类投资项目下对出让人转让债权时收取的管理费用。相应支出主要为贷前审核人员工资和贷后催收团队工资。

整个项目研究过程中，我组成员不仅对人人贷公司进行了周密翔实的考察，还密切关注我国整个 P2P 网络借贷平台的发展，结合 P2P 这一新兴产业现状和研究过程中所发现的问题，特提出以下三点建议。

（一）明确监管机构以及所适用的法律规范

我国 P2P 网络借贷平台从出现至今，并没有明确的监管主体，也无确定适用的监管制度，导致网络借贷行业乱象丛生，公司停业跑路损害投资人利益的情况并不鲜见，甚至网络平台混用客户资金和个人资金账户的事件屡屡发生。但这些冲击金融秩序的破产跑路的 P2P 公司，无论是在事前还是事中，普遍未得到任何监管和行政追究，只能靠相关受损用户提起民事诉讼来追究责任，维权过程漫长无期，使类似 P2P 网络借贷行业普遍受到来自社会公众的不信任评价。

因此，尽快确认明确的监管机构无疑对当下网络借贷行业健康发展至关重要，而且立法也应该根据网络环境下借贷行为的特殊性制定相关法律法规，提供合适的制度供给。

（二）规范公司退出程序

由于网络借贷活动是在一定期限内持续进行的行为，在贷方和借方的履约期内有可能出现平台公司破产的情况，而关于公司破产之后后续服务的提供和贷款方利益的保护等方面，相关法律政策并无明确规范，这无疑使借贷关系中相关权利人的权利处于缺乏保障的状态中。

参照美国对证券公司的规定，在证券公司因为经营困难退出经营，或受到监管部门处罚要求停止营业时，法律强制公司委托第三方接管未结束的投资方和借款方的借贷活动，为借款方继续履行债务提供一定的担保，确保了相关主体完成后续金融行为。

对美国经验的借鉴还可以在此基础上进一步完善和发展，譬如，当监管机构发现某借贷公司经营出现困难时向社会披露，使相关投资人及时了解这一情况，并在必要时强制该公司退出经营活动，保障对相关用户的偿付资金。

（三）适当的约束与开放

针对 P2P 借贷行业的法律制度约束当然是必要的，既有利于金融市场的平等竞争，也有利于私人合法权利的保护。但是对新兴行业，政策的制定者在采取措施规制公司行为时，应当保持相当的克制，避免受到银行等传统金融机构利益的影响而压制信息化条件下出现的新的金融模式。

此外，政策法律规定宁愿比现实问题迟一步，也不宜提前约束，事先设定一套"成熟的"笼子规范新行业从来就不是一个成功的做法。新环境下，参与 P2P 网络借贷活动的相关主体的行为特征都会发生特有的变化，而理性政策的预测是有限的，等待行业发展暴露问题苗头之后，再通过政策、法律进行约束，更加事半功倍，也会使金融市场更具创新活力。

参考文献：

[1] 魏源 . 农村民间借贷市场资金供求情况分析 [J]. 经济纵横，2012（7）：105～108.

[2] 王忻怡 . 民间金融与中小企业融资困局研究 [J]. 求索，2012（9）：27～29.

[3] 张维迎 . 政府要给互联网金融试错机会 [J].IT 时代周刊，2014（6）.

[4] 林毅夫 . 分类解决中小企业融资 [J]. 中国房地产，2014（4）.

[5] 秦康美 . 民间借贷中放贷人应适时放开 [J]. 理论探索，2013（2）：97～100.

[6] 张雪春，徐忠，秦朵 . 民间借贷利率与民间资本的出路：温州案例 [J]. 金融研究，2013（3）：1～14.

［7］ 胡乃武，万晓芳．防范民间借贷风险的对策选择［J］．经济理论与经济管理，2011 （11）：15～19．

［8］ 陈霄，丁晓裕，王贝芬．民间借贷逾期行为研究——基于P2P网络借贷的实证分析［J］．金融论坛，2013，18（11）：65～72．

［9］ 陈剑，张晓龙．影子银行对我国经济发展的影响——基于2000—2011年季度数据的实证分析［J］．财经问题研究，2012（8）．

［10］ 徐军辉．中国式影子银行的发展及其对中小企业融资的影响［J］．金融论坛，2013（2）．

［11］ 赵英伟．我国影子银行的信用风险聚集——基于历次金融危机的视角分析［J］．时代周刊，2013（11）．

［12］ 杜亚斌，顾海宁．影子银行体系与金融危机［J］．审计与经济研究，2010（1）．

［13］ 郭阳．中国P2P小额贷款发展现状研究［J］．上海金融，2012（12）．

［14］ 李悦雷，郭阳，张维．中国P2P小额贷款市场借贷成功率影响因素分析［J］．金融研究，2013（7）．

［15］ 卓素燕．P2P网络信贷公司的市场发展困境及经营策略选择——以拍拍贷公司为例［J］．管理现代化，2013（3）：83～85．

［16］ 冯果，蒋莎莎．论我国P2P网络贷款平台的异化及其监管［J］．法商研究，2013，30 （5）：29～37．

碳税征收与重工业能源效率的关系研究

陈明生　　李若雯

摘要　本文利用规模经济理论研究了碳税征收对能源效率提高的作用机制及全面影响。已有文献较多研究了碳税征收对能源效率提高的短期影响。我们认为，碳税征收导致的能源成本增加短期内会对能效提高产生立竿见影的影响；从长期来看，碳税征收会提高产业的集中度，促进技术先进、能效高的生产设备替代落后、能效低的生产设备，从而促进技术进步，提高运输、交易、分配等各环节的运行效率，最终提高能源效率。我国钢铁业淘汰落后产能的实践证明了生产规模的扩大能够导致能源效率的提高。

关键词　碳税；能源效率；重工业；规模经济

一、引言

随着我国经济的快速发展，我国环境污染、能源浪费问题越来越严重。根据美国能源情报署（EIA）的统计：2013 年，中国的能源消耗和碳排放量分别占全球总能源消耗和碳排放总量的五分之一。我国作为全球能源消费大国，碳税政策作为一种节能减排的有效手段，是我国应对气候变化和能源短缺问题的重要战略。中共十八届三中全会提出要加快资源税改革，推动环境保护费改税。研究碳税征收对重工业能源效率提高的作用机制及影响，对推动碳税的征收、设计碳税征收方案具有重要的意义。

关于碳税征收对能源效率的影响，王灿、陈吉宁、邹骥（2005）认为，在中国实施 CO_2 减排政策将有助于能源效率的提高。姚昕（2010）提出，碳税通过调整产业结构，增加了高耗能企业成本，抑制高耗能企业的过快增长。李丽（2012）认为，碳税征收将使企业获得规模经济效益，从而引起能源效率的提高。学者们较多研究了能源价格的变化对能源效率的影响。刁心柯、唐安宝（2012）研究了电力、煤炭、石油价格上升能够改善能源效率。王俊杰、史丹、张成（2014）证实了能源价格提高有助于能源效率的提升。唐安宝、李星敏（2014）发现能源价格的提高和技术进步在短期和长期都促进了能源效率的提升。陈晓毅（2015）发现长期来看，能源价格、产业结构和技术进步均显著地有利于能源效率的提升，但短期内，能源价格对能源效率的作用存在滞后效应。

二、我国重工业能源消耗与能源效率

根据国家统计局的《中国统计年鉴》，我国工业及重工业能源消耗总量处于持续增长中，2013 年，全国工业能源消耗总量达 29.11 亿吨标准煤（见图 1），占全国能源消耗总量的 69.3%；近十年内，这一比重仍在 65% 至 70% 左右。2013 年，全国重工业能源消耗总量达 20.39 亿吨标准煤，占全国工业能源消耗总量的 70%。[①] 可见，钢铁、石油化工、机械等高耗能重工业的发展支撑了我国经济的快速增长，也使我国能源消耗总量快速递增。

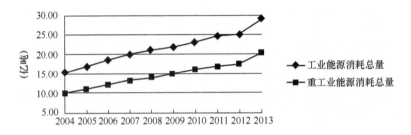

图 1　我国 2004—2013 年工业及重工业能源消耗总量

数据来源：《中国统计年鉴》（2004—2013 年）。

能源效率即能源的利用效率，是指单位能源带来的经济效益；能源强度是指创造单位 GDP 所消耗的能源量，它是能源效率的倒数。工业能源消耗强度由工业增加值能耗（工业能源消耗/工业增加值）表示，根据《中国统计年鉴》，我国工业能源消耗强度呈递减状态，从 2004 年的 2.34 吨标准煤/万元到 2013 年的 1.34 吨标准煤/万元，年均下降 6%，最高下降比率达到 11%（见图 2）。这说明，我国工业能源利用效率得到显著提高。

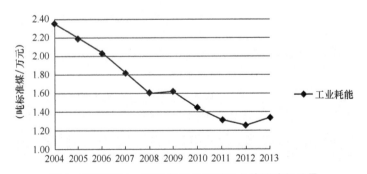

图 2　我国 2004—2013 年工业及重工业能源消耗总量

数据来源：《中国统计年鉴》（2004—2013 年）。

---

① 根据国家统计局的《中国统计年鉴》（2004—2013 年）的《按行业分能源消费量》表中数据计算得到。

从图 2 可以看出，如果不是能源效率的显著提高，随着我国经济及重工业的快速发展，我国能源消耗总量增加的速度将更快。提高能源效率是减少我国能源消耗、促进节能减排的重要举措。

三、碳税征收与企业能源成本增加

按照学界的研究，碳税是指以减少二氧化碳的排放为目的，对化石燃料（如煤炭、天然气、汽油和柴油等）按照其碳含量或碳排放量征收的一种税。[①] 碳税征税对象是在生产、经营等活动过程中因消耗化石燃料而向自然界排放的二氧化碳，因此，碳税征收将增加企业的能源成本。因钢铁业属能源密集型产业，且存在明显的规模报酬递增的现象，因此，本文主要以中国钢铁业为例进行论证。中国钢铁工业能源消耗占全国总能耗的 15% 左右，二氧化碳排放量约占全国排放量的 12% ;[②] 因此，一旦征收碳税，钢铁业将面临较重的碳税负担。此外，征收碳税将提高化石燃料的市场价格，从而进一步增加能源使用者的能源成本。计军平（2012）以 2010 年国家财政部设定的 10 元/吨和环保局设定的 20 元/吨为标准征收碳税，计算出 2010 年我国钢铁业应交碳税可达到 125 亿元、251 亿元，这将极大地加重钢铁企业的生产成本，挤占企业的利润空间。

表 1　钢铁业碳税征收模拟效果　　　　　　单位：亿元

碳税标准	2006 年	2007 年	2008 年	2009 年	2010 年
10 元/吨	96.78	103.40	108.06	117.28	125.54
20 元/吨	193.56	206.79	216.13	234.55	251.08

数据来源：计军平. 基于投入产出模型的中国碳排放增长驱动因素研究 [D]. 北京：北京大学，2012.

钢铁企业可以通过提高产品价格的方式把碳税的负担转移到产品消费者身上，但这种转移受到包括市场竞争状况、供求价格弹性、国家政策、消费者的承受能力等的限制，其中，最重要的影响因素是市场竞争状况和供求价格弹性：钢铁产品的供给价格弹性大于需求价格弹性，[③] 这有利于钢铁业碳税负担的转移。由于钢铁行业竞争非常激烈，产能过剩严重，数据显示，2015 年，我国钢铁产能近 12 亿吨，同年国内钢材市场需求量仅为 7 亿吨，产能利用率不足 67% ;[④] 这极大地限制了钢铁产品提高价格的空间。中国钢铁工业协会统计数据显示，由于钢铁产品价格的持续下行，2015 年，全国重点钢铁企业亏损

---

① 苏明等. 我国开征碳税问题研究 [J]. 经济研究参考，2009 (72)：2～16.
② 中国产业洞察网. 钢铁行业能源消耗分析 [OL]. http://www.51report.com/invest/3058447.html.
③ 滕泰等. 全球大宗商品供求价格弹性分析 [J]. 世界经济研究，2006 (6)：61.
④ 王冰凝. 钢铁业 2015 年利用率不足 67%，过剩产能越来越庞大. 华夏时报，2006 - 3 - 5.

645.34亿元，亏损面50.5%。① 在这种状况下，如果征收碳税，钢铁业将被迫自行承担本行业几乎所有的碳税负担。此外，钢铁业也面临上游产业向其转移碳税的问题。

四、碳税征收、能源成本的增加与能源效率的提高

碳税征收后，即使不考虑产业及企业内部因此出现的变化，企业能源成本的增加也将促进能源效率的提高，这种能源效率的提高将从以下几个方面得到实现：

第一，能源成本的增加导致生产要素的替代使用而提高能源效率。能源成本增加后，促使企业更多使用资本、劳动等生产要素替代能源，从而提高能源的边际生产力，进而提高能源效率。

碳税征收增加了重工业企业的生产成本，导致企业寻求其他生产要素对能源的替代来降低能源成本，从而减少能源消费，达到节能减排的目的。Smyth R. 等（2011）通过对中国钢铁业的能源与非能源投入要素替代关系进行实证研究，发现劳动力与能源、资本与能源为替代关系。替代关系表明，提高能源价格后，企业会增加对劳动力和资本要素的投入，减少对能源的消费。碳税政策将提高能源价格，从而使重工业企业增加非能源投入要素（资本、劳动力），减少能源的消费，从而提高能源的边际生产率，进而提高能源使用效率。

第二，能源成本增加导致能源的替代使用而提高能源效率。企业能源成本增加使企业面临较大成本压力，促使企业使用更加高效、清洁的能源，一方面提高能源效率，另一方面也可以使碳排放减少，从而减少碳税的支出。姜磊、季民河（2011）分析了技术进步、产业结构和能源消费结构三个指标共11个影响因素与能源效率之间的关系，结果表明：煤炭消费比重提高会降低能源效率，而石油消费比重提高则会提高能源效率。②

以芬兰为例，芬兰从1990年开始征收碳税，是世界上最早根据碳含量征收能源税的国家。从表2可以看出，芬兰征收碳税以后，能源消费结构发生了较大变化：1990年，芬兰能源消费结构以煤炭和石油为主，占比超过50%；征收碳税以后，化石燃料消费量占比逐年下降，可再生能源消费量占比增幅显著；2014年，清洁能源占能源消费总量的56%。由此可见，碳税征收有助于改善能源消费结构，促使企业寻找能效更高的新能源，有利于清洁能源的推广，并由此提高了能源的利用效率，促进了企业能效的增加，提高了能源效率。

---

① 熊少翀. 2015年中国钢铁业亏了645亿，酒钢亏70亿元摘得"亏损王"［EB/OL］. http：//www. jiemian. com/article/532691. html.

② 姜磊，季民河. 技术进步、产业结构、能源消费结构与中国能源效率——基于岭回归的分析［J］. 当代经济管理，2011（5）：13～16.

表2 芬兰能源消费结构的变化 单位：%

	1990 年	1995 年	2000 年	2005 年	2010 年	2011 年	2012 年	2013 年	2014 年
可再生能源	14.15	14.62	17.51	17.30	17.79	18.45	21.63	21.92	22.54
电能	13.05	13.37	14.57	14.69	13.43	13.67	14.74	14.87	14.74
核能	12.76	11.82	12.99	12.68	11.01	11.88	12.61	13.18	13.19
天然气	5.63	6.77	7.68	7.62	7.19	6.67	6.39	6.19	5.46
石油	25.46	20.74	20.96	22.00	18.90	19.75	19.85	17.92	20.54
煤炭	28.95	32.68	26.28	25.72	31.68	29.56	24.78	25.93	23.53

数据来源：根据欧洲统计局芬兰能源消费量年度数据计算得到。http：//ec. europa. eu/eurostat/data/database? p_ p_ id = NavTreeportletprod_ WAR_ NavTreeportletprod_ INSTANCE_ nPqeVbPXRmWQ&p_ p_ lifecycle = 0&p_ p_ state = normal&p_ p_ mode = view&p_ p_ col_ id = column −2&p_ p_ col_ count = 1。

第三，能源成本增加迫使企业推动技术进步等以提高能源效率。能源成本增加促使企业采取各种手段消化成本压力，如促进技术进步、改善经营管理等方式，这样不但能够直接提高能源效率，减少能源的浪费，更能通过提高所有要素的使用效率，减少能源的消耗。

能源效率的主要影响因素之一是技术效率。技术进步在两个方面影响能源效率。在能源开采过程中，技术进步有助于提高开采效率。在生产使用过程中，技术进步对提高转换效率有很大帮助。技术进步能提高能源的使用效率，扩大能源的边际生产力，从而增加能源效率。所以，碳税政策通过促进企业推动技术进步，提高技术效率，从而提高能源效率。

五、碳税征收、规模经济与能源效率的提高

长期来看，因不同规模的企业承担碳税的能力不同，碳税征收将使产业系统发生结构性的变化，导致产业集中度提高，改变产业的整体能效水平。

（一）规模经济及其来源

规模经济主要是指企业在一定条件下（要素最佳组合时）的生产能力或产量，单位产品的成本随规模扩大而降低。[①] 学者们从固定资产的不可分性、交易成本、分工、储藏成本等角度阐述了规模经济的来源。我们可以用系统论的方法研究规模经济的来源。从系统论的角度来看，规模经济来源于生产要素在企业内聚集的规模和结构。生产要素聚集的规模是企业规模经济产生的前提，企业达到一定规模后，才能充分利用固定资产的生产能力，节省交易费用和储藏费用，带来范围经济效应。系统的本质在于结构，企业规模的扩大将使生产要素尤其是劳

---

① 楚序平. 中国钢铁产业规模经济研究 [D]. 天津：南开大学，2009.

动间的关系发生根本变化，即促进分工和专业化的发展和深化，并促进技术进步和生产方式的发展。

（二）碳税征收与产业集中度的提高

碳税征收对行业内不同企业的影响并不相同，从而影响不同企业的竞争优势，最终导致产业集中度的提高。

1. 碳税征收增强大企业的竞争优势，并淘汰部分中小企业

产业内具有规模经济效益的大型企业的能源效率较高，单位产品所分摊的碳税负担较小；此外，企业有较高的利润率，有足够的资金实力承受碳税负担，开展节能减排项目和促进技术进步，进一步降低化石燃料的消耗，提高能源效率。而为数众多的中小企业，规模较小、经济效益较低、能源效率也较低，一旦征收碳税，这些企业可能会不堪重负，从而亏损甚至破产。

2. 碳税征收与行业进入壁垒的提高

碳税征收会导致能源密集型产业形成进入壁垒。首先导致节能减排技术方面的进入壁垒，征收碳税的主要目的是提高企业的能源效率，减少二氧化碳的排放，因此对企业节能减排技术提出了更高的要求。以钢铁业为例，大型的钢铁企业有技术优势和资金实力开展节能减排项目，从而提高能源效率，而潜在的进入者往往无法与已有企业抗衡。其次是规模经济方面的进入壁垒，在征收碳税的情况下，具有规模经济效益的企业具有更加明显的竞争优势，新进入者为了与已有企业竞争，必须达到一定的生产规模。

（三）规模经济与能源效率的提高

规模经济意味着在一定条件下，单位产品的成本随规模扩大而降低，这是通过提高生产要素的使用效率实现的。能源作为一种重要生产要素（在能源密集型产业中其所占的比重特别大），其使用效率也必然得到提高：①产业内大企业数量的增加，将使规模更大、技术更先进、能效更高的生产设备替代原有规模小、落后、能效低的生产设备；②大企业有利于促进技术进步，从而提高能源效率。根据熊彼特的研究，大厂商即集中度较高行业中的大企业更有利于研究开发和技术进步[1]，而大量研究表明，技术进步是能源提高的最重要的影响因素[2][3]；③企业规模扩大后能够提高生产、运输、储存、管理等各环节的运行效率，从而提高能源效率。

以钢铁业为例，随着中国政府和钢铁企业推动淘汰落后产能工作的不断推

---

[1] Joseph Schumpeter. *Capitalism, Socialism, and Democracy* [M]. London: George Allen and Unwin, 1976.

[2] 齐志新，陈文颖. 结构调整还是技术进步？——改革开放后我国能源效率提高的因素分析 [J]. 上海经济研究，2006（6）：8～16.

[3] 李廉水，周勇. 技术进步能提高能源效率吗？——基于中国工业部门的实证检验 [J]. 管理世界，2006（10）：82～89.

进，中国钢铁业的装备规模和技术水平得到普遍提升，能源效率得到较大幅度的提高。截至 2014 年年底，中国炼铁行业高炉数量为 951 座，平均炉容超过 1 000 立方米；炼钢行业转炉数量为 918 座，平均容量近 100 吨；通过与 2005 年数据进行对比发现，近十年来，来中国钢铁行业高炉平均炉容提高了 181%，1 000立方米以下高炉数量占比降低了 37 个百分点，转炉平均容量提高了 84%，120 吨以下转炉数量占比降低了 29 个百分点；吨钢综合能耗下降了 16%，高炉炼铁和转炉炼钢工序能耗分别下降了 14% 和 132% （见表 3）。

表3　近十年来钢铁行业装备规模和能耗水平对比情况

	高炉				转炉				吨钢综合能耗/千克标准煤·吨$^{-1}$
	数量/座	平均炉容/立方米·座$^{-1}$	1 000立方米以下占比	工序能耗/千克标准煤·吨$^{-1}$	数量/座	平均容量/吨·座$^{-1}$	120 吨以下占比	工序能耗/千克标准煤·吨$^{-1}$	
2005 年	1 133	368	93%	457	555	50	90%	31	694
2014 年	951	1 032	56%	395	918	92	61%	− 10	585
增减量	− 16%	181%	− 37%	− 14%	65%	84%	− 29%	− 132%	− 16%

数据来源：　"十三五"钢铁行业淘汰落后和过剩产能的政策建议［OL］. http：//www. dss. gov. cn/News_ wenzhang. asp？ArticleID = 381329。

六、结论

全面认识碳税征收对能源效率的作用机制和影响具有重要意义。即使存在碳税负担转移的因素，征收碳税仍然会导致企业能源成本的增加。从短期来看，碳税征收导致的生产要素替代、能源结构优化和促进技术进步等能较快地促进能源效率的提高；从长期来看，由于规模报酬递增现象的存在，征收碳税会增强大企业的竞争优势，使产业形成技术和规模上的进入壁垒，从而提高产业集中度，最终通过能效高的生产设备替代能效低的生产设备，促进技术进步，提高生产、运输、储存等各环节的运行效率等方式，提高能源效率。

参考文献：

［1］王灿，陈吉宁，邹骥. 基于 CGE 模型的 CO_2 减排对中国经济的影响［J］. 清华大学学报（自然科学版），2005（12）：1621 ~ 1624.

［2］姚昕，刘希颖. 基于增长视角的中国最优碳税研究［J］. 经济研究，2010，45（No. 51111）：48 ~ 58.

［3］李丽. 碳税征收与能源密集型产业能源效率的提高［J］. 时代经贸，2012（12）：35 ~ 36.

［4］刁心柯，唐安宝．能源价格变动对能源效率影响研究［J］．中国矿业，2012（6）：37～41.

［5］王俊杰，史丹，张成．能源价格对能源效率的影响——基于全球数据的实证分析［J］．经济管理，2014（12）：13～23.

［6］唐安宝，李星敏．能源价格与技术进步对我国能源效率影响研究［J］．统计与决策，2014（15）：98～102.

［7］陈晓毅．能源价格、产业结构、技术进步与能源效率关系研究［J］．统计与决策，2015（1）：120～122.

［8］计军平．基于投入产出模型的中国碳排放增长驱动因素研究［D］．北京：北京大学，2012.

［9］苏明等．我国开征碳税问题研究［J］．经济研究参考，2009（72）：2～16.

［10］中国产业洞察网．钢铁行业能源消耗分析［EB/OL］．http：//www.51report.com/invest/3058447.html.

［11］滕泰等．全球大宗商品供求价格弹性分析［J］．世界经济研究，2006（6）：61.

［12］王冰凝．钢铁业2015年利用率不足67%，过剩产能越来越庞大［N］．华夏时报，2006－3－5.

［13］熊少翀．2015年中国钢铁业亏了645亿，酒钢亏70亿元摘得"亏损王"［EB/OL］．http：//www.jiemian.com/article/532691.html.

［14］Smyth R. *Substitution Between Energy and Classical Factor Inputs in the Chinese Steel Sector* ［J］．Applied Energy，2011，88（1）：361～367.

［15］姜磊，季民河．技术进步、产业结构、能源消费结构与中国能源效率——基于岭回归的分析［J］．当代经济管理，2011（5）：13～16.

［16］楚序平．中国钢铁产业规模经济研究［D］．天津：南开大学，2009.

［17］Joseph Schumpeter. Capitalism，Socialism，and Democracy［M］．George Allen and Unwin，1976.

［18］齐志新，陈文颖．结构调整还是技术进步？——改革开放后我国能源效率提高的因素分析［J］．上海经济研究，2006（6）：8～16.

［19］李廉水，周勇．技术进步能提高能源效率吗？——基于中国工业部门的实证检验［J］．管理世界，2006（10）：82～89.

全球化与中国对外经济

如何推进中日"政冷"前提下"经热"的关系

——从 20 世纪 90 年代以来中日的经济相互依赖关系视角分析

邓　达　许译文

摘要　中日关系对中国和日本的各自利益具有重要影响，同时也是亚太地区国际关系中重要的双边关系之一。20 世纪 90 年代以来，中日关系一直呈现出"政冷经热"的矛盾特征，表现为两国因为历史和领土等问题而导致的政治关系摩擦不断，但经济贸易关系密切，相互依存程度高。据此结果，对中日两国"政冷"和"经热"现象做出相关陈述，并对中日两国政治关系和经济关系的逆向发展所形成的经济相互依赖关系进行更为深入的思考。本文从这一视角出发，对中日两国"经热"的原因和经济相互依赖关系的特征进行了详细的分析，重点研究中日"政冷"现象下如何推进"经热"关系，或对中日两国关系起到一定的积极作用。

关键词　中日关系；经济相互依赖关系；政冷经热

一、研究意义

中国和日本是世界上第二大、第三大经济体，经济交往密切，并且两国在地理方面同属亚太地区，在经济上相互依存度较高。中日双边关系的变化影响着两个国家以及亚太地区甚至整个世界经济的变化。

自 2012 年安倍晋三第二次出任日本首相后，中日关系迅速陷入低谷，而野田佳彦提出的"钓鱼岛国有化"更是让双边关系陷入危机。两国政治、经济关系出现降温，然而在政治态势较为紧张的情况下，两国经济联系仍是两国关系在客观上不可或缺的部分。

一些学者认为，尤其是自由主义学派认为：作为贸易和平论的首创者，英国经济学家理查德·科布登通过考察 19 世纪上半叶资本主义经济繁荣和相对和平的国际环境，提出了贸易和和平间存在因果联系的论断。"如果我们能使世界免于实际存在的战争，我相信'贸易'将做到这一点"，因为贸易能将世界各国"纽和"在一起，"使得每一方同等程度地热衷于寻求给对方带来繁荣和幸福"；20 世纪 60 年代，理查德·罗斯克兰斯继承了诺曼·安吉尔战争无利可图的观点，并进一步从收益和成本角度出发，对经济依赖抑制政治冲突的观点加以深化和完善，提出了"机会成本"和"调整成本"等概念。机会成本，即一国因停止自由贸易而失去从自由贸易中获得的收益所付出的成本，一个开放性程度越大的社会，割断对外经济联系所付出的机会成本越大。此外，该国还需支付比重建国民经济体系更为巨大的调整成本。

本文认为，两国的经济依赖度高有助于促进两国各界的密切交往，合作大于纷争，有助于处理好其他问题。因而分析中日两国的政治冷淡下怎样维持经济依赖度，甚至使其依赖度越来越高，且依赖范围不断宽泛具有较强的现实意义。这不仅能够更好地剖析中日两国间的"政冷经热"的表现和原因，还对"政冷"情况下分析经济依赖的维持和促进方面有一定的研究价值，对于学科间的结构构建具有重要意义。

二、研究现状

随着经济全球化和贸易自由化的发展，各国进入经济相互依赖的时代，国内外学者也开始对中日经济相互依赖有一定的研究。

在对"经济相互依赖"的界定上，罗伯特·基欧汉和约瑟夫·奈的界定认为，经济相互依赖包括两层意思：其一，指某个国家的内部经济受到外部经济力量的影响，其经济状况视他国的经济状况的影响而定；其二，相互依赖关系表明对这种关系的放弃或切断需要付出代价。前者即"敏感性"经济相互依赖，后者即"脆弱性"经济相互依赖。

在关于中日经济关系相互依赖上，外交学院国际关系研究所教授周永生在其论文《论中日关系的经济基础》中分析了两国贸易领域的相互依赖性及双方在金融领域的共同利益，提出了中日经济基础具有相似性与互补性，两国应该深化经贸合作，加强自由贸易区的建设，共同创造双赢局面；浙江理工大学经济管理学院陆根亮与王晓琳教授在《中日自由贸易的竞争性和互补性研究》一文中，通过测算两国的贸易结合度、相互的市场占有率、比较优势指数、产业内贸易指数，分析了两国的经济竞争与互补性，并提出了推动两国经贸关系发展的建议；厦门大学国际关系学院博士王毛平也就中日经济关系撰写文章《中日经济相互依赖的敏感性与脆弱性分析》等。

在介绍中日经济对于中日关系的作用上，南开大学与南京师范大学的任李明、范国平教授在《中日关系：相互依赖与博弈》一文中，从博弈论的角度分析了两国经济的相互依赖对其政治上的作用；清华大学刘江永教授在《中国与日本：变化中的政冷经热关系》中分析了中日"政冷经热"的关系；日本经济产业研究所关志雄所写的《在安倍访华中改善的中日关系——政治与经济的两轮动力》论述了中日两国关系的特征；亚洲研究会的田边智子所写的《从数据看中国经济与日中经济关系》通过数据论述了中日经济的互补性质。

总体上看，国内外学者对于中日经济关系的相互依赖已经有较多较成熟的研究，同时对于两国政治与经济关系的特征的研究也有不少，但是对于在中日"政冷"前提下，如何维持和促进"经热"的两者相互关系的研究上很少，鉴于此，本文将试图研究这方面内容，并提出建设性意见。

三、中日关系"政冷经热"的表现

衡量中日经济关系冷热的主要标准可以是双边贸易额的增长情况，以及双方在直接投资领域合作的状况等；而衡量两国政治关系的冷热则可由两国国家领导人互访的频率、高层会晤所取得的成果、两国在安全和政治领域进行互动的性质和结果，以及两国民众的感情等指标进行判断。需要注意的是，"政冷经热"是一个相对的、不甚严密的概念，经济关系的"热"，不意味着经济领域没有摩擦、竞争与矛盾；政治关系的"冷"也不意味着政治方面就没有改善、交往或合作。

（一）"经热"的表现

自中日两国建交以来，经贸关系作为中日关系的重要组成部分获得了长足发展，已逐步形成一种多领域、多层次、形式多元、优势互补的合作大框架。"经热"是中日共同利益作用的结果，它以互惠互利为基础，由政府推动或民间主导。中日间经济关系持续良好发展具体表现在以下几个方面。

第一是双边贸易额持续大幅增长。1972年时，中日贸易额还不到11亿美元，20世纪90年代以来，随着中国经济的高速发展，中日贸易额的增长速度明显加快。据日本财务省统计，在1990年至2003年期间，日本的对外贸易总额增长63%，由5 217亿美元增长到8 514亿美元；同期对华贸易则增长了6.3倍，由182亿美元增至1 324亿美元；1990年，中国作为日本的出口市场仅居第12位，2001年起则升至仅次于美国的第2位。[①] 除贸易额的逐步扩大外，中日贸易的商品结构也发生了重大变化，由最初的以初级产品为主到后来的以工业制成品为主。

第二是双边投资不断扩大。日本对华直接投资是中日经济关系的传统及重要手段。从投资项目数来看，截至2008年8月，日本累计对华投资项目数超过3.6万个，实际到位额561.6亿美元，位居中国实际利用外资国别第二位。[②] 据日本"日中投资促进会"调查，日本对华直接投资以制造业为主，占70%以上；在华日企总体经营状况良好，盈利比例为80%。从日本对华投资的领域来看，投资范围也从初期的加工贸易、电子电器机械行业向信息通信产业和汽车产业扩展。

第三是政府间经济合作机制更加稳固。建立并稳固中日间经济合作机制是近年来中日经济关系平稳顺利发展的重要条件之一，主要表现为中日经济高层对话机制的启动和顺利推进。中日高层经济对话机制建立于中日构筑战略互惠关系的

---

① 刘江永.中国与日本：变化中的"政冷经热"关系［M］.北京：人民出版社，2007：57.

② 杨晗.中日经贸现状与未来趋势的分析研究［C］.建设东北亚和谐国际经贸关系学术研讨会论文集.2008.

大框架下，其目的在于为中日经济关系的平稳发展奠定体制基础。温家宝总理于2007年春在日本启动该机制时明确指出："中日经济高层对话机制的启动，标志着中日经济合作将被提高到更高水平。对话机制的主要任务一是交流两国经济发展战略和宏观经济政策；二是协调跨部门经济合作事宜，探讨合作中相互关切的重大问题；三是加强在重大地区及国际经济问题上的政策沟通，促进两国更广领域的合作"①，双方随后在2007年、2009年和2010年分别举行了三次中日经济高层对话，均取得了丰硕成果。

第四是其他经济领域的合作拓宽。在技术出口上，20世纪日本对华技术出口因受发展战略的制约，数量有限且基本局限于设备出口。进入21世纪，随着日本经济贸易政策向东亚倾斜，更多的日本工业化技术成果正向中国转移；在金融合作上，除了两国中央银行间建立了经济对话机制，相互在对方增加金融分支机构外，两国签订了双边货币互换协议，实现了中国与日本在金融领域的高层次合作；在人员交流方面，中日两国政府以及民间在宏观经济政策方面的协调与交流也比较活跃，两国官员、学者经常出访对方国家进行交流考察并不定期举办宏观经济和产业科研发展研究会；在第三产业领域，双方服务业、旅游业的发展引人侧目；在节能环保方面，一大批节能环保合作项目正成为中日经济合作的核心领域。

上述基本情况说明，新的世纪中国因市场机制建设更加完善，市场经济模式日益成熟，吸引了包括日本在内的许多国家在经济领域的全面合作与交流。这种经济关系在广度和深度上的发展使中日两国经济贸易关系更加紧密，相互依存程度更高，从而在客观上导致了中日关系"经热"的特征。

（二）"政冷"的表现

"政冷"是中日利益冲突的结果，它将在一定时期内成为不以中国单方面意志为转移的现实。冷战结束后，日本新生代政治家在安全、历史、领土、台湾和经济援助等关键问题上不时偏离其前任铺下的轨道，两国在发展战略、地区战略方面矛盾重重。具体说来，"政冷"表现为以下几个方面。

一是首脑会晤不断减少，中日高层来往中断。首脑会晤的次数能有效反映两国政治关系的阴晴冷暖。作为推动双边关系发展的首要途径之一，高层互访曾对中日邦交正常化起到了重要的引导作用。进入新世纪后，政治上的分歧给两国领导人的会晤增加了难度，中日首脑互访的次数和取得的成果不断减少。首脑会晤的减少导致中日双方缺少了一个有效沟通的渠道，使两国在处理各种矛盾和纠纷的时候缺乏所需的回旋余地和空间。

二是中日双方政治摩擦加剧，钓鱼岛问题使冲突升级。20世纪90年代以来，

---

① 温家宝和安倍出席中日经济高层对话机制会 [EB/OL] http://news.xinhuanet.com/world/2007-04/13/content_ 5968985.htm，2015-6-25.

中日间政治摩擦增多，并逐步从局部矛盾转化为多方面的摩擦，中日在多个领域展开了冲突和交锋。两国在侵华历史认知问题、钓鱼岛问题、东海大陆架划界、台湾问题、日本加入联合国常任理事国、俄罗斯远东石油管道等问题上都发生了对抗和较量。2004 年，日本公布新《防卫计划大纲》，2005 年日美发表"2 + 2"联合声明，出台"西南岛屿作战计划"并首次与美军海军陆战队在美国举行联合军事演习，煽动"中国威胁论"等行为，都表明了日本试图通过增强日美台军事同盟，联美扼华的阴谋。

近年来，日本的挑衅行为渐有升级之势。2010 年钓鱼岛撞船事件和 2012 年的"购岛"闹剧由于涉及敏感的中国国家主权问题，曾使两国政治矛盾一度白热化。

中日双方以上政治摩擦毫无疑问造成了"政冷"的态势。日本的所作所为明显背离了中日三个基本文件的"和平友好"精神，恶化了中日关系，严重动摇了中日政治互信的基础。

（三）"政冷"因素对中日经济关系的负面影响

尽管在双方共同利益的带动下，中日经济关系取得了长足发展，但有些潜力仍然由于政治因素的干扰或影响而受到抑制。其实，"经热"只是相较于政治上的"冷"而言。在当代国际政治与国际经济融合互动日趋强化的大背景下，中日经济关系的发展将难以避免因政治关系持续冷淡、恶化而带来的消极影响。实际上，近年来，由于中国对外贸易和引进外资增长速度大大快于中日双边贸易和投资增长，中日贸易已出现由"热"转"温"的颓势，表现为中日贸易增长明显减速、日本对华直接投资相对萎缩、日本对华经济援助急剧减少、中日经贸摩擦连续不断、中日经济合作明显滞后和民众"抵制日货"呼声高涨等。持续的"政冷"若得不到缓解或解决，必将对未来中日经贸关系发展造成不可估量的打击。

四、中日经济相互依赖的原因及特征

（一）中日经济相互依赖的原因

中日双方自恢复邦交正常化以来，经济往来总体上保持了较好的势头。进入新世纪后，与"政冷"相较，中日经济往来保持了较为稳健的态势。中日间"经热"的原因主要可概括为以下几个方面：

一是中日经济关系的互利性。贸易和平论者认为，国家在比较优势基础上进行专业化分工和自由贸易，能给经济相互依赖的双方带来经济增长和繁荣，使资源得到最有效的配置。经济互利性是中日两国发展经济关系的内在动力。在当今经济全球化的背景下，东亚区域经济合作进一步发展，各国经济已交融出"你中有我，我中有你"的局面。中日两国的地缘因素使经济交流与合作十分便利；同时，长期以来两国的经济合作也显示出"互利共赢"的前景符合两国政府和人民的共同利益。对中国而言，对日贸易的不断扩大，推动了中国的改革开放事业的发展和整体国民经济的高速增长；而对日本而言，中国质优价廉的大众消费品的大量出口，对缓解本国经济长期萧条、促进经济复苏起到了重要作用。

二是中日经济结构的互补性。尽管目前中日两国实力对比已呈现"中盛日衰"的征兆，但不得不承认中日两国仍处于不同的经济发展阶段：中国不仅在人均收入水平上低于日本，而且在国家竞争力方面也逊于日本，这意味着中日产品的"竞合度"并不高，中日在世界贸易中真正存在竞争的程度较小。此外，中日两国产业分工差异明显：中国在劳动密集型产业上具有较强的竞争优势，所生产的产品技术含量低、产品附加值低；而日本在资本密集型、技术密集型产业上具有较大优势，技术含量高、产品附加值高。总体而言，日本的国际竞争力仍大于中国的国际竞争力，中日两国在经济、贸易等方面互补性大于竞争性，合作领域多于竞争领域。

三是日本经济对华依赖度增强。对于外向型经济的日本来说，随着中国GDP在全球所占比例的扩大，中国将是未来日本最有增长潜力的出口市场之一。关于对华经济关系在日本整体对外经济关系中地位的显著提升，可从由对华贸易在日本外贸总量中比重的提高来加以证实。如对华出口占日本出口总额的比重2000年时只有6.3%，2005年已升至13.4%；① 此外，日本经济经过长达十年的停滞转向复苏，其原因很大程度上在于外需的扩大，特别是对华出口的增加。日本经济界谈论的"中国特需论"和"活用中国论"就有效证实了日本对华出口急剧增加促进日本经济复苏这一不容怀疑的事实。

综上所述，中国作为世界级的新兴市场对外向型经济的日本有着巨大的吸引力，日本需要中国市场作其恢复和促进经济发展的发动机。中日经济的互补性和互利性逐步增强，这就决定了双边经济依赖将更加紧密，也合理地解释了两国"政经分离"，在"政冷"的情况下仍存在"经热"现象的原因。

（二）中日经济依赖关系的特征

从以上中日经济的相互依赖关系的原因综述可以看出中日经济关系之密切，而中日经济合作的不断进行对两国在经济领域的依赖性有重要的作用，这种依赖性也由于两国经济地位的变化而变化。

中国改革开放以来，中日间的经济关系由最初的中国廉价劳动力的输出和对日本相对单方面依赖渐渐变成日本对中国的市场越来越多地依赖，并且相互依赖的高点逐渐朝着中国方面倾斜，但实际上中日经济相互依赖的关系仍然未摆脱不对称性特征。根据罗伯特·基欧汉和约瑟夫·奈在《权利与相互依赖》中提到的一个观点：判断两国间的相互依赖是否对称，以及不对称程度如何，都取决于一个行为主体对另一方的敏感性和脆弱性的大小。中国是日本的第一大贸易合作

---

① 马成三. 究竟谁更依赖谁——中日贸易相互依赖关系的变化 [J]. 国际贸易，2004：4~9.

伙伴，因而中国是日本赖以依存的重要市场；而日本在技术、资本方面又是中国重要的学习对象和贸易国家，双方互为敏感性和脆弱性因素，从而相互施压形成不对称性特征。

根据比较优势理论，日本对华投资的主要目的还是进口中国的廉价劳动力和充分的资源来降低生产成本，并且充分利用自身技术优势开展更多机电类及运输类等贸易。有学者研究表明，超过 50% 的中日贸易是由在中国投资的日本企业带动的，[①] 这些都表明了日本对中国市场的投资需求。

中日经济关系中垂直分工依旧显著。日本具有高技术含量、高附加值等资本密集类贸易的优势导致中日在产业技术上差别很大，而中国更多是以加工贸易为主，因而中国处于产业垂直分工的中下端位置，日本保持相对领先优势。虽然近年来中国产业结构有水平化发展，但是差距还是较大。

研究现状中讲到关于两国之间经济关系的"敏感性"与"脆弱性"，其中敏感性是指一国发生的变化导致另一国发生变化速度的快慢代价，脆弱性是指每个国家试图改变政策以减少外部条件所强迫付出的代价。因此当中日两国经济相互依赖为不对称状态时，两国的敏感性与脆弱性对两国政治关系的影响也越大，甚至有可能改变两国之间关系。

五、如何推进中日经济的相互依赖关系

自 20 世纪 90 年代以来，中日两国之间不只是在经济方面的合作达到了空前的水平，在其他各方面，如能源、气候、环境、卫生等各方面也具有广泛的共同利益。在这一过程中，由于中日在历史和领土等方面的冲突和分歧导致中日的"政冷"关系，并且近年来愈演愈烈，然而，在这种情况下保持双边的互利合作关系，推进两国的"经热"关系，对两国未来的发展起着举足轻重的作用。

（一）建立双边互信合作关系

历史规律表明，任何事物的发展都是一个螺旋式上升的过程，中日关系也一样，只有通过合作，才能建立互信关系，才能促进和深化进一步的合作。因此要想维护两国的共同利益，以及在世界格局中的地位，两国必须能够暂时放下眼前的矛盾和冲突，积极发展经济上的相互依赖关系，总体上以稳妥为主线，协力打破美国对日本和中国发展的抑制作用，促进双边经济的共同增长。

同时中日两国能够互通有无，实现经济技术的交流互动，确立各方面的战略合作关系，扩大共同利益的领域，优化经济依赖的产业结构，加深中日经济关系的相互依赖性。

---

① 丁斗．中日经济相互依存及其敏感性问题［J］.太平洋学报，2005（7）.

（二）相互减少经济交流中的"敏感性"和"脆弱性"因素

如果两个国家之间的相互依赖关系具有不对称性，那么两国就容易出现利用优势因素形成相互施压的局面，从而形成权力，达成政治目的，然而从博弈论角度来看，这不是一个长期的重复博弈，不利于双方利益。

中日两国在国内的优势资源不同，如果两国可以将政治和经济两大类所有分离，在"政冷"的前提下不影响国家的整体利益，维持"经热"，这才是一个国家的长远之计，才有助于两国的长期发展。因而在2012年钓鱼岛事件以后，由于日本经济对稀土产业领域有较强的敏感性和脆弱性，而中国对稀土的限制出口导致日本的经济严重受损；而日本对高产业技术的掌握，对中国的创新发展理念具有重要的推动作用，如果日本对高新技术的出口进行限制，将严重阻碍中国的产业结构升级。因而如果中日两国能够减少双边经济交流过程中的"敏感性"和"脆弱性"因素，将加强两国在经济相互依赖关系中的稳定性。

（三）促进区域经济合作

中日两国经济具有极强的互补性，两国的经济合作对于推动亚洲的合作、复兴和崛起，甚至对于世界经济的发展具有重要作用。2013年，中国推出的"一带一路"旨在主动地发展与沿线国家的经济合作伙伴关系，共同打造政治互信、经济融合、文化包容的利益共同体、命运共同体和责任共同体，而即将完成的"亚洲基础设施投资银行"的建设旨在促进亚洲区域的建设互联互通化和经济一体化的进程，并且加强中国及其他亚洲国家和地区的合作。区域性的合作需要中日两国共同推进，这对于区域经济的发展以及中日两国的发展利远大于弊，也对推进两国"经热"起着重要作用。

六、结论

本文通过对中日两国的"经热"现象的阐述、"经热"原因的剖析，以及中日经济相互依存关系特征的分析，结合前人关于相关这方面的研究综述，得出以下结论：一是中日两国"经热"现象虽然有所降温，但相对于两国政治关系还是活跃的；二是中日两国虽然长期处于"政冷"状态下，但仍会保持"经热"状态；三是中日两国的经济相互依赖关系具有不对称性特征；四是中日两国经济关系的依赖程度对于区域经济的发展，甚至世界经济的发展具有举足轻重的作用；五是中日两国在"政冷"的情况下推进"经热"关系，对两国的发展利大于弊。

参考文献：

[1] 罗伯特·基欧汉，约瑟夫·奈. 权力与相互依赖 [M].3版. 门洪华，译. 北京：北京大学出版社，2002.

［2］ 罗伯特·基欧汉. 霸权之后——世界政治经济中的合作与纷争 ［M］. 苏长和，译. 上海：上海人民出版社，2001.

［3］ 刘江永. 中国与日本：变化中的"政冷经热"关系 ［M］. 北京：人民出版社，2007.

［4］ 李建民. 冷战后的中日关系史（1989—2006）［M］. 北京：中国经济出版社，2007.

［5］ 邝艳湘. 和平还是冲突：经济相互依赖的政治后果 ［J］. 国际论坛，2007，（3）.

［6］ 金熙德. 中日"政冷经热"现象探析 ［J］. 日本学刊，2004，（5）.

［7］ 马莉鑫. 日本加入亚洲基础设施投资银行的利弊分析 ［J］. 商，2015（11）.

［8］ 江瑞平，于潇潇. 恢复邦交后的中日经济关系：发展转型与前景 ［J］. 日本学刊，2012（05）.

［9］ 高铸. 以经济相互依赖推动中日政治合作研究 ［D］. 武汉：华中师范大学，2013.

［10］ 任海龙. 21世纪中日经贸相互依赖关系研究 ［D］. 石家庄：河北师范大学，2014.

［11］ 杨露. 中日关系的僵局与突破 ［D］. 延吉：延边大学，2014.

［12］ 徐国亮. 21世纪初中日关系"政冷经热"的表现及原因探析 ［D］. 北京：首都师范大学，2008.

［13］ 田芳. 发展中日关系的对策研究 ［D］. 长沙：湘潭大学，2008.

［14］ 许以民. 建国后中日关系"政冷经热"走势论析 ［D］. 长春：东北师范大学，2002.

［15］ Richard Rosecrance, The Rise of the Trading States：Commerce and Conquest in the Modern World ［M］. New Yor：Basic books, 1986.

［16］ Robert O. Keohane, Joseph S. Power and Interdependence：World Politics in Transition ［M］. Boston：Little Brown and Company, 1977.

［17］ Richard Cpbden. The Political Writings of Richard Cobden London ［M］. London：T. Fischer Unwin, 1903.

"一带一路"计划是马歇尔计划吗？

齐　勇　李九阳

摘要　自2014年APEC会议提出"一带一路"计划以来，社会各界对于其与"马歇尔计划"的关联广有争议。"一带一路"计划是否只是中国化的"马歇尔计划"？本文通过对这两者的起因、方法进行简析，得出两者在出发点、秉持理念、实现方式和手段方面存在很大差异，所以不能简单将其视作同一事物的两种版本。

关键词　"一带一路"计划；马歇尔计划

一、社会背景

2014年APEC会议主题之一就是加强全方位基础设施与互联互通建设，在11月8号APEC第26届部长级会议上，中国国家主席习近平出席并主持加强互联互通伙伴关系对话会，提出了"丝绸之路经济带"和"21世纪海上丝绸之路"，这"一带一路"计划被很多观察人士看作中国版马歇尔计划。"一带一路"的两个基本目的就是消化过剩产能和人民币国际化，其现实基础一方面是中国的过剩产能和大量外汇储备，另一方面是新兴市场国家和欠发达国家对基础建设的需求。

据中国人民银行发布的2014年前三季度金融统计数据报告，中国2014年9月末外汇储备余额为3.89万亿美元，预期4.009 5万亿美元，前值3.99万亿美元修正为3.993 2万亿美元。如何有效利用如此庞大的外汇规模来促进中国经济的发展是一个迫在眉睫的问题。中国经济的快速发展已经导致了产能过剩的危机。"一带一路"计划就是在这样的经济背景下出台的。

"一带一路"计划出台以来，引起了学界的广泛关注，社会舆论多以中国版"马歇尔计划"进行报道，本文针对这种观点，试图从以下几个方面简单叙述两者的不同之处。

二、文献综述

马歇尔计划自问世就引起了国内外学术界的广泛关注。为了了解马歇尔计划的具体内容，本次研究主要参考了以下文献：约瑟夫·琼斯的《十五个星期》一书讲述了马歇尔计划通过前的十五个星期所发生的事件；黄钟青辑录的《为战后西方联盟揭开序幕的欧洲复兴计划》则汇编了马歇尔计划前后的文件。国外文献主要集中于对马歇尔计划的成因、目的及作用的研究；国内学者在 20 世纪 80 年代的研究主要侧重于马歇尔计划和西欧一体化的关联研究，20 世纪 90 年代的国内研究主要集中在歇尔计划出台的目的、苏联对马歇尔计划的反应、马歇尔计划实施的结果和影响等几方面。

（一）政治学角度

关于马歇尔计划出台的目的，主要有以下几种观点：意识形态说、经济扩张说、控制西欧说以及双重因素说。国内学术界通过关注东欧国家与马歇尔计划的关系，从而对马歇尔计划实施的结果和影响的分析有加速欧洲分裂说、促进西欧一体化说、双重作用说加速冷战说和推广美国价值规范说几种基本观点。

罗伊·尼科尔斯（1949）在《马歇尔计划的起源》一书中提出，美国实施马歇尔计划主要是为了遏制苏联，防止共产主义势力在西欧的渗透和扩张，维护美国的安全。[①] 约瑟夫（1955）指出美国担心西欧国家的经济混乱与贫困将为苏联及东欧共产主义势力的抬头打开大门，危机美国的国家安全和战略意义。[②]

国内有关马歇尔计划的最早书籍是 1950 年由陶大铺翻译的艾伦的《论马歇尔计划》，文章分析了马歇尔计划的具体内容、实施的条件，它指出美国推行马歇尔计划既是为了防止共产主义势力在西欧的渗透和扩张，也是为了美国的经济利益，更是为了控制西欧，进而通过控制西欧来掌控全球。毕健康（1990）认为马歇尔计划推动了西欧的联合，为西方经济的重建奠定了基础。[③]

（二）经济学角度

伊曼纽尔·韦克斯勒（1983）在《重新审视马歇尔计划：经济视角下的欧洲复兴计划》一书中运用经济学的方法，在对财政部国务院外交档案进行分析的基础上，认定马歇尔计划实质上是一个经济计划，其目标是：增加并扩大生产，稳定金融货币，实现自由贸易和推动欧洲一体化。[④] 安德烈·菲利普的著作《经济和社会史》一书中记录了试图重振欧洲经济的布雷顿森林体系的失败，也认同美国实施的马歇尔计划在发展西欧经济的作用。阿尔弗·雷德格莱塞的《战后欧美关系》（1986）一书中认为马歇尔计划是作为对现代化的一种紧急援助提出来的。[⑤] 王绳祖（1995）认为马歇尔计划对西欧经济恢复的作用显著，使西欧工农业生产迅速上升。[⑥] 夏路（2003）对马歇尔计划对西欧经济的影响做了较为详细

① Roy Nichols. The Genesis of the Marshall Plan [M]. New York：St. Martin's Press，1949：243.

② Joseph Jones. The Fifteen Weeks [M]. New York：New York Press，1955：164.

③ 毕健康. 马歇尔计划对西欧经济的影响 [J]. 美国研究，1990（2）.

④ Imanuel Wexler. The Marshall Plan Revisited：The European Recovery Program in Economics Perspective [M]. Greenwood，1983：227.

⑤ 阿尔弗雷德·格罗塞. 法国对外政策（1944—1984）[M]. 北京：世界知识出版社，1989.

⑥ 王绳祖. 国际关系史（1945—1949）[M].7 卷. 北京：世界知识出版社，1995.

的分析，认为该计划重建了以相互依存为基础的西方经济秩序，推动了西欧各国垄断资本主义的发展，开创了西欧经济一体化进程[①]。

（三）综合角度

资中筠（1994）认为，马歇尔计划不但挽救了西欧当时濒于崩溃的经济，而且奠定了此后西欧走向独立和繁荣的基础。[②] 徐煜（2002）在其《马歇尔计划与战后西欧的联合》一文中分析指出，美国通过马歇尔计划帮助西欧恢复经济的同时，又利用它作为推动西欧联合的工具，并一直把西欧各国加强经济的联合作为其提供援助的前提和条件，从而大大加速了西欧一体化进程。[③] 齐涛（2004）认为，马歇尔计划恢复和发展了欧洲经济，稳定了欧洲社会秩序，推动了西欧各国的经济协作。[④]

三、"马歇尔计划"与"一带一路"计划

战后欧洲经济困难，美国担心西欧国家的经济混乱与贫困将为苏联及东欧共产主义势力的渗透提供可能，从而导致整个欧洲的赤化，使美国在与苏联的斗争中处于不利地位，西欧的经济恶化将危及美国的国家安全和战略意义。美国帮助西欧从战后困境中恢复过来，以便同以苏联为首的共产主义阵营对抗，这才是"马歇尔计划"的战略目的。此外，二战后美国一跃成为第一强国，对外经济扩张、扩大国外市场成为资产阶级的首要需求，但是东欧国家多与苏联同在共产主义阵营，西欧因战乱经济萎靡政局动荡，美国如果想要进行国际投资，西欧国家是最好的选择，所以美国只能选择援助西欧国家，进而加强美国对西欧国家的控制。西欧国家市场需要美国产品，援助的美元能很快地通过贸易回到美国人民手中。该学说认为"马歇尔计划"的本质是为了美国经济的扩张。历史发展过程很少只包括单一因素，"马歇尔计划"的成因兼具意识形态和经济因素。西欧各国能否快速成为美国有力的盟国，经济发展和政局稳定都是必要的前提条件。总的来看，马歇尔计划出台的成因归根结底是美国全球战略的要求。

马歇尔计划使美国和西欧各国签订了多项协议，帮助西欧各国快速地从战后困境中恢复过来。此外，美国的文化、经济、军事等也渗透到西欧国家，西欧各国在制定外交政策时不得不重视与美国的盟国关系。马歇尔计划是美国历史上非常成功的外交政策和对外经援政策，它其实是美国对战后国际格局认识和筹划的结果，而其实行的确影响了当时的国际格局。它为美国之后的经援活动提供了指导性思想。马歇尔计划的一个创新之处就在于建立了美欧多元合作的新模式。

"一带一路"计划是基础国家战略海外投资，就是在欧美因金融危机而受创

① 夏路. 论马歇尔计划对西欧经济的影响 [J]. 阴山学刊，2003（3）：34～39.
② 资中筠. 战后美国外交史 [M]. 北京：世界知识出版社，1994.
③ 徐煜. 战后初期及五十年代美国与西欧的关系 [J]. 武汉大学学报，2002（6）：87～92.
④ 齐涛. 世界通史教程 [M].3 版. 济南：山东大学出版社，2004.

的背景下，主动输出中国过剩的大量基建产能，去投资那些急待完善基建又缺乏资金的新兴经济体。在实施思想和具体方案上，"一带一路"与美国"马歇尔计划"有很多相似之处，因而在民间被称作中国版"马歇尔计划"，但"马歇尔计划"隐含霸权思维，所以官方并无此名目计划。

"一带一路"计划的核心内容是：国家承担贷款风险，企业输出过剩产能，人民币国际化，三位一体。它主要作为中国资本和产能输出计划的战略载体。中国目前存在产能过剩现象，而且有大量的美元外汇储备，而新兴市场国家的基础设施建设落后，"一带一路"计划即是利用中国积累的外汇储备作为拉动新兴市场国家和欠发达地区经济增长的资金，在资本输出的过程中消化过剩产能。

在国家层面，上海自贸区试验、"一带一路"、亚洲基础设施投资银行等策略均已经实质性启动，有观察者认为，福塔莱萨金砖货币体系和金砖开发银行标志着"中国版马歇尔计划"启动。据央企海外基建业务 2014 年中报数据，上半年海外基建承包公司完成营业收入 1 482.95 万亿，资本输出计划所带来的变化，可以中工国际（海外业务占主营业务的 96.65%）为例分析，经历 2013 年的停滞后，它在 2014 年上半年有着爆发式性增长。实践证明，资本输出的确促进了海外基建企业及行业的发展。

四、结论

美国启动"马歇尔计划"名义上是为了促进西欧各国的经济复苏和政治稳定，但是当时美国也面临着战后巨额贸易顺差和国外因清偿力不足导致的经济衰退，该计划通过黄金储备形式的资本输出带动了产能输出（当时西欧各国获得资本支持后购买的大多是美国产品），因此，马歇尔计划的受益者不仅是西欧各国，美国更是从中获得了巨大的经济利益和政治利益。

"一带一路"的两个基本目的就是消化过剩产能和人民币国际化。中国利用过剩的外汇储备作为拉动新兴经济国家及欠发达国家经济增长的资金，还能通过资本的输出带动产能的消耗。除了海外基础建设外，以亚洲基础设施投资银行等金融机构的建立，使中国资本输出战略增添了金融结构上的支持。无论是互联互通、设立银行，都需要率先通过产业输出来实现，而造就中国与东南亚、中亚以及非洲和拉美国家之间的产业互补，关键在于实现中国的产业升级。产业流是非常重要的环节，中国需要在更多的大众产业领域，获得更多突破。创新驱动，无论是技术还是制度创新，都是中国目前真正所需。鉴于该计划强调的是基础设施的建设，本次项目的主要研究对象也是海外基建行业，通过个体化研究与行业研究相结合进行分析。

美国的"欧洲复兴计划"——"马歇尔计划"实现了欧洲和美国的经济双赢，促进了欧洲一体化及加强了西欧各国和美国之间的战略关系。而"一带一路"计划也将为中国和新兴经济国家、欠发达国家带来新的经济增长动力，并能加强中国与各国之间的经济联系和政治战略关系。在中国经济转型和结构调整的困境之中，在中国经济下行压力持续加大的背景下，需要以新的发展战略创造出新的发展和调整的空间，从而拉动中国经济摆脱困境。

"一带一路"计划与"马歇尔计划"作为不同时代背景下的两种政策，必然存在相异之处，其不同主要体现在三个方面：第一，出发点不同。前者是基于沿线国家的共同发展需求，不包含政治目的的单纯经济性计划，后者则为基于对抗共产主义阵营来扶持西欧各国经济发展，以产能输出带动国内经济发展的包含政治目标及经济目标的综合原因。第二，秉持理念不同。前者强调打造相关各国的互利共赢及共同发展繁荣，后者强调意识形态的一致性，并有意识地将苏联及东欧各国排斥在外。第三，实现的方式和手段不同。前者强调"互商、共建、共享"，各国发挥各自优势，实现互利互补，后者则是美国一家独大，西欧各国处于被动接受地位。虽然两个计划的基本理念都是以资本输出带动产能输出，但是两者是本质上完全不同的事物，所以不能直接将"一带一路"计划视作"马歇尔计划"的中国化版本。

参考文献：

[1] Joseph Jones. The Fifteen Weeks [M]. New York：New York Press，1955.

[2] Roy Nichols. The Genesis of the Marshall Plan [M]. New York：St. Martin's Press，1949.

[3] Imanuel Wexler. The Marshall Plan Revisited：The European Recovery Program in Economics Perspective [M]. Westport, Connecticut：Greenwood Press，1983.

[4] 阿尔弗雷德·格罗塞. 法国对外政策(1944—1984) [M]. 北京：世界知识出版社，1989.

[5] 艾伦. 论马歇尔计划 [M]. 北京：世界知识出版社，1950.

[6] 黄钟青. 为战后西方联盟揭开序幕的欧洲复兴计划 [J]. 西欧研究，1987 (02).

[7] 齐涛. 世界通史教程 [M]. 3版. 济南：山东大学出版社，2004.

[8] 夏路. 论马歇尔计划对西欧经济的影响 [J]. 阴山学刊，2003 (3).

[9] 资中筠. 战后美国外交史 [M]. 世界知识出版社，1994.

[10] 徐煜. 战后初期及五十年代美国与西欧的关系 [J]. 武汉大学学报，2002 (6).

[11] 毕健康. 马歇尔计划对西欧经济的影响 [J]. 美国研究，1990 (02).

[12] 王绳祖. 国际关系史第七卷（1945—1949）[M]. 北京：世界知识出版社，1995.

[13] 张智. 中国版马歇尔计划启航—— 一带一路加速亚太互联互通 [J]. 华夏时报，2014 (11).

[14] 苑基荣. 中国版马歇尔计划化解产能过剩 [J]. 商界，2009 (10).

[15] 蒋希蘅，程国强. 国内外专家关于"一带一路"建设的看法和建议综述 [N]. 中国经济时报，2014 – 8 – 21.

技术性贸易壁垒对中国农产品出口的影响研究

于 平 张 潜

摘要 技术性贸易壁垒是以保护人类和动植物健康及环境资源为名的具有针对性强、隐蔽性好、运用灵活等特性的新型贸易壁垒，它正逐步取代关税和传统非关税壁垒，成为各国特别是发达国家进行贸易保护的主要政策工具和手段。在保护主义盛行的农产品国际贸易领域，由技术性贸易壁垒而引发的贸易纠纷已成为一个新的焦点，并对我国农产品出口产生着重要影响。因此，深入剖析当前技术性贸易壁垒对我国农产品出口贸易造成的消极影响，并提出相应对策，有利于我国农产品出口贸易的发展和农产品出口竞争力的提高。本文主要分析了中国农产品遭遇的技术性贸易壁垒的主要类型以及对中国实施技术性贸易壁垒的主要国家；其次分析了技术性贸易壁垒对中国农产品出口造成的主要影响；最后从政府角度和企业角度分析了中国面对技术性贸易壁垒的对策。

关键词 技术性贸易壁垒；中国农产品出口；影响

一、技术性贸易壁垒的相关概念和特点

技术性贸易壁垒的概念在学术界尚未给出一个统一的定论，由于研究目的、视角和范围的不同，学者们对技术性贸易壁垒的含义的理解也有所不同。现在主要有以下几个方面的定义。

（1）技术措施论。这一观点主要是基于传统理论对非关税壁垒概念的界定将技术性贸易壁垒纳入内容广泛的非关税壁垒的范围，认为国际贸易中一些技术性措施本身就是贸易壁垒。

（2）福利导向的观点。福利导向的观点站在世界主义的立场，以对全球总产出或总福利影响的净结果来判定一种非关税措施是否构成非关税壁垒，按此观点，只有那些减少了全球总福利的技术性措施才构成技术性贸易壁垒；而具有全面积极福利效应的贸易限制措施则不是。

（3）贸易阻碍的观点。这一类观点是以一种技术规定或措施是否对进口产品造成贸易阻碍来判断其是否构成技术性贸易壁垒的。贸易障碍论有广义与狭义的区分。广义阻碍论以贸易措施实施的结果为依据，认为，只要一项技术性措施造成了对进口产品的贸易限制作用，就构成了技术性贸易壁垒。狭义阻碍论更着重于从贸易措施实施的目的来判断其是否构成贸易壁垒。这一观点认为，只要以正当理由为

目的而实际上给贸易造成了不合理阻碍的技术性措施才算是技术性贸易壁垒。

关于技术性贸易壁垒的特点。目前，技术性贸易壁垒日益成为国际贸易中限制进口的有效工具，并逐渐成为新贸易壁垒的主流形式。技术性贸易壁垒具有实施目标的双重性、实施范围的广泛性、实施对象的扩散性、实施手段的灵活性、实施效果的歧视性、实施意图的隐蔽性等特点，下面分别予以说明。

一是实施目标的双重性。一方面，技术性贸易壁垒的实施于进口国而言，的确可以满足国内消费者对健康和安全的需求，同时对生态环境的优化具有积极意义；而对出口国而言，则可以利用其"倒逼机制"提高技术水平，提升产品质量，有利于产业升级。另一方面，技术性贸易壁垒的不合理成分，有碍国际贸易的公平性、公正性。由于发达国家处于技术标准的制高点，在与技术壁垒相关的贸易利益较量中发展中国家处于被动地位，对全球贸易的协调发展带来负面影响。

二是实施范围的广泛性。技术性贸易壁垒从内容来看包括技术法规标准与合格评定程序、产品检疫检验制度与措施、包装和标签要求、信息技术性贸易壁垒和绿色壁垒五个方面，同时它还能不断向外延伸至劳动权益、动植物保护和知识产权保护等领域。

三是实施对象的扩散性。技术性贸易壁垒容易产生连锁反应，既可以在产品间、行业间进行传递，也可以在国家间进行扩散。一项技术性贸易壁垒措施对某家企业或某类产品一旦产生负面影响，其作用就会以很快的速度转移到其他相关企业或产品；某个国家采取某项技术性贸易壁垒措施，也很快会被其他国家效仿，纷纷采用。

四是实施手段的灵活性。WTO《TBT 协定》一方面要求成员国在制定技术法规时遵从非歧视性原则，另一方面又在保护人类和动植物的健康安全及保护环境等情况下给予采取技术性保护的权利。然而，《TBT 协定》没有自身的标准，只是给进口国自由量裁权，这个尺度如何把握、合不合理无从把握。而发达国家有一套适应本身需求的风险评估技术，论证结果也总能自圆其说。

五是实施效果的歧视性。WTO《TBT 协议》要求实行国民待遇和非歧视原则，一国的技术措施对他国出口的限制不应该不合理，但是发达国家技术标准不断提高，很明显是歧视和蓄意阻碍发展中国家的出口。

六是实施意图的隐蔽性。技术性贸易壁垒以保护环境和人类健康为名，身披合理合法的外衣，容易使人忽视其限制外国商品进口，保护国内产业和市场的真正意图，极具隐蔽性。技术性贸易壁垒打着维护人类和动植物的健康安全以及环境保护的旗号，隐藏其真正动机，实施贸易保护主义。

二、中国农产品出口遭遇的技术性贸易壁垒

中国农产品出口遭遇的贸易壁垒，主要有以下五种形式。

一种是技术法规、技术标准与合格评定程序。技术法规、技术标准以及合格

评定程序都是技术性贸易壁垒的主要手段和方法。其中，技术法规具有强制性，是对产品的特性、相关工艺、生产方法以及使用范围的有关规定；技术标准是非强制的，是公认机构批准用以对产品或者是工艺抑或是生产方法的规则；合格评定程序以技术法规和标准为基础，是发达国家限制发展中国家的产品输入的一种隐蔽措施，认证是其主要手段。认证一般由公正的第三方做出判断，并做最后的结果认定，所以也称"第三方认证"。认证可分为产品认证和体系认证。在农产品方面，针对产品品质的有：有机农产品、绿色农产品和无公害农产品认证；从进口国的市场准入来看，进入美国市场需要食品药品管理局（FDA）认证，CE认证是进入欧盟市场的通行证，出口日本的农产品获得日本农林标准（JAS）认证才受消费者信赖。

二是产品的检验检疫制度与措施。产品的检验检疫措施主要包括：检验检疫的法律法规和最终的产品标准，以及产品的生产和加工方法，检验检疫程序及出具证明。对农产品主要是实施动植物卫生检疫措施，其保护的对象有两个方面：人类和动植物。为了保护人类的生命健康，主要从化学添加剂、微生物污染、农兽药残留、重金属含量以及动植物病虫害等方面进行检验检疫；为了保护动物的健康和福利，主要从饲料添加剂、污染物、毒素以及外来病虫害等方面进行严格控制；为了保护植物的生命免受外来病虫害的侵袭和危害，需要对外来农产品的寄生病虫害进行严格把关。

三是包装和标签要求。为了有效遏制进口产品的某些包装带来的环境压力，大多数进口国家对包装材料做出严格规定。首先要求绿色包装；另外包装材料不能造成产品质量的变化，特别是对农产品来说，不能对消费者的健康安全造成危害；还有对包装的外形、大小、材质也做出了明确的限定。标签作为包装的重要组成部分，通常对商品名称、生产者、生产地、品质属性、使用方法及注意事项等内容进行说明。为了尽可能如实反映产品的品质属性，让购买者明明白白消费，各个国家都对产品的标签进行了详细的规定，特别是有关农产品及食品标签的规定更加具体、严格。比如营养成分信息、哪些成分需要标识以及如何标识都有一定的规范，另外，标签内容采用哪一种语言进行标识也有特别的说明。

四是信息技术壁垒。信息技术壁垒主要是由于各国对商品信息管理的不统一，为国际商品贸易造成困扰。条形码、商品的标识、标签制度、计量单位制等都属于信息技术壁垒的范畴。例如，日本"生产履历表制度"在农食产品中广泛推行，它既是日本利用标签标识制度控制食品安全的成功经验，更是日本技术性贸易壁垒迈向信息化的重要体现。以"牛肉生产履历表"为例，该制度要求所有牛肉包装必须具有牛肉所属性别、出生年月、饲养地、生产者、加工者、零售商、无疯牛病病变说明、检验合格证八项内容。生产履历表将包装标识、生产销售记录、管理和执法部门信息披露等各个环节成功实现网络对接，从而使消费者能随时随地了解到食品及质量安全相关的信息。日本推行生产履历标识，建立生产履历系统，从法律上高筑了一道食品包装信息化的防线，硬生生地把一部分进口食品拒之门外。

五是绿色壁垒。绿色壁垒产生于20世纪80年代后期，20世纪90年代开始兴起，是指在国际贸易领域，进口国以保护生态和环境的名义，制定苛刻的环境技术标准和动植物检验检疫措施，以及利用国际社会已制定的多边环境保护条约中的贸易措施，对来自外国的产品进行限制的一种手段。绿色壁垒表面的目的虽然是为了保护环境而采取的措施，但其本身就是贸易的障碍。绿色贸易壁垒被分为绿色技术标准、绿色环境标志、绿色包装、绿色检验检疫制度和绿色反补贴五个方面。

对我国实行技术性贸易壁垒的国家和地区变动不大，最多的是欧盟、美国和日本，占95%以上，其中，欧盟约占41%，日本约占30%，美国占24%。

国家质检总局发布的《中国技术性贸易措施年度报告（2006）》数据显示，从直接损失金额来看，中国出口到欧盟的产品因欧盟各种技术性贸易措施而遭受的直接损失最大，总额达到101.5亿美元左右，占直接总额的35.2%。美国和日本的技术性贸易措施给中国出口造成的直接损失仅次于欧盟，分别达到67.2亿美元和29.7亿美元左右，占直接损失总额的23.3%和10.3%。其中，按农产品受影响的合同数来看，我国农产品出口受影响最大的依次是日本、美国、俄罗斯；按受影响的合同金额来看，则依次是日本、韩国、美国。

日本从2006年5月29日开始实施食品中农业化学品（农药、兽药及饲料添加剂等）残留"肯定列表制度"。2006年8月22日，日本暂停进口中国产鱼粉；2006年12月7日，日本以甲胺磷含量超标为由扣留我国产荞麦，以细菌含量超标为由扣留我国产冷冻蘑菇虾糕。

欧盟：2006年以来，欧盟已先后10次通报从中国输欧水产品中检出多磷酸超标问题，对相关产品采取禁止进口、退运等处理措施。

美国：2007年4月3日起美国暂停进口中国小麦制品；随后，FDA又禁止进口中国谷元粉；2007年4月18日，美国以含有三聚氰胺为由退回来自中国的大米浓缩蛋白。

韩国：2005年2月28日，韩国以禽流感疫情为由宣布禁止进口中国产鸡、鸭家禽类肉及其制品；2006年12月13日，韩国以我国出口唐面中存在的焦亚磺酸钠甲醛可能对人体肝脏和肾脏带来威胁为由，暂停唐面的进口。

俄罗斯：2006年7月21日，俄罗斯禁止一切中国肉类制成品的进口。俄罗斯由于检验发现在中国进口的海产品中有葡萄球菌污染，决定从2007年5月3日起禁止中国海产品进口。

三、技术性贸易壁垒对中国农产品出口的影响

技术性贸易壁垒对中国农产品出口的影响表现在以下几个方面。

一是限制中国对外贸易。加入WTO以来，欧盟日益复杂苛刻的技术性贸

易壁垒措施严重阻碍了我国农产品进入国际市场的速度和规模，影响了我国农产品对外贸易的均衡发展，并使中国农产品对外贸易出现逆差。2004 年中国农产品对外贸易逆差金额高达 48.8 亿美元，从而终结自 1984 年以来连续 20 年的中国农产品贸易顺差纪录。自 2004 年后，逆差持续存在，农产品贸易占对外贸易的比重越来越小，逆差呈逐年增长的趋势，对我国的经济发展产生了一定的影响。

二是降低我国出口产品竞争力。我国传统出口农产品具有资源型、生产成本低廉的优势，而在中国加入 WTO 后，由于农产品出口受到欧盟、美国等发达国家的技术性贸易壁垒的限制，基本被规模小、技术差、质量低、不符合国外有关标准的劣势所抵消。

三是提高我国农产品出口成本。由于技术性贸易壁垒越来越被广泛采用，中国企业要获取对方要求的标准、技术法规，常因交涉不力而贻误成交机会，由此造成的交易成本和机会成本使企业出口成本增加；另外，一些国家的技术标准很苛刻，我国许多企业现有生产技术和质量管理往往达不到相应的技术要求，因此需要改进技术、工艺、生产程序，造成了产品成本的上升。因此，出口农产品的各种费用的增多，大幅降低了出口的经济效益。

四是客观上提高了我国企业的技术水平。由于技术性贸易壁垒具有双向性的特点，客观上也促进了技术落后国家的企业进行技术改革，使其出口产品达到较为苛刻的要求，在推动技术进步、提升质量安全水平和加速绿色转型三个方面对企业生产产生影响。在适者生存的市场环境中，我国企业只有不断提高自身技术水平，与国际保持同步，才能更好地发展。

四、出口应对技术性贸易壁垒的策略

出口应对技术性贸易壁垒应采取以下策略。

一是从政府角度来看，首先要加强反技术壁垒体系建设，建立技术壁垒的预警机制和快速反应机制。政府部门要充分利用各种渠道，特别是发挥我国驻外机构的优势，收集、整理国外技术壁垒信息，建立我国国家技术壁垒数据库和咨询中心，及时为出口企业提供国外技术壁垒信息，从而对外国可能出现的技术壁垒预先采取防范措施；健全反技术壁垒的研究和协调管理机制，加快专业人才培养，研究和掌握《技术性贸易壁垒协定》及其他相关协议的具体内容，加强对国内外企业突破技术壁垒的经验和教训的总结，探索应对技术性贸易壁垒的一般规律；建立我国的技术壁垒体系，一方面通过技术壁垒有效保护本国市场，另一方面，针对那些对我国产品设置歧视性技术壁垒的国家或地区保留报复的权利，根据实际形势需要实施报复，使这些国家及时撤销针对我国的不合理的技术壁垒。

二是完善农产品标准化体系并与国际接轨。我国应当研究国际标准，制定一个与国际接轨的统一标准,这样在面对国际标准的阻碍时,中国产品才能顺利通过。同时中国也要积极参与到一些国际标准的制定中,尤其是涉及卫生、环保、安全等方面的关键性指标,积极维护我国作为 WTO 成员方的利益。我国应当加大双边、多边谈判力度,利用好我国作为 WTO 成员方中最大的发展中国家的身份,积极参与到规则的制定中,抵制技术性贸易壁垒。

三是从企业角度来说,第一要提高农产品的技术含量。企业要从提高自身做起,严格把控产品质量,通过引进先进技术来提升产品质量,特别是在设计、卫生、安全等方面更要严格把关,只有让中国农产品的质量和安全性得到全面提升,才能把比较劣势转化为比较优势和竞争优势。第二要认真研究相关政策。企业要密切关注国际相关政策和法律法规,认真研究农产品的国际标准,只有掌握了国际风头的动向,才能及时采取应对措施,避免遭遇技术性贸易壁垒带来的损失。第三要培养相关人才。为了应对技术性贸易壁垒,企业需要加强力度培养以下几种相关专业人才:第一类是机构中的研究人才,第二类是企业中的技术人才,第三类是谈判人才。第一类人才精通经济学和国际相关政策,能够提出战略性的发展策略,第二类人才是提升产品质量的中坚力量,第三类人才是直接解决贸易纠纷的人。

参考文献:

[1] 孙龙中,徐松. 技术性贸易壁垒对我国农产品出口的影响与对策 [J]. 国际贸易问题,2008 (2):26~34.

[2] 肖筱琳. 欧盟技术性贸易壁垒对中国农产品出口影响研究 [J]. 特区经济,2010 (05):83~85.

[3] 徐维. 技术性贸易壁垒对我国农产品出口的影响效应 [D]. 杨凌:西北农林科技大学,2012.

[4] 江凌. 技术性贸易壁垒对我国农产品出口影响分析及应对策略研究 [D]. 重庆:西南大学,2012.

[5] 莫展宏. 日本绿色贸易壁垒对我国农产品出口影响研究 [D]. 石家庄:河北师范大学,2010.

思想智慧　理论之光

剩余价值率的估算及相关问题

马丽娜　　张天啸

摘要　在估算"剩余价值率"这一马克思主义经济学重要概念的过程中，有两个难以解决的问题，一是国民经济核算与马克思主义经济学之间的不契合，另一个是如何从现有价格形态下的投入产出表中提炼出价值形态下的剩余价值率这一重要概念。本文主要从解决第二个问题的角度出发，通过 M. Morishima 和 F. Seton 提供的一种代数方法对中国的剩余价值率进行估算，并对这种方法中所涉及的三个重要假设进行了讨论，阐述了这三个假设对剩余价值率的估算所产生的影响。这三个重要假设分别为：①净资本形成为零，也就是说，固定资本折旧等于固定资本形成；②工人没有储蓄，也就是居民消费等于劳动者报酬，并且工人的消费模式与资本家的消费模式一致；③所有部门都具有相同的剩余价值率。

关键词　剩余价值率；投入产出表；特征值

一、引言

在马克思的理论中，剩余价值率是一个非常核心的概念，它表现为剩余价值与可变资本的比值，体现了工人受资本家剥削的程度。马克思将价值的形成分为三个部分，即不变资本（c）、可变资本（v）和剩余价值（m），则剩余价值率为 m/v。但是在测算剩余价值率的过程中，有两个难以逾越的障碍，其一为国民经济核算与马克思主义经济学之间的不契合，正如科学哲学家亨普尔指出的那样，所有科学研究的实证工作都会受到预先理论设定的影响，经济学也不例外。当今主流的国民经济核算体系（SNA 体系）是直接以凯恩斯主义的宏观经济学为基础，并以新古典主义经济学为方法论基础建构起来的。而马克思主义经济学的方法论、概念体系和整体分析框架与之存在根本的、重大的分歧。主流的经济核算体系混淆了生产活动与社会消费，这样就严重扭曲了对实际经济总量的核算。其二为剩余价值率表现为价值（value）的比值，而商品的价值并不能很容易被观测到。我们能够观察到的是商品的价格（price），马克思的价值规律说明了价格会围绕价值上下波动，但在一个时刻内价值并不能通过价格观测出来。那么，难点在于如何通过价格体系下的国民经济核算提炼出价值体系下的剩余价值。

关于第一个问题，国内外许多马克思主义经济学家在不同的核算框架下对以劳动价值论为基础的古典经济学和政治经济学意义上的经济核算框架的构建和应用进行了有益的探索。Freeman、Cockshott、Wolff、Sharpe 等人通过各国的经济核算体系进行整理分析得到了各国有关马克思主义经济学的一些数据。而赵锋等人也对中国的投入产出表进行了分类，从而将生产活动与社会消费相分离，但通过这种分离所计算出的剩余价值率依然是价格形态下的。

本文更多地是针对第二个问题，且暂不考虑生产部门与消费部门的区分，所以计算出的剩余价值率将低于赵锋等人估算的剩余价值率。对价格形态向价值形态的转化，也有许多马克思主义经济学家对其进行了研究。Georgescu—Roegen的研究表明，里昂惕夫的模型中考虑到劳动力的商品价格在满足两个条件下是可以等价于马克思的价值的，这两个条件是：①竞争长期均衡，也就是各个部门的利润为 0；②能够将经济完美地分割成"原始部门"（primitive sectors），即不同部门生产简单的同质商品。事实上，条件①摧毁了"剩余"这个概念（零利润），使这个模型与马克思的分析相去甚远。

M. Morishima 和 F. Seton 提供了一种代数方法，可以放松第一个条件，能够在里昂惕夫的价格与马克思的价值之间建立一种普遍的联系。在这个模型中也有一些假设，但并没有对剩余价值率的估算产生根本的影响。Wolff 将模型进行了改进，计算了波多黎各在 1948 年与 1963 年的剩余价值率，并对其变化进行了解释。我国自改革开放之后，市场经济所占比重越来越大，虽然我国是以公有制为主体多种所有制并存的所有制度，但在市场经济的大环境下，各经济主体的行为与资本主义市场经济中各经济主体的行为有相似之处，所以可以借鉴 Wolff 的方法对中国的剩余价值率进行估算。本文的目的是结合这个模型与中国的投入产出表，对中国的剩余价值率进行估算，并解释其变化的原因，再通过对假设条件的分析对这个模型进行更深层次的解读。

二、模型的建立

为了估算剩余价值率，投入产出的流量表必须从价格形式转变为价值形式，其中有两个必需的步骤，第一步是将里昂惕夫模型下的投入产出表转化为马克思框架下的投入产出表；第二步则是将价格形式转化为价值形式。

原始的投入产出表由以下部分构成：①A，42 * 42 阶矩阵表示部门间的流量。②U，4 * 42 阶矩阵表示劳动者报酬、生产税净额、固定资本折旧以及营业盈余。③F，42 * 6 阶矩阵表示最终使用部分，包括居民消费、政府消费、固定资本形成、净存货变动、出口与进口（进口为负值）。则：

$$\sum_{j=1}^{42} A_{ij} + \sum_{j=1}^{6} F_{ij} = X_i,$$

$$\sum_{i=1}^{42} A_{ij} + \sum_{i=1}^{4} U_{ij} = X_j,$$

增加值部分矩阵 U 可以分解为三个部分：W——工资；S——剩余，包括生产税净额和营业盈余；D——固定资本折旧。在马克思的框架中，固定资本折旧被考虑为外生变量，而全部的固定资本形成表示为 N。在 Wolff 的计算中，净资本形成考虑为零，即 $\sum N = \sum D$，这样就可以将固定资本折旧与资本形成囊括到流量表中。在这里，净资本形成为零是假设 1，后面会讨论这个假设所产生的影响。令 $B = \begin{pmatrix} A & N \\ D & 0 \end{pmatrix}$，这样流量表就被调整为 43 * 43 阶。

而最终使用部分可以分为两个部分：C——居民消费；K——资本的消费，包括净存货变动、政府消费、出口减去进口。在这里，假设工人没有储蓄，即消费等于工资（$\sum C = \sum W$），且工人的消费模式与资本家的消费模式一致。这是假设 2，所以：

$$\sum_{i=1}^{43} B_{ij} + C_i + K_i = Z_i,$$

$$\sum_{j=1}^{43} B_{ij} + W_j + S_j = Z_j,$$

这样就将里昂惕夫框架下的投入产出表转化为马克思框架下的投入产出表了，其中，B_{ij} 部分对应马克思框架中的不变资本 c，而 W_j 部分对应马克思框架中的可变资本 v，S_j 部分对应马克思框架中的剩余价值 m，则 $m/v = S/W$，但 S/W 需要转化为价值形式，这就是将要进行的第二步。

马克思框架下的投入产出表可以表现为如下形式：

$$\sum_{j=1}^{43} E_{ij} + P_i + F_i = Y_i \tag{1}$$

$$\sum_{i=1}^{43} E_{ij} + V_j + M_j = Y_j \tag{2}$$

其中，E_{ij} 表示的是不变资本 c，P_i 表示工人消费，F_i 表示其他部分产出，V_i 表示可变资本 v，M_j 表示剩余价值 m。这样就可以在价格形式与价值形式之间建立联系，再根据价格形式估算出价值形式，最后求出剩余价值率。由于日常生活中我们只能准确地观测到价格形式，所以这是必要的一个步骤。下面我们通过 M. Morishima 和 F. Seton 的方法来建立这种联系。

首先我们定义生产者的"产出配额"（output quotas）：

$$Q_{ij} \frac{B_{ij}}{Z_i} = \frac{E_{ij}}{Y_i}$$

这种定义相较于里昂惕夫框架下常用的消耗系数（B_{ij}/W_j）所具有的优势是：这种表示方法无论在价格形式还是价值形式下，数值都是一致的。

这样公式（2）可以转化为矩阵形式：

$$Q^T Y + V + M = Y \tag{3}$$

其中，QT 表示矩阵 Q 的转置即 $Q_{ij} = QT_{ji}$，$V = \{V_i\}$，$M = \{M_i\}$，$Y = \{Y_i\}$。

但是这个方程没办法直接从价格形式中解出来，因为通过价格形式仅能够确定 QT，而 V 与 M 都是未知的变量。在这里还需要加入假设 3，那就是不同的部门具有相同的"剥削率"（rate of exploitation），也就是剩余价值率，将这个剩余价值率表示为 r，则：

$$V_i + M_i = Y_r + 1YV_i$$

实际上没有任何理由认为不同部门之间会有相同的剩余价值率，但为了能够估算出剩余价值率的数值，只能暂且这么认为，而且可以将最后求出来的剩余价值率看作整体的剩余价值率。

通过这种方式，可以将（3）式变为：

$$Q^TY + (r+1)V = Y$$

这种形式下只需要将 V 用 Y 表示出来就可以通过方程解出 r 及 Y 了，那么，令：

$$R_{ij} = \frac{C_i}{Z_i} \cdot \frac{W_j}{\sum W} = \frac{P_i}{Y_i} \cdot \frac{V_j}{\sum V}$$

则 V 就可以表示为：

$$V = R^TY$$

那么原式就可以写为：

$$[(Q)^T + (T+1)R^T]Y = Y$$

这样就可以通过解线性方程组解出 Y 的值。但是这种形式依然不便于计算，那么，就可以将方程做适当的变形，变为：

$$[(I - Q^T) - (r+1)R^T]Y = 0$$

其中 I 为同阶的单位矩阵，在方程的前面乘上"$(I - QT) -1$"则可以得到如下形式：

$$\left[\frac{1}{r+1}I - (I - Q)^{T-1}R^T\right]Y = 0$$

在这种形式下，$1/r$ 就变为了矩阵 $(I - Q^T)^{-1}R^T$ 的一个特征值，而 Y 则是特征值 $1/r$ 对应的特征向量，这样就可以方便地通过 matlab 求出相应的 r 与 Y。

由于求出的特征向量并没有长度，而只是一个方向，所以依然不能很好地确定特征向量 Y 各个坐标值的大小，但是可以假设价格形式下的总产出与价值形式下的总产出应该具有相同的值，因为价格仅仅是围绕价值波动，差别应仅存在于各个部门中，总体上仍然是保持一致的。即：

$$\sum Z = \sum Y$$

这样就可以确定特征向量的各个坐标值，也就是各个部门产出的价值量。

三、基于中国实际的估算

我国的投入产出表第一次编制是在 1987 年 3 月底。为了适应改革开放的需要，加强国民经济宏观调控和管理，提高经济决策的科学性，国务院办公厅发出了《关于进行全国投入产出调查的通知》（国办发〔1987〕18 号），明确规定每五年（逢二、逢七年份）进行一次全国投入产出调查和编表工作。1987年，我国进行了第一次全国性的投入产出调查和编表工作。《1987年全国投入产出表》的编制成功和在宏观经济调控等方面的成功应用，标志着投入产出技术在我国发展到一个新的阶段。

1992年，国家统计局在1987年全国投入产出表的基础上，编制了1990年投入产出延长表，由33个部门组成。1994年和1995年，国家统计局先后编制了1992年全国投入产出价值表和实物表。1992年，全国投入产出表为国民经济核算体系全面转轨提供了数据依据。1996年，国家统计局在1992年全国投入产出表的基础上，编制了1995年全国投入产出延长表。1999年，国家统计局编制了1997年全国投入产出表，由40个部门组成。而2000年对投入产出表中的部门进行了合并，总共由17个部门组成。之后的2002年、2005年、2007年的投入产出表则都是由42个部门组成，在模型的构建过程中以42个部门为例。

表1为估算的结果，第三列为所估算的剩余价值率，第四列为价格形态下的剩余，表现为利润/工资的形式。

表1 估算的剩余价值率

年份	特征值	剩余价值率	利润/工资
1990	0.551 5	0.813 4	0.900 9
1992	0.506 2	0.975 5	0.917 2
1995	0.499 0	1.004 1	0.858 9
1997	0.491 2	1.036 0	0.574 2
2000	0.496 9	1.012 5	0.557 3
2002	0.426 7	1.343 5	0.749 2
2005	0.386 5	1.587 1	1.007 9
2007	0.378 9	1.639 2	1.079 0

从表1中可以看出，近年来中国的剩余价值率在逐年增长，从1990年的0.813 4上涨到2007年的1.639 2，涨幅达100%。这个数值相比于赵峰等人所估算的中国剩余价值率要低了许多，主要原因就是没有区分社会生产与消费。这个数值相比于同样方法计算的别国剩余价值率要高一些，但实际上在模型中有着诸多假设，而我国的情况与别国有许多不同，则在使用这个模型时所受到的影响也不同。本文第三部分会详细分析这些假设对剩余价值率的估算会产生怎样的影响。

表1的第四列体现的是价格形态下的剩余，也就是利润/工资的形式。从数值可以看出来，价格形态下的剩余普遍小于价值形态下的剩余。对此，Wolff的

解释是，工人们普遍倾向去消费价值量小于价格的商品，也就是价值/价格小于1 的部门所生产的商品。表 2 给出了 1990 年与 2007 年的部门价值/价格与消费配比的表格。

表 2 1990 年及 2007 年消费配比及价值/价格

1990 部门	消费所占比重	价值/价格	2007 部门	消费所占比重	价值/价格
农业	0.350 3	1.713 9	农业	0.115 5	2.055 8
煤炭采选业	0.009 0	1.154 1	煤炭采选业	0.001 5	1.077 1
石油和天然气开采业	0.000 0	0.323 8	石油和天然气开采业	0.000 0	0.702 8
金属矿采选业	0.000 0	0.717 5	金属矿采选业	0.000 0	0.905 2
其他非金属矿采选业	0.001 0	0.808 7	其他非金属矿采选业	0.000 0	0.947 9
食品制造业	0.198 7	1.127 5	食品制造及	0.172 8	1.405 3
纺织业	0.047 6	1.017 1	纺织业	0.004 6	1.196 2
缝纫及皮革制品业	0.037 7	0.995 8	缝纫及皮革制品业	0.058 7	1.184 8
木材加工及家具制造业	0.008 8	0.854 2	木材加工及家具制造业	0.005 4	1.134 5
造纸及文教用品制造业	0.014 0	0.899 4	造纸及文教用品制造业	0.004 4	0.911 0
电力及蒸汽、热水生产和供应业	0.007 7	0.543 2	石油加工、炼焦及核燃料加工业	0.007 7	0.760 6
石油加工业	0.000 6	0.332 7	化学工业	0.024 3	0.889 7
炼焦、煤气及煤制品业	0.003 3	0.891 9	非金属矿物制品业	0.002 9	0.881 8
化学工业	0.029 6	0.746 1	金属冶炼及压延加工业	0.000 0	0.766 6
建筑材料及其他非金属矿物制品业	0.001 5	0.805 4	金属制品业	0.004 3	0.830 3
金属冶炼及压延加工业	0.000 0	0.647 6	通用、专用设备制造业	0.000 7	0.860 0
金属制品业	0.012 0	0.724 9	交通运输设备制造业	0.025 4	0.908 5
机械工业	0.013 6	0.726 9	电气机械及器材制造业	0.019 9	0.812 4
交通运输设备制造业	0.002 1	0.690 1	通信设备、计算机及其他电子设备制造业	0.020 1	0.868 5
电气机械及器材制造业	0.021 6	0.670 6	仪器仪表及文化办公用机械制造业	0.001 9	0.905 7
电子及通信设备制造业	0.026 8	0.639 6	工艺品及其他制造业	0.014 3	1.114 6
仪器仪表及其他计量器具制造业	0.000 0	0.708 3	废品废料	0.000 0	0.101 4

续　表

1990 部门	消费所占比重	价值/价格	2007 部门	消费所占比重	价值/价格
机械设备修理业	0.000 0	0.761 4	电力、热力的生产和供应业	0.024 4	0.785 9
其他工业	0.000 3	0.792 3	燃气生产和供应业	0.003 3	0.844 8
建筑业	0.000 0	0.968 9	水的生产和供应业	0.003 3	1.018 2
货运邮电业	0.022 7	0.807 4	建筑业	0.009 7	0.969 2
商业	0.036 7	0.919 6	交通运输及仓储业	0.024 3	0.775 0
饮食业	0.031 7	1.261 9	邮政业	0.000 6	1.448 0
旅客运输业	0.014 0	0.636 4	信息传输、计算机服务和软件业	0.030 9	0.632 1
公用事业及居民服务业	0.047 7	0.663 3	批发和零售业	0.080 2	0.725 6
文教卫生科研事业	0.060 0	1.104 6	住宿和餐饮业	0.059 5	1.110 8
金融保险业	0.001 3	0.144 7	金融业	0.042 9	0.737 5
行政机关	0.000 0	1.277 2	房地产业	0.078 3	0.384 2
总和	1.000 0	1.000 0	租赁和商务服务业	0.012 7	0.902 0
			研究与试验发展业	0.000 0	1.253 3
			综合技术服务业	0.000 0	1.166 4
			水利、环境和公共设施管理业	0.003 0	1.171 8
			居民服务和其他服务业	0.041 5	0.840 4
			教育	0.044 4	1.583 9
			卫生、社会保障和社会福利业	0.048 5	1.208 4
			文化、体育和娱乐业	0.007 9	1.084 8
			公共管理和社会组织	0.000 0	1.702 9
			总计	1.000 0	1.000 0

从表 2 可以看出，消费比重最大的两个部门——农业与食品制造业占比之和大于 30%，但是价值/价格均大于 1，这也说明 Wolff 对价格形态下的剩余低于价值形态下的剩余这一解释是不全面的。将表 2 中的价值/价格按照消费占比加权求和的结果为，1990 年总计的消费价值/价格为 1.223 1，2007 年总计的消费价

值/价格为 1. 123 2，两者均大于一，可见价格形态下的剩余低于价值形态下的剩余并不是因为工人的消费偏好造成的。其中一个可以预见的原因是之前所假设的工人没有储蓄，而实际上不是这样，工人不仅有储蓄，而且储蓄的比例也会发生变化。但由于没有储蓄的假设，在估算剩余价值率的过程中，将无论价格形式还是价值形式中的劳动报酬与居民消费等价了起来，而事实并不是这样。公式 $V = R^T Y$ 中实际上将价值形式中的 V 也就是可变资本进行了替换，变为居民消费。这样将表 1 中的利润/工资修正为利润/消费也许可以得到剩余价值率的剩余形式。表 3 给出了修正后的结果。

表 3　修正后的价格形式的剩余

年份	剩余价值率	利润/消费	利润/工资
1990	0. 813 4	0. 845 1	0. 900 9
1992	0. 975 5	0. 887 2	0. 917 2
1995	1. 004 1	0. 845 5	0. 858 9
1997	1. 036 0	0. 666 6	0. 574 2
2000	1. 012 5	0. 627 0	0. 557 3
2002	1. 343 5	0. 840 2	0. 749 2
2005	1. 587 1	1. 107 2	1. 007 9
2007	1. 639 2	1. 229 8	1. 079 0

从表 3 可以看出，修正后的价格形式的剩余与剩余价值率更接近，但依然有较大的误差，所以简单地通过价格形式的剩余来估计价值形式的剩余价值率是会有较大误差的。Wolff 也发现了这种偏差，但他对产生这种偏差的原因的分析是不全面的。波多黎各的农业与食品加工业的价值/价格均小于 1，所以导致了这种有偏差的分析。与之恰恰相反的是，中国这两个部门的价值/价格均大于 1，我认为这是由于中国较低的人力成本导致的，农业与食品加工业更多地是依靠人力而不是机械化生产，所以会使农业与食品加工业产品中所凝结的价值大大提高。

在马克思的理论中还有一个非常有意思的结论，即随着资本主义经济的发展，机器大工业的出现，科学技术的进步，资本积累的增长，资本有机构成有不断提高的趋势。马克思把资本积累进程中资本有机构成的提高叫作资本构成质的变化。其原因是资本追求剩余价值的内在冲动和资本相互竞争的外在压力，迫使资本家努力提高劳动生产率，减少单位产品劳动耗费。因此，资本家就要采用先进的技术装备，提高劳动效率，促进资本技术构成的提高。资本有机构成不断提高，引起的直接后果有：全部资本中不变资本所占的比重增大（生产资料的优先增长），可变资本的比重减少（对劳动力的需求减少）。正是由于这两方面的变化再加上假设剩余价值率不变，从而导致平均利润率的下降。马克思的这一结论从长期来看显然是正确的，但短期的情况并不一定那么明显，那么，中国的情况如何呢？

表4 资本有机构成及利润率

年份	剩余价值率	不变资本/可变资本	利润率
1990	0.813 4	3.012 7	0.202 7
1992	0.975 5	3.469 8	0.218 2
1995	1.004 1	3.481 0	0.224 1
1997	1.036 0	2.988 4	0.259 8
2000	1.012 5	3.309 4	0.234 9
2002	1.343 5	3.249 7	0.316 1
2005	1.587 1	4.572 8	0.284 8
2007	1.639 2	5.023 4	0.272 1

从表4可以看出，从1990年到2007年，资本有机构成的提高是明显的，从3.012 7提高到5.023 4，提高了将近70%。这主要是因为改革开放之后我国的生产率大大提高，生产的科技水平明显提高，从而使资本的有机构成得到了很大的提高，但马克思所预言的平均利润率的下降并没有实现，实际上利润率从1990年的0.202 7提高到了2007年的0.272 1，这主要是因为剩余价值率的提高。所以马克思的剩余价值率不变的假设在短期内是不一定成立的，长期情况下剩余价值率趋向于稳定后，马克思的结论是可以得到保证的。

在Wolff的研究中，引述了马克思的一段话来解释资本有机构成的降低，那就是在技术不断提高的同时，不变资本中所含有的凝结在其中的人类劳动也会变少，也就是说，资本技术构成的提高并不一定能够带来资本有机构成的提高。而我国的情况是，资本有机构成确实提高了，这就说明，在我国资本技术构成所带来的正效应大于技术提高后蕴含在不变资本中的人类劳动减少的负效应。

四、对于假设的分析

在模型的构建中，一共有三个至关重要的假设，下面我们逐一来讨论。

假设1：净资本形成为零，也就是说固定资本折旧等于固定资本形成。

表5 固定资本形成/固定资本折旧

年份	固定资本形成/固定资本折旧	年份	固定资本形成/固定资本折旧
1990	2. 385 4	2000	2. 233 7
1992	2. 351 2	2002	2. 328 2
1995	2. 672 6	2005	2. 887 0
1997	2. 439 3	2007	2. 830 1

从表 5 可以看出，我国的固定资本形成每年都接近于固定资本折旧的 2.5 倍，这远远不能假设固定资本形成与固定资本折旧是相等的，那么，这种假设对剩余价值率的估算造成了怎样的影响呢？

在公式 $V = RTY$ 中，用价值形态中的消费代替了工资，也就是可变资本 V，但是由于固定资本形成远大于固定资本折旧，所以实际上消费所占的比例被低估了，从而导致可变资本 V 被低估，在最后解出特征值的过程中导致剩余价值率的高估，所以我国的剩余价值率在 2007 年达到了 1.6 这样一个远高于其他国家的值，这种现象是与我国近年来的快速发展，也就是固定资本的高速形成密不可分的。

在 Wolff 的模型中，固定资本形成等价于固定资本折旧后才能将其并入流量表中，虽然固定资本的形成也不体现为工人的工资，但固定资本提高后将会带来未来资本有机构成的提高，从而带动工人工资的上涨。

工人没有储蓄，也就是居民消费等于劳动者报酬，并且工人的消费模式与资本家的消费模式一致。

表6 消费/工资

年份	剩余价值率	消费/工资	修正后的剩余价值率
1990	0. 813 4	1. 066 0	0. 867 1
1992	0. 975 5	1. 033 8	1. 008 5
1995	1. 004 1	1. 015 9	1. 020 1
1997	1. 036 0	0. 861 3	0. 892 3
2000	1. 012 5	0. 888 9	0. 900 0
2002	1. 343 5	0. 891 8	1. 198 1
2005	1. 587 1	0. 910 3	1. 444 8
2007	1. 639 2	0. 877 4	1. 438 2

从表 6 可以看出，工人并不是没有储蓄，而且储蓄率也不是固定的，在 1990

年、1992 年、1995 年这三年中，储蓄率是负值，而后面几年的储蓄率都在 10% 左右，所以可以通过储蓄率来修正所估算出的剩余价值率。表 6 的第四列就是修正后的剩余价值率，比修正前平滑了许多。所以假设储蓄率等于 0 虽然长期来看是正确的，并且简化了计算，但短期内不一定是正确的，使估算出的剩余价值率在一定程度上发生了偏离。虽然在估算之后可以通过这种方式进行修正，但是这种修正并不能完全弥补在求特征值过程中发生的偏离。

假设 2：所有部门具有相同的剩余价值率。

实际上，没有任何理由可以假设不同的部门具有完全相同的剩余价值率，但是为了方便计算，只能假设不同的部门具有相同的剩余价值率。下面以 2007 年为例，说明假设 2 所造成的影响。

表 7　各部门利润/工资与价值/价格

部门	消费所占比重	利润/工资	价值/价格
农林牧渔业	0.115 5	0.001 8	2.055 8
煤炭开采和洗选业	0.001 5	0.851 4	1.077 1
石油和天然气开采业	0.000 0	2.911 5	0.702 8
金属矿采选业	0.000 0	1.396 3	0.905 2
非金属矿及其他矿采选业	0.000 0	1.116 4	0.947 9
食品制造及烟草加工业	0.172 8	1.838 6	1.405 3
纺织业	0.004 6	1.345 6	1.196 2
纺织服装鞋帽皮革羽绒及其制品业	0.058 7	0.989 4	1.184 8
木材加工及家具制造业	0.005 4	1.327 9	1.134 5
造纸印刷及文教体育用品制造业	0.004 4	1.424 9	0.911 0
石油加工、炼焦及核燃料加工业	0.007 7	1.781 8	0.760 6
化学工业	0.024 3	1.856 6	0.889 7
非金属矿物制品业	0.002 9	1.480 2	0.881 8
金属冶炼及压延加工业	0.000 0	2.274 5	0.766 6
金属制品业	0.004 3	1.604 1	0.830 3
通用、专用设备制造业	0.000 7	1.447 7	0.860 0
交通运输设备制造业	0.025 4	1.237 7	0.908 5
电气机械及器材制造业	0.019 9	2.117 9	0.812 4
通信设备、计算机及其他电子设备制造业	0.020 1	1.437 1	0.868 5
仪器仪表及文化办公用机械制造业	0.001 9	1.344 9	0.905 7

部门	消费所占比重	利润/工资	价值/价格
工艺品及其他制造业	0.014 3	1.072 3	1.114 6
废品废料	0.000 0	65.698 2	0.101 4
电力、热力的生产和供应业	0.024 4	1.393 5	0.785 9
燃气生产和供应业	0.003 3	0.445 5	0.844 8
水的生产和供应业	0.003 3	0.432 8	1.018 2
建筑业	0.009 7	0.855 1	0.969 2
交通运输及仓储业	0.024 3	2.141 7	0.775 0
邮政业	0.000 6	−0.053 2	1.448 0
信息传输、计算机服务和软件业	0.030 9	2.076 8	0.632 1
批发和零售业	0.080 2	2.844 0	0.725 6
住宿和餐饮业	0.059 5	2.273 4	1.110 8
金融业	0.042 9	2.794 3	0.737 5
房地产业	0.078 3	3.414 8	0.384 2
租赁和商务服务业	0.012 7	1.254 6	0.902 0
研究与试验发展业	0.000 0	0.500 9	1.253 3
综合技术服务业	0.000 0	0.683 4	1.166 4
水利、环境和公共设施管理业	0.003 0	0.519 4	1.171 8
居民服务和其他服务业	0.041 5	2.351 1	0.840 4
教育	0.044 4	0.156 7	1.583 9
卫生、社会保障和社会福利业	0.048 5	0.358 8	1.208 4
文化、体育和娱乐业	0.007 9	0.906 8	1.084 8
公共管理和社会组织	0.000 0	0.010 9	1.702 9
总计	1.000 0	1.079 0	1.000 0

从表 7 中可以看出，利润/工资与价值/价格有比较明显的负相关，将其中的废品废料这个明显的离群点去掉后，可以做出如下的回归结果（见图 1）。

其中，$R^2 = 0.562$，这是比较明显的负相关，而造成这种负相关的原因就是因为假设 3：不同的部门具有相同的剩余价值率。

在求特征值所做出的变换中，那些利润/工资高出平均水平的部门的剩余价值率被拉到平均水平后被低估了。在第一步变换也就是将里昂惕夫框架下的投入

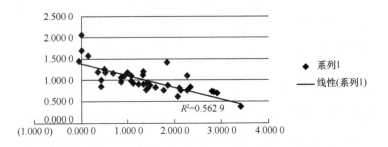

图1 利润/工资与价值/价格的回归结果

产出表转化为马克思框架下的投入产出表的过程中，这些利润/工资高于平均水平的部门价值形态下的总产出被低估了，而那些利润/工资低于平均水平的部门价值形态下的总产出被高估了，从而造成了这种明显的负相关。

可见假设3会对最后各部门价值形态下的产出造成影响，将本来应该在1附近的价值/价格分散了一些。但是这种假设是不能够去掉的，因为如果没有这个关键性假设，就没有办法通过特征值的方法求出剩余价值率。

五、结论

本文通过 Wolff 所使用的代数方法估算了中国的剩余价值率，发现近二十年中国的剩余价值率逐年增长，而对价格形态下的剩余普遍小于价值形态下的剩余这一现象也有着不同于 Wolff 的解释，并不是工人倾向于消费价值低于价格的商品，而是由于中国较低的人力成本所导致的。本文还通过资本有机构成与利润率的变化分析了马克思的有关随着时间的推移，资本有机构成的不断提高最终导致利润率不断下降这一结论。

第三部分具体分析了 Wolff 所采用的代数方法中的三个假设，由于这三个假设在短期内是不一定成立的，所以对剩余价值率的估算产生了一定的影响。其中，假设1与假设2都会导致高估剩余价值率，这两者都可以尝试去修正，修正后的剩余价值率相比于原来更为平滑，但趋势不变。而假设3会使估算出的各部门的价值量更为分散，对剩余价值率估算的影响无法判断，并且这一假设所造成的偏差没有办法修正。因为假设3是构成这一算法的核心假设，如果没有这一假设，就不能够较为简便地估算出剩余价值率这一价格形态下的投入产出表中观测不到的数据。

通过对 Wolff 模型的深入分析，再一次尝试解决通过现有的国民经济核算体系中估算马克思主义经济学框架下的剩余价值率这一核心概念的过程中所遇到的两个难题的其中之一，也就是如何将现有的国民经济核算体系（投入产出表）中的价格形态转化为马克思主义经济学框架下的价值形态。如此，使通过中国的投入产出表来估算剩余价值率这一尝试有了更坚实的理论基础。

参考文献：

［1］赵锋，姬旭辉，冯志轩．国民收入核算的政治经济学方法及其在中国的应用［J］．马克思主义研究，2012（8）：64～73.

［2］钟契夫．投入产出分析［M］．北京：中国财政经济出版社，1993.

［3］Zhang Yu, Zhao Feng. The Rate of Surplus Value, the Composition of Capital, and the Rate of Profit in Chinese Manufacturing Industry（1987—2004）［J］. The Bulletin of Political Economy, 2007, 1（1）.

［4］M. Morishima, F. Seton. Aggregation in Leontief Matrices and the Labour Theory of Value［J］. The Econometric Society, 29（2）.

［5］Edward N. Wolff. The Rate of Surplus Value, the Organic Composition, and the General Rate of Profit in the U. S. Economy（1947—1967）［J］. The American Economic Review, 69（3）.

［6］Fred Moseley. The Rate of Surplus Value, the Organic Composition, and the General Rate of Profit in the U. S. Economy（1947—1967）：A Critique and Update of Wolff's Estimates：The American Economic Review, 78（1）.

［7］Edward N. Wolff. The Rate of Surplus Value, the Organic Composition, and the General Rate of Profit in the U. S. Economy（1947—1967）［J］. The American Economic Review, 78（01）.

［8］Edward N. Wolff. The Rate of Surplus Value inPuerto Rico［J］. Journal of Political Economy：935～949.

浅析阿玛蒂亚·森的实质自由观

支小青　杨晓静

摘要　"自由"一词渊源已久。1998 年，诺贝尔经济学奖得主阿玛蒂亚·森借鉴前人有关自由的定义，将自由界定为一种"可行能力"的实质性自由，即一个人所拥有的享受自己有理由珍视的那种生活的实质自由的能力。森的实质自由观对我们重新思考自由的内涵具有重要的启示意义，对如何用自由解决发展问题具有重要的现实意义。

关键词　阿玛蒂亚·森；实质性自由；可行能力；发展

人生来就向往自由。从《庄子》的首篇《逍遥游》中"无己、无功、无名"的自由，到古希腊古罗马时期与"解放"同义的自由，再到如今涌现的诸多以自由为研究目标的学派，可以说，古今中外的学者围绕自由问题已经进行过细致的探讨。

一、实质自由观产生的理论背景

亚瑟·叔本华在其著作《伦理学的两个基本问题》中这样定义自由："如果我们仔细考察的话，这一概念是一个消极的概念。通过这一概念，我们想到的只是一切障碍的消除；而相反，在这一切障碍表现为力量的时候，它们必然是积极的。"从叔本华对自由的定义中可以看出，自由一开始被定义为一种消极的过程，但不排除积极自由的存在。从传统的自由主义到现代的形式自由主义，大多将自由理解为一种消极的自由。17 世纪是传统的自由主义思想萌生和发展的时期，许多人提出了有关自由的观点，如英国哲学家霍布斯的"自然状态"，约翰·洛克关于人拥有"以理性为基础"的自由，及至亚当·斯密"看不见的手"的理论。到 18 世纪，现代形式自由主义代表哈耶克的"独立于他人的专断意志"的自由，罗尔斯的"自由权优先"理论和诺奇克的"自由至上主义"。以上观点和理论将自由定义为一种不受限制、不被干涉和不可侵犯的个人消极自由，这种形式上的自由仅仅是对自由的实现过程的考虑，忽视了对自由最终产生的后果的评价。

森否定了形式自由主义的消极自由观，以可行能力为基准的实质自由取代了形式自由。准确来说，森所代表的自由观并不单纯是一种积极自由观，森在研究自由领域时不同于其他政治哲学家从区分消极自由与积极自由的角度来探讨，而是从自由的机会层面与过程层面入手。森认为，我们所追求的机会并不仅仅是达到某种"顶点"，而且包括以某种具体的达到顶点的方式。当我们评价一个"综合"结果的时候，其中往往包括取得"顶点"结果所经历的过程。在这里，"顶点"便是自由的机会层面，而达到"顶点"的方式就是强调自由的过程层面。森的这种实质自由观否定了现代主流自由主义思想所倡导的只重结果不讲求过程和强调过程忽视结果这两种片面的自由观，以一种全新的从"机会"与"过程"双层面综合考虑的自由观取代了传统自由观。

二、何为实质自由观

（一）可行能力基本概念

森在阐述实质自由观时引入了"可行能力"这一概念。他认为，自由就是一个人选择有理由珍视的生活的实质自由——即可行能力。一个人的"可行能力"是指此人有可能实现的、各种可能的功能性活动组合。功能性活动即个人实际达到的成就，而可行能力便是个人有自由实现这些成就的自由，强调的是人们所能达到的某种状态。例如，一个没有选举权的人和有选举权但未投票的人所具有的可行能力是不同的，虽然他们最终都未投票，结果似乎没什么不同，但后者是可以选择投票而前者根本无选择投票的权利。由此可以认为，一个人的可行能力能够通过他所拥有的能力而获得的功能性活动的选择来判断和实现。

（二）自由的两个层面

以可行能力来判别的自由，不仅涉及个人享有自由的"机会"，还包括个人选择自由的"过程"。对自由的综合评价必须包含这两个方面，二者缺一不可。

一是自由的机会层面。森认为，自由赋予我们机会来追求我们的目标——那些我们有理由重视的东西。由此，自由的机会方面是指我们达到目标的实际能力。森在分析机会自由时，是将偏好与自由相联系，认为拥有机会不仅意味着人们可以根据自己的偏好而非他人的偏好做出自己的选择，也意味着人们有机会选择自己的偏好。

森对于自由的机会层面的分析，主要基于阿罗有关社会选择偏好方面的理论，并将社会选择理论引入自由的研究，这也是森对自由研究的重大贡献。通过对自由与偏好关系的研究，森得出了有关自由的基本判断：自由与偏好相关；人们具有元排序——可进行自我审查；最低限度的自由，等等。对自由与偏好相关本文不再赘述；关于合理审查，森的定义是个人对其本人目标、价值观和偏好等具有一种自主的评价与审查能力，也就是说，在我们追求自由时不能只是盲目地关注自己所追求的结果，还要思考我们追求的自由是否符合逻辑与伦理；在分析了自由与偏好之后，森又提出个人"最低限度的自由"——个人至少有一组社会状态可以选择，要求社会中至少有两个人必须各自具有一个非空的、至少存在一组社会状态的私人领域，这种最低限度的自由要求个人在进行自由选择时需要考虑别人的自由，当然，若自己基于最低限度自由进行功能性活动时也不得受到他人和国家的阻碍。由此可见，森的机会自由是与社会选择理论紧密联系在一起的，以偏好作为判断自由的基石。

二是自由的过程层面。自由的过程层面指的是个人在决策时拥有的自由，它包括两种特征：决策自主和免于干涉。前者是指该项决策是某个人自己做出的，而不是由他人代为选择的；后者表示某人在做决策时不受他人的干涉。自由的过程层面包含了自由的机会层面未涉及的一些考虑，这就要求我们在做决策时所要追求的不仅仅是达到某种最终状态，还要考虑达到这种状态的方式。

三是如何把自由的机会层面与过程层面相统一。自由的机会层面与过程层面之间存在非常明显的对照，在许多情况下二者互不相容，各自具有很强的独立性，但在一定情况下二者可以和谐相处，我们对两个层面的相对重视程度可以随着选择的性质和环境的变化而改变。森提出，应该从足够宽广的角度来看待自由，避免把注意力仅局限于过程层面（如自由至上主义），或局限于机会层面（如后果主义）。机会与结果同等重要，正确看待二者的关系对以自由看待发展这一问题具有重要意义。

三、以实质自由看待发展

提到发展，人们通常会将其与经济状况挂钩。森摒弃了将经济的增长等同于发展的狭隘的发展观，否定单纯以财富和效用作为判断标准的片面自由，取而代之的是一种以自由看待发展的自由发展观，将发展当作"扩展人们享有的真实自由的一个过程"，并将自由作为判断社会选择的价值标准。按照这一思想，扩展自由是发展的首要目的和主要手段，反过来，自由在发展中具有"建构性作用"和"工具性作用"。

自由对发展的"建构性作用"是关于实质自由对提升人们生活质量的重要性，即提升人们免受困苦、享受教育和政治参与等基本可行能力。"工具性"自由是关于各种权利、机会和权益是如何为扩展人类一般自由，从而为经济发展做出贡献的。工具性自由包括五个方面，即政治自由、经济条件、社会机会、透明性保证和防护性保障等，这五个方面都是可行能力必不可少的部分。森认为，与主观能动性自由相联系的可行能力若仅仅被视为一种资源或者福利意义上的个人优势是错误的，即个人的发展不仅仅是个人财富和效用的增加，还应当享受政治权益，应当具有运用经济资源的机会，应当享有社会教育、医疗、保健等机会，应当对社会事务具有知情权，也应当享有防止遭遇深重的痛苦、挨饿或死亡的保障……从实质性自由的角度看待发展，否定了"人的发展仅仅是富国才支付得起的某种奢侈品"的信念，提出了发展的最高价值标准就是自由。

森的自由发展观是一种以人为本的发展观，它不同于以往"拜物教"式的人依赖于物的发展观，而是将人的自由放在社会发展的最高位置。这种发展观不仅强调人发展的最终结果，还强调人们在追求自由时所经历的过程是否符合伦理。我们在理解森的实质自由观与自由发展观时需要彰显自由的优先性，但我们也需要将赋予自由某种优先性的诉求与在任何情况下都必须给自由标上字典式的优先这种极端要求区分开来。这就要求我们必须理性地理解森的实质自由观，在追求自由的过程中不放弃对伦理道德的恪守，不放弃对公平正义的坚持。对亟待有效提高生活质量、解决贫困问题和促进社会健康发展的中国，森的这一思想尤其具有重要的启示和指导意义。

参考文献：

［1］阿玛蒂亚·森. 以自由看待发展［M］. 北京：中国人民大学出版社，2013.

［2］阿玛蒂亚·森. 理性与自由［M］. 北京：中国人民大学出版社，2013.

［3］阿玛蒂亚·森. 正义的理念［M］. 北京：中国人民大学出版社，2012.

［4］姜春兰. 阿玛蒂亚·森积极自由观初探［D］. 南京：东南大学，2005.

［5］张丽娜. 可行能力视角下的自由［D］. 哈尔滨：黑龙江大学，2010.

［6］周文文. 阿玛蒂亚·森发展理论探析［J］. 经济经纬，2008（2）.

中国传统法经济思想窥探[①]

——以法家思想为线索

熊金武

摘要　博大精深的中国传统文化蕴含了深厚的法经济思想，继承和创新中国传统法经济思想研究是中国文化复兴的必然要求。法家是中国传统文化中重要的思想流派，讨论了法律和经济等广泛的社会经济问题。法家思想可以作为分析中国传统法经济思想的线索之一。本文从功利主义的人性假设、规则与机制、重视国家与管制经济、注重变革与创新、重视实务五个方面梳理了法家的法经济思想，从而挖掘中国传统法经济思想。

关键词　经济思想；法家；法经济

　　法经济学是经济学与法学的交叉学科，一般被认为是波斯纳之后开创的用经济学框架分析社会制度中的法律问题的学科，以新制度主义经济学、公共选择理论和行为经济学为理论基础。如果追溯法经济学的学术源流，一般包括杰里米·边沁、亚当·斯密[②]，以及柏拉图、亚里士多德等古希腊学者和《汉谟拉比法典》、"摩西十诫"等古代典籍。事实上，法经济思想在中国传统文化中博大精深。经济思想史上"义利之辩"与法律思想史上"由礼入法"说明，经济、法律在中国传统文化中是一个整体。经济政策需要法律规则，而法律条文也需要符合经济学的规律。中国传统法经济思想追求秩序与和谐，支撑了灿烂的古代中国文明，然而缺乏对其进行系统的梳理。继承和创新中国传统法经济思想研究是中国文化复兴的必然要求。法家是中国传统文化中重要的思想流派，讨论了法律和经济等广泛的社会经济问题。法家思想就是中国传统法经济思想的精华。在此抛砖引玉，仅从五个方面梳理法家的法经济思想，管窥中国传统法经济思想。

一、功利主义的人性假设

　　人性假设是现代法经济学分析的前提。在中国传统诸子百家中，法家比较客观地分析了人性，形成了与儒家"性善论"并立的另一种观念。法家对人性的

---

　　① 本文为基金项目——中国政法大学青年教师学术创新团队支持计划资助（16CXTD07），以及中国政法大学校级人文社会科学研究青年项目资助（15ZFQ79001）的阶段性研究成果。
　　② 史晋川．法律经济学评述经济［J］．社会体制比较，2003（2）；维尔杰诺·弗斯基，蒋兆康，译．法律经济学的历史沿革［J］．环球法律评论，1990：（4）。

判断最接近现代法经济学的经济人假设。一般认为，经济人假设具体包括了四个基本命题：一是私人财产的合理性；二是追求个人经济利益的合理性；三是个人行为具有理性，追求个人利益最大化；四是看不见的手，实现"私利即公益"。① 按照这四个命题，有助于理解法家人性判断的价值。

（一）肯定私人财产权

法家认为，财产权有利于防止利益争斗。"法者，所以兴功惧暴也；律者，所以定分止争也。"② 因为，财产归属不明会引起社会纷争；一旦产权明晰，就可以约束社会行为，减少社会混乱，构建社会秩序。这是法家"定分止争"的思想。商鞅曾举例说："一兔走，百人逐之，非以兔可分以为百也，由名分未定也。夫卖兔者满市，而盗不敢取，由名分已定也。"③ 法家从多个角度保护私人产权，一方面制定法律，打击盗、贼等侵犯私有财产的犯罪行为，比如，李悝《法经》提出"王者之政莫急于盗贼"，并说"盗贼须劫捕"④。另一方面，推行私有化改革。法家是土地私有化改革的积极倡导者，如李悝"沟洫为墟"、商鞅"坏井田，开阡陌"。私人产权构成了传统社会的基本单位，得到了传统法经济思想的理论支持。

（二）肯定追求个人经济利益的合理性

法家明确指出人性"好利恶害"。《管子》说："凡人之情，得所欲则乐，逢所恶则忧，此贵贱之所同也"⑤；商鞅说："民之性，饥而求食，劳而求逸，苦而索乐，辱则求荣，此民之情也"⑥；韩非子也说："民之性，恶劳而乐佚"⑦，"安利者就之，危害者去之，此人之情也"⑧。需要注意的是，法家只是客观陈述人自利的本性，不做道德批评，认为利己主义具有一定的经济合理性，因为"人无毛羽，不衣则不犯寒；上不属天而下不着地，以肠胃为根本，不食则不能活；是以不免于欲利之心。"⑨ "古之易财，非仁也，财多也；今之争夺，非鄙也，财寡也。"⑩

这种分析有利于让社会科学从宗教伦理思想中独立出来。面对利益是社会经济分析的起点，同时，法家不仅肯定了人性自私和功利主义，而且主张通过利益

---

① 龙静云. 经济人思想：经济伦理学的理论基石 [J]. 伦理学研究，2008（2）.

② 《管子·七臣七主》。

③ 《商君书·定分》。

④ 《法经·盗法》。

⑤ 《管子·禁藏》。

⑥ 《商君书·算地》。

⑦ 《韩非子·心度》。

⑧ 《韩非子·奸劫弑臣》。

⑨ 《韩非子·解老》。

⑩ 《韩非子·五蠹》。

引导百姓。"与天下同利者，天下持之；擅天下之利者，天下谋之。"①

（三）个人理性

现代法经济学假设社会主体有能力做决策，实现个人利益最大化。法家不仅没有对追求个人利益设定道德枷锁，也没有否定人们理性决策的能力，反而肯定人自我决策的能力。《管子》说："善者势利之在，而民自美安，不推而往，不引而来，不烦不扰，而民自富。"② 韩非子则表述了"自为心"及"计算之心"，肯定了单个主体分散决策的合理性。这与经济人假设中的理性人具有一致性。西方社会理性人观念来源于宗教改革对神权的反思。中国也需要强化人的理性，而法家"计算之心"有利于摆脱道德、政治等非法学和非经济学因素的影响。

（四）"私利即公益"的非人格化机制

"看不见的手"是经济人假设的核心。亚当·斯密描述说，追求个人利益最大化的理性人"被一只看不见的手引导着，去促进一个并不是出自他本心的目的"③。法家认为，利己心驱使人们在利益驱动下选择个体行为，形成一种自发的社会秩序。《管子》说："夫凡人之性，见利莫能勿就，见害莫能勿避。其商人通贾，倍道兼行，夜以继日，千里而不远者，利在前也。渔人之入海，海深万仞，就彼逆流，乘危百里，宿夜不出者，利在水也。故利之所在，虽千仞之山，无所不上；深渊之下，无所不入焉。"④ 所以，政府不应该干预和约束私人活动，所谓"政之所兴，在顺民心，政之所废，在逆民心。"⑤ 另外，法家还提出"见予之形，不见夺之理。"⑥ 这似乎是一种非人格的抽象的社会机制。整体而言，法家肯定了私人利益构成社会经济的运行基础，更试图探求一种非人格的机制。这与霍布斯、曼德维尔等启蒙思想家具有一致性，是斯密革命前的可贵进步。

经济人假设是现代经济学的核心理论前提，也是法经济学超脱传统道德哲学成为独立学科的基础。在中国传统思想中，法家对人性的分析更加贴合经济人假设特征，肯定了人性追逐利益的本性，肯定了私人财产，肯定人的理性，尝试分析非人格化的抽象的社会机制。需要指出的是，与霍布斯等一样，法家基于人性假设提出的政策主张是强化政府干预，而不是指出市场的自发秩序。当然，除了法家之外，儒家自然主义性善论提供了不同的人性学说。⑦ 不过，整体来看，相对于其他学说，法家人性分析最接近经济人的学说。

---

① 《商君书·君臣》。

② 《管子·禁藏》。

③ 亚当·斯密. 国民财富的性质和原因的研究（下卷）[M]. 北京：商务印书馆，1974：27.

④ 《管子·禁藏》。

⑤ 《管子·牧民》。

⑥ 《管子·国蓄》。

⑦ 王凌皞. 孟子人性发展观及其法理意义 [J]. 法学研究，2013（01）.

二、规则与机制

法经济学是一门实践的科学，是构建社会秩序的理论基础。社会秩序的构建是由若干制度安排支撑的，必然涉及一些具体的机制设计。最简单的机制设计就是承认人们基于利益做出理性选择行为。此外，法家还有丰富的机制设计思想。

（一）机制设计原则

法家提出了一套机制设计原则，比如，"赏莫如厚而信，使民利之；罚莫如重而必，使民畏之；法莫如一而固，使民知之。"[①] 具体可以归纳为以下四个方面。

第一，机制设计应该考虑个体偏好的差异性。根据民众对利益、名誉等差异性偏好，予以不同的机制安排。比如，"夫农，民之所苦；而战，民之所危也。犯其所苦、行之所危者，计也。故民生则计利，死则虑名……利出于地，则民尽力；名出于战，则民致死。"[②]

第二，赏罚机制，实现激励相容。"好恶者，上之所制也，民者好利禄而恶刑罚。"[③] 赏罚是两种相互配合的机制安排。"进则使无由得其所利，退则使无由避其所害，必使反乎安其位，乐其群，务其职，荣其名，而后止矣。"[④] 这事实上就是利用比较优势理论，根据"两害相权取其轻，两利相权取其重"，通过"罚有罪，赏有功，则天下从之矣"[⑤]，达到社会优化，实现政策预期目的。

第三，把握激励力度，提倡重刑重赏。"重刑，连其罪，则民不敢试。民不敢试，故无刑也……故禁奸止过，莫若重刑。"[⑥] 同时，把握机制的灵活性。"政宽则民慢，慢则纠之以猛。猛则民残，残则施之以宽。宽以济猛；猛以济宽，政是以和。"[⑦]

第四，注重社会规则的信息完全，通过改变人们预期，形成社会秩序。有一种观点认为，"刑不可知，则威不可测。"[⑧] 的确，信息不对称可以强化法律的震慑力。但是，这可能让民众无所适从，达不到教化和稳定社会秩序的目的。所以，法家学者强调让天下人更便利地知道法规，并且保持法规的简单和稳定，故而有郑国"铸刑书"、晋国"铸刑鼎"等。孔子说："不教而诛谓之虐"[⑨]，可谓异曲同工。这就形成了完全信息的重复博弈，有利于推行教化，构建社会规则。

---

① 《韩非子·五蠹》。
② 《商君书·算地》。
③ 《韩非子·制分》。
④ 《管子·法禁》。
⑤ 《管子·七法》。
⑥ 《商君书·赏刑》。
⑦ 《左传·昭公二十年》。
⑧ 《左传·昭公六年》。
⑨ 《论语·尧曰》。

当然，信息完全还有一个作用就是取信于民，商鞅立木建信就是典型案例。

（二）具体的机制设计

法家不仅重视机制设计，还提出了一些具体可行的机制安排。在很长的历史时期内，这些机制设计常被认为是权术。所谓"君无术则弊于上，臣无法则乱于下"①。不过，从现代社会科学的角度来看，一些可贵的机制设计对中国乃至人类仍有启发性。在此仅举两个例子。

第一，保甲制度。保甲制度是宋朝时期开始的户籍管理制度，可以追溯到先秦的军事史。《曹沫之陈》提出，"伍之间必又（有）公孙公子，是谓军纪。五人以伍，一人又（有）多，四人皆赏，所以为断。毋上（尚）获而上（尚）闻命，所以为毋退。率车以车，率徒以徒，所以同死。"②。这不仅明确提出五人成伍，一人功劳，其他四人一起受到奖赏，还要求四人重视命令，车兵领导与士兵一起生死与共。这种机制用在民事上就有了保甲制度，各户之间联合作保，共具保结，强化政府对基层组织的控制。这种机制在经济管理中也有运用。近代银行业信用保证中保人制度就是一种典型的保甲机制。③ 尤努斯小额信贷规定，申请贷款人需要先加入一个五个人的小组，个人还个人贷款，无须承担小组成员其他人的贷款，但个人还贷的效率与结果将影响所属小组的信用。这事实上类似于保甲制度的机制安排。

第二，资产价格揭示机制。算缗是汉代一种按比例征收的财产税。但是如何核定财产价值呢？张汤推行了告缗之法，对那些抗拒不交或隐匿财产、偷漏税款的商贾，罚以戍边一岁，没收全部资产；奖励百姓告发违法商贾，"有能告者，以其半畀之。"④ 这种机制在宋代也被用于对土地人口的调查。1074 年，吕惠卿推行"手实法"，要求百姓自供丁口和资产实况，各户家产参照官府所定中价折算，不出租生利者以五折一，依官式并丁口写状申报。各县据丁口、财产总数和役钱总额分摊各户应纳钱额，公布于众，两月不讼，即定。隐寄财产许人告，以所隐三分之一赏告者。这种方法"抉私隐，崇告讦，以实贫富之等"⑤，这容易导致诬告扩大化，混乱社会秩序，于是很快就停止使用了。不过，孙中山先生推行地价税中提出自我申报的地价核定机制，即地主申报地价、政府按照申报地价收税或收买。这与告缗之法有相似之处，也是一种信息直接显示机制。类似的机制设计是人类智慧的一个部分。

---

① 《韩非子·定法》。

② 于智博.《上海博物馆藏战国楚竹书（四）》研究概况及文字编［D］. 长春：吉林大学，2007：143.

③ 孙火军，熊金武. 中国近代银行业信用保证制度的演变［J］. 制度经济学研究，2013（1）.

④ 《史记·平准书》。

⑤ 《苏辙集》［M］. 北京：中华书局，2004.

三、重视国家与管制经济

法家主要从国家立场思考社会经济问题。富国强兵是其主要目的。法家强调强化政府权威和强化君主专制。

第一，强调法律规则的制定权和执行权归政府（尤其是君王）。在政府权力来源上，法家提出了至少"力"、"知"和"仪法"三种假说。商鞅提出"国之所以重，主之所以尊者，力也。民愚则知可以王，世知则力可以王。"① 但是，社会规则制定权最重要，所谓"圣君失度量，置仪法，如天地之坚，如列星之固，如日月之明，如四时之信，然故令往而民从之"。同时，君王应该掌握权力，所谓"明王之所操者六：生之、杀之、富之、贫之、贵之、贱之"②。另外，法治多是以"公"为目的，而公则有利于政府和国家。"法制礼籍，所以立公义也，凡立公，所以弃私也"③。所以，弱化政府权威的法治改革是比较少的，即使代表自由经济倾向的司马迁、贤良文学等反对政府干预和与民争利，也并不排斥法治。

第二，指出强化政府权威并不能天然得到社会稳定繁荣。因为"夫民必得其所欲，然后听上，听上，然后政可善为也"，所以需要满足民众欲求，实行德政。比如，"辟田畴，利坛宅。修树艺，劝士民，勉稼穑，修墙屋，此谓厚其生。发伏利，输墆积修道途，便关市，慎将宿，此谓输之以财。导水潦，利陂沟，决潘渚，溃泥滞，通郁闭，慎津梁，此谓遗之以利，薄征敛，轻征赋，弛刑罚，赦罪戾，宥小过，此谓宽其政。养长老，慈幼孤，恤鳏寡，问疾病，吊祸丧，此谓匡其急。衣冻寒。食饥渴，匡贫窭，振罢露。资乏绝，此谓振其穷。"④ 这事实上涵盖了发展生产、提供公共品、轻徭薄赋、开放市场、社会保障等全面的经济政策。政府不仅全面管制经济，而且直接参与经营。《管子》提出，"国谷之朝夕在上，山林（廪）械器之高下在上，春秋冬夏之轻重在上"，"上立轨于国，民之贫富如加之以绳，谓之国轨"⑤。盐铁专卖就是典型代表。中国传统思想中法家是强化政府管制经济的典型，也是历代管制经济的重要思想基础。

第三，提倡政府自我约束。政府对自己的约束有利于维护社会规则和维持社会稳定，否则会造成大祸，所谓"取于民有度，用之有止，国虽小必安；取于民无度，用之不止，国虽大必危。"⑥ 同时，君王不能破坏规则。"夺柄失位，而求令之行，不可得也。法不平，令不全，是亦夺柄失位之道也。故有为枉法，有为

---

① 《商君书·开塞》。
② 《管子·任法》。
③ 《慎子·威德》。
④ 《管子·五辅》。
⑤ 《管子·山国轨》。
⑥ 《管子·权修》。

毁令，此圣君之所以自禁也"①，这有利于建立非人格化的社会秩序。

四、注重变革与创新

法家求真务实，不拘泥于既有的制度和学说，集中体现在对"先王之法"的讨论中。"先王之法"代表了既有的社会制度安排。但是法家不主张始终延续不变。一方面，可能历史上的制度安排在传承中"人或益之，人或损之"；另一方面，世异则事异，社会规则是随着时间的变化而变化的。所以"文王行仁义而王天下，偃王行仁义而丧其国，是仁义用于古而不用于今也"②。法家主张实事求是，根据新的情况进行变革，"不期修古，不法常可，论世之事，因为之备"③。

为了支持变革创新，法家形成了一套判断标准，即有利于人民、国家和生产力发展。第一，有利于人民。《管子》说，古代圣人"其治民也，期于利民而止。故其位齐也，不慕古，不留今，与时变，与俗化"。第二，有利于国家。商鞅说："法者所以爱民也，礼者所以便事也。是以圣人苟可以强国，不法其故。"④ 第三，创造财富。"昔七十九代之君，法制不一，号令不同，而俱王天下，何也？必当国富而粟多也。"⑤ 总之，"圣人之为国也，不法古，不修今，因世而为之治，度俗而为之法。"⑥ 这三者实现了国家发展权与国民发展权在经济增长中的统一⑦，与改革开放时期"三个有利于"的标准基本一致。

法家提出应该积极主动通过法治变革社会，因为"治者不待自善之民，为轮者不待自曲之木"⑧。同时，法家对保守主义持批评态度，认为"论至德者不和于俗，成大功者不谋于众"，"知者作法，而愚者制焉；贤者更礼，而不肖者拘焉。拘礼之人不足与言事，制法之人不足与论变"。当然，法家并不是一味求变，提出变法决策是按照经济原则予以选择的，与变法的成本和收益相关，所谓"利不百，不变法；功不十，不易器"⑨。

变法改革需要将新的制度上升到法律层面，让全社会遵守。所以，法家改革总是以立法为基础，法律先行。管仲"修旧法，择其善者而业用之"，子产"铸刑书"，吴起"明法申令"。同时，法律应该符合经济规律，具有可持续性和可

---

① 《管子·任法》。
② 《韩非子·五蠹》。
③ 《韩非子·五蠹》。
④ 《商君书·更法》。
⑤ 《申子·大体编》。
⑥ 《商君书·壹言》。
⑦ 张守文. 经济发展权的经济法思考 [J]. 现代法学，2012（2）.
⑧ 《盐铁论·大论》。
⑨ 《商君书·更法》。

操作性。所谓"法不察民之情而立之，则不成；治宜于时而行之，则不干。"①

五、重视实务

法家学说反对繁文缛节和文巧，重视实务，"凡治国之道必先富民，民富则易治也，民贫则难治也。"② 在经济方面，法家树立了一系列独特的制度安排，典型的就是重农、专卖制度。

第一，重农。重视农业是农业文明的必然选择。法家具体设计了若干制度安排。首先，肯定土地制度的根本性。"地者政之本也，是正地可以正政也。"③ 其次，强调农业国家的战略性质，提出实行"农战"政策，"治国者欲民之农也。国不农，则与诸侯争权，不能自持也，则众力不足也"④，"国之所以兴者，农战也"，"国待农战而安，主待农战而尊"⑤。再次，保证农业生产。"所谓兴利者，利农事也；所谓除害者，禁害农事也"⑥。最后，重视粮食。"农事胜则入粟多，入粟多则国富"，甚至认为有了粮食就能稳定社会。"国富则安乡重家，安乡重家则虽变俗易习、驱众移民，至于杀之，而民不恶也。此务粟之功也。"⑦ 生存是社会稳定的基础，否则社会流动性增加，法令必然得不到执行。

第二，专卖。《管子》将"国轨"作为社会经济管理手段。盐铁专卖是主要制度安排。"盐铁抚轨，谷一廪十，君常操九，民衣食而繇，下安无怨咎。"⑧ 桑弘羊实际推行盐铁专卖，增加政府收入。不过，儒家认为专卖制度是与民争利，提出"罢盐、铁、酒榷、均输，所以进本退末，广利农业。"⑨

总之，法家的法经济思想是中国传统法经济思想的精华。法家的信念和制度影响了中国数千年古代文明乃至今日。当然，儒家、墨家、道家等都有丰富的法经济思想，有必要综合"义""利""法"三元视角，反思中华法系中法经济思想框架，继承和创新中国传统法经济思想，以资今日中国社会经济改革借鉴。

参考文献：

[1] 张守文. 经济发展权的经济法思考 [J]. 现代法学，2012 (2).

[2] 史晋川. 法律经济学评述经济 [J]. 社会体制比较，2003 (2).

① 《商君书·壹言》。

② 《管子·治国》。

③ 《管子·乘马》。

④ 《商君书·农战》。

⑤ 《商君书·农战》。

⑥ 《管子·治国》。

⑦ 《管子·治国》。

⑧ 《管子·山国轨》。

⑨ 《盐铁论》。

［3］龙静云．经济人思想：经济伦理学的理论基石［J］．伦理学研究，2008（2）．

［4］王凌皞．孟子人性发展观及其法理意义［J］．法学研究，2013（1）．

［5］孙火军，熊金武．中国近代银行业信用保证制度的演变［J］．制度经济学研究，2013（1）．

（本文以《法家的传统法经济思想初探》为题刊于《经济法研究》2016年第一期，经修正后选入本论文集。）

中国传统经济思想科学吗^①？

——基于中西经济思想比较的视角

熊金武

摘要　中国传统经济思想的继承和创新是中国经济思想史学科的重要使命。然而近代以来中国传统经济思想往往被认为"不科学""落后"，甚至被完全忽视。所以判定中国传统经济思想的科学性就成为中国经济思想研究的基本问题，也是继承和创新中国传统经济的逻辑起点。从拉卡托斯的科学哲学角度来看，中国古代经济思想处于前科学阶段，而近代中国传统经济思想被精致证伪。中国传统经济思想的继承与创新就可以融入现代经济科学范式，成为现代经济科学的一个组成部分。

关键词　传统经济思想；科学性；拉卡托斯

在过去很长一段时间里，中国处于世界领先水平，形成了东亚地区以中国为核心的儒家文化圈。中国古代经济思想富于区域独特性，在很长时间内处于区域领先地位，取得了光辉的成就。这些固有的经济思想就是中国传统经济思想。按照赵靖先生的界定，中国传统经济思想"是 1840 年鸦片战争前在中国特定的历史条件下形成和发展起来的中国固有的经济思想"^②。中国传统经济思想的继承和创新是中国经济思想史学科的重要使命。然而，中国传统经济思想的性质自近代以来一直存在争论，尤其是随着科学主义的普及，中国传统经济思想似乎没有经受住科学检验。中国传统经济思想往往被认为"不科学""落后"，甚至被完全忽视。那么，判定中国传统经济思想的科学性就成为中国经济思想研究的基本问题，也是继承和创新中国传统经济的逻辑起点。在此，从拉卡托斯科学哲学的角度对这个问题予以简单分析。

一、中国传统经济思想科学性的反思

随着西方经济科学的传入，中国传统经济思想的科学性就成为经济学者不得不面对的问题。中国经济思想科学性的判定是以西方经济科学为参照系的。在

①　本文为基金项目——中国政法大学青年教师学术创新团队支持计划资助（16CXTD07），以及中国政法大学校级人文社会科学研究青年项目资助（15ZFQ79001）的阶段性研究成果。

②　赵靖. 中国经济思想通史 [M]. 北京：北京大学出版社，2004：2212.

"西学东渐"之初，一些学者认为中国古代也有"经济学"，比如，梁启超将"西人富国之学"与"计然、白圭所云"等同，写下了《论中国财政学不发达之原因及古代财政学说之一斑》等文，抱有中国古代经济学"中绝"的观点①，感叹"前哲精意，千年埋没，致可哀也"②。日本学者田岛锦治也提出中国"上古之道德政治及经济的思想，与希腊罗马相比，不仅不逊色而且卓越之处亦不少"③。

在新文化运动时期，随着科学观念的形成，包括中国传统经济思想在内的中国传统文化都没有通过"科学"标准的检验，中国传统经济思想被认为是不科学的。比如，朱通九提出，"我国在未与外国通商以前，并无'经济学'之名称，亦无'经济'之科学。经济史实议论仅散见于各书，故在闭关时代，即谓我国并无经济学之存在，亦无不可"④。陈豹隐认为，中国古代经济思想大致都是断片，"都是尚未构成体系的东西，在形式上不能成为经济学说"⑤。不过，在未区分文化约定上的传统经济思想与时间约定上的古代经济思想的情况下，对古代经济思想的反思出现了求全古人、贬低中国传统经济思想的倾向。西方学者甚至提出"没有任何一个东方国家有任何东西可以与西方国家中世纪僧侣们所做出的良好开端的经济分析相比拟"⑥。这种对中国传统经济思想科学性不严谨的评判，既有疑古思潮的影子，也有基于"文化弱势"和"文化自卑"等心态下的主观判断，还有一种达尔文主义的审判。

在对中国古代经济思想科学性的判断方面最有影响力的学者是熊彼特，他认为中国古代的经济学著作"没有留下来对严格的经济课题进行推理的著作，没有可以称得上我们所谓'科学'的著作"，中国古代只有经济政策思想体系，没有

① 中国古代经济思想"中绝"的观点在近代是一种思潮，比如，马寅初认为，"古先圣哲经济思想之灿烂，较之欧美各国，未遑多让，惜这后儒者以言利为讳，经济思想遂少系统发展"（唐庆增. 中国经济思想史［M］. 北京：商务印书馆，2010：序言6.）；甘乃光认为，先秦之后就没有经济学说，故而仅仅写作了《先秦经济思想史》；戴季陶认为，孙中山思想就是继承尧舜以来以至孔孟后中绝仁义道德的思想，"是两千年以来中绝的中国道德文化的复活"（戴季陶. 孙文主义哲学之基础［M］. 上海：民智书局，1927：2.）；孙中山也认为，"近两千多年以来，没有什么文化，现在的文化不如唐虞，不如秦汉，近人的知识，不如古人的知识"（广东省社会科学院历史研究室，等. 孙中山全集［M］.1卷. 北京：中华书局，1981：68.）。这种"中绝"的思想是在国人对经济科学或中国经济思想史不甚了解的情况下，对中国古代文化的有限反思的结果，它对中国古代经济思想的肯定事实上涉及中国经济学发展的方向之一，即继承传统，延续中绝。

② 梁启超.《史记·货殖列传》今义［M］//饮冰室文集点校. 昆明：云南教育出版社，2002：4.

③ 石世奇. 中国古代经济思想在当代市场经济中的作用［J］. 北京大学学报（哲学社会科学版），1999（02）.

④ 朱通九. 近代我国经济学进展之趋势［J］. 财政评论，1941（3）.

⑤ 陈豹隐. 经济学原理十讲（上册）［M］. 北京：好望书店，1931：31.

⑥ 石世奇. 中国古代经济思想在当代市场经济中的作用［J］. 北京大学学报（哲学社会科学版），1999（02）.

经济分析的痕迹。① 由此看来，熊彼特似乎否定了中国古代经济思想的科学性。然而有两点需要说明：首先，20 世纪 40 年代之前，熊彼特等西方经济学家对中国古代经济思想的了解甚少。比如熊彼特（2005）参考的关于中国古代经济思想的书籍也不过陈焕章《孔门理财学》、S. Y. 李《古代中国经济思想大纲》、E. D. 托马斯《中国政治思想》等数种而已，所以，熊彼特也表示，"这样明确的推断当然是很不可靠的"②，因为很多分析性的材料也许没有留下来，或者不为其所知道。其次，熊彼特对"分析"的定义是有独特界定的，即经济分析史是指"经济思想中带有分析性或科学性这个方面的历史"③，经济史、统计学、经济理论这三个分析要素构成了"科学的"经济学。显然，熊彼特的判断标准仅仅是对经济学中方法论的考察，并无有针对性地提出更加严格而完整的经济学科学化标准，所以中国古代经济思想的科学性需要深入再考察。

讨论经济思想的科学性不能简单地运用既有的经济学理论，而应该采取其他学科的理论工具。科学哲学就是专门探讨科学规律的学科，既有科学哲学理论可以用于探讨中国传统经济思想的科学性及其演进，同时也可区分中国古代经济思想和传统经济思想。古代经济思想是一个时间范围的界定，而传统经济思想是文化角度的界定。"传统是个不断发展的过程"④。所以，基于科学哲学理论，可以动态比较中西方经济思想，重新反思和全面评价传统经济思想的科学性。

二、中国古代经济思想的前科学性质

按照库恩范式理论，在范式统一之前，不存在常规科学。也就是说，在现代经济科学建立之前，中西方经济思想都不具有科学性。亚当·斯密的《国富论》是现代经济科学的起源，这既是当代经济学家的普遍认定，也为民国经济学家所普遍认同。在亚当·斯密之前，"经济学一直没有'科学共同体'和'专业基质'的范式界定，因而称不上是科学。"⑤ 亚当·斯密不仅建立了以"看不见的手"、绝对优势理论代表的经济思想保护带和以劳动价值论、三要素理论等代表的经济思想内核，还构建了一套形式与方法，包括概念体系、研究方法、经济学研究对象的界定等。亚当·斯密构建的形式与方法被 19 世纪以来的经济学研究所采纳和发展。所以，可以认为亚当·斯密的《国富论》开创了现代经济科学体系，是现代经济科学研究的起点，也是世界经济科学史的起点，经济学研究从此进入常规科学时期。

中国古代经济思想虽然没有产生"作为一门独立学科的政治经济学"，但是

---

① 熊彼特．经济分析史［M］.1 卷．北京：商务印书馆，2005：90.
② 熊彼特．经济分析史［M］.1 卷．北京：商务印书馆，2005：90.
③ 熊彼特．经济分析史［M］.1 卷．北京：商务印书馆，2005：17.
④ 叶坦．论道德伦理与经济利益［J］.安徽师范大学学报（人文社会科学版），2001（4）.
⑤ 赵晓雷．经济思想史学科界定及研究方法的技术性要求［J］.经济学家，2005（3）.

"创造出大量的原理、观念和范畴，还形成了许多较有系统的经济学说"①，具有不同于中国近代经济思想和西方经济思想的独特的逻辑思维、名词术语、表达逻辑、沿革轨迹和结构特征。首先，在研究对象上，中国古代经济思想不仅涵盖了土地、财政、货币等，还有盐政、漕运、纸币管理等独特的经济问题。其次，在概念体系上，中国古代经济思想不仅有"义""利""富"等，还包括了"洪范""平准""货殖""称提"等，而后者是难以被翻译为现代经济科学术语的概念。再次，在研究方法上，中国古代习惯于本末、轻重、均衡等思维逻辑，并善于运用历史分析法。另外，在价值观念上，中国古代形成了"维齐非齐""富国富民"等价值取向，以及"重农轻商""重义轻利""黜奢崇俭"三大教条。最后，在经济制度上，中国古代出现了常平仓、称提之术、権关等独特的制度安排。中国古代经济思想范式在知识分子中的流传和发展是客观存在的，是与西方经济思想不同的，构成了中国传统社会经济发展的经济思想基础。前科学时期中国古代经济思想范式基本上都是中国传统经济思想的范式，构成了中国传统经济思想近代演进的起点。

三、近代中国传统经济思想科学性判定

亚当·斯密《国富论》之前的经济思想没有范式统一倾向，属于前科学时期，无所谓"科学性"。一旦现代经济科学形成，经济思想史便进入常规科学时期，构成经济学说史或曰经济科学史。只有与常规经济科学范式比较，才能判定中国经济思想的属性。如果中国传统经济思想保持古代的范式，必然是非科学的。在近代，中国固有的经济思想范式是否科学需要与西方经济科学比较才能判定，也就是比较中西方经济思想的趋异与趋同。

（一）古代中西方经济思想的差异性与相通性

中西方古代经济思想比较研究由来已久，大多数相关研究都是基于中西方文化异质性视角审视中西经济思想的差异性。同时，也有很多学者指出了东西方古代经济思想的相通性，比如巫宝三提出古代中国与罗马和希腊经济思想的 4 个相同点，包括"经济学都还没有成为一门独立的学科""重视农业生产""对工商业都抱着轻视的态度""商品交换、货币、市场、价格等经济学说和思想都早已产生"②。不过，既然研究主要关注中西方经济思想内容上的初始差异，则较少关注经济思想形式与方法上的差异性。整体上讲，在 16 至 17 世纪及以前，中西方经济思想虽然有差异，但都没有在范式竞争中取得压倒性优势，还不能构成常规经济科学的具体形态。

---

① 赵靖. 赵靖文集［M］. 北京：北京大学出版社，2002：62.

② 巫宝三. 论经济思想史的研究对象、方法和意义［M］//巫宝三、陈振汉. 经济思想史论文集. 北京：北京大学出版社，1982：8.

首先，中西方经济思想范式的平等独立性。在古代，中西方经济思想都呈现零散的状态。那时的经济科学还没有从传统的哲学、历史学、政治学等混合的学科体系中独立出来。西方"Economics"的最初含义是家政管理，"政治算术"（Political Arithmetic）和"政治经济学"（Political Economics）的概念表现了经济学与政治学的学科相关性。中国"洪范""货殖"的观念更多地是理财之术或治国之道。此外，经济思想内容不独立。中国传统经济思想淹没在浩如烟海的哲学、政治学典籍之中，经济思想往往是政治或哲学思想的一种副产品。西方经济思想在古希腊哲学、古罗马法和中世纪经院哲学的掩盖之下，也没有凸显其独立性。再有就是没有形成独立的"科学共同体"。中国古代经济思想家要么是桑弘羊、杨炎等少有论述留传下来的经济改革者，要么是叶适、李觏等反正统的儒学家。西方经济思想家主要是阿奎那代表的神学家和哲学家，以及法国财政大臣柯尔贝尔代表的政治家。整体而言，中西方经济思想内容都是零星的、片断的，经济思想的形式与方法都缺乏竞争力。东西方经济思想不存在"范式统一"的倾向，各个区域经济思想相互独立。同时，中国古代经济思想"是在相对封闭的环境下完成其形成过程，从而与世界上同样独立起来的其他主要区域尤其是欧洲古代的经济思想体系，判然区别开来"[①]，即中西方经济思想范式是各自独立的。

其次，中西方经济思想范式之间不存在严格的"不可通约性"。法国重农学派的中国渊源问题是经济思想史上"东学西渐"的经典案例。

重农学派"自然秩序"思想能从中国古代学说中找到相同或相似的先行思想资料，而且"对于那些在中西双方的各自学说中均能找到其先行资料的思想内涵，就重农学派自身而言，似乎更倚重于来自中国的资料"[②]。魁奈的循环思想和《经济表》说明，中国文化的西传曾对西方经济思想分析方法产生过毋庸置疑的影响。鉴于法国重农学派借鉴了中国传统经济思想的经济观念、循环分析方法等，证明中西方经济思想在形式与方法上不存在严格的"不可通约性"。

需要指出的是，16—18世纪，中西方经济思想交流出现了不对称现象。一方面，西方对中国经济思想范式采取了积极接纳的态度，普遍存在"中国热"，认为"东方是一切学术的摇篮，西方的一切都是由此而来的"，"已经把中国用作一种全面改革计划中的参照国了"[③]。不仅大量传教士来到中国收集有关资料，而且著名学者也积极向中国学习，魁奈甚至被誉为"欧洲的孔子"。另一方面，中国在明清时期呈现"闭关锁国"的状态。"天朝物产丰盈，无所不有，原不借外夷货物以通有无。"[④] 不仅仅在经济贸易上，而且对外来器物、制度、文化等方面全面排斥，包括经济思想上的封闭保守，中国经济思想成为一个"相对封闭

---

① 谈敏. 回溯历史［M］. 上海：上海财经大学出版社，2008：1.
② 谈敏. 法国重农学派学说的中国渊源［M］. 上海：上海人民出版社，1992：365.
③ 张霞，邹进文. 古典经济学家视野中的中国［J］. 中南财经政法大学学报，2010（4）.
④ 清高宗实录（卷1435）. 乾隆五十八年八月己卯.

的体系"①。如果现代化是一个世界范围内文化集合的过程，也是世界范围内文化集合的结果，那么在16—18世纪，中西方对其他文明经济思想的态度已经预示着中西方经济思想范式的不同发展路径。

（二）17—19世纪中叶中西经济思想范式趋异

1. 中西方经济思想范式的非均衡性

在清朝中叶之前，虽然存在以黄宗羲、颜李学派代表的反正统经济思想，但是中国经济思想范式整体上处于缓慢的内生演化中，甚至处于一种停滞状态。

与此相反，从重商主义、重农主义的相继兴起，到亚当·斯密《国富论》的出版，西方经济思想逐渐从政治、哲学中独立出来，成为一门独立的社会科学，开启了现代经济科学的大门。在概念体系上，价值、价格、供给、劳动、商品、产品等专业性术语不断丰富；在分析方法上，数理分析、历史分析等工具不断成熟，甚至形成了数理学派和历史学派；在传播途径上，不仅出现了大量经济学著述，而且经济学家逐渐作为一个独立的群体存在，形成了专业性的科学共同体。关键地是，工业化和市场化是现代经济生产方式大势所趋。西方经济学说不仅解释和解决传统农业社会的诸多经济问题，而且适应了工业化和市场化的需要，体现出强大的竞争力。于是，中西方经济思想范式的平衡被打破，出现了趋异。需要强调的是，中西方经济思想的范式趋异是指中国传统经济思想在形式与方法上保持传统的前科学形态，而西方经济思想已经实现了范式现代化，构成了现代经济科学的具体形态，将经济思想史带入到常规科学时期。

2. 中西方经济思想范式的"不可通约性"

首先，从18世纪直到鸦片战争之前，中国延续了"闭关锁国"政策，对西方思想文化持拒绝的态度。尤其是在18世纪初"礼仪之争"后，清政府施行"禁教"政策，限制西方传教士进入中国和中国人学习西方文化。不过，需要指出的是，中国传统经济思想范式在新的经济问题意识下做出努力调试，试图适应新的经济生产方式。中国传统经济思想范式对现代生产方式的主动适应是中国传统经济思想范式现代化在这个时期的主要表现，经世派知识分子就是代表。金安清是一位没有接触过西方经济思想的传统经世派知识分子，几乎脱离于西学东渐的浪潮，但是他为人务实，努力在既有的经济思想范式内寻求经济问题的解决，对当时主要经济问题都有独到见解，客观上促进了经济思想的现代化。接触到西方经济思想的历史人物也没有转变其经济思想的形式与方法，依然使用传统经济观念，仅仅是对其耳濡目染的西方经济思想保护带，即西方经济制度加以介绍而已，不能构成经济思想形式与方法上的现代化，如王韬、薛福成、洪仁干等。

其次，西方经济思想家不再对中国感兴趣。亚当·斯密认为，"许久以来，它（中国）似乎就停滞于静止状态了。今日旅行家关于中国耕作、勤劳及人口

---

① 谈敏. 回溯历史［M］. 上海：上海财经大学出版社，2008：1.

稠密状况的报告，与五百年前视察该国的马可波罗的记述比较，几乎没有什么区别。"① 萨伊认为，中国是一个人口过剩的贫穷落后的国家；约翰·穆勒认为，中国是一个资本积累欲望不强烈的国家。中国沦为西方经济学家眼中一个失败的案例。中国经济思想也不再具有对西方经济学家的吸引力。

整体而言，中国经济思想范式依然在前科学的古代经济思想范式中徘徊，而西方经济思想范式已经完成了现代化。中西方经济思想出现了范式趋异。需要指出的是，在 1840 年鸦片战争以前，东西方文化交流没有完全断绝，西方传教士在 19 世纪初就开始将西方早期经济思想在中国广东地区零星传播。② 西方传教士早期在南洋创办的中文期刊《察世俗每月统记传》（1815—1822）、《特选撮要每月记传》（1823—1826）、《天下新闻》（1828—1829）等，以及在中国广州创办的《东西洋考每月统记传》（1833—1838），包含了早期的商贸资讯等内容。西方传教士的著作也介绍西方商贸思想，如米怜《生意公平聚益法》（1818）、郭实腊《贸易通志》（1840）。不过，这种前期传播主要是对西方经济思想内容的介绍，西方经济学的概念、形式和方法对中国没有产生影响。所以，中西方经济思想形式与方法趋同的起点和西方经济思想在中国传播的起点可能是不一致的，因为只有中国经济思想接受西方经济科学的形式与方法，才属于中国经济思想范式现代化，而西方经济科学的内容也许早在这之前开始在中国传播。同时，只要中国没有构建现代经济科学范式，中西方经济思想范式趋异就依然存在并扩大。③

（三）19 世纪中叶以来中西经济思想范式趋同

常规科学时期是范式统一的。由于现代经济科学是在西方经济科学的基础上形成的，西方经济科学包含了现代经济科学范式的要素，所以中国经济思想范式现代化的一种表现就是与西方经济科学范式趋同。

首先是中西方经济思想范式趋同的起点。中国经济思想范式现代化的起点与西方经济科学范式在中国传播的起点可能是不一致的，因为中国经济思想范式现代化强调经济思想形式与方法对现代经济生产方式的适应性。在西方经济科学的形式与方法在中国传播之前，中国传统经济思想已经开始了范式现代化，存在一条早期中国经济思想主动现代化的独立路径。也就是说，在国人接触西方经济理论之前，已经有学者主张学习西方，发展机器工业，这种发展就是"中国传统经

---

① 亚当·斯密．国民财富的性质和原因的研究［M］．北京：商务印书馆，1979：65.

② 西方经济学说传播史开始至少在 1840 年以前，比如，广东十三行的行商在接触外国人或者外来事物的时候也会受到其经济观念的影响，如商业理念、会计制度等。李丹（2011）系统考察了马礼逊（Robert Morrison）、米怜（William Milne）、郭实腊（Charles Gützlaff）等为代表的西方传教士在 19 世纪初开始的西方经济思想在中国传播。相对于鸦片战争，西方经济学说在中国传播的时间起点被大幅提前。

③ 此处不涉及经济思想范式趋异与趋同的量化考察，只是对定性的判定。所以暂时假设只要中国开始现代经济学范式的构建，那么中西经济思想范式趋同就出现。至于中西经济思想范式差异的度量则超出本文所考量的范围。

济思想的继续发展"①。比如，明清时期师爷和学派代表的"科学共同体"的形成、《经世文编》代表的经济学专著的出现、魏源和金安清代表的传统经世学家的经济思想异变，都可以被认为是中国经济思想范式现代化的起点。

不过，中西方经济思想范式趋同是从西方经济科学范式在中国传播后开始的。因为传统中国经济思想主动现代化只是在现代生产方式冲击下的波动，并不代表其找到了现代经济科学范式的方向。正如既有研究所指出的，"外来新思想新文化的大量涌入推动着中国主流经济思想的发展脱离传统路线，进入与世界经济科学相融合的道路"②，由于常规经济科学范式以西方经济科学为具体形态，中国经济思想范式现代化只有打破其与西方经济科学范式的不可通约性才能实现。中西方经济思想范式趋同的起点是中国经济思想范式现代化的关键节点之一。

中西方经济思想范式趋同的起点是从西方经济科学范式与中国固有的经济思想范式接触，也就是西方经济科学的形式与方法在中国传播为开始。第一，现代经济科学教育。如果以中国人接受西方经济科学教育为标准，那么，马建忠是第一个；如果以现代经济科学系统教育传播体系的建立为标准，那么，京师同文馆邀请丁韪良讲授经济学课程当为起点③。第二，西方经济科学文献。早期西方传教士所办中国期刊和著作多是传播商贸知识，缺乏经济思想范式的传播，如《察世俗每月统记传》和《东西洋考每月统记传》等。如果以现代经济科学翻译专著在中国零星的传播为标准，那么，美国人布朗（Samuel Brown）所编之《致富新书》（1847）就片断性地介绍了分工、商品价值等西方经济学概念④。丁韪良在京师同文馆讲授富国策所用教材为英国经济学家亨瑞·法思特（Henry Fawcett，1833—1884）的 *Manual of Political Economy*，该书系统介绍了生产、消费、分配与交换等经济学理论和西方经济学理论的主要代表人物，引入了"利息"（即利润）、"恒本"（即固定资本）、"贷财"（即贷款）、"工价"（即工资）等现代经济科学概念，是近代中国知识分子学习西方经济学理论的最重要著作。⑤ 因此，相比于西方经济学说在中国早期传播的间断性和零散性，1867 年，京师同文馆开启了西方经济科学理论的正规教育和现代经济科学范式的传播，是中国经济思想范式与西方经济科学范式趋同的标志性节点。

其次，中西方经济思想范式趋同的第一条路径为"西学东渐"。西方经济学说在中国传播引起了中西方经济思想范式的竞争。按照拉卡托斯研究纲领竞争的

---

① 叶世昌．近代中国经济思想史［M］．上海：上海人民出版社，1998：293．
② 胡寄窗，谈敏．新中国经济思想史纲要（1949—1989）［M］．上海：上海财经大学出版社，1997：2．
③ 戴金珊．试论西方经济学在中国的早期传播［J］．世界经济文汇，1985（4）．
④ 李丹．新教传教士与西方经济知识在华传播（1800—1860）［J］．福建师范大学学报（哲学社会科学版），2011（1）．
⑤ 傅德元．《富国策》的翻译与西方经济学在华的早期传播［J］．社会科学战线，2010（2）．

理论，中国固有的经济思想范式和西方经济学说范式都存在被精致证伪的危险。由于中国固有的经济思想范式中没有专业性的经济学研究人才，也没有形成系统的适应工业社会的概念体系，那么，面对工业化过程中出现的经济问题，中国固有的经济思想缺乏解释力，中国固有的经济思想范式也必然随之被精致证伪。相对于西方经济学说，中国固有的经济思想范式缺乏进步性。于是，"西学东渐"浪潮形成，西方经济学说取代中国固有的经济思想成为中国经济思想范式现代化的主要线索。经济思想范式现代化的一种路径主要体现为经济思想内容、形式与方法的整体西化，这也是传播史框架强大解释力的原因所在。需要指出的是，中国固有的经济思想仅是短时间内被精致证伪，并不意味着其失去了生命力，不能再发展。只要中国固有的经济思想取得现代经济科学范式，依然可能赢得进步性。

最后，中西方经济思想范式趋同的第二条路径——传统经济思想范式现代化，从属于中国经济思想范式现代化过程。一方面，中国经济思想范式现代化不仅包括西方经济科学范式的传入，也包括时间上更早的中国经济思想范式的早期现代化尝试，这是中国经济思想主动现代化的第一个阶段。另一方面，西方经济科学范式传入中国后，中西经济思想范式趋同的途径不仅有西方经济科学范式在中国的传播，还存在中国经济思想主动现代化，即继承和创新中国传统经济思想，主动接受西方经济科学范式，积极创新。因为现代经济科学并不具有统一的内容，只是具有统一的形式与方法。如果中国传统经济思想具有现代经济科学的形式与方法，那么就应该属于现代经济科学的一个部分。面对工业化和市场化代表的近代生产方式，中国传统经济思想不仅在经济思想内容上多有创新，而且在经济思想的形式与方法上也有新的突破，形成了新民主主义经济理论、民生主义经济学等具有鲜明中国特色的经济学说。这种传统经济思想的继承和创新就是在范式变革中不断进步的。

总之，经济思想的科学性不存在"判决性试验"。拉卡托斯批判了波普尔证伪主义和"判决性试验"，强调科学理论演进的历史性，认为"判决性试验是不存在的，如果指的是能够即时地推翻一个研究纲领的实验，那无论如何是不存在的"①。他提出精致证伪主义，认为只有在竞争性的研究纲领存在时，才能判定一个研究纲领的进步性。同时，他还强调不能根据一次性经验判断科学理论的科学性，更不能认为被证伪的科学理论就不能再次成为科学。也就是说，被淘汰的研究纲领也可能再次取得领先地位。"科学研究纲领方法论并不提供即时的合理性。必须宽厚地对待年轻的纲领：研究纲领可能需要几十年的时间才开始发展成为经验上进步的纲领"，"重要的批评总是建设性的：没有一个更好的理论，就

---

① 拉卡托斯．科学研究纲领方法论［M］．兰征，译．上海：上海译文出版社，1986：118.

构不成反驳"①。相应地，经济思想范式属性的判定应该是灵活的，不是一次性的。胡寄窗至少早在《中国近代经济思想史大纲》中已经注意到大抵从19世纪中叶开始，中国经济思想发生了从传统的、前科学的经济思想向现代的、科学的经济学转型，构成了"胡寄窗分界"②。"胡寄窗分界"说明中国传统经济思想在近代再次取得科学性的努力。

总之，在古代，中国经济思想范式的科学性是不存在争议的。即使中国传统经济思想在近代早期被证伪，也不过是一次试验而已，不能认为中国传统经济思想不能再次取得"科学性"。中国传统经济思想的继承与创新可以融入现代经济科学范式，成为现代经济科学的一个组织部分。民生经济学就是近代中国传统经济思想现代化的可能案例。当然，中国古代经济思想范式是与西方古代经济思想范式相通且平等的，存在光辉的经济思想，但为什么中国固有的经济思想范式在近代没有能够在与西方经济科学范式的竞争中取得领先？这个问题构成了经济思想史上的李约瑟之谜，值得进行深入分析。

参考文献：

[1] 石世奇. 中国传统经济思想研究 [M]. 北京：北京大学出版社，2005.

[2] 熊彼特. 经济分析史 [M]. 北京：商务印书馆，2005.

[3] 赵晓雷. 经济思想史学科界定及研究方法的技术性要求 [J]. 经济学家，2005（3）.

[4] 赵晓雷. 中国经济思想史研究的一个基础性课题："胡寄窗分界"假说论证 [J]. 财经研究，2013（10）.

[5] 赵靖. 赵靖文集 [M]. 北京：北京大学出版社，2002.

[6] 巫宝三. 论经济思想史的研究对象、方法和意义 [M]//巫宝三、陈振汉. 经济思想史论文集. 北京：北京大学出版社，1982.

[7] 叶世昌. 近代中国经济思想史 [M]. 上海：上海人民出版社，1998.

[8] 谈敏. 回溯历史：马克思主义经济学在中国的传播前史（上）[M]. 上海：上海财经大学出版社，2008.

[9] 谈敏. 法国重农学派学说的中国渊源 [M]. 上海：上海人民出版社，1992.

[10] 拉卡托斯. 科学研究纲领方法论 [M]. 上海：上海译文出版社，1986.

（本文原以《经济思想史上的"李约瑟之谜"初探：中国传统经济思想的科学性判定与继承创新》发表于《经济理论与政策研究》2014年卷，经修正后选入本论文集。）

---

① 布劳格. 经济学方法论 [M]. 北京：北京大学出版社，1990：39.

② 赵晓雷. 中国经济思想史研究的一个基础性课题："胡寄窗分界"假说论证 [J]. 财经研究，2013（10）：34～38，45.

儒家文化对我国企业管理的影响

于 平 周依心

摘要 我国的传统文化源远流长，博大精深，尤以儒家文化为代表。本文选取了我国儒家文化中的精髓部分，结合现代管理学的特点，从我国传统文化资源的角度分析儒家文化在现代企业管理中的体现和运用，探讨儒家文化与现代企业管理有机契合的问题，从积极作用与消极作用的角度着重探讨儒家文化对我国企业管理的影响。

关键词 传统文化；儒家文化；"中庸"；"和而不同"

绪 论

我国的企业管理打上了鲜明的民族和文化特色的烙印，这也正是从西方引进的企业管理制度在我国有别于其本来面貌的根本原因所在，也是我国企业参与国际竞争机制的关键。我国的企业管理不能只是单纯地从西方引进，而应把地域、民族和文化特色考虑在内，立足于博大精深的中国传统文化，深挖中国传统文化的资源宝库。只有将西方科学管理理论与我国传统文化的"合理内核"有机结合起来，才是我国现代企业管理理念发展的方向。① 本文中，笔者将以儒家文化为基点，探讨其对我国现代企业管理的影响。

一、儒家文化对企业管理的积极影响

五四运动以后，大多数学者都把我国的落后归因于儒家文化的保守、顽固。他们批判儒家文化，认为儒家文化的代表者孔子是顽固、保守、落后的，因为孔子讲"述而不作"，他不创新。在现代企业管理过程中，许多人认为我国企业没有形成完整的管理文化是与落后的儒家文化之影响分不开的。然而，在借鉴外国先进管理体制的同时，我们不能不考虑日本、韩国企业成功的原因，它们同样深受我国传统儒家文化的影响。可见，仅仅把儒家文化归结为落后的传统文化的观点是不全面的。

---

① 宋光华，王文臣. 企业管理科学化、现代化与中华文化 [M]. 北京：首都经济贸易大学出版社，1998：134～135.

（一）儒家思想强调的"仁"：建立以人为本的企业人力资源管理理念

案例一：上海第十印染厂是我国闻名的绒布出口专业厂，在1988—1989年进行了大规模的老厂改造。然而，那时恰逢整个社会经济滑坡、市场疲软，该厂却在如此困难的情况下实现了良好的经营目标。该厂厂长在职代会上提出的"艰苦奋斗、勇挑重担、顾全大局、难中取胜"的"十印"精神，以要求职工为工厂做贡献为主调；但在具体的管理中，厂长却非常注重职工的实际困难，强调民主管理，建立"厂长信箱"，采纳职工意见，注意随时与职工沟通，对专门人才实事求是地解决职称问题。此外，还花大力气改善职工的生产环境，改建食堂、浴室等生活设施，安装车间空调，组织舞会、歌会、文艺演出等。企业在此奉行了儒家思想的经典学说——以人为本，这也是企业能够度过危机、成功经营的根本之道。可见，现代企业注重个人因素、建立以人为本的管理理念是十分必要的。

美国著名的管理学家麦格雷戈说："企业这一组织系统，是因为鼓励人的行为才存在的。这一系统的输入、输出以及由输入转化为输出的过程，都是靠人与人之间的关系和人的行为来决定的。"[①] 儒家对"仁"的强调，对"礼"的推崇，都是为了协调、规范和平衡人际关系；在修养方面，强调修身、齐家、治国、平天下；在谋事方面，强调天时、地利不如人和。[②] 这些都表明，儒家思想的核心之一就是对人的重视。当今世界，随着知识经济的到来和国际竞争的加剧，使企业管理者愈来愈深刻地发现，企业中最重要、最短缺的资源是人才，而管理的中心是对人的管理，这正是儒家思想所强调的。企业要吸引人才，要留住人才，就应把儒家"爱民、富民、养民"等"仁"的思想应用到企业管理中，一切以员工为出发点，关心人、重视人、理解人、依靠人、凝聚人、培养人，从而最大限度地开发企业人力资源。

（二）儒家思想强调的"礼"与"和"：建立和谐的企业组织管理理念

案例二：日兴百货是集商品批发、汽车贸易、房地产开发、餐饮娱乐、进出口等多项业种为一体的多元化经营格局的大型企业集团。公司现有员工1 000余人，是日照市规模最大、管理最先进、经济效益最好的商业流通企业。日兴百货成功经营的经验之一便是做好企业内部的组织管理，以儒家的"礼治"来对公司各部门、各层级进行控制。日兴百货的"礼治"即是通过企业的规章制度，把儒家"礼"的规范明确地写进企业的规章制度之中，建立以"礼"为中心的层级秩序。管理者和员工都应以"礼"为标准评价自己的行为，明确各自的任务和权限，明确哪些事可以做，哪些事不可以做。"礼治"要求企业部门之间、上下级之间以及员工之间和谐共处，把企业建成一个大家庭；同时，在和谐共处

---

① 李广晖. 传统文化对我国现代企业管理的影响 [J]. 濮阳职业技术学院院报，2006（05）.

② 张应杭，彩海榕. 传统文化概论 [M]. 上海：上海人民出版社，2000：96.

的基础上要求上级人员以身作则，为下级员工做出表率，而员工应当服从上级领导的权威，服从企业的命令和安排。

在管理的控制职能方面，相对而言，西方管理学注重对物化结果或阶段性成果的控制，强调控制的实效性；我国传统文化则偏重于对人的控制，控制的标准模糊、不精确，但更具柔性。儒家思想认为，"刑不上大夫，礼不下庶人"，这是极其局限的，但由此可见儒家思想中"礼"的重要性。古代的儒家思想有一整套关于"礼"的规定，此不赘述，但它对国人的影响可想而知。儒家强调"礼治"。"礼"其实是一种用来规范以等级为中心的社会秩序和社会结构，即建立贵贱、君臣、父子等级从属关系为核心的名分等次。儒家认为，对社会进行控制，必须"两手并用，先德后刑"，用孟子的话说即"以力服人者，非心服也，力不赡也；以德服人者，心中悦而诚服也"。孔子提出"施仁政"，强调国家的统治者要像爱护亲属一样对待臣民，"民可载舟，亦可覆舟"。爱民必须体现在满足臣民的需要上，决策时必须顺应民族的自主精神、反抗压迫的精神，以及不断学习、不断前进的精神。如果将这种"施仁政"的精神运用到企业管理中，发挥员工的自主性，尊重员工的个性，那将会充分调动员工的积极性、自主性和创造性，增强组织的向心力和凝聚力，使整个组织充满活力地向前发展。

"和为贵"是"礼"的管理功能的延伸。孔子的学生有子曾说："礼之用，和为贵。先王之道，斯为美，小大由之。有所不行，知和而和，不以礼节之，亦不可行也。"（《论语·学而》）。"礼"的重要作用就是要讲中和最为可贵。儒家思想强调以"和为贵"，讲究和谐统一，对上要忠、孝、崇、恭，使天下有道；对下要宽、厚、慈、爱，协调矛盾。不仅如此，政事也要和，要"宽以济猛，猛以济宽，政事以和"，也就是说，要法理人情并顾，恩威并济，宽猛互应。我国传统管理将这一思想应用于经营上，总结出了一套成功的经验，如"和气生财""和商有道"等。

（三）儒家思想的"信"与"义"：以诚信为基础，建立义利相统一的企业经营管理理念

案例三：《晋商》是一本讲我国山西商人在明末与清朝时如何做生意、如何开发票号并形成我国银行系统的书。书中写晋商的经营理念时，提出晋商非常崇尚儒家思想。晋商做生意讲求信用与和谐，而且讲求对股东负责，同时也要对家庭负责。因为晋商出门做生意不可以带家眷，在外面也不能有什么越轨行为，如果发现他道德有问题，生意是肯定做不下去了。所以，晋商极其强调"信"与"义"。但是做商人一定要追求利与财，如何平衡二者的矛盾呢？这本书中描写了山西某一大户家族，门房正厅挂着一副对联："信中取利真英雄，义中生财大丈夫"。如果我们能够在照顾"信""义"的前提之下又能够创造财富，那才是真英雄与大丈夫。可见儒家思想对晋商的影响之大。

"信"，即是诚信，诚信是维持社会正常秩序的基础，也是企业成功经营必然要履行的原则，晋商成功之道大抵在于此。诚信守约的思想在各家各派的言论中都有体现，不仅成为管理之本，也是维系社会正常秩序的基础。孟子说："君之视臣如手足，则臣视君如腹心。君之视臣如犬马，则臣视君如国人。君之视臣如土芥，则臣视君如寇仇。"（《孟子·离娄》），这句话强调了信用的对称性。诚信如此之重要，那么，企业成功经营必然要建立在诚信的基石之上。

企业的经营理念包含三重意思，首先是企业的愿景、宗旨、使命等，它规定了企业作为特殊社会组织的责任，以及应当把企业办成什么样的社会组织的基准，它是企业自主经营的依据；其次，经营理念是企业发展目标的指南，指明企业前进的道路和发展的方向；最后，经营理念是企业进行决策的一系列根本指导思想和指导方法。① 儒家"义"的思想要求企业追求利益的同时，必须有益于社会和员工，以义生利，实现企业自身利益、社会贡献以及员工利益的统一，即企业在经营管理活动中要建立"义利相统一"的经营原则。首先，"义利相统一"的经营原则要求企业要对外诚信，企业必须遵守一定的道德规范，在同消费者或其他企业的相互交往中诚实守信，而不能只考虑本企业的利益，忽视国家、社会和消费者的利益，甚至为获得利益，以破坏生态环境为代价。当企业面临义和利的冲突时，应该把公利放在第一位，私利放在第二位，"见利思义""义然后取"，而决不可违背道德追求私利；其次，"义利相统一"的经营原则要求企业对内尽量照顾员工的合法利益，适时地改善和提高员工的生活水平，而且在处理企业内部关系时，也强调管理者的诚信，这样的管理才是合乎道义的，才能真正为员工所拥护和支持。国内企业文化的研究学者将"义利"相统一的企业经营理念简缩成"四安"理论，很好地概括了"义利"观的核心要旨：安顾客（以物美价廉的产品供顾客放心使用）、安员工（给员工以幸福和安全，适当满足其愿望，使其安居乐业）、安股东（给股东合理的投资回报，使其安心持股，长期投资）、安社会（给社会大众以尽社会职责的良好形象，使企业自身安然长存）。② 如此"四安"，考虑周全，运作方便，企业就能长足发展。

（四）儒家"中庸"观：管理均衡性和适度性的特色集成

案例四：军工企业出身的长虹，它的企业管理历来以严格著称。倪润峰一直认为，公司的管理制度最好不给员工任何犯错的机会。但深受我国传统思想影响的倪润峰在严格管理的基础上，从来没有忽视对"中庸"之道的遵循，强调管理的均衡性和适度性。倪润峰在抓职工的思想作风和调动职工工作的积极性时，依据儒家的"叩其两端""允执厥中"的管理思想，采取"抓中间带两端"的方法，推行中间突破法。而我国大多数企业领导往往采取"抓两头带中间"的工作方法，即把工作的重点放在发挥先进分子的"领头雁"作用和做好落后分子

---

① 孙选中：现代企业导论 [M]. 北京：中国政法大学出版社，2004：178.

② 黎永泰. 日本企业经营历年及其借鉴意义 [J]. 四川大学学报. 1998（03）.

的转化工作上，试图以此为突破口带动中间那部分职工。这种工作方法固然有它的优点，但往往造成"对两头过于侧重而淡化和忽略了中间"的不良后果。因为中间总是大于两端，抓住中间就等于抓住了企业员工的主体。中间与两端是相互制约的，不但两端对中间有很强的依赖性，而且中间状态最不稳定，不断向两端转化。同时，倪润峰规定公司严格管理制度时并不超出一定的限度，而以"适度"为衡量标准，追求大多数员工所能承受的范围，惩罚有度。

"中庸之道"是我国儒家文化的经典理论，也是儒家文化的精华。将现代企业管理制度的建立与"中庸"思想连接起来，寻找二者的契合点，以儒家"中庸"思想指导企业管理就有着深刻的现实意义。

"叩其两端"与"允执厥中"。在孔子看来，中庸之德是君子人格的有机组成部分，是君子人格的最高道德标准，故"中庸之为德也，其至矣乎民鲜久矣"，即中庸之德是一般人难以做到的。孔子的中庸观虽多用于论述道德修养的问题，但已具有方法论的内容。他总结舜的统治经验是"叩其两端，用其中于民"。这里的"两端"即矛盾的对立双方，"中"即对立双方的统一、协调、均衡的交叉点。故"叩其两端"的方法含有两点论、反对片面性的辩证思维方法。孟子对孔子的"中庸"思想加以发挥，提倡君子"中道而立"。因此，儒家认为，要执中，就必须反对过和不及两种错误倾向，这一思想具有普遍的指导意义。在管理实践中，中庸之道也是富有智慧的管理艺术。以长虹为例，长虹依据儒家的"叩其两端""允执厥中"的管理思想，企业管理采取"抓中间带两端"，推行中间突破法，企业管理取得了良好的效果。

"适中合度"与"掌握火候"。宋儒程颢云："不偏之谓中"，"中则不偏"，他把天下不偏之正道视为中庸的真谛。朱熹承袭二程之说，指出"中庸者，不偏不倚，无过不及，而平常之理，乃天命所当然，精微之极致也"。明清之际大儒王夫之从辩证法的角度，认为"中行者，若不包裹着'进取'与'有所不为'在内，何以为'中行'进取者，进取乎斯道也；有所不为者，道之所不可为而不为也。中行者，进取而极至，有所不为而可以有为耳"。即认为只有在"进取"与"有所不为"的结合之中才能寻求中行之道，而做得恰好、适度即是中行之道。根据中庸的方法论原则，要求企业管理者在寻求企业可持续发展过程中保持企业经济的适度发展。速度慢了不行，速度过快也不行。速度快要和讲效益、讲质量联系起来。具体说来，就是要适应国内外市场需求，合理配置资源，充分发挥生产能力，保持市场总需求与总供给的基本平衡，做到建设和效益相统一，总量增长和结构优化相结合。用儒家的中庸之道来讲，就是既要防止急于求成的"过"，又要反对踏步不前的"不及"，进而追求一条"执中"的经济管理方略。对企业员工的收入分配，必须保持收入差距的存在，同时又要限制两极分化和过分悬殊，用适度的利益驱动和有效的精神激励来激发职员的竞争意识和进取意识，令其为企业的发展贡献力量。

（五）儒家"和而不同"思想与企业跨文化管理

案例五：在天津的百货零售业，滨江商厦虽然 1992 年 10 月才开张纳客，但在短短几年时间里，它已经成为不容忽视的天津商界劲旅，它的经营规模和效益水平居天津第二，并跻身于全国百货零售业 20 强。这样一个迅速发展起来的企业集团，依靠的是什么力量？滨江集团副总经理周嘉桢谈到，滨江商厦企业文化的建立借鉴了儒家"和而不同"的思想，并把它融入滨江人自己的文化特色中，在建设和谐统一的滨江企业文化的同时，与其他商厦相区别，通过企业文化的显示效应把滨江商厦同其他商厦区别开来，创建滨江特色的经营服务。

综观中国思想史，在民族融合与统一的大背景下，突出的思想特征是讲求平衡和谐，注重人己关系，提倡天人合一。孔子研究了夏、商、周三代文化，分析归纳出"和而不同"的方法论。他说："君子和而不同，小人同而不和"，并且把它作为区别君子和小人的标准之一。孔子认为，君子应以"和"（此"和"意义非同上文"和为贵"之"和"，前者取相似之意，后者则取和气、和谐之意）为准则处理问题，但又不能盲从附和，而是要敢于坚持原则，阐述自己的思想和意见；小人则处处盲从附和，做事不讲原则，不敢提出自己的见解。[①]"和而不同"实际上就是主张在认识和处理实际问题的过程中允许不同事物和不同方面的存在，主张坚持原则条件下不同事物和不同方面的和谐统一，这一认识和处理问题的方法论在当时有着十分重要的意义。儒家"和而不同"的思想在我国改革开放过程中，对企业跨文化管理有着重要的应用价值。

实践证明，不同企业之间的文化差异是客观存在的，这种差异来源于两个方面的因素：一是产业规律。例如，制造业的生产多是透明的、外在的，劳动强度和技术熟练程度都可以量化到个人，注重科学与理性，遵从组织规章制度、企业纪律是该行业的管理特征；而在创新产业中，主要以知识、智慧和有效思维方式为生产力的主体，该行业的文化管理模式更倾向于以弹性工作制与人性化环境为依托。二是民族特质。不同民族往往具有不同的文化，即每一个民族都有区别于其他民族的文化。例如，美国人崇尚个性的发挥，管理中往往只注重最终结果，并由此衡量个人的工作绩效；而日本人则注重团队精神，鼓励相互合作，认为团队荣誉高过个人荣誉。[②] 这就要求企业在跨文化管理过程中，必须承认各成员企业在文化方面的"不同"，并在"不同"的基础上对他们进行调整、配置和协调，直至达到最后的和谐。如果不顾客观存在的差异，只是一味地追求企业文化管理的"同一"，不仅不能实现群体和谐，反而会加剧内部矛盾和摩擦，从而最终造成内耗。

---

① 张应杭，彩海榕. 传统文化概论 [M]. 上海：上海人民出版社，2000：202.

② 苏东水. 东方管理 [M]. 太原：山西经济出版社，2003：58.

二、儒家文化对现代企业管理的不良影响

马克思主义哲学原理告诉人们，事物都是具有两面性的。我国传统文化在我国市场经济不断发展成熟的时期不但起着积极有利的促进性影响，也会有消极不利的影响，这或许就是一把"双刃剑"。儒家文化源远流长、博大精深，内涵极其丰富。然而，由于历史的局限性，有些观点已经陈腐过时而成为禁锢人们头脑的枷锁，成为阻碍社会前进的糟粕。因为儒家文化根本上是一种农业社会的文化，在管理方面，它强调的是家族式管理，不是民主管理。它是一种家长制，这种家长制与现代企业管理是完全相悖的。它强调人身依附观念，强调人治，强调中庸，反对竞争原则；同时，儒家还主张崇古和繁文缛节等。这些思想是同市场观念和现代企业管理相冲突、相矛盾的。儒家文化对我国企业管理的不利影响具体表现在以下几个方面。

（一）重均同而轻个性的偏向

儒家思想是以人文精神为核心的，但与西方管理思想相比，恰恰又缺乏对个体地位的认同。它虽然处处讲人，但真正重视的是人所属的团体，尤其是国家利益。在"均同"思想影响下，总体是神圣的、至高无尚的，个体则是卑微的、微不足道的。这种总体对个体的排斥构成了我国儒家管理思想的本质，① 在企业管理方面具体表现在以下几个方面。

首先，在企业管理思想上，我们偏重于那些重总体、轻个体的学说。比如，新中国成立后，重视对苏联管理思想的引进、吸收和探讨，而这种管理思想（尤其是斯大林时期）维护了一种总体至上的观念。反之，对西方国家比较强调个性和个人积极性的管理思想弃之不顾或否定批判。

其次，企业在管理制度和方法上趋于同一，缺少特点。从前，由于企业是政府的附属物，不是独立自主经营的法人实体，没有自己独立的人格。因此，国家的方针目标就是企业的方针目标，国家的价值观念就是企业的价值观念，国家的管理文化就是企业的管理文化……所有企业同遵一旨，同出一源。一部《鞍钢宪法》在全国企业通用，一个"大庆模式"令全国企业仿效。

最后，在企业内部管理机制上，"铁饭碗""大锅饭"至今仍是许多企业改革发展的阻碍。具体表现就是讲攀比、不讲竞争；讲均同、不讲贡献；讲公平、不讲效率等。长期以来，这种"求和去异"的儒家管理思想造成了人们根深蒂固的依附性和均同性思想，至今依旧顽强护卫着人们的心理长城。

（二）重传统而轻变革的偏向

千百年来，我国农村的自然经济管理一直占主导地位，一方面是家长专制式的管理关系和纲常礼教，另一方面则是"天不变，道亦不变"的传统守旧思

---

① 傅云龙，乔清举，储士家. 社会主义市场经济与传统文化 ［M］. 北京：中共中央党校出版社，1995：122.

想。① 尽管中国历史上不乏一些反传统、倡革新的思想家和勇士，他们的管理思想在社会上也产生过广泛影响，但最终多被儒家管理思想所吞没。其根本原因是：首先，当维新者在管理意识上反传统时，却又常无意识地停留在传统之内，传统意识潜移默化地决定着他们的思考方向和界限。例如，康有为从反孔到尊孔，章太炎从反儒到护儒。其次，历史上多次革新实践，革新者承担的风险远远大于继承传统者。商鞅、王安石、谭嗣同等许多著名改革家的结局告诉人们，宁求稳健而不务革新可能是较明智的选择。这种因循守旧、知足常乐、处事退缩、不思进取的倾向至今仍深深影响着当代企业的管理思想和行为。从反到护，"反则必险、护则相安"的历史教训和结局仍在一些企业的改革实践中重演。

（三）等级意识对沟通体系的破坏

在占文化主导地位的儒家文化的大力倡导下，封建统治者强化了所谓"劳心者治人，劳力者治于人"（《孟子·公孙丑》）的思想，把分工体系中的等级角色打上人格身份的烙印，这种身份标志的泛化给良好沟通秩序的形成制造了障碍，造成企业内部信息和决策不能被有效地传达和执行，影响了企业正常的经营管理。

（四）"人情原则"至上

我国传统文化看重人性，孔子讲性相近，孟子讲性善，荀子讲性恶，《三字经》开始便说"人之初，性本善"。但中国人的人性不是偏于理智，而是偏于情感，人性中"情"是主要的，"智"是次要的。② 这种"人情至上"的精神融入企业管理中，使企业在选人、用人、育人等环节多注重亲缘血缘关系，讲情面、论义气，将工作关系、契约关系与私人的情谊关系联在一起。如在很多企业中，以"酒"为联系感情、打通关系的纽带。因为"人情"至上，"理""法"为下，所以企业的各种规章制度退而求其次，因人情破坏原则规范的现象时有发生，导致企业用人制度不规范，不能选贤任能，优秀人才的积极性被扼杀、能力被压抑。

（五）"不患寡，而患不均"：儒家平均主义思想

这是长期以来困扰我国国有企业和事业单位分配制度的一个重要因素，加上经过30年计划经济的进一步强化，使其在许多人的头脑中根深蒂固。这一文化倾向过度强调在对劳动产品进行分配时的"公平"，漠视企业人员的能力素质差异对劳动结果的决定性影响，从而严重挫伤了企业核心骨干人员的积极性，导致组织整体效率的低下。

---

① 胡燕祥. 中国儒家传统管理思想对我国企业管理的负面影响［J］. 理论前沿，1999（8）.
② 张应杭，彩海榕. 传统文化概论［M］. 上海：上海人民出版社，2000：87.

三、传统文化与我国现代企业管理

前文笔者仅仅讨论了儒家文化对我国现代企业管理的影响。然而儒家文化只是我国浩瀚传统文化中有代表性的一部分，我国现代企业管理所应参考和借鉴的部分远不止于此。

总的来说，一个国家内部的企业管理制度是与该国传统文化紧密相连的，或者说，文化是管理的基础，什么样的文化衍生什么样的管理。管理的文化基础具体主要体现在两个方面：一方面是任何管理都植根于一种文化之上，社会文化背景是管理赖以生存的土壤和环境，有什么样的社会文化环境，就要求有什么样的管理行为和方式与之相适应，因为社会文化环境是客观的、相对稳定的，是不以人的意志为转移的客观存在。管理植根于文化之上，如果能适应它，符合它的特征及要求，则管理效果就好，管理效率就会提高，劳动生产效率就会提高；反之，如果管理不适应文化，则管理效果就会大打折扣，甚至导致管理失败。另一方面，我们可以发展利用文化，把文化背景、文化特点、文化内容借用来作为具体的管理手段，并利用文化本身的系列内涵建立相应的管理方式。现代管理学研究的兴趣越来越集中于管理文化研究，认为借用文化作为管理不失为最有效的管理办法之一。因此，我国企业在管理过程中应注意对传统文化的借鉴吸收，同时摒弃传统文化中带来不利影响的部分，古为今用，最终使企业走向良性的发展道路。

参考文献：

［1］宋光华，王文臣．企业管理科学化、现代化与中华文化［M］．北京：首都经济贸易大学出版社，1998．

［2］张应杭，彩海榕．传统文化概论［M］．上海：上海人民出版社，2000．

［3］傅云龙，乔清举，储士家．社会主义市场经济与传统文化［M］．北京：中共中央党校出版社，1995．

［4］朱志凯．儒家思想与未来社会［M］．上海：上海人民出版社，1991．

［5］李占祥．矛盾管理是管理学的理论基础［J］．经济理论与经济管理，1997（6）：26．

［6］王乐忠．论儒家学说与现代企业文化［J］．商业研究．2003（3）：154～157．

［7］王保利．儒家文化与企业文化管理［J］．商业研究．2001（10）：178～180．

［8］苏东水．东方管理［M］．太原：山西经济出版社，2003．

［9］黎永泰．日本企业经营历年及其借鉴意义［J］．四川大学学报，1998（3）：8．

［10］孙选中．现代企业导论［M］．北京：中国政法大学出版社，2004．

一般利润率下降规律研究

马丽娜　张天啸

摘要 自马克思的"一般利润率趋于下降规律"提出以来，一直存在层次不同的针对该规律正确与否的讨论。作为马克思危机理论的基础，一般利润率趋于下降规律解释了产品的生产过剩和价格战。许多西方经济学研究者认为马克思的一般利润率趋于下降规律没有足够的理论基础做支撑，并且在实践中也没有观测到长期趋于下降的利润率。而置盐信雄在数理方面进行了严格的证明，论证了一般利润率会趋于上升。本文在前人研究的基础上，重新阐释了马克思的一般利润率趋于下降规律，通过马克思的视角及思想构建数理模型，反驳了置盐定理的结论并论证了一般利润率趋于下降的条件及可能性；同时，从数理模型的角度论证了一般利润率趋于下降规律的正确性，为预测资本主义社会一般利润率的变动提供了有力的理论基础。

关键词 置盐定理；数理分析；一般利润率

一、引言

自马克思的一般利润率下降规律提出以来，一直存在层次不同的针对该规律正确与否的讨论。"利润率下降与危机的联系首先由德国的大学教师埃里克·普雷泽尔所强调，对于他来说，利润率下降是马克思危机理论的基础，它用于解释商品的生产过剩和激烈的竞争战。普雷泽尔摒弃了以前把马克思看成是消费不足论和比例失调论理论家的做法。"[①] "五年后，这一点被亨里克·格罗斯曼所接受，他认为，为了与马克思的唯物主义历史观相一致，资本主义的经济矛盾必须追溯到剩余价值的生产，而不是剩余价值的实现。"[②] 斯威齐则把经济危机区分为由利润率下降导致的危机和由剩余价值实现困难导致的危机。斯威齐强调，利润率下降所形成的危机是由技术进步推动的资本有机构成提高快于剥削率的提高所致，或是由积累率提高过快导致失业大军的枯竭和工资提高使剥削率下降造成的。剩余价值实现困难形成的危机，既可能是源于不同生产部门的比例失调，也

---

① M. C. 霍华德，J. E. 金. 马克思主义经济学史（1929—1990）[M]. 北京：中央编译出版社，2003.

② M. C. 霍华德，J. E. 金. 马克思主义经济学史（1929—1990）[M]. 北京：中央编译出版社，2003.

可能源于消费不足导致的总需求不足。

自 1961 年置盐定理提出以来，许多无论是日本的还是非日本的学者都纷纷提出了自己的反对意见。在英语世界，许多学者反对置盐定理的依据是 1961 年所发表的置盐定理并没有考虑固定资本的影响。然而在置盐信雄的论文中，其实考虑了固定资本的影响，只是在英文论文中没有体现。而日本国内的学者往往与其争论的是资本积累的途径，其中，富冢（Tomizuka）（1965）[①] 的批评得到的支持最多，他反驳置盐定理的根源在于对马克思著作的研读。富冢指出，资本家引入新技术的根本动力不在于获得更高的一般利润率而在于获取超额剩余价值。

事实上，存在两种类型对置盐定理的批判，第一种类型是内生性批判。置盐信雄把不变的实际工资率和与正利润相伴的新的生产价格的形成作为他的定律的两个给定的前提条件。因此，"任何内部批判必须提供一个反例或表明在这两个前提条件下，定理存在着内部不一致之处"[②]。考虑到置盐定理的数学证明是正确且有力的，因此，人们一再表明，"在给定的假设条件下，定理是有效的"[③]。置盐信雄和他的追随者一直试图在对特定的批判做出反应时，通过把最初并没有加以考虑的更加复杂的情况纳入最初的模型一般化该定理，一些特殊的情况比如固定资本和联合生产被引入了讨论之中。如果定理在特定的情况下不能成立，那么，它就能够通过内部批判的方式被驳倒。但是必须注意的是，不能引入任何一种任意的或与马克思的利润率趋于下降规律和劳动价值论不相容的外生的假设。

第二种类型的批判是外生性批判，即对定理的两个前提条件的有效性或定理的比较静态框架的批判。置盐本人也承认不变的实际工资是一个存在局限的假设，并尝试对劳动力市场和技术进步之间的动态关系进行理论分析。在外生性批判上，存在一些比较有希望的例子，首先，傅雷（Foley）引入了不变工资份额代替了不变实际工资。[④] 傅雷（Foley）的批判逻辑结构如下：在技术选择标准给定的情况下，如果在技术变化时工资份额保持不变，均衡利润率会因为使用资本节约劳动的技术进步而下降，"如果实际情况的确是这样，那么这就对置盐定理进行了成功的外生性批判"[⑤]。另外，帕克（Park）对技术选择的标准进行了经验研究[⑥]，如果降低成本的技术选择标准被经验证据否定了，置盐定理的整个结

---

①　Tomizuka, R. ChikusekironKenkyu. *Studies of Theory of Accumulation* ［J］. Tokyo：Miraisha. 1965.

②　Dong – Min Rieu. *Has The Okishio Theorem Been Refuted* ［J］. Metroeconomica, 2009, 60（1）：163.

③　Okishio, Nobuo. *Competition and Production Prices* ［J］. Cambridge Journal of Economics, 2000（25）：493.

④　Foley, D. K. *Understanding Capital：Marx's Economic Theory* ［M］. Cambridge：Harvard University Press, 1986.

⑤　Dong – Min Rieu. *Has The Okishio Theorem been Refuted* ［J］. Metroeconomica, 2009, 60（1）：163.

⑥　Park, C. S.. *Testing Okishio's Criterion of Technical Choice* ［J］. Research in Political Economy, 2005（22）：199～208.

果就是值得怀疑的。①

二、基于马克思的理论阐述一般利润率趋于下降规律

有关一般利润率变动的规律自李嘉图和斯密开始就一直是不断被讨论的话题。而斯密和李嘉图在分析一般利润率趋于下降这一现象形成的原因时，往往单纯地归结为工资率的上涨，尽管他们对工资提高的含义和工资提高的原因有完全不同的理解和阐述。但是从这个角度上来说，他们是现代"利润挤压论"的先驱。

早在马克思早期的手稿中，就已经反复指出李嘉图混淆剩余价值和利润的错误，在这个基础上马克思提出了自己的关于一般利润率趋于下降的解释。他把这个规律简单地概括为："实际剩余价值取决于剩余劳动同必要劳动的比例，而剩余价值在利润的形式上，则是按在生产过程开始前就已存在的资本的总价值来计算的。因此，利润率取决于——假定剩余价值不变，剩余劳动同必要劳动的比例不变——与活劳动相交换的那部分资本同以原料和生产资料形式存在的那部分资本的比例。这样一来，与活劳动相交换的那部分越少，利润就越低。因此，资本作为资本同直接劳动相比在生产过程中所占的份额越是大。因而，相对剩余价值，资本创造价值的能力越是增长，利润率也就按相同的比例越是下降。"②

通过以上论述可以发现，马克思的逻辑与假设都十分明确，那就是假设剩余价值率保持不变，那么，随着技术的不断进步，资本有机构成不断提高，在剩余价值率保持不变的前提下，一般利润率必然会趋向于下降。

在这个论述中可以探讨或者说进行质疑的地方有两点，一是剩余价值率是否保持不变，另一个就是技术的进步是否会导致资本有机构成的提高。

首先讨论剩余价值率保持不变这点是否符合现实。剩余价值率是由剩余劳动时间同必要劳动时间的比例决定的，那么，在两者之和为定值的情况下，工人必要劳动时间也就是再生产中工人所消耗的体力所需要的时间就可以决定剩余价值率。而工人必要劳动时间取决于工资品的生产效率。假设创新发生在工资品部门，那么，该部门的技术创新所引起的资本有机构成的提高和该工资品价格的降低是相关的，然而工人在购买生活物资时，该部门所生产的工资品仅仅是其中的一小部分，所以剩余价值率的提高不足以抵消资本有机构成的提高所导致的一般利润率的下降，而马克思在论述中为了简单明了地阐述一般利润率趋于下降的逻辑，就假定剩余价值率保持不变。后面的模型会说明，即使剩余价值率上升，一般利润率依然会趋于下降。

其次，技术进步一定会带来资本有机构成的提高吗？资本家采取新技术的

---

① Dong - Min Rieu. Has The Okishio Theorem Been Refuted [J]. *Metroeconomica*, 2009, 60 (1)：163.

② 马克思. 经济学手稿（1857—1858）[M] //马克思恩格斯全集, 46 卷下. 北京：人民出版社, 1982：265.

原因必然是因为新技术可以提高生产效率，这一点是毋庸置疑的，置盐的降低生产成本型的技术选择和置盐定理的结论只是无意义的同义反复。而提高生产效率无非是两种，一种是资本节约型的技术创新，另一种就是劳动节约型的技术创新。劳动节约型的技术创新显然会使该部门的资本有机构成得以提高。下面着重分析资本节约型的技术创新。实际上，凝结在资本中的活劳动也是由劳动构成的，比如对纺织业来说，在纺织的过程中羊毛属于不变资本，但是羊毛这种不变资本中凝固的价值依然是由牧羊人的活劳动凝结而来的，所以对资本的节约事实上也是对劳动的节约。而一般利润率趋于下降规律是一条宏观定律，在分析该规律的时候要将落脚点放在整个社会的一般利润率会怎样变化。从社会总体的角度来讲，资本节约型的技术创新归根结底依然是劳动节约型的技术创新，所以两种创新类型并没有本质上的区别。虽然采用资本节约型的新技术在该部门会导致资本有机构成的降低，但从社会总体来看，资本有机构成依然是提高的。

三、再议技术进步的选择依据

置盐信雄认为，马克思在一般利润率趋于下降规律中将资本家选择技术进步的原因归结为生产率准则，而他认为资本家是基于成本准则才会引入新技术，并在这一技术选择基础上建立了斯拉法模型，从而推出了在工资品部门产生新技术时会导致一般利润率的上升。

然而马克思真的认为资本家选择新技术是基于生产率准则么？

事实上并不完全一样。马克思认为，资本家作为人格化的资本，始终追求更快的增值速度，希望能够获得更大利润。所以实际上，资本引入新技术的依据应该是新技术可以产生更大利润量。虽然这种增加利润量的技术选择方式往往体现为提高生产率，但两者的侧重点不同。增加利润量的技术选择方式更为本质，反映了资本家逐利的特点。而利润率的下降和利润量的增加两者之间并不矛盾，马克思在《资本论》第3卷中阐述："利润率不断下降的规律，或者说，所占有的剩余劳动同活劳动所推动的对象化劳动的量相比相对减少的规律，决不排斥这样的情况：社会资本所推动和所剥削的劳动的绝对量在增大，因而社会资本所占有的剩余劳动的绝对量也在增大，因而社会资本所占有的剩余劳动的绝对量也在增大；同样也决不排斥这样的情况：单个资本家所支配的资本支配着日益增加的劳动量，从而支配着日益增加的剩余劳动量，甚至在这些资本所支配的工人人数并不增加的时候，也支配着日益增加的剩余劳动量。"①

事实上，不仅是利润率下降规律不排斥利润量的增加，反而是追求利润量的增加才会导致利润率的下降。在造成一般利润率下降的过程中，又会引起资本的

---

① 马克思. 资本论［M］.3 卷. 北京：人民出版社，2004：241.

加速积累，从而引起资本所占有的剩余劳动的绝对量或总量的增加。正如在竞争中，拥有巨额资本的资本家所获得的利润量会大于一个表面上赚得更高利润率的小资本家所获得的利润量。而在竞争过程中，大资本家为了抢占市场，往往会主动降低自己的利润率，以便击垮小资本家。由此可见，追求利润量的增加会导致利润率的降低。

而导致上述这一结果的正是资本的积累。资本的积累使社会总的不变资本也就是劳动资料相对于缓慢增长的劳动力来说变得越来越多，从而需要引入新的技术，提高劳动生产率，使同等数量的劳动力可以推动更多的劳动资料，获得更大的利润量。可见，资本积累正是理解马克思一般利润率趋于下降规律的关键。如果不考虑资本积累的情况，社会总劳动力水平及劳动资料水平均保持不变，那么总利润量和一般利润率两者之间必然保持同向的变化，从而不能发现利润量的增加才是导致一般利润率下降的原因。

而置盐定理所依据的模型为斯拉法模型，实际上是一个简单生产模型，并没有考虑扩大生产的情况。而一般利润率作为模型的特征值来求解，也并没有考虑资本积累也就是社会总投入比例的变化会产生怎样的影响。基于这一点，置盐信雄才会得出与马克思相反的结论，即忽视资本积累的过程和作用，从而将利润量的增加和利润率的增加等同起来，最终得出在工资品引入新技术之后，一般利润率会趋于上升的结论。

而马克思所阐述的："利润率因生产力的发展而下降，同时利润量会增加，这个规律也表现为：资本所生产的商品的价格下降，同时商品所包含的并通过商品出售所实现的利润量却会相对增加。因为生产力的发展以及与之相适应的资本构成的提高，会使数量越来越小的劳动，推动数量越来越大的生产资料。所以，总产品中每一个可除部分，每一个商品，或者说，所生产的商品总量中每一定量商品，都只吸收较少的活劳动，而且也只包含较少的对象化劳动，就是所使用的固定资本的损耗以及所消费的原料和辅助材料中所体现的对象化劳动。"①

在置盐的模型中没有也不可能体现数量越来越大的生产资料，因为在置盐的模型中，资本家技术选择所依据的是成本准则，从而无法体现劳动资料数量的增加。虽然那样会导致总成本的提高，但是产出数量也会增加，从而在总量上会增加利润量，同时也会提高成本。所以置盐笔下的资本家并不会采取这样的技术进步方式。

四、置盐定理与一般利润率下降规律的联系

一般利润率趋于下降规律有两个特点，一是该规律为长期规律，短期内的利润率可能会上升；二是该规律在作用的过程中往往会出现相反的作用来抵消这一

---

① 马克思. 资本论 [M]. 3 卷. 北京：人民出版社，2004：251.

变化。所以马克思将"一般利润率的下降叫作趋势下降，而不是绝对下降规律"①。

马克思在《资本论》第 3 卷中总结了以下几条较为普遍的反作用原因：

（1）劳动剥削率程度的提高；

（2）工资被压低到劳动力的价值以下；

（3）不变资本各要素变得便宜；

（4）相对过剩人口；

（5）对外贸易；

（6）股份资本的增加。

而置盐定理所阐述的过程实际上就是马克思所分析的这几个反例的体现。抛开置盐所用的数学模型，其本质是由于工资品价格的下降而实际工资保持不变，那么相对地，劳动力价格也会降低，从而提高资本家的利润率。这一逻辑关系是置盐定理模型的本质，而马克思的分析也涉及这样的过程。将第一个原因和第三个原因相结合，就可以得出置盐信雄的结论。

首先是劳动剥削率的提高。"劳动的剥削程度，剩余劳动和剩余价值的占有，特别会由于工作日的延长和劳动的强化而提高。"② 而置盐定理所展示的剥削率提高的方式与上述两种不同，实际上是通过降低工资品的价格来降低劳动力的价格，造成劳动者的有酬劳动缩短，使无酬劳动比例上升从而导致了劳动剥削率的提高。但是劳动剥削率的提高并不会真正造成上升的一般利润率，因为"这不会使所用的劳动力和它推动的不变资本的比率发生实质上的变化，生产相对剩余价值的办法总的来说可以归结为：一方面，使一定量劳动尽可能多地转化为剩余价值；另一方面，同预付资本相比，又尽可能少地使用劳动。所以，使人们可以提高劳动剥削程度的同一些原因，都使人们不能用同一种资本去剥削和以前一样多的劳动"。这是两个相反的趋势，在使剩余价值率提高的同时，又使一定量资本所生产的剩余价值率减少，从而导致一般利润率的下降。而置盐定理仅仅考虑了其中一个作用，也就是剩余价值率的提高，而没有考虑资本所占有劳动量的减少，则必然会得出相反的结论。

其次是不变资本要素变得便宜。置盐定理所表达的，工资品部门引入的技术进步会降低该部门的成本。在斯拉法模型均一化利润率的逻辑基础上，工资品的价格必然会降低，从而使不变资本要素变得便宜。而马克思在资本论中有相似的表达："例如，一个欧洲纺纱工人在一个现代工厂中加工的棉花量，同一个欧洲纺纱业者从前用纺车加工的棉花量相比，是极大地增加了。但是加工的棉花价值，并不和它的量按同一比例增加。机器和其他固定资本的情况也是这样。总

---

① 马克思. 资本论［M］. 3 卷. 北京：人民出版社，2004：258.

② 马克思. 资本论［M］. 3 卷. 北京：人民出版社，2004：258.

之，使不变资本量同可变资本相比相对增加的同一发展，由于劳动生产力的提高，会使不变资本各要素的价值减少，从而使不变资本的价值不和它的物质量，就是说，不和同量劳动力所推动的生产资料的物质量按同一比例增加，虽然不变资本的价值会不断增加。在个别情况下，不变资本各要素的量，甚至会在不变资本的价值保持不变或者下降的时候增加。"① 这一表述与置盐定理的作用方式相同。

综上所述，置盐定理实际上就是马克思所提到的一般利润率下降规律的几种反作用的体现，而这种反作用实际上并不会完全抵消一般利润率趋于下降的趋势。由于置盐在模型中没有考虑资本积累这一长期变化，而仅仅用了简单的生产平衡方程，从而过于夸大了这几种反作用的力量，最终得出了与马克思相反的结论。置盐的结论实际上可以看作马克思一般利润率趋于下降规律的一个短期特例。长期来看，利润率的变化还是会如马克思所预言的那样，存在长期下降的趋势。

五、论证模型

下面构建模型阐述马克思的一般利润率趋于下降规律。马克思将商品的生产分为三个部分，分别是不变资本 C，可变资本 V，剩余价值 m。而一般利润率 r 的表达式为：

$$r = \frac{m}{C + V}$$

由于技术进步，生产资料和生活资料的价值都会下降，这两者的下降会影响最终的一般利润率的变动，所以令 λ_M 为一单位生产资料所代表的价值。那么，不变资本 $C = \lambda_M K$。K 表示投入的总的生产资料的数量。令 λ_F 为一单位生活资料所代表的价值，那么可变资本 $V = \lambda_F N$。N 表示投入的总的劳动力的数量。

同时，在使用机器的情况下，资本家把他的一部分资本投在机器上，而不是投在直接劳动上。这种通过使用机器的方式会提高工人的劳动生产率，然而机器的生产同样是工人劳动的结晶，所以在使用机器以提高劳动生产率的过程中，生产资料起着双重作用。"一些生产资料的增长是劳动生产率增长的结果，另一些生产资料的增长是劳动生产率增长的条件。例如，由于有了工场手工业分工和采用了机器，同一时间内加工的原料增多了，因而，进入劳动过程的原料和辅助材料的量增大了，这是劳动生产率增长的结果。另一方面，使用的机器、役畜、矿物质肥料、排水管等的量，则是劳动生产率增长的条件。"

所以，可以将不变资本投入 K 分为两个部分，其中，K_1 表示生产资料中劳动生产率增长的结果，也就是资本家在生产过程中所需要的自然资源；而 K_2 表示生产资料中劳动生产率增长的条件，也就是资本家在生产过程中所使用的机器

---

① 马克思. 资本论 [M]. 3 卷. 北京：人民出版社，2004：262.

等可以提高劳动生产率的凝结着劳动价值的生产资料。则：

$$K = K_1 + K_2$$

而机器和劳动力两者相加才是生产过程中投入的劳动力总量（$K_2 + N$）。资本家在引入新技术时，不仅会使直接劳动投入的劳动生产率增加，即同样的工人数量推动更多的不变资本，同时也会使劳动力总量的劳动生产率提高。因为"如果 100 个工作日生产出来的一台机器，只能代替 100 个工作日，那它就丝毫不能提高劳动生产力，也丝毫不能降低产品成本。"这样资本家也不会引入这种类型的新技术。即引入新技术后，劳动生产率会提高的同时，$\dfrac{K_1}{K_2 + N}$同样也会提高。

那么，一般利润率的表达式可以变形为：

$$r = \frac{m}{\lambda_M Y K_1 + K_2 N + \lambda_F N} = \frac{1}{mY \dfrac{\lambda_M Y K_1 + K_2 Y}{\lambda_F N} + 1Y}$$

若假设剩余价值率即 $\dfrac{m}{\lambda_F N}$ 保持不变，则一般利润率的变化是确定的，因为由于引入的新技术必然会导致上升，那么一般利润率必然会趋于下降。在引入劳动节约型的技术进步时，这是必然的结果。那么，当引入的技术进步类型为资本节约型呢？

事实上，资本节约型的技术进步也是减少了机器的投入，或者是机器本身的价值减少了，本质还是减少了劳动力的投入，而单位拉动力推动的生产资料依然是增加的，即 $\dfrac{\lambda_M K_1}{\lambda_F N + \lambda_M K_2}$ 依然增加。但是 $\dfrac{K_1 + K_2}{N}$ 会减少。那么，利润率会怎样变动呢？

将一般利润率的表达式变形为：

$$r = \frac{m}{\lambda_M Y K_1 + K_2 Y + \lambda_F N} = \frac{1}{mY \dfrac{\lambda_M K_1}{\lambda_F N + \lambda_M K_2} + 1Y}$$

此时假设所有的劳动力投入产生的剩余价值率保持不变，那么：

$$\frac{\partial r}{\partial \dfrac{\lambda_M K_1}{\lambda_F N + \lambda_M K_2}} = \frac{\dfrac{\lambda_M K_1}{\lambda_F N + \lambda_M K_2}}{\dfrac{\lambda_F N + \lambda_M K_2^2}{m} Y \dfrac{\lambda_M K_1}{\lambda_F N + \lambda_M K_2} + 1Y^2} < 0$$

所以，引入的资本节约型技术依然会导致一般利润率的下降。

马克思在《资本论》中还论述了几种反作用，其中包括剩余价值率的提高和工资被压至劳动力价值以下。

对剩余价值率的提高，马克思阐述道："我们已经指出——这是利润率趋向下降的真正秘密——生产相对剩余价值的办法总的说来可以归结为：一方面，使一定量劳动尽可能多地转化为剩余价值；另一方面，同预付资本相比，又尽可能少地使用劳动。所以，使人们可以提高劳动剥削程度的同一些原因，都使人们不能用同一总资本去剥削和以前一样多的劳动。这是两个相反的趋势，它们使剩余价值率提高，同时又使一定量资本所生产的剩余价值量减少，从而使利润率下降。"

马克思在这里阐述了两个互相矛盾的作用，一方面，技术进步会导致剩余价值率的提高，也就是 $\dfrac{m}{\lambda_F N}$ 会提高，那么，在资本有机构成即 $\dfrac{\lambda_M Y K_1 + K_2 N}{\lambda_F N}$ 保持不变的前提下，一般利润率的变动如下：

$$\frac{\partial r}{\partial \dfrac{m}{\lambda_F N}} = \frac{\dfrac{\lambda_M Y K_1 + K_2 Y}{\lambda_F N} + 1}{\dfrac{\lambda_F N^2}{m} Y \dfrac{\lambda_M Y K_1 + K_2 Y}{\lambda_F N} + 1 Y^2} > 0$$

另一方面，技术进步会导致资本相对于劳动力的投入相对增大，从而减小剩余价值所占的比例，那么，这两种互相矛盾的作用究竟哪种更大呢？

事实上，由于一定量资本所使用的劳动总量减少，这种进步是没有止境的；然而剩余价值率的提高存在极限，因为一天只有 24 小时，无酬劳动一天之中也只能最多产生 24 小时的剩余价值。"两个每天劳动 12 小时的工人，即使可以只靠空气生活，根本不必为自己劳动，他们所提供的剩余价值量也不能和 24 个每天只劳动 2 小时的工人所提供的剩余价值量相等。就这方面来说，靠提高劳动剥削程度来补偿工人人数的减少，有某些不可逾越的界限。因此，这种补偿能够阻碍利润率下降，但是不能制止它下降。"

通过公示表达一定量资本所产生的剩余价值会减少，即 $\dfrac{m}{\lambda_M Y K_1 + K_2 Y}$ 会减少。那么，一般利润率可表达为：

$$r = \frac{m}{\lambda_M(K_1 + K_2) + \lambda_F N} = \frac{1}{\dfrac{\lambda_M(K_1 + K_2)}{m}\left[1 + \dfrac{\lambda_F N}{\lambda_M(K_1 + K_2)}\right]}$$

在 $\dfrac{m}{\lambda_M Y K_1 + K_2 Y}$ 减少、其他条件不变的情况下，一般利润率的变动为：

$$\frac{\partial r}{\partial \dfrac{m}{\lambda_M Y K_1 + K_2 Y}} = \frac{1 + \dfrac{\lambda_F N}{\lambda_M Y K_1 + K_2 Y}}{\dfrac{\lambda_M Y K_1 + K_2 Y^2}{m} Y_1 + \dfrac{\lambda_F N}{\lambda_M Y K_1 + K_2 Y} Y^2} > 0$$

则一般利润率也会趋于下降。

而对工资降低至劳动力价值以下这一反作用与剩余价值率的提高有同样的作用机理。λ_F 表示工人的工资，那么，工人的工资最少也就是减少至 0，也就是一天中有酬劳动的部分为 0，而无酬劳动的上限依然存在。所以同理，这种反作用只能阻碍利润率下降而不能制止它下降。

参考文献：

[1] Samuel Bowles. Technical Change and the Profit Rate: A Simple Proof of the Okishiotheorem [J]. Cambridge Journal of Economics, Vol. 5, No. 2, 1981 (6): 183.

[2] Simon Clarke. Marx's Theory of Crisis [M]. New York : St. Martin's, 1994.

[3] L E. Johnson, Warren S. Gramm, David J. Hoaas. Marx's Law of Profit: The Current State of the Controversy [J]. Atlantic Economic Journal, vol. XVⅧNo. 4, 1989 (12): 58.

[4] John E. Roemer. Analytical Foundations of Marxian Economic Theory [M]. New York: Cambridge University Press, 1981: 112.

[5] Samuelson, Paul A. Wage and Intrest: A Modern Dissection of Marxian Economic Models [J]. The American Economic Review, 1957, 47 (6): 884~912.

[6] Gottheil, Fred M. Wages and Interest: A Modern Dissection of Marxian Economics Models: Comment [J]. The American Economic Review, 1960, 50 (4): 715~719.

[7] Okishio, Nobuo. Technical Changes and the Rate of Profit [J]. Kobe University Economic Review, 1961 (7).

[8] Dobb, Maurice. The Falling Rate of Profit [J]. Science & Society, 1959: 23 (2): 97~103.

[9] Robinson, Joan. The Falling Rate of Profit [J]. Science & Society, 1959: 23 (2): 104~106.

[10] Pesenti, Antonio. The Falling Rate of Profit [J]. Science & Society, 1959: 23 (3): 233~252.

[11] Denis, Henri. Rate of Profit and National Income [J]. Science & Society, 1959: 23 (4): 298~316.

[12] Morris, Jacob. Profit, Automation and the Cold War [J]. Science & Society, 1960: 1~12.

[13] Meek, Ronald L. The Falling Rate of Profit [J]. Science & Society, 1960, 24 (1): 36~52.

[14] Takeshi Nakatani. The Theoretical Work of Nobuo Okishio [J]. Nakatani – Okishio rtf, 1.

[15] Okishio, Nobuo. Monopoly and the Rates of Profits [J]. Kobe University Economic Review.

[16] Okishio, Nobuo. Competition and Production Prices [J]. Cambridge Journal of Economics, 2000, 25: 493.

[17] John E. Roemer. Continuing Controversy on the Falling Rate of Profit: Fixed Capital and Other Issues [J]. Cambridge Journal of Economics, 1979, 3 (4): 379~398.

[18] Schefold, B. Different Forms of Technical Progress [J]. Economic Journal, 1976, 86.

[19] Persky J. , Alberro, J. Technical Innovation and The Dynamics of the Profit Rate [J]. University of Illinois, Chicago Circle, Department of Economics (processed), 1978.

[20] Takao Fujimoto, Ravindra R. Ranade. Technical Changes and the Rate of Profit in Models with Joint Production and Externalities: A Duality Approach [J]. Metroeconomica, 1998, 49: 2.

[21] NeriSalvadori. Falling Rate of Profit with a Constant Real Wage. An Example [J]. Cambridge Journal of Economics. 1981, 5 (1): 59~66.

[22] Bidard, C. The Falling Rate of Profit and Joint Production [J]. Cambridge Journal of Economics, 1988, 12: 355~360.

［23］ Tomizuka, R. ChikusekironKenkyu. Studies of Theory of Accumulation ［M］. Tokyo: Miraisha. 1965.

［24］ Foley, D. K. Understanding Capital: Marx's Economic Theory ［M］. Cambridge: Harvard University Press, 1986.

［25］ Park, C. S. Testing Okishio's Criterion of Technical Choice ［J］. Research in Political Economy, 2005, 22: 199～208.

［26］ 高峰. 资本积累理论与现代资本主义 ［M］. 天津: 南开大学出版社, 1991: 282.

［27］ 薛宇峰. "置盐定理"批判 ［G］. "外国经济学说与当代世界经济"学术研讨会暨中华外国经济学说研究会第 20 次学术年会论文集, 2012.

［28］ 朱钟棣. 西方学者对马克思主义经济理论的研究 ［M］. 上海: 上海人民出版社, 1991: 235.

［29］ 骆桢. 对"置盐定理"的批判性考察: 兼论技术创新导致一般利润率下降的机制及其内在约束 ［J］. 经济学动态, 2010 (2).

［30］ 彭必源. 用马克思理论分析置盐定理 ［J］. 湖北工程学院学报, 2012 (06).

［31］ 李帮喜裴宏. 置盐定理反驳了利润率趋向下降规律吗——两者的区别和联系 ［J］. 政治经济学评论, 2016, 7 (2).

［32］ 马克思. 资本论 ［M］. 北京: 人民出版社, 2004 (1).

他山之石　可以攻玉

抱诚守一乃正道

李　晓

摘要　通过对庄吉集团为何失败、乔治白公司和谭木匠企业为何成功的鲜活案例进行深刻和细致的剖析，无不印证了司马迁在两千多年之前就揭示的规律——"富无经业"，贵在"诚一"。企业的非关联型多元化，没有一定的条件是很难成功的。做企业和做人有着同样的道理，需要专心致志、全神贯注、坚持不懈，不断精进的热忱、激情、毅力和态度。企业的成败和分水岭就在于是否遵循"诚一"的规律，在于怎么去干，用什么样的态度去干。庄吉集团之所以破产，根本原因是违背了"诚一"的规律而乔治白公司和谭木匠企业之所以取得成功，本质上是因为遵循了"诚一"的规律而臻于极致。

关键词　庄吉集团；乔治白公司；谭木匠企业；诚一

"诚然，世界是在变化的，而且正在以一种加速度变化，但这并不意味着我们要放弃追寻能经受时间考验的基本观念。相反，我们比以往任何时候都更需要它们。对于一个公司来说，面临的最大问题不是缺乏新的管理思想，而是不能理解最基本的原则。"这是美国著名管理学家吉姆·柯林斯在其《基业长青》再版导言中说的一番话。

时下，"跨界""虚拟"……成为企业家追捧的热词，而"传统产业""实体经济"则或遭冷落，或被抛弃。

世事纷繁，莫衷一是。还是让我们通过几个活生生的案例，像吉姆·柯林斯说的那样，来追寻一些"能经受时间考验的基本观念"，理解一下"最基本的原则"吧！

一、庄吉之殇与乔治白之生

浙江省温州市平阳县县城昆阳镇的一个工业园区，仅一条小马路之隔，两家知名企业比肩毗邻。一家叫庄吉集团，另一家叫乔治白服饰股份有限公司。

这两家企业都肇始于 20 世纪 90 年代中期，都是服装业起家。庄吉的前身为创办于 1993 年的温州庄吉服装有限公司，1996 年组建集团公司，主营高端西装。乔治白的雏形是平阳县衬衫厂，1995 年改制成立乔治白制衣有限公司，开始涉足商务职业装。

就这样，庄吉和乔治白同时起步、在同一个地方、从事同样的行业，面对的市场形势、政策环境等等也都完全相同。两家企业还一度进行过紧密合作。唯一有点差别的，就是庄吉主营高端西装，乔治白主营职业装。不消说，在一般人眼里，西装应该更加考究，而职业装不就是工作服吗？似乎与"高大上"无法沾边。

然而，就是这样两家有着那么多相同之处的企业却遭际了截然相反的命运——庄吉破产了！2015年4月14日，庄吉旗下的6家公司向温州市中级人民法院递交了破产申请，且已被法院受理。乔治白，却在服装行业一片肃杀的严寒之中，不仅屹立不倒，反而越来越好！

命运的不同，源于走的路不一样。

庄吉的带头人，并非泛泛之辈！庄吉的创办者郑元忠，温州乐清柳市镇人，可以说是改革开放以来我国第一代非常优秀的企业家。出生于1952年的郑元忠遭遇了"文革"，丧失了继续求学的机会。20岁出头，他就带领一支工程队走南闯北挖隧道、造闸门、修铁路。1973年，郑元忠回到家乡一口气创办了柳市五金制品厂、乐清胶木电器厂、乐清无线电元件厂等数家企业，短短几年就拥有了十几万资产，成为柳市镇"第二富"，人称"电器大王"。

1982年，国家七部委工作组进驻柳市镇，以"投机倒把罪"查处了八位个体业主（即大名鼎鼎的"温州八大王"），郑元忠就是其中之一。他被全国通缉，经历了186天的牢狱之灾。

改革开放的春风消融民营经济的坚冰。郑元忠东山再起，重操电器业，创办了乐清第一家股份合作制企业精益开关厂，并取得了国家主管部委颁发的第一批低压电器生产许可证。

昔日的电器大王再度风生水起。然而，1992年秋，年届不惑的郑元忠却做出了一个令当时很多人意外的决定：以50万元年薪聘请总经理管理精益开关厂，自己则走进课堂，到温州大学国际贸易系潜心读书。

学习让郑元忠接触到了很多先进的理念、新奇的术语。1993年，他投资2 000万元创办庄吉服装有限公司，开始进军服装业。1996年组建集团公司时，还在温州率先跳出了家族企业的窠臼，完全按照现代企业制度运作。

庄吉的产品，也曾有过炫目的辉煌！

庄吉主打高级西服，"庄重一身，吉祥一生"的广告词曾经家喻户晓。庄吉西服一般定价3 000—4 000元，便宜的2 000多元，贵的8 000—10 000元甚至更高。即使到了20世纪90年代后期，这个价格也相当于不少工薪阶层半年，甚至是一年的工资啊！

庄吉不但有自己的品牌，还在全国布局了400家门店的终端渠道，集设计、生产、销售于一体。高端的定位、昂贵的价格、新潮的设计、精湛的工艺……为庄吉带来了滚滚财源。

庄吉的产品还有制鞋，实行全球化运营模式：面料来自意大利，加工在土耳其，市场在美国。

服装业的成功也为庄吉集团戴上了许多耀眼的桂冠：中国民营企业500强、中国服装十大影响力品牌……郑元忠被誉为"温州改革开放十大风云人物""十大风云浙商""省级劳动模范"。

然而，庄吉并没有在服装业继续深耕细耘、高歌猛进，而是在国内众多品牌崛起、竞争激烈、利润收窄的背景之下，像不少企业一样，"跨界""转行"，奉行所谓的多元化战略，扑向了一个又一个更赚钱的行业。

最先涉足的是房地产。2003年，庄吉集团与现代集团合作，在天津投资建筑面积10万平方米的庄吉购物中心，完成后于2005年整体转让出去。继而伸手的是矿业。2006年年底，庄吉集团到云南投资有色金属行业，在云南普洱市获得了2 000多平方公里有色金属矿的开采权。

此外，还有物流、水力风力发电、金融投资……这些项目，有的确实一度成为庄吉的摇钱树。

"赚钱—扩张、扩张—赚钱"的逻辑驱使庄吉像红了眼的斗牛，在捞快钱、赚大钱的道道上一路狂奔，闯入了一个又一个热门行业。最多时，庄吉旗下拥有18家子公司。

终于，利润丰厚的造船业以及由此掀起的造船热潮吸引了庄吉的目光。庄吉的领导算了一笔账：9个月可以建造一艘船，赚的钱相当于庄吉服装一个园区全年所有的利润和税收。

2006年9月，庄吉集团先后收购、兼并三家船业公司，在温州乐清成立了浙江庄吉船业有限公司，注册资金3亿元人民币。翌年，庄吉船业开工造船。

2008年全球金融危机袭来，国际航运业全线亏损，造船业也随即进入寒冬。国际造船业的很多历史悠久、规模庞大的行家里手都损失惨重，纷纷收缩阵地。但庄吉初生牛犊不畏虎，不仅毫不收手，反而加大投资力度，到2010年已投入10亿元，建成了温州、台州地区设施最先进、规模最大的造船厂，拥有1.8公里长的海岸线和占地512亩的填海面积，还有472亩的海域使用面积。

其间，庄吉接到了一些订单，最大的一笔是香港巴拉哥集团的两艘8.2万吨散货船订单。这两艘船创造了温台地区建造最大船舶的纪录。庄吉船业将订单押给了银行，换取贷款，垫资造船。

正当这两艘创纪录的巨轮一艘基本完工，另一艘造了一半的时候，香港巴拉哥集团因经营困境提出了弃船。第一张多米诺骨牌终于倒下了。它所引起的连锁反应是：船东弃船——无法按时收回投资——无法按期偿还银行贷款——银行抽贷压贷。当时，庄吉船业欠银行贷款6亿多元，庄吉集团贷款总额13.9亿元，加上弃船后银行索赔的3.36亿元，总共17亿多元。庄吉被这些债务危机压垮了。

2012年11月19日，庄吉集团向温州市委市政府递交了一份《紧急报告》，称由于近期船东弃船、银行抽贷、互保企业信用危机，这三者叠加在一起，将庄吉集团推向了一个窘迫的境地。

庄吉在温州属于标志性明星企业，举足轻重，因而温州市委市政府高度重视，积极施救，例如协调银行放宽贷款，帮助庄吉售出一艘 8.2 万吨大船等。

庄吉自己也在奋力自救，以至于把老家底都拿出来卖了。它与山东省济宁市的如意集团合资成立了"温州庄吉服饰有限公司"，实际上等于是如意集团以现金购买的方式，购买、重组"庄吉"的商标及相关资产而成了一家"新庄吉"。这个重组事件，在中国纺织服装业界都备受关注。2014 年 3 月，如意集团向"新庄吉"注入巨额资金，将其注册资本从 100 万元增资至 12 880.60 万元。

但是，所有这些都没有挽回庄吉走向覆灭的命运。我们只能期望江山易主之后的"新庄吉"能够像当年的"八大王"一样，劫后余生，再谱辉煌。

"沉舟侧畔千帆过，病树前头万木春。"庄吉令人扼腕疼惜地死了，与之毗邻的乔治白却在茁壮成长。

乔治白走的是与庄吉完全不同的路。自 1995 年创业迄今，乔治白仿佛一头倔强的黄牛，始终坚守在职业装领域，埋头耕耘，深耕细锄。其间，房地产热、造船热、金融投资热……也都纷纷然在它的周遭喧嚣鼓噪，但乔治白丝毫不为所动。

一度，庄吉集团总营收比自己多达六倍的规模，也曾经让部分员工羡慕人家那种"超常规、大踏步、跨越式、多元化"的发展模式，但乔治白的带头人咬定青山不放松，任他东西南北风，一步一个脚印，坚定不移，稳扎稳打。在主营业务上秉承"专注就是力量"的精神，坚持以"职业装为主，零售为辅"的发展思路。

一份坚守，几多成就。笔者两次前往乔治白考察，都强烈感受到了专注与精进所带来的震撼。乔治白相继建设了温州、河南两大工业园区，其生产管理的精细化堪与日本企业媲美。拥有国际最先进的设备，投入巨资自主研发智能化工序设备及软件，可以按照客户要求适时调整流水线。而且员工的稳定性大大超过同类企业。在生产一线任职满十年的员工达到 16%，任职满五年的员工达到 42%。稳定的团队保障了品质的稳定和不断提升。

乔治白的研究、设计、开发一直在国内名列前茅。其职业装科技馆以梦幻般的效果，展现了从金融机构的白领着装到矿井野外的工服等职业装的最尖端技术。

乔治白参与了《职业装检验规则》《男西服、大衣》《衬衫》等国家标准的起草制定，主持《非黏合衬西服》行业标准的起草制定，独创 EEQ 分子交叉记忆衬衫、4A 热保护功能性衬衫等十余项专利技术。这使乔治白不仅荣获"全国服装行业百强企业"称号，而且被浙江省科技厅设立为"浙江省高新技术企业研发中心"。

2012 年 7 月，乔治白在深交所上市（股票代码 002687），成为国内首家职业装上市企业被称为"职业装第一股"。

乔治白 2014 年年报显示，在我国服装业整体不景气，职业装行业竞争日益加剧的形势之下，公司实现营业总收入 6.58 亿元，比上年同期增长 13.11%；营业利润 0.89 亿元，比上年同期增长 26.44%；利润总额 0.91 亿元，比上年同期增长 22.64%；归属上市公司股东的净利润 0.81 亿元，比上年同期增长 24.88%。年报充满自豪地分析说："上述变化，主要系公司专注于服装行业，加大了市场开拓力度，公司品牌知名度、美誉度提高所致。"

二、谭木匠的故事

乔治白的成功不是唯一的。

如今，在中国各城市的繁华地带，别具一格的谭木匠连锁专卖店随处可见。尽管同样的产品，这里卖的要比地摊上贵出不少，平均每把梳子的价格是一二百元左右，但来到这里的人还是愿意慷慨解囊。

2009 年，谭木匠在香港主板上市（港股代码 00837）。截至 2014 年年底，公司拥有专利 80 余项，开发出的木梳、木镜、木饰品等系列产品多达 348 款种，销售网络遍布国内 200 多个大中城市，在中国内地拥有连锁专卖店 1 449 家、香港四家、新加坡两家、加拿大一家。电商销售也有了很大增长。

表 1　谭木匠（HK00837）年报摘要（2010—2014 年）

人民币（千元）	2010 年	2011 年	2012 年	2013 年	2014 年
收入	189 418	244 001	271 966	280 913	298 269
毛利	120 178	166 910	182 016	188 317	196 332
经营溢利	88 038	131 502	142 291	157 696	166 097
年内溢利	66 124	93 570	126 162	125 856	128 762
流动资产总值	244 606	320 843	399 332	502 536	511 969
非流动资产总值	94 791	94 612	97 950	139 488	285 436
权益总值	301 309	361 063	440 105	504 466	578 742

谭木匠的创始人叫谭传华，20 来岁就掉光了头发，是一个秃头。据他自己说，他祖父、父亲也都在年轻的时候掉光了头发，是家族遗传病。梳子是用来梳头发的，没有头发，梳子就是"聋子的耳朵"。可是，偏偏是这么一个自己根本不用梳子的人，靠一把梳子成为行业龙头！

谭传华的祖上确实都是木匠，爷爷和父亲当年还是重庆万县乡下有名的木匠师傅。父母望子成龙，让家中排行老三的谭传华潜心读书。但是不幸却在这时发生了。谭传华1975年初中刚毕业时，一次下河炸鱼，把自己的右手炸掉了。在农村，失去右手等于丧失大半个劳力，参军、考学都没有指望了。未来怎么办？好在谭传华天性喜爱写诗画画，父亲就托人让他当了小学民办教师。谭传华当了五年教师，继而四处闯荡，靠在火车站给人家画像赚钱。

后来回到家乡，从事木雕。可是几年过去，生意清冷。有一天，谭传华偶然买到了一把木梳，这把小小的木梳就此打开了他的命运之门。当时市场上主要流行塑料梳子，木头材质的梳子还不多见，即使有也大多做工粗糙，这让他看到了商机。女士、孩子的钱大概是最容易赚的。既然梳子是爱美的妇女每天都离不了的，为什么不能做得更加精美，让人爱不释手呢？1993年，他租用了万县郊区一个废弃的猪圈，贷款30万元做起了梳子。

从事工艺美术出身的谭传华首先想到的是在产品上下功夫。公司初期投入的30万元很大一部分用于购买生产设备，加上公司的工匠都有做根雕的基础，这让他的产品质量、工艺都高于市场上其他产品。

梳子生产出来，怎么卖呢？谭传华最先采取的销售方式是挎着篮子沿街叫卖，可想而知这种做法销量非常有限。

时值我国工艺品行业整体衰落。究其衰落原因，除了产品工艺缺乏创新、质量低劣，还有很重要一条是没有品牌。即使好东西，也难以卖出好价钱。

长期以来，中国传统小商品的产销流程是：生产企业只负责完成产品设计、加工制造这两个环节，而将销售交给批发商或是零售商。这种产销割裂的格局一方面使生产企业无法及时了解消费者的反应，改进设计、创新工艺；另一方面也使生产者和销售者谁都不愿意掏钱做品牌。

谭传华心想："既然自己的产品品质很好，为什么不能卖成高档货呢？"

他发誓要"做世界上最好的梳子！"但是，这种目标对于谭传华的挑战，不仅意味着要在生产环节把一种普通寻常的小玩意儿做到极致，而且更重要的是要做成有别于地摊上大路货的、响当当的品牌，能够像当时开始在一些大城市出现的洋奢侈品一样！

然而，一种在人们眼里只有梳头功能的小玩意儿，凭什么与高档奢侈品沾上边呢？又有谁愿意为买一把高档梳子掏出比大路货高上若干倍的银子呢？

谭传华下决心试一试。不仅要为小小的木梳打造一个响当当的品牌，而且要彻底改变产销割裂的格局，把两者连为一体，自建销售渠道。这两件事都是前无古人的创新！

谭传华的梳子最早叫三峡牌，后来又叫先生牌、小姐牌。在成都等地打广告，效果很一般。有一次，他看到了赵丽蓉表演的小品《如此包装》，"玛丽吉丝、麻辣鸡丝"。他想，我为什么不可以叫我们中国人的、更有中国味道的名字呢？脑袋一拍，灵感有了："我姓谭，不是干木匠的嘛？就叫谭木匠啦！"

1998年，他开了第一家特许加盟连锁店。也是这一年，他花费公司利润的

1/3，请来专家为公司设计形象识别系统。从那以后，顾客无论走进全国各地哪一家门店，都可以看到店中隽永的隶书字画、仿古的雕刻工艺，还有穿对襟衣褂的店员。

纯手工打磨出来的梳子，完全是一件件精雕细琢的艺术珍品，套上花团锦簇的荷包锦囊，散发着千年木梳、万丝情缘的文化沉香，又在强烈地传递着一种高雅与时尚。

2004 年春天，谭传华从重庆市硅酸盐研究所要来一个刊号，自费投资 300 万元创办《中华手工》杂志，发行海内外，一时供不应求。而为顾客免费制作的系列连环画更是雅俗共赏，生动有趣。

谭传华这个根本不用梳子的人硬是把梳子做到了极致。他又是一位只有一只手的残疾人，却硬是做出了高附加值的手工艺品，着实令人赞叹！

其实，别小觑这个小小的梳子，这里恰是一片蓝海。表面上看，木梳、木镜、小木制饰品的市场空间不大，但谭传华认为，好处大于其局限性。一方面，那些日用品产业巨头或者大型家具企业瞧不上这一类小生意；另一方面，谭木匠倾力打造的销售渠道和高端的工艺、设计、新品研发能力等，也构筑了小企业无法跨越的门槛。

就这样，谭木匠得以远离行业内厮杀的硝烟，独领逍遥自在之风骚。比起众多在价格战中血流成河、横尸遍野的行业和企业来，其市场优势显而易见。这个优势也使谭木匠的股票在资本市场上有了骄人的表现。2009 年上市时，成为首日升幅的年度冠军。比起许多包裹着高科技噱头的上市公司，更受到了市场的认可和追捧。

三、富无经业，贵在诚一

庄吉的覆灭、乔治白和谭木匠的成功，无不用鲜活的事实印证了司马迁在两千多年之前就揭示的规律——"富无经业"，贵在"诚一"。

司马迁在《史记·货殖列传》里面说："富无经业，则货无常主，能者辐凑，不肖者瓦解。"意思是，能够发家致富的，不是只有一二个热门的行当，三百六十行，行行出富豪；财富，也没有永远固定不变的主人。财东轮流做，明年到我家。善于经营、能够按规律办事的"能者"，即使白手起家，财富也会从四面八方汇聚而来，积累万贯家财；不善于经营、拒绝按照规律办事者，即使坐拥一座金山，也可能顷刻之间土崩瓦解，一夜归零！

司马迁列举了一些例子来说明"富无经业"的道理。他说："田农，掘业，而秦扬以盖一州。贩脂，辱处也，而雍伯千金。卖浆，小业也，而张氏千万。洒削，薄技也，而郅氏鼎食。胃脯，简微也，浊氏连骑。马医，浅方，张里击钟。此皆诚一之所致"。

种庄稼，是当时最没有技术含量的职业了，但是秦扬靠此成为一州的首富。

贩卖油脂，工作场所和身上的衣服都是脏兮兮、油腻腻的，一般人觉着不是很体面的生意，但是雍伯靠它得到了数以千计的黄金。贩卖浆水，是一种微不足道的小生意，但是张氏靠它积累了千万家财。磨刀，是一种极其平常的小技术，但是郅氏靠着它过上了像大贵族一样列鼎而食的生活。把动物内脏加工成熟食，既简单又不起眼，但干这一行的浊氏每次出门都是前呼后应的豪华车队。给马治病，不需要高深的医术，但是张里靠着它能有钟鸣而食的排场。

这些富豪做的并不是惊天动地的大生意，反倒是一些微不足道的小买卖。他们能够成功，靠的是究竟是什么呢？

司马迁回答：靠的就是"诚一"。

请千万不要小瞧"诚一"两个字，这可是字字千钧的真经！

所谓的"诚"，就是精诚，全力以赴，坚持不懈；所谓的"一"，就是专注，专心致志，全神贯注。司马迁的这个"诚一"告诉我们什么道理呢？

第一，除非产品生命周期终结了，否则没有真正的"传统产业"。虽然司马迁是两千多年以前的古人，但是他所提及的一些领域迄今仍然兴旺，而且名企辈出。例如，可口可乐、星巴克、娃哈哈、加多宝、王老吉……不都是"卖浆"者吗？全聚德、周黑鸭、肯德基……不就是做"胃脯"的吗？中石油、中石化、埃克森美孚、英荷壳牌、鲁牌花生油、金龙鱼花生油……哪一个不是在"贩脂"啊？

这说明，在这个地球上，除非产品自身的生命周期终结了，例如，曾经风靡一时的 BP 机、胶卷、磁带录音机……这些产品更新换代了，无论怎么做，都没有市场了，否则，没有真正的"传统产业"。

第二，多与少的辩证法。"诚一"的意思，不是一个人一辈子只做一件事，而是无论做什么，要么不做，要做，就竭尽全力、专注精进，将它做好，熟能生巧，巧而出奇，臻于极致，达到一般人难以企及的高度和水平。如果这样，不论多么微不足道的小生意、边边角角的小买卖，都能干成大事业、做出大文章、造就大富豪！

实际上，一个人一辈子能够把一件事干好了，已经非常了不起啦！民谚曰："一招鲜，吃遍天。"练就了一招绝活，就可能征服整个世界！很多欧美、日本的企业（尤其是家族企业）往往是数百年、好几代人甚至十几代人在专注做一件事情。

正是基于这个事实，日本著名管理学家大前研一告诫中国企业家："中国的机会太多，以致很难有中国的企业家专注于某个领域。其实，进入一个行业，专业化，然后全球化，这才是赚钱的唯一途径。""专注是赚钱唯一的途径。可口可乐专心做可乐，成为世界消费品领域的领先者；丰田专注做汽车，成为日本利润最丰厚的公司。""在面向未来的激烈竞争中，一个公司或个人，唯一的生存之道是专业，任何企业家对自我表现的培训，必须向专家化的方向开展。"

大前研一说："中国企业必须找到未来获利的来源。利润来自于实力，而不仅仅是成本更低，在降低成本的同时，要努力做得更好。为了做得更好，你必须有自己的技术秘诀。否则，别人很容易模仿，竞争的结果就是被迫不断降价"。"我给中国企业家的建议是，专注于某个小的领域，争取在这个领域做到最强。这需要时间，但这似乎与中国文化不符"。

对于大前研一的最后一句话，笔者心情非常复杂——既有不服，又有无奈。

难道说，"诚一"不是中国文化吗？而且还是经受了时间考验的中国的传统文化。难道说，乔治白、谭木匠不是中国的企业吗？我们当然有足够的理由不服！

然而，我们又不得不感到无奈。因为中国，有多少企业，像庄吉那样，在东一榔头西一棒槌，盲目赶风头、随大流啊！

不是说房地产不能做、船不能造、矿不能开、PE不能搞，而是这些业务之间及其与服装业之间，风马牛不相及，缺乏内在的关联性，完全是为了捞快钱、赚大钱。或者是自以为搞成了一二件事，就能够在所有领域攻城略地，无往不胜。

世界企业发展历史证明，类似的非关联型多元化，即使在世界级的巨型跨国公司之中，为数也不多。原因在于它必须具备众多条件，在人才储备、技术研发、品牌塑造、渠道构建、经验积累等方面都需要长时间下大功夫。

第三，"诚一"所最为强调的，不是事情本身，而是做事的态度。事情是人做的，而人又是受主观动机支配的。因此能否使事情臻于极致，关键在于做事的人有没有专心致志、全神贯注、坚持不懈、不断精进的热忱、激情、毅力、态度。

什么是不断精进？就是精益求精，好上加好，持续进步，与时俱进。就是《大学》所讲的"苟日新，日日新，又日新"。就是谭木匠的企业文化："今天要比昨天进步百分之一。"很多工作，用不着超常规、大踏步、跨越式，每天哪怕只进步微不足道的一丁点，积跬步以至千里，汇小流而成江海，坚持不懈，日积月累，必有大成。

一个人的水平可以有高低、能力可以有大小，但是态度是唯一的，而态度决定一切！基础差、起点低、能力弱，都不可怕，只要全力以赴，持之以恒，终有所获。基础再好，起点再高，能力再强，如果好高骛远，贪大求多，亦将一事无成。

人是这样，企业亦何尝不是如此呢？任何商业模式都必须给客户创造价值，解决问题，而问题永远在现场，在现实生活之中。只有沉下心来，埋下身子，踏踏实实去做，认认真真来干，才能发现问题，解决问题，创造价值，才有自己生存发展的空间。

海尔的张瑞敏说："如果让一个日本人每天擦六遍桌子，他一定会始终如一地做下去。但如果是一个中国人，一开始他会按照安排擦六遍，慢慢地他就觉得擦五遍、四遍也可以，于是就会少擦一二遍，到最后，他可能连一遍都懒得擦了。中国人做事最大的毛病就是不认真，不到位。每天工作欠缺一点，天长日久就会成为落后的顽症。"

中国落后是不争的事实，以至于 2015 年春节期间，不少人在日本抢购马桶盖、电饭锅、电吹风、保温杯，甚至大米。中国落后的原因，当然很多，其中相当重要的原因是缺乏"诚一"，做事的态度有问题。

以服装业为例，一方面是中国的品牌因为产品同质化、同构化、客户黏性低、产能过剩、消费疲软而苦恼，整体遭遇滑铁卢；另一方面，优衣库、ZARA、H&M 等洋品牌抓住了年轻人的快时尚而开疆拓土，高歌猛进。个中缘由，耐人寻味。

透过现象看本质。企业当然要赚钱，但究竟应该怎样赚钱？许多企业的成败，分水岭就在于是否遵循"诚一"的规律，在于怎么去干，用什么样的态度去干。而不在于形势不好，竞争激烈，也不是行业差别、政策不对，更不是"传统产业"日薄西山，"实体经济"缺乏空间。

庄吉之所以破产，绝非像时下有些评论者说的，是"运气不好"，"赶上了造船业空前的寒冬"，骨子里终究是因为违背了"诚一"的规律，东一榔头西一棒槌，贪大求快，热衷于捞快钱、赚大钱，盲目赶风头、随大流。

而乔治白之所以能够在强手如林的激烈竞争之中走出一条自己的路子，谭木匠之所以独辟蹊径，一把梳子打天下，从毫不起眼的小地方，做成了大生意，本质上还是因为他们遵循了"诚一"的规律，全神贯注，专心致志，不断精进，臻于极致。

这些活生生的案例告诉我们，虽然世界在变，而且在以加速度变，但"诚一"这个真正经受了时间考验的基本规律，却永恒不变。并没有随着岁月的流逝而失却真理的光芒，也没有因为时过境迁而毫无价值。

如果企业家们感到，自己所从事的行业竞争激烈，利润微薄，处境不利，生存艰难，打算"跨界""转业"，那么请先思考几个问题：我们的工作是否适合人类需要？是否产品自身的生命周期终结了？是否符合生态环保的要求？是否符合国家的政策导向？

如果在这几个方面都没有问题，请再扪心自问：对待我们的工作，是否做到"诚一"了呢？亦即是否把所有力气、所有资源、所有能量、所有精神都调动起来，贯注到这项工作之中，要么不做，要做，就把它做好了呢？

如果不是，请首先从"诚一"两字做起吧！

（该文发表于《清华管理评论》2015 年第 6 期，全文收录于本论文集。）

试论美国金融发展中的"双轨制"①

巫云仙

摘要 "双轨制"是美国经济和社会长期发展的产物，也是美国金融业和制度变迁的重要特点，在货币制度、银行组织体系、经营管理体制以及金融业的监管制度中都有不同程度的体现。其形成的根本原因是美国的政治制度——联邦制。在这一约束条件下，美国金融业的发展是沿着地方政府和联邦政府的支持和规制展开的，体现出分权和制衡，即联邦政府权力和各州自主权并存的两极竞争体制。美国金融制度的变迁实际上是政府与市场博弈的结果。

关键词 美国金融；发展；"双轨制"

一、引言

"双轨制"问题对我们来说并不陌生，一般来说，它是与转轨经济联系较为密切的一个理论和现实问题。但事实上，这个问题在美国金融发展史上也是非常普遍的，不过这一概念的内容和表现形式有所不同。在现有的文献研究中，大多论及的是美国"双重银行体系"的问题，而揭示美国金融发展过程中长期存在"双轨制"特点的文章并不多见。美国金融业中的"双轨制"是如何形成和发展的？它是一项权宜之计，还是一种制度博弈的结果呢？本文仅对美国南北战争以来金融领域的"双轨制"问题进行梳理和论述，试图通过美国金融业发展和制度变迁的具体史实加以说明，旨在寻找美国金融业发展的规律性，以期对我国目前的金融改革和深化发展有所裨益。

二、货币制度的"双轨制"：金银复本位制和"绿钞"纸币

1792年之后，美国确立了金银复本位制度。但弗里德曼认为，从19世纪30至60年代，美国实际上实行的是黄金本位制。当时1 500多家州银行所发行的各色银行券，都是要求以黄金铸币自由兑换的。

1861年至1865年的南北战争是美国历史发展的重要分水岭，同样也是美国金融制度变迁的关键事件。战争期间，美国联邦政府借机再次闯入金融领域，运

---

① 本文为2012年度教育部人文社会科学研究规划基金项目"体制和规制约束条件下美国金融制度变迁研究"（12YJA790143）的阶段性研究成果。

用宪法权威，通过立法和行政行为重塑了美国金融制度的结构和体系，金融领域的"双轨制"由此而来。

南北战争的爆发暴露了美国货币制度混乱和财政状况极其困难的局面。刚上任的林肯总统意识到战争融资是巨大的，有限的税收根本不可能支持这场战争。他任命萨蒙·蔡司为财政部长，负责国家财政问题。蔡司的第一个办法就是举债，但欧洲银行家的高息贷款，使联邦政府望而却步。

1861 年 7 月，在国会授权下，财政部发行了可流通和支付海关税收的 5 000 万美元无息即期票据来融资。但即期票据并不是法偿货币，随时可以铸币赎回，因此不可能用它来彻底解决战争融资问题。

1862 年 2 月，国会通过了《法偿货币法案》，授权财政部发行 1.5 亿美元的"美国流通券"，这就是后来被称为"绿钞"的信用纸币，同时宣布州银行发行的银行券是不合法的。"绿钞"是没有金银铸币做抵押，也没有承诺用贵金属赎回的信用货币，与金银复本位制形成了事实上的货币"双轨制"。"绿钞"的发行量非常巨大，1864 年 1 月，其总余额就超过 4 亿美元的峰值，为美国政府赢得战争胜利发挥了巨大的作用。

在"双轨制"的货币制度下，美国货币与其他国家的货币是完全自由浮动的。黄金和"绿钞"一起流通，但"绿钞"才是主要货币，纸币实至名归地成为廉价货币，黄金盛行的局面暂时结束，由此引发了美国社会长期以来关于货币本位制的争论。[①]"硬通货"支持者认为，应恢复纸币与金属铸币的兑换，但在金本位制还是银本位制问题上一直没有达成一致意见；"软通货"论者认为，应实行信用本位制，支持有信贷扩张倾向的国家银行发行纸币，为美国不断高涨的经济发展服务。

19 世纪 70 年代，"绿钞"纸币的命运发生了逆转。原因是《1873 年铸币法案》通过后，白银铸币退出流通，黄金本位制得到确立。1875 年的《恢复铸币支付法案》通过后，"绿钞"就逐渐退出流通领域。而 1878 年 5 月出台的有关法案又暂停了"绿钞"退出的步伐，规定 3.47 亿美元的余额作为永久发行量。作为美国通货构成的重要部分，"绿钞"的命运与国家银行券的增长是相联系的，即国家银行券每增长 5 美元，财政部就令 4 美元"绿钞"退出流通，然后在"绿钞"余额降到 3 亿美元时停止退出。[②] 因此，事实上，南北战争时期发行的"绿钞"纸币与后来美联储发行的纸币成为美国信用纸币的重要组成部分。

除了"绿钞"纸币外，由美国联邦政府颁发执照和管理的国家银行按照相

---

① 争论的实质是信用本位制，还是黄金本位制。《1873 年铸币法案》和《1875 年恢复硬币支付法案》的通过，使绿背美钞的结束和硬币本位制的恢复成为可能。1879 年 1 月，美国恢复了硬币支付，1900 年，最终实行了真正的黄金本位制度。

② 米尔顿·弗里德曼，安娜·J·施瓦茨. 美国货币史（1867—1960）[M]. 巴曙松，王劲松等，译. 北京：北京大学出版社，2009：15.

关法律规定也是可以发行全国流通的银行券的（下文详述这一问题），这就是货币制度"双轨制"中纸币的"双轨制"。

1900年，金银复本位制以美国实行黄金本位制得到解决，而纸币的"双轨制"则在1913年美联储成立后发行联邦储备券得到解决，但是纸币由美联储发行，而硬币由财政部发行的"双轨制"则一直沿用至今。

三、银行体系"双轨制"：国家银行和州立银行的平行发展

国债是美国政府融资的主要渠道，长期以来，联邦政府只能依靠私人投资银行家代理国债的发行，如投资银行家杰伊·库克几乎垄断了巨额国债的承销，也因此发家致富，成为当时最富有的美国人。当他看到"绿钞"的成功发行和流通，便与蔡司和俄亥俄州参议员谢尔曼谋划设计一个永久性制度——国家银行制度，将美国国债与货币制度紧密地联系起来。

根据1863年通过的《国家银行法》及其修正案，联邦政府创建了一套完全不同于州银行的国家银行体系。其特点是由国会授权，联邦政府颁发营业执照，私人拥有，营业期限是长期的。新建的国家银行有三个层次：一是位于纽约市的国家银行称为中心城市储备银行，要保留其票据和存款的25%作现金储备；二是在50万以上人口的城市设立的国家银行，称为城市储备银行，要保留其票据和存款的15%作现金储备，并存放在纽约市国家银行那里；三是在人口少于6 000人的城市设立的国家银行，资本金是5万美元，称为村镇银行，要保留其票据和存款的15%作现金储备，并存放在城市储备银行那里。[①]

法律规定：国家银行借给单个客户投资股票的资金不能超过其资本金的10%；不能给房地产企业贷款；严格实行部分准备金制度；以国债形式在财政部存入一笔债券做担保，然后发行相当于债券90%价值的银行券，作为全国流通的货币。这些货币原则上只能在发钞银行柜台兑换成金银铸币，另外还可以在纽约和芝加哥等18个城市自由兑换。[②]

相对于州银行来说，国家银行的最大优势是可以发行全国流通的、无折扣的银行券，它是除了海关偿付之外的为法定货币，并可以百分之百地兑换金属货币，而州银行的银行券要征2%—10%不等的税。

为减少国家银行的兑付风险，政府在制度上设置了三个减压阀：严格限制国家银行跨州设立分支机构；客户只能在国家银行办公地点的柜台才能得到兑付，且一个月的最高总限额是三万美元；并通过部分储备金制度限制银行的无限扩张。

---

① Murray N. Rothbard. A History of Money and Banking in the United States：The Colonial Era to World War II [M]. Ludwig von Mises Institute，2002：36～137.

② Jerry W. Markham, Financial History of the United States [J]. Volume 1, M. E. Sharpe, 2002：217～218.

表面上看，国家银行制度是为紧急战争融资的临时之策，实际上却建立了国家银行与美国国债的共生合作机制。通过这个机制，美国基础货币的供给就将由中心城市的国家银行决定，而不是由乡村银行决定。这个倒转的货币供给金字塔说明国家银行发行钞票的能力和多倍创造的功能，取决于其购买国债的能力。

这样看来，1863 年以后，联邦政府和州政府都可以给银行颁发执照，业主可以自行选择。由于国家银行所具有的竞争优势，大部分州银行纷纷转制变为国家银行。如纽约城市银行，1865 年就改制为国家城市银行。①

联邦政府以为通过国家银行体系的建立就可以消灭数量众多的州立银行，国家银行和州立银行的数量成此长彼消的态势。1863 年时，只有 66 家国家银行，1864 年，就发展到 476 家，1868 年，迅速扩张到 1 640 家。而州立银行数量则急剧下降，从 1863 年的 1 466 家，减少到 1868 年的 247 家，有被取而代之之势。

但没有想到的是，州立银行却绝处逢生了。他们主要是通过支票存款获得了资金来源；可以设立分支机构和发放农业抵押贷款；最低资本金的门槛很低，只要求 5 000 美元。1873 年，州立银行恢复到 12 32 家。1887 年，达到 3 109 家，而国家银行才有 3 061 家，州立银行首次在数量上超过了国家银行，此后一直呈快速增长趋势，与国家银行体系长期并存发展，形成了颇具美国特色的"双重银行体制"，即"双轨制"。

在"双重银行体制"下，国家银行和州立银行形成了各自的竞争优势。到 1900 年，国家银行有 3 935 家，但大多数分布在经济发达和人口较为密集的大中城市，如图 1 所示。

图 1 显示，1900 年时，国家银行设立的地域与人口密度基本上是一致的，主要在工业化、城镇化和人口密度较大的东北和中大西洋地区。在整个 20 世纪，国家银行虽然在数量上不占优势，但却是美国金融业的核心力量，纽约和芝加哥等中心城市的金融力量逐步取代了州立和私人银行的势力。

而州立银行逐步形成数量优势，1900 年，发展到 9 118 家，在 13 053 家全国银行中约占 70% 的比例。一直到 1925 年，州立银行的数量增幅明显超过国家银行，成为美国银行业结构中不可或缺的组成部分。

"双规制"造就了美国金融发展史上数量庞大的银行业。1905 年，美国银行业完成了从 1 万家到 2 万家的跨越。1912 年，全美银行总数已超过 2.5 万家，1921 年更是达到 31 076 家的历史峰值②，这在世界各国金融发展史上是少有的。

美国政府创建国家银行的初衷是统一和控制银行业，结果却衍生了银行业中

---

① 纽约城市银行（the National City Bank）即现在的花旗银行，后来成为标准石油公司的主要往来银行，由此得名"石油银行"。1893 年时，花旗银行是纽约最大的银行，1895 年成为最大的证券承销商。

② Committee on Banking and Currency of United States Senate, Federal Banking Laws and Reports: A Compilation of Major Federal Banking Documents（1780—1912）[EB/OL]. U. S. Government Printing Office, Washington, 1963：529.

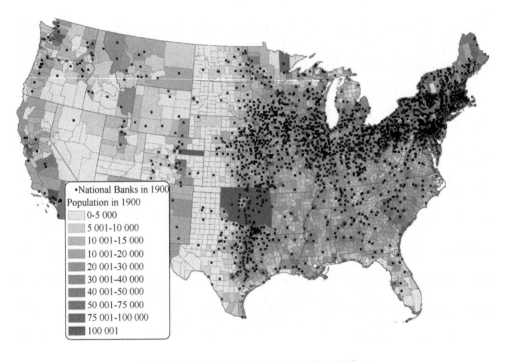

图1　1900 年美国人口和国家银行的分布情况

资料来源：Scott Fulford. If Financial Development Matters, then How? National Banks in the United States 1870 – 1900 ［EB/OL］, September 2010, http：//fmwww. bc. edu/EC – P/wp753. pdf.

长期存在的"双轨制"，联邦政府与地方政府和私人势力形成了既竞争又合作的复杂关系。①

四、银行经营体制"双轨制"：分支制银行与单一制银行

1863 年的《国家银行法》虽然没有明确规定国家银行可以跨州设立分支机构，但货币监管总署却将"宪法沉默"解释为禁止②，认为无限制的分支行会破坏国家银行体系的稳定性。美国银行协会也持反对态度，联邦政府则坚持国家银行建立分支机构。而大部分州出于保护来自单一制银行特许状的地方性垄断租金，更是严格禁止银行开设任何形式的分行机构，坚持自由经营、服务于当地的单一制银行，这样就形成了银行体系中经营管理方面的"双轨制"。

---

① Emmette S. Redford. Dual Banking：A Case Study in Federalism ［J］. Law and Contemporary Problems, 1996, 31 （4）：749 ~ 773. Eugene Nelson White. The Political Economy of Banking Regulation, 1864—1933 ［J］. The Journal of Economic History, 1982, 42 （01）：33 ~ 40.

② Daniel C. Giedeman, Branch Banking Restrictions and Finance Constraints in Early – Twentieth – Century America ［J］. The Journal of Economic History, 2005, 65 （1）：129 ~ 151.

直到 1924 年，只有 12 个州允许在州内设立分支行，单一制银行所有者极力阻止各种放松分支行设立的法案。国家银行营运的地域范围被严格限制，甚至在州内也不能设立分行，只能采取单一银行体制。[①] 在名义上国家银行是"全国性"的，只是它们拥有联邦政府的特许状而已。只有那些从州立银行转制为国家银行的才能设立少数分行。

1927 年通过的《麦克法登法案》对设立分支银行的限制有所放松，国家银行可以在允许设立分行的州，以及人口超过 2.5 万人的城市设立分行，但各州还是通过立法和各种途径阻止国家银行设立分行机构。1933 年的《银行法》开始让国家银行在法律许可的州设立分支机构，但规定银行资本要在 50 万以上。

由于对分支制银行的严格限制，在 1900 年之前，美国分支制银行不占重要位置。20 世纪初期，只有 5 家国家银行和 82 家州立银行设有分行，全国的分行机构总共才有 119 家。[②] 而单一制银行却是"一枝独秀"，1935 年，单一制银行有 13 329 家，而分支制银行只有 796 家。不少人认为，美国的单一制银行与美国企业的大型化以及融资规模的巨额化是极不相称的，主张取消这样的限制，根据各州的情况，自由设立银行分支机构。[③]

1935 折至 1950 年，单一制和分支制银行开始了此消彼长的过程。到 1950 年，单一制银行减少到约 13 000 家，而分支制银行有 1 267 家，分支机构数量增加到 4 721 个。1965 年底，分支制银行增加到 3 192 家，分支机构数量为 15 486 个，而同期的单一制银行数量减少到 10 352 家。

1965 年以后，美国单一制银行和分支制银行的发展趋势，可以从图 2 中得到说明。

图 2 显示，近 50 年间，美国单一制银行呈不断减少趋势。到 1990 年，只有 5 386 家，2012 年减少到 1 324 家，只占银行总数的 22% 左右。到 2014 年年底，全美国有 5 643 家银行，其中单一制银行只有 1 183 家，而设有分支机构的银行有 4 460 家，银行分支机构总数为 82 613 个。[④] 从这个数据可以看出，分支制银行的发展非常迅速，银行的集中化趋势已越来越明显，单一制银行有可能会转制为

①　单一制银行是美国银行业发展中的独特现象，是指只有一个办公场所和部门，不设立分行，全部业务由一个窗口完成的一种银行组织形式。

②　到 1923 年，91 家国家银行和 500 家州立银行设有分行，全国共有 2 000 家分行。加州是分行制最为自由的州，80 家银行就设立有 475 家分行。

③　O. M. W. Sprague, Branch Banking in the United States [J]. The Quarterly Journal of Economics, 1903, 17 (02)：242 – 260. Gaines T. Cartinhour. Branch Banks versus Unit Banks, Annals of the American Academy of Political and Social Science [J]. 1934, 171：35 – 46. Daniel C. Giedeman, Branch Banking Restrictions and Finance Constraints in Early – Twentieth – Century America [J]. The Journal of Economic History, 2005, 65 (01)：129 – 151.

④　FDIC, Federal Deposit Insurance Corporation Number of Unit Institutions and Institutions with Branches, FDIC – Insured Commercial Banks Balances at Year End, 1934 – 2014 [EB/OL], https：//www2. fdic. gov/hsob/ HSOBRpt. asp, 2015 – 7 – 22.

银行数量（家）

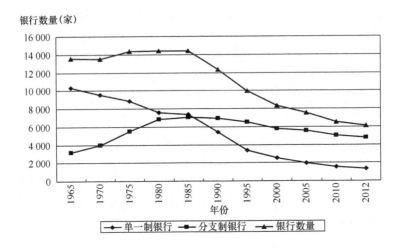

图2 美国单一制银行和分支制银行的发展变化情况（1965—2012年）

数据来源：FDIC, Number of Unit Institutions and Institutions with Branches：FDIC – Insured Commercial Banks US and Other Areas（1934—2014）［EB/OL］, https：//www2. fdic. gov/hsob/HSOBRpt. asp, 2015 年 7 月 22 日访问。

分支制银行，也有可能走向消亡。

五、金融监管制度的"双轨制"

由于美国国家形成的独特性，即先有州府，后有联邦，美国的金融业最先是由州政府管理的。自从 1863 年国会通过《国家银行法》后，美国联邦政府即据此法建立了隶属于财政部的"货币监管总署"①，以管理由联邦政府颁发执照的国家银行，由此形成了与"双重银行体系"相适应的"双重监管制度"，即国家银行体系由货币监管总署负责，而州立银行则由州政府的有关机构负责。这样的监管格局，1913 年在美联储成立，1934 年联邦存款保险公司组建后，不断得到加强。而储蓄机构和信贷协会则由 1970 年成立的"全国信贷协会管理局"和 1989 年成立的"储蓄机构监管总署"负责。

与银行业受到严格监管不同的是，美国政府对资本市场的监管相对较为宽松，使美国形成了金融业发展的二元格局，即受政府严格监管的银行业，主导了货币市场；而不受任何组织监管的自由放任的资本市场，则被私人金融家们所主导。比如美国的期货交易在 19 世纪中期就很活跃了，但是直到 20 世纪 20 年代，

---

① 货币监管总署（Office of the Comptroller of the Currency, OCC）是根据 1863 年《国家银行法》建立的联邦政府财政部属下的独立部门，被授权专门检查和监管国家银行及其所有分支组织，改变了美国有史以来缺乏统一银行监管机构的局面。后来又被授权监管联邦储蓄机构及其分支机构，以及在美国的外国银行机构。

期货交易才被联邦政府所监管。1936 年国会通过了"期货交易法案",但一直到 1974 年,才成立"期货交易委员会",建立联邦一级的监管机构。再如证券业,在 20 世纪 30 年代之前几乎没有受到什么监管,直到 1934 年才成立了"美国证券交易委员会",对这一行业进行统一管理。

到目前为止,美国联邦一级的金融管理机构有十个,包括货币监管总署、美联储、联邦存款保险公司、美国证券交易委员会、全国信贷协会管理局、储蓄机构监管总署①、期货交易委员会、消费者金融保护局、金融犯罪执法网络以及美国金融业监管局。另外,每一个州政府都成立有银行、保险、证券和消费者保护等相应部门。

而大多数联邦政府一级的监管机构,其组织架构都采用了"联邦制"的形式,即设有中心的组织机构,但也在全国设立地区级的办公机构和网络。比如美联储,在华盛顿设立了美国联邦储备体系理事会,又在全国设立了 12 个分区机构,行使中央银行职能。又如美国证券交易委员会,在华盛顿设立了委员会的总部办公室,然后在全国设立了 12 个分区机构。全国信贷协会管理局和美国金融业监管局也采取了类似的组织形式。

从以上分析可以看出,美国金融监管制度具有突出的"双轨制"特点,主要体现在联邦政府和州政府之间,以及联邦政府监管机构的二元"联邦制"方面。

六、结论

"双轨制"是美国经济和社会长期发展的产物,也是美国金融业和制度变迁的重要特点,其形成的根本原因是美国的政治制度——联邦制。在这一约束条件下,美国金融业的发展是沿着地方政府和联邦政府的支持和规制而展开的,往往形成二元式结构,体现分权和制衡,联邦政府权力和各州自主权并存的两极竞争体制,美国金融制度变迁路径也呈现出"双重轨迹",实际上是政府与市场博弈的过程和结果。

参考文献:

[1] Daniel C. Giedeman. Branch Banking Restrictions and Finance Constraints in Early – Twentieth – Century America [J]. The Journal of Economic History, 2005, 65 (1).

[2] Emmette S. Redford. Dual Banking: A Case Study in Federalism [J]. Law and Contemporary Problems, 1966, 31 (4).

[3] Eugene Nelson White. The Political Economy of Banking Regulation, 1864 – 1933 [J]. The

① 该机构成立于 1989 年 8 月,2011 年 7 月 21 日"多德—弗兰克法案"通过后,其职能被新成立的"消费者金融保护局"以及货币监管总署、美联储和联邦存款保险公司所分担,同年 10 月 19 日停止运作。

Journal of Economic History, 1982, 42 (1).

［4］ FDIC, Federal Deposit Insurance Corporation Number of Unit Institutions and Institutions with Branches, FDIC – Insured Commercial Banks Balances at Year End, 1934 – 2014 ［EB/OL］. https：//www2. fdic. gov/hsob/HSOBRpt. asp.

［5］ Gaines T. Cartinhour. Branch Banks versus Unit Banks ［J］. Annals of the American Academy of Political and Social Science, 1934, 171.

［6］ Jerry W. Markham. Financial History of the United States ［J］. Volume 1, M. E. Sharpe, 2002.

［7］ Murray N. Rothbard. A History of Money and Banking in the United States：The Colonial Era to World War II ［M］. Ludwig von Mises Institute, 2002.

［8］ O. M. W. Sprague. Branch Banking in the United States ［J］. The Quarterly Journal of Economics, 1903, 17 (2).

［9］ 米尔顿·弗里德曼，安娜·J·施瓦茨. 美国货币史（1867—1960）［M］. 巴曙松，王劲松等，译. 北京：北京大学出版社，2009.

［10］ 乔森纳·休斯（Jonathan Hughes），路易斯·P. 凯恩. 美国经济史 ［M］. 邸晓燕，邢露，等，译.7 版. 北京：北京大学出版社，2011.

"英国病"的产生及演变

岳清唐　张俊夫

摘要　作为世界上第一个实现工业化的国家，英国引领了 18 世纪末和 19 世纪的世界经济。但进入 20 世纪以来，英国却无法再如以前一样欣欣向荣，而是长时间里衰弱不振，被其他国家赶上并超过，饱受"英国病"的困扰。"英国病"的症状集中体现在其经济实力在世界列强中相对下降，经济增速绝对放缓或停滞，失业和通货膨胀并存。"英国病"的病因在于其研发创新动力不足，产业结构老化，劳资关系失当，其深层次病根在于英国社会的绅士化追求所导致的企业家精神的弱化。"英国病"产生于一战结束，其症状在近百年中反反复复，在撒切尔夫人改革之后也只是看似消除，实际至今仍存在复发的潜在危险。

关键词　英国病；英国经济；产业结构

英国曾享誉"日不落帝国"与"世界工厂"之名，然而自 20 世纪初期，尤其历经两次世界大战后，英国经济从极盛时代一步一步衰落下来，陷入一种衰落中缓步前行的恶性循环，患上了所谓的"英国病"。"英国病"这个术语最早是由德国人在第二次工业革命期间杜撰出来的，用于解释当时德国工厂何以短时期内就超越了几十年前还是老师的英国工厂。在第二次世界大战后的"后工业"时期，英国进一步滑落到它的竞争者后面，英国人自我诊断为患上了"英国病"。在 20 世纪 70 年代和 80 年代早期，与美国、德国、日本和法国相比，英国经历了至少两倍高的通货膨胀率和失业率，而经济增长率只有这些国家的一半。英国滑落到欧洲工资最低的国家，仅高于西班牙。更糟糕的是，制造业真实人均产出增长率与德日等国家相比，仅是这些国家的 1/2 到 1/4。正是在这个时候，"英国病"的说法和对病因的探究得到越来越多的关注。[①]

对英国病的研究，国外众多经济史学家多有涉及，如保罗·芒图、克拉潘、G. 昂文、T. S. 艾什顿、W. J. 艾什利、R. M. 哈特维尔等。20 世纪 80 年代以后对这一问题的研究主要是新经济史学派，如牛津大学的克拉夫茨，哈佛大学的威廉森、克劳茨，西北大学的莫克等。这些学者一般是在在研究工业革命、英国经济霸权地位演变发展时涉及"英国病"研究的。

---

① Allen, George Cyril. The British Disease: A Short Essay on the Nature and Causes of the Nation's Lagging Wealth [M]. London: Institute of Economic Affairs, 1976: 15.

我国对英国经济的研究主要始于改革开放后，出现了一些以英国经济衰落为研究对象的专著，其中罗志如和厉以宁两位先生撰写的《二十世纪的英国经济——"英国病"的研究》成书于1980年，1982年付梓，是我国经济学领域关于20世纪英国经济最早的一部专著，也是这一领域的重要著作。该书在归纳总结国外学者的研究成果后，对"英国病"的表现和成因有着较为全面的描述。1990年以后，我国的学者开始从各个角度研究英国经济，对"英国病"的研究也十分多，如于维霈的《当代英国经济——医治"英国病"的调整与改革》、高德步的《英国的工业革命与工业化：制度变迁与劳动力转移》、侯旭鲲的《当代英国解析——产业结构、财税管理与外部环境》等，这些著作都涉及"英国病"的研究。

罗志如和厉以宁把"英国病"的症状表现总结四个方面：停停走走的经济、通货膨胀——失业并发症与国际收支危机的交织、收入分配与经济效率之间的矛盾、地方经济发展的不平衡性和地方分权日益严重的趋势。本文拟从英国整体经济发展指标以及产业结构的角度对"英国病"从产生到发展演变进行研究。

一、一战前英国经济的表现

"英国病"症状在英国开始凸显的时间普遍认为是在第一次世界大战结束之后。而第一次世界大战前的几十年或许可以认为是英国极盛时代的尾声，虽不能得出英国经济衰落亦或趋于停滞的结论，但盛世中已埋下了危机的种子。事实上，英国1870—1913年的GDP年增长率为2.1%，确实逊色于在这一时期经济飞速发展的美国与德国，其中美国的GDP年增长率为4.3%，德国的为2.9%。而这些事实也只能看出英国经济增长的速度相对地落后于美国和德国而已，并不能得出20世纪初英国经济已经开始走下坡路的论断。

1907年发生的世界经济危机对英国经济确有一定影响，但由于经济危机是世界性的，英国在国际经济方面的相对地位受到的影响非常有限。在经历1907年的波动之后，英国工业很快又能恢复活力并继续扩大生产。长期来看，这次经济危机并未对英国经济造成质变性质的影响，从图1和图2中的一些数据也可看出端倪。[①]

股票市场是一国经济的晴雨表，英国在19世纪末和20世纪初的股票市场状况如图1和图2所示。其中，图1是1870年至1913年铁路行业部分普通股年回报率，图2为1870年至1913年英国银行业部分普通股年回报率。

图1和图2显示，作为英国行业中拥有重要地位的铁路业和银行业，在1870年至1913年间，尤其在最后十年多数股票的收益率基本趋于稳定，1907年的经济危机并未明显影响整体趋势。可见，就英国国内经济的一般状况来看，20

---

① Economic History Services, 1870—1913 UK Annual Security Realized Returns (IRRR).

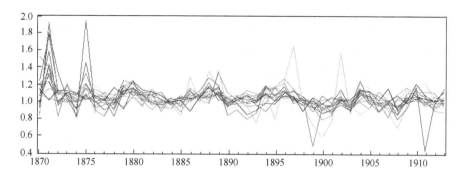

图1　英国铁路行业部分普通股年回报率（1870—1913年）

数据来源：Economic history services，1870—1913 UK Annual Security Realized Returns（IRRR）。纵坐标为%，横坐标为年份。

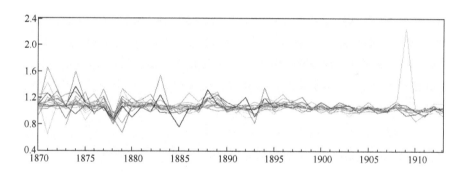

图2　英国银行业部分普通股年回报率（1870—1913年）

数据来源：Economic history services，1870—1913 UK Annual Security Realized Returns（IRRR）。纵坐标为%，横坐标为年份。

世纪最初的十年英国的经济基本上是繁荣的。

二、两次世界大战期间"英国病"的产生与加剧

第一次世界大战对英国来说其实是一场得不偿失的战争。庞大的军费开支使财政赤字激增，为了弥补赤字，英国在增发公债的同时加大了纸币的发行量。流通中的货币数量迅速增加，银行券的黄金兑现停止。值得一提的是，伴随严重的通货膨胀和金币本位制度的结束，伦敦银条的价格在1914—1920年期间出现大幅上涨，由1盎司银条等于0.55盎司金条上涨至1.35盎司。[①] 这正从另一个角度证明当时糟糕的货币状况，民众对货币和黄金缺乏信心，反而对白银的期望很

---

① http://www.nber.org/databases/macrohistory/data/04/a04018.db.

高，导致银条价格猛涨。

第一次世界大战结束后，虽然英国通货膨胀的状况得到缓解，但英国总体经济伴随着对殖民地控制力量的减弱，出现了生产设备闲置、出口萎缩、低增长率等体现其低迷经济效率的症状。这也是"英国病"最初的产生阶段，虽然严重程度与复杂程度远不如以后那样，但这种积重难返的特质已然显现。如果英国的经济没有遭受第一次世界大战的打击，虽然"英国病"最终亦会出现，但时间也许会拖得更为长久。偏高的资本有机构成以及世界工厂和殖民帝国给英国带来的负担"英国病"早早就植根于英国经济的发展历史中，此时越是受到外界对经济的冲击，种种病症就会表现得越为强烈。

一战结束之后，1920 年经济危机再次爆发，英国经济亦受到了震荡与打击，这导致战争期间萎缩的工业部门失去了在战后恢复发展的机会。煤炭、棉纺织品、造船厂等工业部门因国内市场狭窄和出口困难，失去了发展的生机。例如，英国煤炭的年产量在 1920—1921 年间由 2.30 亿吨降至 1.63 亿吨，到达 33 年内的最低年产量。① 而英国工业产品的物量指数在 1920—1921 年则由 90.9 骤降为 56.9，到达 35 年来的新低。② 由此可见，1920 经济危机对于英国经济的恢复造成了巨大打击，致使英国经济在整个 1920 年都处于停滞状态。

英国在 1920 年经济长期停滞的基础上，又受到 1930 年经济危机的影响。从 1930 年第一季度，英国工业生产指数和贸易指数都显著下降，失业人数大幅增加。到 1932 年第三季度，英国经济危机到达十分严重的地步，失业人数迫近 300 万人，失业率高达 23%。20 世纪 30 年代经济危机最低点过去之后，虽然英国经济有所起色，但这些好的变化只是来自英国经济内部的一些有利的结构调整，经济总量的发展仍然受到很大的限制。

经济危机不久之后，第二次世界大战爆发，英国经济对此并未做好充足准备，战争发生后，英国经济转入战时轨道显得十分匆忙，并明显感到人力财力方面的力不从心。第二次世界大战对英国经济进行的破坏要远大于第一次世界大战所引起的破坏。其中，对英国经济打击最为严重的是英国传统的出口市场和投资市场被美国所侵入和占领。数据显示，1940 年后英国原材料及非加工品的出口量出现了严重的下滑。另外，许多英国自治领，诸如加拿大、新西兰、澳大利亚这些国家，由于未受到第二次世界大战波及，本国经济增长较快，与美国的联系也十分紧密，这些对英国的对外经济也十分不利。第二次世界大战结束之后，英国经济面临大量的遗留问题。比如，众多陈旧或者遭到严重破坏的固定资产设备的更新与重置、生活资料的缺乏引发的通货膨胀、出口竞争力的大幅削弱等。这一系列的问题表明，如果一战的结束可以看作"英国病"的产生与开端的话，

---

① http://www.nber.org/databases/macrohistory/data/01/a01211.db.

② http://www.nber.org/databases/macrohistory/data/01/a01181.db.

那么，第二次世界大战的结束即意味着"英国病"有所加剧并且更为深刻。

三、战后"英国病"的反复（1946—1979 年）

从第二次世界大战结束到 20 世纪 50 年代初，英国经济开始从战争的严重打击下缓缓转向和平发展时期。由于战时遗留的问题过多，政府所投入的资本输入与技术改造短时间内难以收效。依靠美国的援助和国内固定资本更新措施，英国经济勉强度过 20 世纪 50 年代最初的几年。至 20 世纪 50 年代中期，战时经济破坏的痕迹开始在英国社会中缓慢消失，消费经济领域开始走上缓步增长的良性发展阶段。而英国经济在个别年份如 1952 年、1955 年、1958 年、1961 年也曾出现过衰退。虽然这种停停走走的状态也属于"英国病"的征兆，但对战后经济恢复而言，这些只能算经济增长过程中的小波折。总体来讲，英国战后前二十年的经济处在平稳恢复的状态，虽然发展的动力远远不足，但"英国病"的部分症状还是有所减轻的。

1967 发生英镑危机以后，"英国病"受到激化。这是英镑继 1949 年贬值后的第二次贬值，但效果与影响却比第一次严重得多。英镑贬值对增加出口与限制进口并无太大刺激，却促成了英国国内物价较大幅度的上涨。在英国战后经济原动力略显不足的情况下，加剧的通货膨胀压力最终把英国经济推向"滞涨"状态。从此往后的几年，"英国病"的病情一直难以得到缓解。1970 年之后，英国经济不仅停滞不前，有时也会出现后退的现象（参考图 3）。

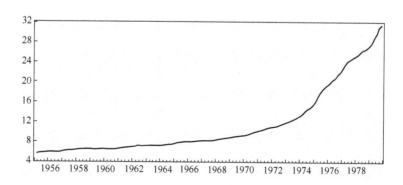

图 3　英国消费者价格指数（1955—1979 年）（以 2010 年为基期价格）

数据来源：Statistics – OECD ，https：//data. oecd. org/gdp/gross – domestic – product – gdp. htm。纵坐标为指数，无量纲。横坐标为年份。

从图 3 可以看出，在 20 世纪 70 年代之前，英镑危机尚未发生的时候，英国的 CPI 处于稳定中渐进增长的状态，但进入 1967 年之后涨幅开始逐渐变大，20世纪 70 年代以后的通货膨胀率更与先前形成强烈反差。

1973—1975 年，英国的 GDP 发展趋势如图 4 所示。

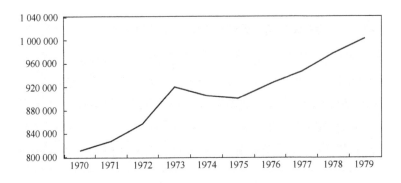

图 4　英国 1970—1979 年国内生产总值

数据来源：Statistics – OECD ，https：//data. oecd. org/gdp/gross – domestic – product – gdp. htm。纵坐标为 GDP，单位：百万美元，2005 年不变价格。横坐标为年份。

图 4 显示，1973—1975 年，英国的 GDP 竟然出现衰减现象，可见经济发展陷入严重的困境。由此可见，1967—1979 年是"英国病"病症最为严重、矛盾最为集中的一段时间。

四、撒切尔改革之后："英国病"处于潜伏期

撒切尔夫人 1979 年上台之后，针对"英国病"，做出了有效的经济改革。其主要措施就是鼓励促进私有化、削减福利开支、打击工会力量。这些措施起到了减轻政府财政负担的同时刺激经济活力的积极作用，同时也没有带来太大的通货膨胀压力。自此之后，英国经济进入了相比战后经济恢复时期更为强劲的发展时期，英国经济开始逐渐摆脱"欧洲病夫"的形象。英国经济增长速度先后超过了德国、法国和意大利（1979—1989 年），后来又超过了日本（1989—1998 年，但被德国重新超过）。20 世纪 90 年代以来，英国经济形势更好：不仅在经济增长速度方面赶了上来，而且在其他重要经济指标上也一路领先其他欧洲大国。2000 年，英国经济增长率达到 3%，已经接近欧元区的水平（2000 年第四季度欧元区的经济增长速度为 3.5%）。在就业水平方面，英国虽然比不了美国，但同欧洲主要国家比，足可以令其骄傲：1999 年英国的失业率为 5.9%，而同一时期德国为 8.3%，法国为 10.8%，意大利为 11.1%；2000 年，英国已经将通货膨胀水平控制在 2.5% 以内，十分接近欧元区的标准；英国的财政状况也比主要的欧洲国家更健康。"英国病"也被认为在撒切尔夫人改革"妙手回春"的作用下已治愈。

但事实上，英国经济发展的良性状态是相对于 1979 年前 30 多年的不正常状态而言的。相对于世界上几个主要的工业国家，英国的经济增长远不够强劲，其潜力远没有发挥出来。更糟糕的是，在遭受经济冲击时英国像以往一样，会受到

非常大的影响与震动。2007—2009 年美国次贷危机爆发，英国经济受到相当大的波及，GDP 再次出现衰退现象，如图 5 所示。

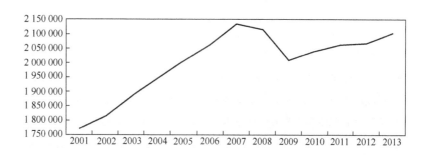

图 5　英国国内生产总值（2001—2013 年）

数据来源：Statistics – OECD , ttps：//data. oecd. org/gdp/gross – domestic – product – gdp. htm。纵坐标为 GDP，单位：百万美元，2005 年不变价格。横坐标为年份。

事实证明，英国经济缺乏应对经济冲击的弹性。每当遇到经济危机，其扎根于历史中的痼疾"英国病"就会逐渐显现出来。亦即是说，在撒切尔夫人的改革取得成效后，"英国病"只是看似被消除，却随时存在爆发的潜在危险。

潜在的"英国病"的危险源于英国的产业结构。产业结构"老化"是英国经济长期饱受病痛的一个重要原因，它导致英国经济缺乏活力和创新力。2011年，在英国主要的 28 种产业中，总附加值在 1 000 亿—1 500 亿的特大产业有三种，即交通仓储与配送、金融服务以及医疗与社会护理，总附加值分别为 1 495.8亿英镑、1 288.3 亿英镑、1 067.66 英镑。在英国总附加值最高的三大产业中，毫无制造业的影子。而总附加值在 600 亿—1 000 亿英镑的产业有八种，这其中仍然没有制造业的踪迹。尽管英国的服务业非常发达，但制造业的萎缩给英国带来了巨大的产业结构的劣势。服务业虽然能在解决就业、繁荣经济、方便人民生活方面起到重要作用，但不可否认的是，英国服务业的档次较低，收入水平较低，带来的利润收益不但对整体经济增长来说是乏力的，而且对整个国家长远的经济实力及竞争力提升，其作用也有限。制造业不能得以发展，服务于制造业的高端生产性服务业也发展不起来，实体经济也就越缺乏发展的原动力。当经济受到诸如周期性冲击、泡沫危机、外部冲击时，实体经济是有效摆脱困境的根本动力，这却是英国经济较为短板的方面，也是潜在"英国病"的根源所在。

五、结论

作为老牌资本主义国家的英国遭遇"英国病"这样的经济痼疾，其整体经济在这近百年中停停走走，确实耐人寻味。但从一战结束后"英国病"开始凸显到每次经济危机时"英国病"的加剧与变化可以看出，"英国病"的出现实质上是内部经济结构的缺陷在外部经济冲击下不断暴露甚或加重的过程。可见，根治"英国病"的办法必须从英国的经济结构与产业结构入手，单纯的宏观调控政策只是起到治标不治本的效果。"英国病"的产生过程与根源以及英国应对"英国病"的措施办法，都值得中国在发展社会主义市场经济的道路中认真借鉴。

参考文献：

[1] Allen, George Cyril, The British Disease：A Short Essay on the Nature and Causes of the Nation's Lagging Wealth [M]. London：Institute of Economic Affairs, 1976.

[2] 曹双双. 英国病：衰落中缓步前行——从"锁定效应"视角分析英国病的成因 [J]. 东方企业文化·百家论坛, 2012 (8)：153～154.

[3] 高德步. 英国的工业革命与工业化：制度变迁与劳动力转移 [M]. 北京：中国人民大学出版社, 2006.

[4] 侯旭鲲. 当代英国经济解析——产业结构、财税管理与外部环境 [M]. 北京：世界图书出版公司, 2013.

[5] 罗志如, 厉以宁. 二十世纪的英国经济——英国病研究 [M]. 北京：商务印书馆, 2013.

[6] 于维需. 当代英国经济——医治"英国病"的调整与改革 [M]. 北京：中国社会科学出版社, 1990.

试析古诺模型在垄断竞争中的借鉴意义

于　平　陈　其

摘要　目前中国经济高速发展，经济势头良好，但随之而来的物价上涨、能源紧缺等问题也开始浮出水面。本文对古诺模型的分析及其在垄断竞争行业中的应用，并以其作为理论分析的参考，研究了垄断竞争行业的市场行为，并具体地分析了OPEC、家电和电力等部门垄断竞争之间合作与不合作的利与弊。通过案例研究，提出了对防止恶性竞争的一些防范措施，以提高相互间的合作。对于其他行业中相似的问题，也可以此为参考。

关键词　古诺模型；垄断竞争；OPEC

目前中国经济高速发展，经济势头良好，但随之而来的物价上涨、能源紧缺等问题也开始浮出水面。为此，各大商家之间为了各自利益，相互间大打"价格战"，以致出现市场竞争秩序紊乱等困局。对于这些现实中的问题，以古诺模型作为理论分析的参考，可以为我们解释实际问题提供一些启示和好的解决办法。原因有几点：首先，在垄断竞争中，同质商品在比较价格方面可以在同一价格曲线上表示；其次，在垄断商家之间，当竞争一方推出的产品大幅降价时，这个价格将成为市场的基准价格。如果其他商家不采取把价格降到同一水平线或者接近这个水平线的话，那么，他们的产品将会滞销或者无人购买，这与古诺模型有点相似；最后，商家间的竞争往往有博弈行为，而古诺模型也是一个博弈的模型。综上所述，本文采用古诺模型来研究恶性价格垄断竞争。

一、古诺模型的原理及推导

垄断竞争是指只有少数几个企业竞争的一种普遍存在的市场结构。在该市场中，一定熟练的生产同质商品的企业必须在考虑其他企业行为策略的基础上定制自己的产量决策。1838年，法国经济学家古诺由此提出了这个早期的寡头模型，即古诺模型。

古诺模型是一个只有两个寡头厂商的简单模型，常用来考察一个行业中只有两个生产厂商的所谓双头垄断的情况，研究两个厂商条件下的均衡产量问题。虽然古诺模型的结论可以很容易地推广到三个或三个以上寡头厂商的情况中去，但本文重点还是研究在经济生活中比较常见的双头垄断市场模式。原因是在比较成熟的市场和行业中，这种现象还是比较常见的，而且对现实也具有较大的参考意义和研究价值。

下面我们来简单地介绍古诺模型的推导。为方便起见，本文参照高鸿业主编的《西方经济学——微观这部分（第三版）》来探讨。模型如下：

某一市场上有两个处在绝对垄断地位的厂商 A 和厂商 B。为研究方便，模型给了一些必要的假定条件：

（1）市场上只有 A、B 两个厂商，他们销售的商品是无差别的；

（2）每个厂商的生产成本为 0；

（3）两个厂家分享整个市场，它们面临的市场需求是线性的；

（4）每个厂商都了解市场需求曲线；

（5）每个厂商都是理性人，他们都是在已知对手产量的情况下，调节自己的产量；

（6）每个厂商都是通过调节各自的产量来实现利润最大化。

研究古诺模型的价格和产量可以用图 1 表示。

曲线 D 是 A、B 厂商共同面临的线性的市场需求曲线，由于生产成本为 0，所以没有成本曲线。

在第一轮，A 厂商先进入市场。由于生产成本为 0，所以厂商的收益等于利润。A 厂商面临的 D 市场需求曲线，决定了它将产量定为市场容量的 1/2，价格定为 $0P_1$，从而实现利润最大化。随后，B 厂商也进入了市场，并且知道 A 厂商在本轮留给自己市场的容量为 $Q_1Q_3 = 1/20Q_3$，B 厂商也按相同的方式行动，生产它所面临的市场容量的 1/2 的产量，即 $Q_1Q_2 = 1/40Q_3$。此时市场价格降为 $0P_2$，B 厂商获得的最大利润相当于图中矩形 Q_1HGQ_2 的面积，而 A 厂商的利润因价格下降，由原来的矩形 P_1FQ_10 的面积减少为矩形 P_2HQ_10 的面积。

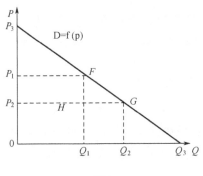

图 1

在第二轮，A 厂商在 B 厂商留给它的 3/4 的市场容量上，为实现利润最多化，将产量定为 $3/80Q_3$，随后 B 厂商再次进入市场，在 A 厂商给它保留的 5/8 市场容量上进行利润最大化的市场产量，即产量为 $5/160Q_3$。

这样轮复一轮的博弈过程中，A 厂商的产量逐渐减少，B 厂商的产量逐渐增加，直到最后双方在产量都相等的均衡状态为止。这时 A、B 厂商的产量都为 $1/30Q_3$，行业总产量为 $2/30Q_3$。这便是双头古诺模型。

我们再从博弈的角度分析以上信息。假设市场出清价格为 $P = P (Q) = 1\,500 - Q = 1\,500 - (Q_A + Q_B)$，其中 Q 为市场的总需求量，Q_A，Q_B 代表 A、B 厂商的产量。

对于 A 厂商来说，其利润等式为 $\pi_A = TR_a - TC_a = P * Q_a = 1\,500Q_a - Q_a{}^2 - Q_a Q_b$，$\quad Q_a = 750 - Q_b/2$

对于 B 厂商来说，其利润等式为 $\pi_B = TR_b - TC_b = P * Q_b = 1\,500Q_b - Q_b{}^2 - Q_a Q_b$，$\quad Q_b = 750 - Q_a/2$

由上述问题构成的博弈中，两厂商选择的产量决定了他们的利润，在两个厂商以古诺形态展开竞争时，存在唯一的纳什均衡解，即（Q_A，Q_B）等于（$1/3Q$，$1/3Q$）。即 $Q_A = 500$，$Q_B = 500$，他们的利润各为 $\pi_a = 250\,000$，$\pi_b = 250\,000$，这是 A、B 两个厂商在各自为益的条件下的最优组合。

但是，如果他们选择合作而在垄断条件下生产的话，其市场产量不但减少，利润反而增加。在垄断条件下，由于上述条件不变，$P = 1\,500 - Q$，这时的 Q 只有市场容量的 $1/2$，$Q_A + Q_B = 1/2Q$，即 $Q_A = Q_B = 1/4Q = 375$，$P = 750$，那么 $\pi_a = \pi_b = 281\,250 > 250\,000$。这样，不仅在资源方面可以起到节约原材料的作用，厂商的总体利益也得到提高。因此，厂商更多考虑合作，从总体利益最大化为根本出发点联合起来确定产量的话，两厂商的所得利润组合将是最优的。

二、古诺模型在垄断竞争行业中的应用

大家都知道石油输出国组织（OPEC）成员国之间经常违反成员国之间约定的产量限额问题，大量生产和输出石油，使 OPEC 的限产计划常常不成功。这实际上就是一个寡头产量竞争的古诺模型。在一次性博弈的囚徒困境中，每个成员国都会选择突破产量限额。但实际上，OPEC 成员国之间的生产和出口是年年都有的，这一点相信每个 OPEC 成员国都能意识到这一点。因此，把 OPEC 成员国的限额问题看成是一次性博弈并不恰当，与现实之间也有点不一致，看成重复博弈是比较符合实际的，而且该问题没有明显的结束期限，所以是一个无限次的重复博弈问题。

根据无限次重复古诺模型的分析，我们知道 OPEC 成员国之间的合作是有可能出现的。他们应该把产量控制在一个较低的水平，而把价格控制在一个较高的水平，使成员国之间的产量接近垄断的产量和价格水平，这样对他们是最有利的。

那么，现实中 OPEC 成员国是否是根据上述所说的做呢？实际情况是，OPEC 成员国既有合作成功的，也有合作失败的。在一段时间内可以把油价从一桶 20 美元推高到 50 美元甚至更高，但在另一段时间内又可以把油价从一个高价

位拉回到一个低价区。虽然他们都能精确地计算出世界石油的最优产量和价格，但还是有杀鸡取卵的成员国存在。

这与上述所讲的是不是有矛盾呢？

其实，我们研究其背景就不难发现，在成功限额的时期，除了有无限次重复博弈提供合作以外，主要有 OPEC 的协调，有大成员国的带头，有海湾战争促使石油需求上升等因素；在限额失败的时期，则有 OPEC 成员国的自身理性和决策能力问题，需要建立相互间的信任；有部分成员国之间的利益不均衡，石油资源枯竭，财政紧张；国际石油需求减少等因素导致他们不合作。出现这种问题，并不是与无限次重复博弈的结论矛盾，而是现实背景不断发生变化，不可能像理论结论那么简单而已。

了解了 OPEC 的这些情况，我们回过头来看看我国市场的情况，是不是也是如此呢？大约十年前，中国的彩电"价格战"打得如火如荼，在平静的家电市场上突然刮起一阵降价风。原本稳定的市场，因为长虹公司的突然降价，使很多同行都措手不及，本来创维、TCL、厦华、康佳等几家大公司想联合起来对抗长虹，由于创维的临时放鸽子，使各家间的"价格战"全面打响。彩电价格一降再降，以至于各个公司亏本卖货来保持市场占有率。

这与我们上面分析 OPEC 成员国的限额问题其实是同一个道理。我们分析其背景就知道是怎么回事了。

首先从供求方面看，据当时的测算，国内彩电的需求量只有一千万台，而实际生产了两千万台，产品供过于求，价格战显然不可避免；其次，由于地方利益的分割，就算在价格战中败北，它还能立足于市场中，因为为了税收、GDP、就业等因素，政府会扶持这些企业；再次，生存与发展矛盾，优势企业只注重自身规模的扩大，没有带头向产业升级、技术创新方面发展，只是赖于市场份额来提高业绩，劣势企业面临存货，资金等压力，只有降价；最后，业务分散的企业降价冲击业务集中的企业，如长虹在彩电方面的生产能力不够集中，降价后企业还可以另辟出路，但创维只是单纯的生产彩电，产能较集中，资金也较集中，若不采取降价行为，那么就没有退路了。因此一场价格战就不可避免了。有资料证明，这次彩电大战给国家带来了 134 亿的损失。由此可以看出，合作对各个商家来说才是最有益的。

我们再以我国电力市场的状况为例。受干旱、能源短缺等因素影响，全国各供电单位的供电量都有所减少。2006 年，全国有 31 个省份采取限时供电等措施来保障供电，而一些高耗能的企业却全天候供电，这不仅给老百姓日常生活带来了不便，更糟糕的是，电力公司之间打起内战来。由于供电量减少，国家规定、鼓励高耗能的企业避开在居民用电高峰期时段作业，如果在居民用电高峰期作业将收取高额电费。因此，这些企业就会向供电公司额外购电。这样矛盾就来了。

我们假设一个城市的电网有两家发电公司，且规模相当，他们的收入都是通过"跑电量"来实现的。所谓"跑电量",就是发电公司间比发电量的利用率。因为他们的收入是由上网电价和被用电量决定的。而上网电价是既定的,所以谁的发电量利用率高谁就有优势。但电能又是一个无法储存的特殊产品,由于它的生产、传输和使用是同时完成的,所以利用率低的企业就会按比例减少发电量。

现在由于供电紧张,企业出高价向跑电量低的发电公司(下面简称 B 公司)购电。这样,它的利润反而比跑电量高的公司(下面简称 A 公司)高了。为此,A 公司出比 B 公司低的价格卖电给企业生产。这样经过一轮又一轮的博弈,A,B 两公司卖给企业的电价接近居民用电价。在一轮又一轮的降价过程中,企业购得的电量多了,而发电公司的发电量有上限,因此多卖给企业的电量就摊到居民用电上。当增加居民发电量时,发电公司就抬高居民用电电价,最终受害的还是老百姓。而在此过程中,能源的浪费也是很严重的,一旦发电公司的能源减少,又会促使电价涨价。

这不仅对百姓利益有损,也对国家资源、利益有害。即使像上面所说的彩电价格战中,可能百姓会得到点既得利益,但是国家的损失却是惨重的。所以我们应该要杜绝类似事情,然而要怎么做呢?

三、分析及借鉴

从上面的例子我们可以看出,只有当商家间有合作关系的时候,对大家才是有利的。而如果其中一方背叛合作,那么,他将损害另一方的利益,在短期内迅速提高自己的利益,但从长期来看,对双方的合作是不利的,不仅容易导致恶性竞争,也容易损坏自己的长期利益。那么,我们怎么防止类似事件发生呢?

我们知道,行有行规。在同行业中,大家制定一个制度,让行业内人士一起遵守,这样商家之间的合作就有了一定保障。但是制度制定了以后,总会有人因为一时的利益而不遵守它。如果发生了这种情况了该怎么办?笔者提出以下防范措施。

如果某一方想背叛合作,那么,将对他进行大力处罚,让他所得的利益低于处罚力度,以提高大家的合作水平。

例如,以上述的 OPEC 为例,当一些国家因为成员国之间的原因而背叛合作时,其他成员国则可以通过联合国,对该国进行经济、政治等方面的制裁,让它因背叛而付出惨重的代价,这样就可以最大量的促进成员国之间的合作。国际合作如是,国内的合作也是这样。通过彩电大战,各商家间认识到恶性竞争损人不利己,转而寻求商家间的合作。各个商家把自己的份额控制在一定范围内,价格在同等档次、型号的产品中也相差无几,从而稳定了彩电市场秩序,也使各自的利益达到最大化。

如果某商家不想与同行合作,那么,他可以考虑退出该行业,转而从事另外的某一新兴行业,或者在保持原有产业的基础上另辟新路。

以家电企业为例，在经历了彩电大战后，中国的家电在城镇市场基本饱和，农村市场又难以启动。几乎所有的家电上市公司，业绩都有淡季和旺季之分，市场需求难以持续高涨。所以，很多家电上市公司都开始寻找新的市场。国内典型的案例有早期的华宝空调。以分体式空调进入市场的华宝，在经历了1994年的股权风波后，市场份额急速下降，但在1996年，华宝又以柜式空调机重新崛起。① 而后，康佳、TCL等企业也开始关注其他产业，如康佳、TCL手机广告铺天盖地，还有美的，计划投资IT产业10亿元等。这些事例都可以为企业在垄断市场中找寻新的出路提供借鉴。

政府干预也是一个重要手段。OPEC成员国委内瑞拉通过立法对石油经营国有化，使国家在本国运作的石油公司和石油合约中占大多数股份。在委内瑞拉的奥里诺科河石油带有多家外国石油公司，如埃克森美孚（Exxon Mobil）、雪佛龙（Chevron）、康菲石油公司（Conoco Phillips）、道达尔（Total）、英国石油公司（BP）以及挪威国家石油公司（Statoil）。委内瑞拉通过立法把石油经营国有化，获得更多的股份，从而提高了国家在这方面的利益。

我国的电力企业也应该如此。回头看看我国的电力市场，首先，电力市场作为一项新兴的系统工程，很多问题悬而未决，新的问题不断涌现；其次，由于电力交易不公平，成本分摊不合理等原因，造成国有企业利润转移和国有资产流失，因此，有必要采取政府干预，通过立法等手段来规范电力企业的行为和投资。在2008年3月19日，国资委联同发展改革委、财政部、电监会发布了《关于规范电力系统职工投资发电企业的意见》（以下简称《意见》），叫停国有电力企业职工投资电厂企业。该《意见》主要针对违规实施国有电力企业职工持股改制（所谓电力系统职工投资发电企业，是指一些国有电力企业通过成立职工持股会等方式，组织职工在发电企业改制中持股和投资新建发电企业。）、企业改制未经中介机构财务审计、国有资产未经评估或未通过公开竞价方式出售、国有电力企业的利润向电力系统职工投资的企业转移等几个方面出现的问题。这些违规的做法如果不解决的话，可能会给将来的电力市场结构、在各地区的市场份额和竞价上网等埋下绊脚石。

上文对如何防范商家间相互背叛进行了分析，如果商家间能够有效地合作，政府部门能够有力的监督，那么，将会给自身及社会带来深远的利益。

四、结论

本文通过古诺模型在垄断竞争中的应用，以OPEC组织为例，派生到国内的家电企业，再到典型的电力企业，分析垄断竞争之间合作与不合作的利与弊；再

---

① http://www.jrj.com.cn/NewsRead/Detail.asp? NewsID = 863362（财经纵横 老总访谈 海信总裁刘洪新）。

通过案例分析说明，提出对防止恶性竞争的一些防范措施，以提高相互间的合作。对其他行业中相似的问题，也可以供于参考。

参考文献：

[1] 戴维·M. 克雷普斯. 博弈论与经济模型 [M]. 北京：商务印书馆，2006.

[2] 杜松怀. 电力市场 [M]. 2 版. 北京：中国电力出版社，2007.

[3] 高鸿业. 西方经济学——微观部分 [M]. 3 版. 北京：高等教育出版社，2004.

[4] 韩松. 博弈论经典 [M]. 北京：中国人民大学出版社，2004.

[5] 王则柯. 新编博弈论平话 [M]. 北京：中信出版社，2003.

[6] 谢识予. 经济博弈论 [M]. 2 版. 北京：复旦大学出版社，2004.

[7] 赵勇. 博弈论与电力企业管理 [M]. 北京：中国电力出版社，2006.

[8] 张照贵. 经济博弈与应用 [M]. 北京：西南财经大学出版社，2006.

金融消费者保护与金融危机内在机理研究

于 平

摘要 这次由美国引发并席卷全球的金融危机给各个国家的金融体系构建以及风险防范提出了一个重要的课题。金融消费者的保护以及监管改革成为各国学者讨论的热点。如何既要保护金融消费者远离过分风险，同时又要保护金融市场远离体系性风险是本文力争回答的问题。本文从金融消费者保护的角度，结合美国的金融消费者保护局法案的出台，探讨金融消费者保护与金融危机之间的内在机理关系，以期对我们如何防范金融危机有所借鉴。

关键词 金融危机；金融消费者保护；内在机理；金融消费者保护局法案

2008 年，全球金融危机爆发，全球经济遭受重大损失。美国总统金融市场工作组界定了五个导致金融危机的原因，包括次贷标准的丧失、抵押贷款证券化中市场准则的侵蚀（erosion）、信贷评级机构对次级抵押贷款评估的不足、大型金融机构风险管理的薄弱以及金融机构克服风险管理弱点的失败。每一个导致金融危机的原因都对应着某种监管失灵，例如，向信用很差或者收入不足的购房者提供次级抵押贷款的实践，反映了金融消费者保护的不足和对交易行为监管的不足。[1] 金融消费者保护监管的失败是引发金融危机的重要的原因之一。[2] 因此，金融消费者保护监管制度是金融法研究的一个重要理论问题。

2010 年 7 月 21 日，美国总统奥巴马签署最终版本的金融监管法案，标志着大萧条以来规模最大、程度最严厉的金融监管改革在历时近两年后尘埃落定。本次金融监管改革最突出的内容之一就是金融消费者保护局法案（以下简称BCFP），该法案重视金融消费者保护并成立专门的金融消费者保护局，引起全球金融法学者的极大关注。金融消费者保护监管改革成为全球学者讨论的热点。

这次全球金融危机表明，我们需要重新审视"旨在保护消费者远离过分风险"与"旨在保护金融市场远离体系性风险"之间的关系。在保护个体远离过度风险以及保护市场远离系统性风险方面，"金融消费者保护监管"能够发挥作用，因为金融消费者保护的不足正是这次危机发生的一个重要原因。

---

[1] See Eric J. Pan. Four Challenges to Financial Regulatory Reform, Working Paper No. 280, Jacob Burns Institute for Advanced Legal Studies, Benjamin N. Cardozo School of Law, December 2009.

[2] http: //law. hofstra. edu/NewsAndEvents/PressReleases/pressreleases_ 20090928_ consumer. html.

一、金融消费者违约和系统性风险之间存在因果关系链

当消费信贷产品或者信贷行为引起消费者很高程度上违约时，金融机构的安全和稳健会受到威胁。当消费者违约造成的损失威胁一个重要的金融机构，该金融机构的失败转而威胁其他金融机构，或者同时威胁许多金融机构时，系统性风险就会产生。当消费者违约的损失程度超过金融机构的预测，而这些金融机构的违约高度相关，系统性风险就会变成一个问题。高度相互关联的消费者违约也同样阻碍着风险管理，如果金融机构对金融消费者违约估计不足，对消费者违约带来的损失没有一个准确的预测，金融机构不能就是否"给消费者贷款"或者"收取合适利率来弥补损失的风险"做出合适的决策。在一个金融机构的投资组（portfolio）中，贷款违约的高度相关性破坏了经营多样化，因为拖欠的贷款不能被继续偿还的贷款所抵消。[1] 跨市场违约的高度相关性意味着许多金融机构同一时间面临着损失。当那些贷款被证券化时，不可预测并高度相关联的消费者信贷违约带来的系统性风险就会增加。[2] 消费信贷违约的风险计算存在一定的误差概率，而在次级贷市场，消费信贷作为资产担保证券所面临的损失风险概率的误差将被放大。资产损失的相关性增加，也导致资产担保证券波动性更高，更加反复而难以捉摸。因此，当那些相关标的贷款的损失很高、不可预测并且高度相关联时，一个持有大量消费贷款支持的（backed by consumer loans）的资产担保证券的金融机构将遭受严重的损失。当几个重要的金融机构高度接触这些资产担保证券，并且通过延伸而高度接触消费贷款时，这些机构会同时遭受严重的损失。[3]

二、金融危机证实了消费者违约和系统性风险之间存在因果关系链

次级抵押贷款崩溃传导至美国及全球金融危机，很大一部分原因是金融消费者保护的失败。金融行为"猖獗"，"挑逗性利率"贷款被重新定价，消费者变得负担不起。[4] 掠夺性贷款条件和行为，包括包装费、资产剥离（loan flipping, fee packing, equity stripping）以及诱使低收入和借款人购买昂贵的、不合适的次

---

① See Martin Hellwig, Systemic Risk in the Financial Sector: An Analysis of the Subprime - Mortgage Financial Crisis 16 (Nov. 2008) (Max Planck Institute for Research on Collective Goods Bonn 2008/43) [EB/OL]. http: //papers. ssrn. com/sol3/papers. cfm? abstract_ id = 1309442.

② See Joshua D. Coval, et al. , The Economics of Structured Finance, 23 J. ECON. PERSP. 3 (2009).

③ See Rob Nijskens & Wolf Wagner, Credit Risk Transfer Activities and Systemic Risk: How Banks Became Less Risky Individually but Posed Greater Risks to the Financial System at the Same Time [EB/OL]. http: // papers. ssrn. com/sol3/papers. cfm? abstract_ id = 1319689; 2008 - 12 - 23.

④ See Arthur E. Wilmarth, Jr. , The Dark Side of Universal Banking: Financial Conglomerates and the Origins of the Subprime Financial Crisis, 41 CONN. L. REV. 963, 970.

贷产品，已经变成一种常态。①美国财政部长 Timothy Geithner 认为，"消费者保护的普遍失败，使得许多美国人承担他们不理解并且无力承担的责任"，这是"本次最严重的全球金融危机"的主要原因。② Timothy Geithner 在美国众议院金融服务委员会上证实，"消费者和投资者保护的不足，伤害到个人，也破坏我们对金融体系的信任，造成金融体系风险，动摇金融体系的根本"③。按照诺贝尔奖获得者 Joseph Stiglitz 的观点，"正是次级抵押贷款——不负责任的贷款给信息不足的个人，超过他们的还款能力，使银行家抢劫穷人的毕生储蓄，导致金融体系的解体"④。

诚然，金融危机始于 2007 年的美国"次贷危机"，然后蔓延到"持有抵押贷款支持的（backed by mortgages）资产担保证券的金融机构"，金融消费者信贷违约变得过度、不可预测并高度关联，很大一部分原因是金融消费者保护的失败。由于消费信贷人越来越多地提供抵押贷款和其他信贷产品，把过度风险传导给消费者，因此增加了消费者普遍违约的可能性。另外，次级抵押贷款也把过度风险传导给借款人，加上诸多不同贷款人在同一时间提供同种类的抵押贷款，导致更多的风险被传导给消费者，随着这种行为的同质性或同时性愈来愈强，极大地增加了系统性风险。就在此次危机前夕，美国银行监管者已经认识到次级抵押贷款和证券化可能给金融机构所带来风险，但是金融危机的严重性表明，监管者需要行动得更快些，通过增强金融消费者的保护来应对系统性风险。

三、BCFP 法兼具保护消费者和剪断危机传导链条之双重功能

贷款条件的不充分披露以及欺骗性信贷产品损害的不仅是个体消费者，而且是整个美国信贷市场和美国经济。美国国会监督小组主席（Chair of the Congressional Oversight Panel），哈佛大学教授 Elizabeth Warren 是 BCFP 的早期支持者⑤，他解释了设立 BCFP 原因："信贷市场是破碎的（broken），破碎的信贷市场造成了这次危机，使这次危机持续存在，并将造成未来的危机，除非我们对信

---

① See Edward M. Gramlich, Federal Reserve Board Governor, An Update on the Predatory Lending Issue, Remarks at the Texas Ass' n of Bank Counsel 27th Annual Convention (Oct. 9, 2003) [EB/OL]. http: // www. federalreserve. gov/boarddocs/speeches/2003/20031009/default. htm.

② See Addressing the Need for Comprehensive Regulatory Reform: Hearing Before the H. Comm. on Financial Services, 111th Cong. 1 (2009) [EB/OL]. http: //www. house. gov/apps/list/hearing/financialsvcs_ dem/ geithner032609. pdf.

③ 同上引 37, Addressing the Need for Comprehensive Regulatory Reform: Hearing Before the H. Comm. on Financial Services, 111th Cong. 1 (2009).

④ See Compensation in the Financial Industry: Hearing Before the H. Comm. on Financial Services, 111th Cong. 5 - 6 (2010) [EB/OL]. http: //www. house. gov/apps/list/hearing/financialsvcs_ dem/stiglitz. pdf.

⑤ See Elizabeth Warren, Unsafe at Any Rate, 5 Democracy: A Journal of Ideas 8 (2007).

贷市场进行校正"①，一个有效的 BCFP 将纠正信贷市场的失败。信贷市场基本败笔之一在于金融产品的设计妨碍了消费者的比较和选择，用消费者难以理解的术语以及虚饰的花样来进行披露，使消费者成为"技巧和陷阱"的受害者。除给个体借款人造成经济上损害外，金融产品欺骗性的措辞也对自由市场体系的运行产生消极影响。诺贝尔奖获得者史蒂格里茨博士指出，当信息不充分或不对称时，市场不能产生有效的结果，一个独立的 BCFP 应该要求金融产品具有透明度，监管一些诱导性因素（incentives），抑制风险性、剥削性的金融行为。②

美国总统奥巴马认为，设立 BCFP 的原因部分在于消费者已经选择获取太多的信贷，目前的金融危机部分是由于"普通美国人决定使用信用卡获取住房贷款，以及决定承担其他金融责任的结果"③。美国财政部也认为，销售"过于复杂且不适应借款人金融状况的金融产品，为消费者和金融体系带来灾难性的后果"，并且由于金融消费者保护监管机构太多，各机构在消费者保护和安全稳健的银行业保护之间存在冲突，因此需要设立一个专门的金融消费者保护监管者，"灌输一种真正的消费者保护的文化"④。BCFP 法也对所有的消费者金融服务和金融产品进行强有力的保护监管。强有力的金融消费者保护和金融系统的安全和稳健目标是一致的，它会促成对信贷的负责任使用，产生更少的违约。此外，吸引更多的资金进入信贷市场，增强信贷的可获得性。通过剔除"坏的交易者""使竞争环境更公平"，使合法的金融行为者在 BCFP 所规制的公平的范围内得以繁荣。⑤

因此，金融消费者保护监管之不足与金融危机的发生之间存在内在机理关系，通过加强金融消费者保护监管，方能斩断危机传导的链条，这是美国政府进行金融消费者专门保护的原因之一。

---

① http：//www. youtube. com/watch? v = lYd08e5Cjvs and http：//www. youtube. com/watch? v = i6OaHGPEn94.

② See The Future of Financial Services Regulation：Hearing Before the H. Comm. on Financial Services, 110th Cong. (2008) [statement of Dr. Joseph E. Stiglitz, Nobel Laureate and Columbia Business School Professor (Oct. 21, 2008)] [EB/OL]. http：//financialservices. house. gov/hearing110/hr102108. shtml.

③ See Barack Obama, President of the United States, Speech on 21st Century Financial Regulatory Reform (June 17, 2009) [EB/OL]. http：//www. cfr. org/publication/19658/obamas_ speech_ on_ 21st_ century_ financia regulatory_ reform. html.

④ See U. S. Department of the Treasury, Financial Regulatory Reform：A New Foundation 55 – 75 (2009) [hereinafter New Foundation] [EB/OL]. http：//www. financialstability. gov/docs/regs/FinalReport_ web. pdf (outlining proposals for various governmental regulations of financial services and credit products).

⑤ See Alvin C. Harrell, Commentary：The Proposed Consumer Financial Protection Agency Act [R]. Consumer Finance Law Quarterly Report, Spring – Summer, 2009.

参考文献：

［1］吴弘，徐振．金融消费者保护的法理探析［J］．东方法学，2009（15）：13～22.

［2］涂永前．美国2009《个人消费者金融保护署法案》及其对我国金融监管法制的启示［J］．法律科学，2010（3）：160～168.

［3］宋超英，朱建明，崔静静．过度消费的行为经济学分析［J］．经济问题探索，2010（6）．

［4］黄明．非理性视角下的监管新思维［N］.21世纪经济报道广州，2010－7－19.

［5］张玉欣．金融危机的"市场原教主义"论——也谈金融危机的成因与影响［J］．中国商贸，2009（13）．

［6］刘宇飞．美国金融监管哲学的转向及影响［J］．美国研究，2009（3）．

［7］张国庆，刘俊民．金融危机与凯恩斯主义的全面回归——兼论对中国的政策启示［J］．南京社会科学，2009（9）．

［8］姚国会．金融消费"狂热"当止［J］．时代金融，2005（8）：19.

［9］罗潇．"消费者至上"是美国金融改革落点［N］．新京报，2010－7－20.

大学生闲暇时间安排最优选择研究

——基于中国政法大学商、法学两院学生的比较分析

支小青 李凝曦

摘要 对大学在校生而言，合理安排闲暇时间以提升其效用是提高大学生活价值量的重要方面。社会的发展为现代大学提供了多种选择的可能。面对不同选择所能带来的参差不齐的效用，大学生如何抉择就显得至关重要。本文旨在用数学方法与经济学分析方法，通过对大量真实有效数据的归总来分析何种选择能够对大学生的大学生活产生正的积极影响，也为同类课题的研究与实践提供理论依据。

关键词 大学生；闲暇时间安排；闲暇教育；最优选择

一、引言

（一）研究背景及意义

本文着眼于大学生的日常生活，就中国政法大学两院学生闲暇时间的最优安排进行研究。其理论意义在于：用系统规律的数学方法与经济学方法就大学生时间价值的有效利用进行初步研究与深层次剖析，为各项探究大学生闲暇教育的基础研究提供理论依据。本论题直指大学生在大学校园里的课余生活及课余生活中所能获得的价值，综合考察和分析闲暇时间安排对大学生本人的全面发展所具有的意义，引导大学生纠正错误的低效率的闲暇时间安排方式，采用正确的高回报的课余生活方法。期待借此对大学生自觉自律做出有效指导，同时为高校制定相关管理政策提供有效参考。

（二）文献综述及本文创新

本文拟用经济学方法与数学方法相结合展开研究，即将闲暇时间的不同选择带来的效用进行量化，通过收集和参考大量的真实客观且即时有效的数据，从而归纳各个选择与其所带来效用之间的关系，将之加总，从而得到各个闲暇时间安排所带来的预期效用。

具体操作中，将闲暇时间以小时为单位进行衡量，再以小时为单位进行细分：学习、兼职、参加社团活动、睡觉、玩游戏以及其他。继而将效用分为"现期效用"与"远期效用"，前者是指为现在所感到的满意程度，后者则是指对未

来发展的好处。显然，总效用的衡量并不是现期效用与远期效用的简单加总，这二者对大学生的未来发展所具有的意义是有所不同的。所以，总的效用是现期效用与远期效用的经过加权之后的总和。

对于大学生闲暇时间安排的问题会引发大学生在大学校园所获得的人生价值的思考，因此国内外均在大学生闲暇时间的安排问题上引申出了"闲暇教育""大学生最优策略选择"等学术论题，且在这些观点与论题上多有研究。

从国内外的研究来看，目前已有为数不少的可供参考与借鉴的成果。学者卢浩宇 2012 年发表论文《浅析大学生闲暇教育现状与走向》，深刻剖析了大学生闲暇教育的重要性，以及大学生闲暇教育的必要性与发展前景，有针对性地提出了各地方政府以及学校的政策及对策；[①] 美国著名的哲学家、教育家杜威在其所著的《民主主义与教育》一书中，专门拿出了第 19 章整一章来论述"劳动与闲暇"，杜威将劳动与闲暇的关系概括地表述为"直接地以闲暇作为目的的教育，应该尽可能间接地加强教育和爱好劳动，而以效率和爱好劳动为目标的教育，应该培养情感和智力的习惯，促进崇高的闲暇生活"[②]。在上述两篇文章中，前者更多地偏向大学生这个固定群体，而后者则囊括了整个人类社会，两者皆有值得借鉴之处。

值得注意的是，本文讨论的大学生不单是一种类型，而是两种来自不同院系。两个院系的学生所面对的闲暇时间以及可以在闲暇时间做出的选择存在显而易见的差异，需要分类讨论之后再进行分析。

（三）理论依据

何为效用？效用就是指消费者的满意程度。就闲暇时间而言，就是指消费者消费"闲暇时间"之后所带给自己的满足程度，而本文的消费者就是指拥有闲暇时间的本科生。当本科生对闲暇时间的选择能带给自己满足程度最大化时，闲暇时间所产生的效用方为最大。而在此时，本科大学生对闲暇时间的各个选择所产生的边际效用便是相等的。

由于本科生的闲暇时间总是有限的，换句话说，本科生是在一定的约束条件下来达到时间效用最大化的选择。本文的重心旨在如何在一定约束条件下作最优选择，因此，效用最大化理论正是本文的立意所在。

二、大学生闲暇时间形成途径以及结果

（一）大学生闲暇时间形成途径

要探究大学生闲暇时间选择的最优安排，首先要厘清大学生闲暇时间的形成途径，也就是大学生闲暇时间是如何产生的。

---

① 卢浩宇. 浅析大学生闲暇教育现状与走向 [D]. 西南财经大学, 2012.

② 约翰·杜威. 民主主义与教育 [M]. 北京：人民教育出版社, 2001：532.

就中国政法大学商学院的本科生来说，闲暇时间主要分为：周一至周五的无课时间，此类时间较少；以及周末时间，有周六周日两天。而对中国政法大学法学院的本科学生来讲，闲暇时间也是以上两类，不过法学院学生一般课程较少，闲暇时间较多。

而对于周一至周五的上课时间来说，大部分学生在五天之中，平均有一天的无课时间，所以，加上周末两天，一周之中有三天的闲暇时间。当然，也有少数例外情况，如翘课的学生，闲暇时间就多于三天，而修了双学位或辅修的学生，闲暇时间就少于三天；此两种特殊情况本文不予讨论。

（二）大学生闲暇时间形成结果

不同于中学时期没日没夜地埋头学习，也与工作后"五天工作两天休息"的日常规律不同，大学生活中，课余时间较多且自由度较大，故而大学生闲暇时间的形成就无可避免。这些闲暇时间形成的结果，就是让大学生"不得不"选择如何度过自己的大学生活中的闲暇时间，从而让自己的身心得到裨益。

本科生如何安排自己的闲暇时间，也将影响到其自身在大学生活中的收获多寡，进而影响到步入社会后的立足实力，甚至对 TA 们的人生产生长远影响。所以，如何对闲暇时间进行安排，将是每个大学生所必须修行的重要课程。

三、中国政法大学商、法两院学生闲暇时间安排及其效用的比较

（一）中国政法大学商学院学生闲暇时间安排选择及其带来的效用

通过对中国政法大学商学院学生的大范围课程咨询，得到的结果是，中国政法大学商学院学生除了周末两天以外，平均每个人除去从周一至周五的上课时间外，课余有一天半的时间。再除去正常的睡觉时间每天 8 小时，以及用餐洗漱时间 2 小时，每天剩下的时间就为 14 小时。而商学院学生一周的闲暇时间为三天半，若按小时来讨论，其每个人每周的闲暇时间，平均有 49 小时。

商学院同学所面临的闲暇时间的选择主要有加入社团、兼职、学习以及休息等。其中，休息包括睡觉、运动以及娱乐等方式，而学习时间包含为获得学位以及各种证书所付出的时间。每一种选择所带来的效用不同。

按照前文所述，可将效用具体分为：近期效用与远期效用。近期效用指闲暇时间安排给自身近期带来的满意程度，而远期效用指对自身未来发展所产生的影响。显然，长远的影响对自身是更为有益的，所以总效用采取"近期效用×30% + 远期效用×70%"的方法进行计算。而效用值的确定将综合考虑自身满意程度与对自身发展的影响，再予确定出来。而自身满意程度与对自身未来发展的影响都在调查问卷的选项里。

通过调查问卷的形式，在大学里商学院的四个年级的本科生中各抽取了 100人进行问卷调查，总共发出 400 份，收回了 369 份。在商学院学生中获得了第一手数据，将各项选择的时间进行汇总，再确定占总时间的百分比。详细汇总情况

见表1。

表1 中国政法大学商学院学生闲暇时间选择安排表

	加入社团	兼职	学习	休息
选择	36.3%	15.8%	8.9%	39.0%
近期效用	70	50	30	100
远期效用	60	70	90	20
总效用	63	64	72	44

数据来源：中国政法大学学生调查问卷表统计数据。调查问卷设计样本详见附录。

（二）中国政法大学法学院学生闲暇时间安排选择及其带来的效用

同样地，在对中国政法大学法学院学生咨询过以后，发现其闲暇时间较之商学院学生更多了一天的时间，主要是因为其课程没有商学院学生多。按照上文所说，法学院本科生的闲暇时间则有63小时。这是一个更为庞大的数字，所以就更需要慎重而仔细的安排。

同样地，在对法学院学生进行问卷调查以后，依然向法学院四个年级的学生分别发放100份问卷，总共回收到了313份翔实的数据调查问卷，也就是在400人中，有313人的数据填报是有效的。得到的结果汇总后见表2。

表2 中国政法大学法学院学生闲暇时间选择安排表

	加入社团	兼职	学习	休息
选择	31.7%	10.3%	15.3%	42.7%
近期效用	70	40	30	100
远期效用	70	50	100	30
总效用	70	47	79	51

数据来源：中国政法大学学生调查问卷表统计数据。调查问卷设计样本详见附录。

以上问卷调查的结果显示，中国政法大学两院学生的选择以及自认为各自的选择所带来的效用是各不相同的。

四、大学生闲暇时间选择分析

（一）中国政法大学商学院学生选择的分析

从表1中不难看出：商学院学生大部分偏向于在闲暇时间参加社团活动与休息，而把闲暇时间的少部分用于学习，但矛盾的是，又认为学习所带来的效用值是最高的，而休息正好相反。大学生都明白休息所带来的效用值是最低的，事实上却把绝对多数的闲暇时间用在了休息上面。整体而言，商学院学生对加入社团和兼职普遍表现得更为理性。

通常情况下，大学生心里认定其所带来的效用值有多高，就花费多少时间在上面。然而值得注意的是，相对于参加社团活动来说，进行兼职的时间就少得多了。这一方面体现出商学院学生参加社团活动的积极，另一方面也说明本科生们对"工作"的逃避心理。

而在学习和休息这两项上面，则完全本末倒置。花了最少的时间用在效用值最高的学习上，而又将大把的时间浪费在了效用值最低的休息上。这暴露了大学生感性与理性的矛盾，即大家都知道应该将闲暇时间多花在学习上，以获得对自己未知的将来所带来的可能的最大的好处，然而自己的身体却不服从这样的理性认识，更偏向于放纵自己，进行娱乐享受。

再进行横向比较可以看到，商学院学生认为加入社团与兼职两者之间对自己的影响几乎一致，而学习所带来的效用值仅仅比前两者高10个单位。商学院学生重视学习之余，对社团活动与兼职也比较看重，而对自身发展影响不大的休息时间的重视程度亦不甘其后。可见商学院学生对各项选择的重视程度以及对各项选择对自身所带来的好处是比较理性的，但实际选择与理性选择常常相背离。

（二）中国政法大学法学院学生选择的分析

从表2中不难看出，法学院学生在加入社团和兼职两个选择当中，花费了将近3倍的时间在前者上，而较少将时间花在兼职上面；另一方面，法学院学生在学习和休息上面，不出意外地将更多时间花费在后者，而在学习上面花费的时间相对较少。

在效用程度上，法学院学生认为效用程度最高的是学习，这一点不出意料。同时法学院学生认为效用值最低的选项是兼职。不难看出，法学院学生更愿意把时间花费在校内，而对于在大学时就出去兼职这个选择，在认为其并不重要的同时，花费的时间也是最少的。因此，法学院学生在加入社团和兼职两个选择上面，其心里认可的效用值与其表现出来的选择是平齐的。然而，在休息和学习上面，也是将两者本末倒置：将较少的时间花费在认为效用值较高的选择上，而又将较多的时间花费在效用值较低的选择上。

值得注意的是，法学院学生在兼职与休息两个选项上，认为兼职所带来的效用值低于休息。不难看出，尽管法学院学生认可兼职的远期效用是大于休息的，但是两者在近期效用上，相差不是一点半点。这就说明，法学院学生认为兼职所带来的远期效用大于休息的值，抵不过休息时短期的享受。因此，法学院学生更愿意把时间用在休息上，并不是全部因为大学生喜好享乐，小部分原因在于法学院学生认为兼职并不见得对自身的发展有多大的影响。这也正是在四个选择中，无论是所花费的时间比例还是效用值的高低，兼职在大学院学生的选择中都是最低值的原因。

此处还需要强调法学院学生对学习选项的姿态。表2中的数据表明，法学院学生的时间安排中，花费在学习上的时间比花费在兼职上的时间高了5个百分点，这就说明，法学院学生并不排斥将闲暇时间部分用于学习，相反，法学院学生更倾向于将闲暇时间用于学习。这是因为法学院学生的闲暇时间中，本来就有两天半的课余时间，因此，他们在闲暇时段并不介意多花费一点时间在学习上，以弥补上课时间的不足。

（三）对以上两院学生选择的分析

纵向地对比表1和表2可以看出，在商学院学生心目中，认为兼职的效用值有64，然而在法学院学生心目中，认为兼职的效用值只有47。可见商学院的学生更偏向于社会实践，而法学院学生并不太愿意进行校园之外的活动，而更愿意将商学院学生用在社会锻炼上的时间用于学习。造成这种结果主要原因在于两个学院的课程设置和专业属性不同。在商学院，更强调社会实践，而在法学院，更加重视各种法学知识的认真梳理与强化记忆，从而更注重课堂学习和校内活动。

尽管如此，无论是商学院学生的兼职选择与休息，还是法学院学生的学习选择与休息，花费在休息上的时间都占了绝大多数。矛盾的是两院学生又不约而同地认为休息所能带来的效用值是最低的。所以，在这一点上，两院学生是很相似的，都无法抵挡休息所带来的近期效用的"诱惑"。对两院学生的选择进行仔细比较时，有一个显而易见的现象，即两院学生花费在"社团"与"休息"上的时间占时更多，而在另外两个选项上则占时更少。这不难理解。在大学生活中，尽管在学生社团里有很多事情需要做，但是普遍而言，用于学生社团的时间也相当于休息娱乐，毕竟学生社团不像工作那样具有强制性与约束性，所以，可以把大学中的加入学生社团近似地归为休息一类；而反观"兼职"和"学习"两项，在外兼职则必须担负相应的责任，每天的作息也有很大的限制，尽管不需要面对教科书，但是每天僵化的生活也与学习无异。故而，选择兼职和学习的两院学生就大大减少了。

总而言之，两院学生均乐意将时间花费在社团里与进行休息，而将较少的时间花费在兼职和学习上，同时，又都认为学习的效用值最高，休息的效用值最低。但有所不同的是，商学院学生认为在外兼职也有一定的效用值，法学院学生却认为好好休息所带来的效用值大于在外兼职。而两院学生花费在休息上的比例差不多。通过统计可以直观地看到，法学院学生更倾向于将商学院学生用于兼职的时间转移到学习上，从而用于兼职的时间最少，这是两个学院的学生在时间安排上存在的明显差异，而通过比较分析两院学生在时间选择上的异同以及效用值的异同，即可大体明确两院学生的最优选择。

五、大学生闲暇时间安排的最优选择

通观中国政法大学两院学生在四个选项上效用值的高低，可以明显看到，学习的效用值最高，理论上来说，花费在学习上的时间越多，闲暇时间所带来的效用值就会越高。然而将所有的闲暇时间全部花费在学习上是不现实的，其他三个选项也有其效用值的存在意义。大学生的闲暇时间应该合理地、高效地分配在四个选项中。

在社团、兼职、学习、休息这四个已知定义的选项中，学习所带来的效用值是最大的，故而花费在学习上的时间应是最多的。然而，加入社团可以让本科生在校内就接触到工作实践层面的内容和要求，在轻松愉快的氛围中学习到书本以外的知识；兼职，可以获得收入，也可以更加实际地了解到自己专业的方向，公司的运行模式；休息，由于其包含了娱乐在内，则可以让自己恢复脑力体力以及愉悦身心，从而保持高效率的工作与学习状态。可以说，在大学生的生活中，这四个选项相辅相成，缺一不可。在学习占主要地位的前提下，加入社团应为其次，接着应该是进行兼职，最后还要保证适度休息与适时娱乐。

若将整块的闲暇时间看作十成，则花费在学习上的时间务必占到四成以上，而参加社团可以花费三成的时间，兼职花费两成即可，休息娱乐仅需一成以下。而如此分配的原因，首先，学习的重要性是毋庸置疑的，学生自己也知道学习对自己的发展将会有多么深远的影响；其次，本科生的主要任务还是在校内，毕竟没有必要过早地进入社会，所以，在校内参加社团也是必不可少的；而兼职可以汲取工作经验，提升工作能力，将书本上的知识用之于实践，也有其存在的意义；当然，休息也是必不可少的，不过大学生切不可玩物丧志，要谨记自己的学生身份。

其实很多大学本科生也明白闲暇时间安排的重要性，但因大学生普遍处于特定年龄段以及自律性等方面存在的问题，实际选择的差异往往很大。很多大学生浪费了很多闲暇时间在休息上，对自己的身心以及能力发展造成不利影响。因此，对大学生而言，了解安排闲暇时间的重要性以及如何安排闲暇时间意义重大，不可大意，不可随意。引导大学生学会在成千上万种选择中做出最优的、能给自己的现在以及未来带来最大效用的选择，是一个看似简单实则不易的难题。但无论如何，最优选择总是应当花费大部分的闲暇时间在学习上。

在现代生活中，闲暇时间的安排越来越显得举足轻重，而大学生的闲暇时间的选择亦事关重大。国内外有许多学者先后就大学生的闲暇时间安排进行了细致周密的调查与分析，更有很多学者扑身于研究大学生的"闲暇教育"这一新兴课题，其现实意义可见一斑。

无可否认的是，大学生们唯有对自己的闲暇时间做出科学合理的安排，才能将闲暇时间的效用最大化并为自己的未来发展奠定最好的基础。在闲暇时间的安排上，大学生需要借助一定的外力，诸如高校有关闲暇时间的制度安排，在校老师的积极引导等，但更为重要的还是提升大学生的自控力。高度有效的自我管理加上各种主客观因素的综合作用，才有利于大学生科学安排闲暇时间，才能让大学生活过得充实而有意义，也才能将短期效用与远期效用高度协调和统一。

附录

附表1　调查问卷一

中国政法大学学生闲暇时间花费用度统计问卷调查										
加入社团	10%	20%	30%	40%	50%	60%	70%	80%	90%	1
兼职	10%	20%	30%	40%	50%	60%	70%	80%	90%	1
学习	10%	20%	30%	40%	50%	60%	70%	80%	90%	1
休息	10%	20%	30%	40%	50%	60%	70%	80%	90%	1

经调查，中国政法大学学生闲暇时间各有选择，不同的选择会带来不同的效用。

中国政法大学商学院学生闲暇时间大部分偏向于参加社团活动与休息，在学习上花费的时间最少。

中国政法大学法学院学生闲暇时间大部分偏向于参加社团活动与兼职，花费在社团活动上的时间最长，在学习上花费的时间最少。

附表2　调查问卷二

中国政法大学学生闲暇时间选择效用值统计问卷调查				
学院 项目	近期效用		远期效用	
	法学院	商学院	法学院	商学院
加入社团	70	70	70	60
兼职	40	50	50	70
学习	30	30	100	100
休息	100	100	30	20

（请将效用值以整十数填入表格，满值100。）

经调查，中国政法大学商学院学生与法学院学生闲暇时间选择休息的近期效用值均最大，但远期效用值均最小；选择学习的近期效用值均最小，但远期效用值均最大。

以上数据表明，在学习占主要地位的前提下，加入社团应为其次，接着应该是进行兼职，最后还要保证适度休息与适时娱乐。四个选项应相辅相成，缺一不可。

参考文献：

[1] 丁·曼蒂．闲暇教育理论与实践［M］．北京：春秋出版社，1989：257.

[2] 罗歇·苏．休闲［M］．北京：商务印书馆，1996：156.

[3] 约翰·S. 布鲁贝克．高等教育哲学［M］．杭州：浙江教育出版社，1998：305.

[4] 亚里士多德．尼各马可伦理学［M］．北京：中国社会科学出版社，1999：34.

[5] 杰弗瑞·代比．你生命中的休闲［M］．重庆：西南人民出版社，2000：59.

[6] 约翰·杜威．民主主义与教育［M］．北京：人民教育出版社，2001：532.

[7] A·M. 琼斯．Leisure Time Education［M］．广州：南方出版社，2003：89.

[8] 埃德加·富尔．学会生存——世界教育的今天和明天［M］．北京：教育科学出版社 2013：173.

[9] 黄悦．符号经济与消费神话［M］．南昌：江西社会科学出版社，2006：69.

[10] 程遂营．北美休闲研究［M］．北京：社会科学文献出版社，2009：82.

[11] 杰克·古迪．从口头到书面：故事讲述中的人类学突破［J］．文艺评论，2002.

[12] 单振涛．闲暇教育：高等学校不可忽视的实践领域［J］．昌淮师专学报，2002（6）.

[13] 孔雯．大学生闲暇教育的问题与对策研究［J］．山西大学生学报，2010（10）.

[14] 马丽芳．高职院校学生课余时间管理的调查研究［J］．职业技术学校学习报，2010（09）.

[15] 陈娅．大学生闲暇生活现状及对策研究［N］．经济日报，2011（08）.

[16] 陈君．大学生闲暇生活与闲暇教育研究综述［J］．蜀乡学报，2011（06）.

[17] 赵丽敏．90 后大学生的闲暇教育研究［J］．大学生学习报，2012（03）.

[18] 卢浩宇．浅析大学生闲暇教育现状与走向［D］．成都：西南财经大学，2012.